갬블러 와이프

〈죄와 벌〉의 주인공 라스콜니코프의 집(러시아 상트페테르부르크) ⓒ윤상구

The Gambler Wife

갬블러 와이프

글쓴이 | 앤드류 D. 카푸먼(Andrew D. Kaufman)

옮긴이 | 최화정

티타임

들어가며

　1866년 10월 4일 맑고 청량한 아침, 가느다란 몸에 검은 드레스를 입은 스물한 살의 속기사 예비생은 페테르부르크에 있는 어머니의 아파트를 나섰다. 그녀는 얼마 떨어져 있지 않은 넵스키 대로의 상점가에 들러 여분의 연필과 가죽 서류첩을 샀다. 그녀는 자신이 어른스러워보이고 좀 더 사무적으로 보이기를 바랐다.

　30분쯤 후 그녀는 말라야 메쉬찬스카야 거리와 스톨랴르니 길의 모퉁이에 있는 회색 벽돌 건물에 도착했고, 어두운 계단을 따라 올라가 2층 13호의 초인종을 눌렀다. 그녀의 고용주가 될 사람의 집이었다. 그 학생의 이름은 안나 스니트키나였고, 그녀를 고용할 사람은 44세의 전과자로, 수수께끼에 둘러싸인 독신의 유명한 소설가 표도르 도스토옙스키였다. 안나는 손목시계를 보고 미소를 지었다. 약속 시간인 열한 시 30분이 되기까지는 몇 분이 남아 있었다. 젊고 신중한 안나는 고용주의 집에 여유 있게 도착하기를 바랐다. 첫 직장을 잡기를 바랄 때는 더욱 여유가 필요했다.

　벨이 울리자 곧 녹색 체크 무늬 숄을 두른 투실한 여자가 문을 열었다. 그 숄을 본 안나의 머릿속에는 도스토옙스키의 최신 연재소설 〈죄와 벌〉이 떠올랐다. 그 녹색 숄에서 소설 속 마르멜라도프

가족이 소중하게 여겼던 모직 숄을 착상했을지도 모른다고 생각했다. 물론 감히 물어보지는 못했다. 단지 자신은 속기 강사 올킨 교수의 추천으로 온 학생이며, 이 집 주인이 자신을 기다리고 있을 것이라고만 말했다.

페도샤라는 이름의 그 하녀는 어두운 복도를 따라 식당으로 안나를 안내했다. 서랍장과 커다란 트렁크 두 개가 식당 벽에 늘어서 있었는데, 그 위에는 복잡한 모양으로 뜨개질된 덮개가 덮혀 있었다. 하녀는 안나에게 앉을 자리를 권하면서, 주인이 곧 올 거라고 말했다.

2분 후 도스토옙스키가 나타났다. 그는 인사를 차릴 새도 없이 안나에게 그의 서재에 가 있으라고 한 후, 차를 준비시키겠다며 다시 사라졌다. 안나는 크고 음울한 서재를 둘러보았다. 긴 의자는 허름한 갈색 천으로 장식되어 있었고, 그 곁에 있는 작고 둥근 탁자에는 헝겊 테이블보가 덮여 있고 그 위에 전등과 사진 앨범 두 세 권이 놓여 있었다. 두 개의 창문으로 햇빛이 스며들고 있었다.

"그 방은 침침하고 고요했다."

안나는 나중에 이렇게 회고했다.

"그리고 그 어둠함과 고요 속에서 나는 우울해졌다."

그 서재는 별로 특별해 보이지 않았다. 러시아에서 가장 중요한 작가로 떠오르고 있는 사람의 방이라고 여겨지지 않았다. 그녀는 고용주가 될 사람에 대한 정보를 찾기 위해 방을 훑어보았다. 집안에서 아이들의 목소리는 들리지 않았다. 초상화 속 검은 모자를 쓴 검은 드레스 차림의 유령 같은 여자가 2년 전에 죽은 도스토옙스키의 아내인지 궁금해졌다(나중에 안나는 그 궁금증을 풀게 된다.).

몇 분 후, 좀 전에 만났던 그 수수께끼 같은 남자가 다시 나타났다. 안나는 자신감을 보이려고 애썼다. 바로 그때는 안나가 생각했던 것보다 더 오래 고대했던 순간이었다.

스니트키나 가족에게 도스토옙스키는 오래 전부터 친숙한 이름이었다. 도스토옙스키는 그녀의 아버지가 가장 좋아하는 작가였다. 현대 문학에 대한 주제가 나올 때마다 아버지는 "요즘은 어떤 작가가 있니? 내 시대에는 푸시킨, 고골, 쿠콥스키가 있었지. 젊은 작가 중에는 〈가난한 사람들〉의 저자인 소설가 도스토옙스키가 있었어. 그 사람은 탁월한 재능을 갖고 있었지"라고 잘라 말했다. 아버지가 도스토옙스키에 대해 괜히 과거형으로 말한 게 아니었다.

"그 사람은 정치에 말려들어서 시베리아로 유배된 후 흔적도 없이 사라졌어."

그 이후, 아버지가 기뻐할 일이 생겼다. 도스토옙스키가 모스크바로 돌아온 것이다. 시베리아 감옥에 4년을 갇혀 있었고 다시 5년 동안 강제로 군대에서 복무한 후였다. 그는 새로운 활력으로 다시 글을 쓰기 시작했다. 안나의 아버지는 도스토옙스키와 그의 형이 창간한 잡지인 〈시간〉의 열렬한 독자였다. 그리고 오래지 않아 스니트킨 가족 모두가 도스토옙스키의 책을 읽게 되었다. 그중에서 가장 열성적인 독자는 물론 안나였다.

도스토옙스키의 작품은 그리고리 이바노비치 스니트킨 같은 지식인 사이에 널리 알려져 있었다. 안나의 아버지는 〈시간〉과 사람들 사이에서 '두꺼운 잡지'라고 알려진 잡지를 구독했다. 매주 또는 격주로 발행되는 문학, 철학, 언론에 관한 개설서인 이 잡지들은 요즘의 〈뉴요커〉, 〈뉴스위크〉, 〈사이언티픽 어메리칸〉을 한 권으로 합쳐 놓은 19세기 러시아판이라고 할 수 있었다. 그 잡지들에는 소설은 물론이고 뉴스, 서평, 문화 및 문학 비평이 게재되어 있었다. 사실, 그 시대에 거의 모든 러시아 소설가는 이 잡지로 등단하였다. 도스토옙스키도 1846년 스물네 살의 나이에 〈가난한 사람들〉이라는 소설을 이 잡지들에 처음으로 게재했다. 그 해에 안나 스니트키나가 태어났다.

〈가난한 사람들〉은 편지 형식으로 쓰인 소설인데 가난에 찌든 47세의 복사공과 그의 먼 친척인 가난한 고아 소녀 사이의 사랑을 그린 작품이다. 이 소설은 그 시대 문학의 특징인 사회 기독교와 감상적 박애주의에 대한 독창적이고 감동적인 작품으로 독자들에게 인정받았다. 그 책을 읽고 당대 최고의 문학 평론가 바사리온 벨린스키는 "새로운 고골이 나타났다!"라고 감탄했다. 그는 도스토옙스키를 직접 만났을 때 이런 질문을 던졌다.

"당신은 자신이 쓴 내용을 이해하나요?"

도스토옙스키는 그날을 오랫동안 기억했으리라. 벨린스키의 공개적인 찬사로 도스토옙스키는 즉시 엘리트 문학계에 입문하게 되었고, 그 소설은 독자 사이에서 큰 성공을 거두었다.

그러나 도스토옙스키가 처음 맛본 유명세는 오래 가지 못했다. 〈가난한 사람들〉이 나온 지 몇 달 후 그의 다음 소설 〈분신〉이 출간

되었다. 페테르부르크의 관료 조직에 속해 있는 공무원에 대해 다룬 이 소설은 혹독한 비평을 받고 상업적으로 실패했다. 그 다음 단편들도 마찬가지였다. 벨린스키는 그 작품을 읽은 후 비평가에게 말했다.

"나는 도스토옙스키가 천재라고 생각하여 그를 부풀려서 평가했어."

"선구적인 비평가라는 내가 극도로 바보처럼 행동했어."

벨린스키는 특히, 〈분신〉의 주인공이 현실 세계와 동떨어져 자신의 도플갱어와 기이한 관계를 맺는다는 환상적인 요소에 기겁하며 말했다.

"그런 주제는 정신병원에서나 다룰 일이지, 문학에서 다룰 일은 아니다. 그건 의사가 할 일이지, 시인이 할 일이 아니야."

1843년 4월 23일, 27세의 도스토옙스키는 페트라솁스키 협회라고 알려진 혁명 모임에 참여했다는 죄목으로 체포되었다. 그 사건으로 인해, 도스토옙스키는 거의 10년 동안 문학계에서 자취를 감추게 된다.

다시 돌아온 후, 그는 〈상처받은 사람들〉(1861)이라는 작품으로 부활했다. 그 소설은 감상적인 멜로 드라마로서, 모든 장에 개성 있는 인물들과 손에 땀을 쥐게 하는 드라마틱한 상황으로 가득 차 있었다. 비평가들은 그런 요소를 싫어했지만 독자들에게는 큰 인기를 끌었다.

그 다음 대작인 〈죽음의 집의 기록〉(1860~1863)은 다시 비평가들의 호평을 받았다. 이는 시베리아 노동수용소에서 자신이 겪은 일을 소설화한 작품이었다. 회고와 폭로, 문화적 비평이 섞여 있는 〈죽음의 집의 기록〉에서 그는, 억압받는 사람이 처한 곤경, 공직 사회의 잔인함, 기독교적인 연민이 지닌 지대한 가치 같은, 자신에게 익숙한 주제를 다루었다.

그 작품에서는 이후 도스토옙스키 예술과 사상의 중심이 된 새로운 이상의 추구가 나타나기 시작했다. 즉, 나중에 작가가 〈죄와 벌〉로 다시 돌아오는 주제 - 내적 자유를 위해 무슨 일이 있어도 지켜야 하는 개인의 인격과 범죄를 저지르는 사람의 심리적 복잡성 - 뿐만 아니라 러시아인의 정신적 깊이도 탐구하고 있는 것이다.

안나 스니트키나가 그의 문 앞에 도착했던 그때, 이미 도스토옙스키는 러시아에서 가장 유망한 작가 중 한 명으로 명성을 떨치고 있었다. 하지만 최고 작가의 반열에는 들지 못했다. 그가 번뜩이는 천재성을 보여준 것은 틀림없지만, 벨린스키 같은 비평가의 인정을 받지 못했다. 그 비평가는 좁은 실용주의 관점으로 작품에 접근했다. 그래서 도스토옙스키의 사회적 논평을 뒷받침해주는 심리학적 예리함을 간과해버리는 경향이 있었다. 도스토옙스키를 동시대 러시아 작가 사이에서 우뚝 서게 했을 뿐만 아니라 러시아 문학사에 매우 중요하게 만든 것이 바로 심오한 심리학적 통찰과 사회적 사실주의의 조합인데도 말이다. 도스토옙스키도 자신을 '고상한 사실주의자'라고 불렀다.

그러나 안나 스니트키나에게 도스토옙스키는 그녀를 매료시키고 감동시킨 작가였을 뿐이다. 그녀의 집에 잡지 〈시간〉이 도착하자마자 가장 먼저 읽는 사람은 아버지였다. 아버지가 잡지를 손에 든 채로 안락의자에서 졸고 있으면, 열다섯 살의 안나는 아버지의 손에서 잡지를 살짝 빼내서 정원으로 가져가 도스토옙스키의 최신 소설에 푹 빠져들곤 했다. 적어도 큰언니의 특권을 내세운 마샤가 몰래 다가와 잡지를 낚아채가기 전까지는.

사회에서 낙오된 사람들에 대한 도스토옙스키의 연민은 안나의 본능에 반향을 불러 일으켰다. 그래서 그녀는 작가가 책 속에 다시 탄생시킨 억압받은 영혼에 가슴 아파했다. "나는 공상가였다. 그리고 나에게 소설 속 영웅은 진짜 사람들이었다"라고 안나는 말했다.

안나는 〈상처받은 사람들〉에서 아들에게 돈 많은 여자와 결혼하라고 강요하고 농노를 약탈하는 주인을 미워했다. 또한 아버지에게 맞설 용기가 부족해 사랑하는 여자와의 관계를 끊은 순진하지만 사랑스러운 아들을 거의 그의 아버지만큼 경멸했다. 그녀는 〈죽음의 집의 기록〉을 읽으면서 눈물을 흘렸으며, 훗날 "내 마음은 강제 노동수용소에서 끔찍한 생활을 견뎌야 했던 도스토옙스키에 대한 동정심과 연민으로 가득했다"라고 말했다.

하지만 그녀 앞에 있는 이 무뚝뚝하고 신경질적인 남자는 그녀가 책을 읽으며 떠올렸던 근사하고 고상한 작가와는 거리가 멀어 보였다. 도스토옙스키의 밤색 머리카락은 포마드 기름으로 매끄럽게 정돈되어 있었지만, 낯빛은 낡고 푸른 프록코트에 비해 창백하고 병약해 보였다. 그는 어딘가에 정신이 팔려 있었고 불안해 보였으며, 몇 분마다 한 번씩 안나의 이름을 되묻곤 했다. 그의 눈동자도 그녀를 불편하게 했다. 왼쪽 눈은 짙은 갈색인 반면, 오른쪽 눈의 동공은 너무 팽창되어서 홍채가 잘 보이지 않았다. 나중에야 몇 년 전 뇌전증 발작 중 날카로운 물건에 부딪혀 그렇게 되었다는 것을 알게 된다.

"속기를 배운 지는 오래 됐소?"

"반 년입니다."

안나는 프로답게 행동한다는 생각으로 대답했다.

"당신 스승에게는 학생이 많은 편이오?"

"처음 시작할 때는 150명 이상이 그 과정에 등록했는데, 지금은 25명 정도만 남았습니다."

"아, 왜 그렇게 조금밖에 남지 않은 거요?"

"제가 생각하기에는, 많은 사람이 속기는 간단해서 배우기 쉽다고 생각해 시작했다가, 며칠 배우다 보면 따라가기 어려워져 그만두는 이가 많은 것 같습니다."

안나는 확신 없이 말했다.

"우리나라에서는 항상 그런 식이지, 그렇지 않소?"

도스토예스키가 말했다.

"새로운 일을 시작하게 되면, 처음엔 열기가 뜨겁다가 금방 식어버려요. 그러다 다 포기하기도 하고, 당신 동료들은 당신이 일해야만 하는 걸 알고 있을 테고… 요즘 누가 일하고 싶어 하겠소?"

그는 그녀에게 담배를 권했다.

도스토옙스키는 낯선 사람을 만날 때 종종 그랬듯이 안나를 시험하는 중이었다. 그에게는 사랑, 관계, 삶 그 자체 등 모든 것이 시험이었다. 그가 특히 적극적으로 알아내고자 한 것은 안나 스니트키나가 알렉산드르 2세 황제의 대개혁 여파로 1860년대 러시아 전역에 나타난 진보 성향의 많은 젊은 여성과 같은 부류가 아닌가 하는 것이었다. 대개혁은 그 당시 크림전쟁에서 러시아가 굴욕적으로 패배한 후 도입된 일련의 전면적인 정치, 사회, 경제적 변화를 주도했다.

안나도 사실, 그녀 세대의 젊은 러시아 페미니스트들이 자신들을 60년대의 여성이라고 부르듯이, 자신을 해방된 60년대의 여성이라고 자랑스럽게 생각했다.

"나는 새로운 길의 시작이라고 생각했다. 스스로의 노동으로 돈을 벌고 독립할 수 있을 것 같았다."

그녀는 나중에 도스토옙스키와 일하는 미래가 자신에게 어떤 의미였는지 상기하면서 말했다. "그리고 60년대 여성으로서 내게 독립에 대한 생각은 매우 소중했다."

교육을 받은 대다수의 젊은 여성에게 그랬던 것처럼. 사회적으로 의식이 있는 러시아인들은 새로운 개방 정신의 흐름을 타면서 전통적인 권위주의적 가족 구조를 철저히 변화시키기 위해 억눌려 왔던 열망을 표현하기 시작했다. 그들은 전쟁 이후의 러시아 사회를 재건하는 데 중추적인 역할을 할 기회를 여성들에게 주라고 요구했다. 그 몇 년 동안 러시아에서는 여성의 역할과 가족에 대한 전례 없이 많은 책과 기사가 등장했으며, '여성 문제'라고 알려지게 된 토론도 탄생했다.

도스토옙스키는 이 새로운 페미니스트 운동을 전혀 반대하지 않았다. 사실, 그는 여성의 지적 지평을 넓히는 일을 공개적으로 옹호했던 그 시대의 몇 안 되는 주요 작가 중 한 명이었다.

"교육받은 여성들을 위한 더 넓은 길이 필요하다."

그는 1860년대 초에 이렇게 썼다. 이는 페미니스트들의 주요 신조 중 하나인 바늘, 실, 사슬뜨기, 바느질 등의 잡다한 것들로 채워지지 않은 길을 상기시키는 말이었다. 안나가 읽은 〈상처받은 사람들〉이 게재되어 있는 그 잡지에서 도스토옙스키는 페미니스트의 지지자들을 '해방자'로 치부한 보수적 비평가들에 맞서 페미니스트들을 옹호했다. 그는 여성 해방을 기독교적 인류 사랑의 문제이며, 상호 사랑의 이름으로, 즉 여성의 권리를 인정해주는 사랑의 이름으로 교육하는 문제로 보았다. 그는 남성과 여성 사이의 그런 관계는 지극히 건강하고 바람직하며, 사회 자체의 수준을 높이는 데 필수적이라고 주장했다.

도스토옙스키의 소설에서 분명히 볼 수 있듯 그는 러시아 여성이 겪는 곤경에 민감하게 반응했다. 그의 소설은 전형적으로 부모나 남편, 보호자 또는 후원자의 노예가 되거나 결혼, 매춘, 또는 남자와 병적인 관계를 맺지 않고서는 벗어날 수 없을 정도의 비참한 가난에 빠진 여성 캐릭터들을 다루고 있다.

그러나 페니미즘의 목표에 동조했음에도 불구하고, 많은 극단적인 페미니스트가 경솔하게도 자신들로부터 그를 밀어냈다. 페미니스트들이 자신들을 부르는 '신여성'이라는 말은 '새로운 러시아'라는 말로 인해 그가 잘못 알고 있던 많은 것을 상기시켰다. '새로운 러시아'는 품위와 겸손의 가치를 잃은 나라이고, 무엇보다도 도덕을 잃은 나라라고 그는 생각했다. 그는 서양의 영향을 많이 받아 소유욕과 냉소주의, 물질주의에 의한 타락을 신봉하는 이 어리석은 새 세상에 개탄했고, 특히 자유 연애에 분개했다. 몇몇 진보적인 젊은 여성으로부터 거절당한 개인적인 이유로, 외로운 홀아비 도스토옙스키는 이런 류의 페미니즘에 반발했다.

그 시대의 극단적인 페미니스트와 달라 보이는 안나 스니트키나는 도스토옙스키의 호기심을 자극했다. 그녀는 경솔하거나 성급하지 않고 침착해 보였다. 그가 내민 담배를 그녀가 공손하게 거절하자, 소설가는 젊은 여자의 신중하면서 거의 엄격한 행동에 놀랐으며 그런 진지하고 유능한 젊은 여성을 만난 것에 기뻐했다.

안나는 그의 무뚝뚝한 태도 때문에 눈치채지 못했겠지만, 도스토옙스키는 곧 채용될 이 여성을 좋아하게 되었다. 그녀가 머리를 짧게 자르거나 안경을 쓰거나 담배를 피우지 않았다는 게, 즉 '신여성'의 전형적인 반 부르주아적 습관을 갖고 있지 않았다는 게 확실히 도움이 되었다. 여성스러운 겸손함과 직업인다운 요령으로 그녀는 그에게 훌륭한 첫인상을 남겼다.

"올킨 교수가 남자가 아니라 여자를 추천해줘서 다행이오. 그 이유를 아시오?"

도스토옙스키가 안나에게 말했다.

"아니오. 모릅니다."

"남자는 술을 시작하기 쉬우니까요. 당신은 술 때문에 문제 생길 일은 없겠지요?"

안나는 터져 나오는 웃음을 겨우 참았다. 하지만 그녀는 매우 진지하게 대응했다.

"저에게는 절대 술 때문에 어떤 문제도 생기지 않을 겁니다. 믿으셔도 됩니다."

"그럼 잘 되는지 봅시다."

도스토옙스키는 애매모호하게 중얼거렸다.

"한번 해 봅시다."

"그럼요, 해 보죠."

자신에 대한 의심이 도스토옙스키에게 아직 남아 있을까 봐 그녀는 덧붙였다.

"하지만 선생님께서 저랑 일하는 게 불편해지면 솔직하게 바로 말씀해주세요. 이 일이 잘 안되더라도 선생님을 원망하지는 않을 테니 안심하셔도 돼요."

속기사로서 그녀의 실력을 시험하기 위해서, 작가는 그 해에 〈죄와 벌〉이 연재되고 있는 〈러시아 메신저〉를 들고, 그녀가 받아쓸 수 있기를 바라며 무척 빠르게 읽기 시작했다. 안나는 속기 훈련을 받았음에도 그가 읽는 속도를 따라잡을 수 없었다. 그녀는 보통의 대화 속도로 받아쓰기를 할 수 있는지 공손하게 물었다. 읽는 데 방해받은 것에 짜증난 도스토옙스키는 몸을 숙여 그녀가 받아 적은 것을 확인했다. 그는 마침표를 생략하고 불분명하게 경음부를 쓴 것을 지적하면서 여성들은 일에 적합하지 않다고 불평했다.* 모욕에 충격받았지만 안나는 티를 내지 않으려고 애썼다. 당시 그녀에게 직업적으로 성공하여 독립하는 것보다 더 중요한 건 없었다. 그걸 위태롭게 하고 싶지는 않았다.

몇 분 후에 도스토옙스키는 쉬어야겠다며 그녀에게 이따 저녁에 다시 돌아와 소설을 받아 써달라고 부탁했다. 안나는 그가 진심으로 자신을 고용하려는 것임을 알고 안심이 되는 한편 혼란스러웠다. "나는 매우 우울한 기분으로 도스토옙스키의 아파트를 나섰다"라고 훗날 그녀의 회고록 〈회상〉에서 밝혔다.

"나는 그를 좋아하지 않았다. 그는 나를 우울하게 했다."

출판되지 않은 원고에서는 더 심한 표현을 썼다.

"표도르 미하일로비치처럼 나에게 어렵고 우울한 인상을 남긴 사람은 이전에도 이후에도 없었다. 내 앞에는 끔찍하게 불행하고 망가져서 고통스러운 남자가 서 있었다. 그는 오늘이나 어제 가슴 속에 품고 있던 누군가를 잃은 사람, 어떤 끔찍한 불행에 휩싸인 사람 같았다."

안나는 변덕스러운 천재이면서 본능적인 여성혐오주의자가 분명한 도스토옙스키를 위해 일하면서까지 경제적 독립을 해야 하는

---

* 러시아어 철자법에서 경음부(ъ)는 앞의 글자를 강하게 만드는 반면, 연음부(ь)는 앞의 글자를 부드럽게 만든다. 그 둘 사이에는 매우 미묘한 차이가 있기 때문에 하나를 불분명하게 쓰면 다른 하나와 혼동될 수 있다.

지에 대해 고민했다.

"사람들이 하는 불쾌한 말을 들으면서 밥벌이를 하는 것은 때로 쓰라린 경험이 될 수 있다. 근데, 우수한 사람 중 한 명이라는 그가 그 정도라면 배우지 못한 사람은 오죽할까? 직업을 갖는 일로 그런 불쾌한 일을 당할 바에야 결혼을 하는 게 낫겠다."

그녀는 자신의 고용주가 한 무례한 말을 떠올리며 일기에 썼다.

바로 그런 결정은 그녀의 어머니 세대가 택한 길이었다. 저명한 젊은 교수와 최근에 결혼한 그녀의 언니 마샤가 택한 길이기도 했다. 안나는 그 선택이 가진 매력을 이해하기 시작했다. 하지만 자신의 꿈을 포기하기에는 아직 이르다고 생각했다.

안나는 그날 저녁에 도스토옙스키의 아파트로 돌아왔고 그 다음 날에도 방문했다. 여러 차례 계속 만나면서 그녀는 그의 행동이 눈에 띄게 달라지고 있음을 알아챘다. 첫 만남 이후 그녀를 대하는 그의 태도는 훨씬 따뜻해졌고 말도 많아졌다. 그의 말은 여전히 연결이 잘 되지 않은 채 한 주제에서 다른 주제로 건너뛰기 일쑤였지만, 말할 때의 그는 어쩐지 더 젊어 보였다. 안나 쪽에서는 여전히 신중하면서 거의 엄격하게 대했다. 안나는 그가 아무리 편하게 느껴지더라도 업무적인 관계만 유지하기로 결심했다.

몇 시간째 도스토옙스키가 자신의 삶에 대한 이야기를 들려주자, 안나는 작가의 활기차고 어린애 같은 열정에 매료되었다. 그는 페트라솁스키 협회에 참여한 죄로 체포된 일과 거의 사형에 이르렀던 끔찍한 경험을 아주 상세하게 이야기했다. 이 단체가 선동적인 인쇄물을 출판할 예정이라는 사실을 알게 된 니콜라이 1세는 그 조직원들에게 사형을 선고했다. 1849년 12월 22일, 도스토옙스키는 흰 가운을 입고 눈이 가려진 채 세묘놉스키 광장으로 끌려가서 그의 동지들과 함께 줄지어 세워졌다.

"준비가 진행되는 것을 보면서 내가 살 시간이 5분도 남지 않았음을 알았소."

그는 안나에게 말했다.

"하지만 그 5분은 몇 년 또는 10년처럼 느껴져서 아직도 그 순간이 내 앞에 놓여 있는 것 같아요!"

죄수들은 죄수복을 입고 3인 1조로 나뉘었다. 도스토옙스키는 세 번째 줄, 전체 중 여덟 번째 자리에 서 있었다. 첫 세 명은 처형대에 묶여 있었고, 곧 그의 차례가 다가오리라.

"세상에, 내가 얼마나 살고 싶었는지!"

그때 갑자기 철수하라는 소리가 들렸다. 그의 동지들은 기둥에서 풀려났다. 그에게는 4년 동안 중노동에 처한다는 새로운 선고가 내려졌다. 실제로 집행되지는 않았지만 이 처형 과정은 도스토옙스키와 다른 조직원들을 공포로 떨게 하기에 충분했다. 처형대는 도스토옙스키와 조직원들을 겁주기 위한 의도로 만들어진 무대였던 셈이다.

"그날이 내 인생에서 가장 행복한 날이었소."

도스토옙스키는 안나에게 말했다.

"나는 감방 안을 왔다 갔다 하면서 계속 노래를 불렀소. 삶이 내게 준 선물이 너무 기뻐서 큰 소리로 노래를 부른 거요."

안나는 그가 겪은 고난과, 자신과 같이 거의 낯선 사람인 새 고용인에게 그런 내밀한 이야기를 한다는 사실 중, 어느 것이 더 충격적인지 혼란스러웠다. 그 시대의 학식 있는 러시아인들이 그랬듯이 도스토옙스키도 정치적인 활동 때문에 투옥되었음을 그녀는 알고 있었다. 하지만 그 자세한 내용은 항상 비밀에 붙여져 있었던 것이다. 그는 이 젊은 고용인에게 베일에 가려진 부분을 살짝 보여주려 했다.

"겉으로 보면 그는 비밀이 많은 사람 같다."

안나는 나중에 일기에서 말했다.

"하지만 그때, 그가 그런 이야기를 너무 자세하고 진솔하게 털어놓아서 이상하게 느껴질 정도였다. 하지만 그가 그렇게 말해주어서 참 좋았다. 사람을 신뢰하고 마음을 열어주는 모습이."

또 다른 이야기가 안나의 관심을 끌었다. 형 미하일이 죽고 나서, 도스토옙스키는 심각한 경제난에 시달리게 되었다. 형이랑 함께 창간했던, 처음에는 〈시간〉이었다가 이후 〈시대〉로 이름을 바꾼 잡지는 정리해야 했다. 법적인 책임이 없었음에도 도스토옙스키는 그 잡지와 관련된 채무를 떠안았다. 뿐만 아니라 홀로 된 미하일의 아내와 조카를 부양하기로 약속했다.

그를 짓누르는 이런 책임 때문에, 채권자에 둘러싸인 도스토옙스키는 항상 공포에 시달렸다. 그 결과 1865년 7월, 표도르 티모페예비치 스텔롭스키라는 수상한 편집자이자 문예 투기꾼과 잘못된 계약을 맺게 되었다. 도스토옙스키는 3천 루블(오늘날로 치면 3만 달러도 안 되는 금액이다)의 선금을 받는 대가로 스텔롭스키에게 이전에 출판된 모든 작품을 한 권으로 다시 출판할 수 있는 권리를 양도했다. 그 작품 중에는 여전히 출간 중인 소설도 많이 있었다(참고로 비교하면, 도스토옙스키와 동시대 작가인 투르게네프는 몇 년 전에 〈아버지와 아들〉 한 권만으로도 거의 5천 루블, 요즘으로 치면 5만 달러를 받았다.).

거기다 더한 일은, 계약상으로는 도스토옙스키가 투기꾼에게 1866년 11월 1일까지 새로운 장편 소설을 제공해야 한다는 것이었다. 불이행시, 소설가는 자신의 모든 수입을 포함하여 다음 9년 동안 그가 쓴 모든 작품에 대한 권리를 박탈당하게 되어 있었다. 겨우 1년 반 정도의 생활비에 해당하는 돈을 받기 위해 도스토옙스키는 앞으로 거의 10년 동안이나 일하면서 벌 수 있는 수입을 포기했던 셈이다.

1865년 가을, 작가는 〈죄와 벌〉의 연재에 몰두한 나머지 스텔롭스키에게 빚진 소설을 쓸 시간을 낼 수 없었다. 이 새로운 소설의 기한이 차기 한 달 전인 10월 초, 도스토옙스키가 보여줄 수 있는 것은 몇 장의 흩어져 있는 메모와 대략적인 계획뿐이었다. 절망적인 상황에 처하자 그는 자신의 가장 오래되고 가까운 친구 중 한 명인 알렉산드르 밀유코프에게 연락했다. 처음에 밀유코프는 동료 작가들을 모아 함께 소설을 쓸까 했지만, 도스토옙스키가 다른 사람의 작품에 자신의 이름을 넣으려 하지 않았다. 그래서 밀유코프는 다른 아이디어를 제공했다.

"페테르부르크의 유명 속기 교수인 파벨 올킨에게 연락하여 이 일에 가장 적합한 제자를 추천해 달라고 하면 어떨까?"

도스토옙스키는 이에 동의했고, 그렇게 해서 안나를 자신의 방으로 이끈 구인 광고를 게시하게 된 것이다.

이야기는 계속되었고, 페도샤는 신선한 빵과 뜨거운 홍차가 담긴 쟁반을 들고 방을 드나들었다. 도스토옙스키가 이런 저런 주제를 두서없이 이어가자, 그러다가 정작 작품을 완성하지 못하면 어쩌나 싶어 안나는 크게 걱정되었다. 할 수 없이 자신이 온 목적을 고용주에게 상기시키려는 순간, 작가는 갑자기 그 사실을 깨달은 듯 안나에게 받아 적기를 부탁했다. 그녀가 재빨리 자신의 가죽 가방에서 연필과 공책을 꺼냈을 때 도스토옙스키는 담배에 불을 붙인 채 문과 난로 사이를 빠르게 걸으면서 〈도박꾼〉이라는 새 소설을 구술하기 시작했다.

도스토옙스키는 이제 안나의 고용주였고, 그녀는 그의 고용인이었다. 그 일은 그녀의 첫 직업이었고, 러시아 여성해방운동이 한창이던 시절, 진보적인 젊은 여성이라면 누구나 그렇듯 그녀는 직업을 가졌음에 황홀해 했다. "내 소중한 꿈이 실현되었어. 나는 직업을 가졌어!"라고 그녀가 회상했다. 하지만 그렇게 열망하던 독립은 다른 요인들로 인해 어려워졌다. 그녀가 직업을 구하러 왔다가 곧 작가이자 도박꾼의 아내가 되어버렸기 때문이다. 혼돈과 기회의 삶을 스스로 헤쳐나갈 수 있는, 그런 실용주의적이고 야심찬 젊은 여성에게는 예상할 수 없던 결정이었다.

안나 스니트키나와 그녀의 고용주이자 연인, 남편이면서 책임자인 표도르 도스토옙스키의 이야기는 1917년 러시아 혁명으로 직결

된 러시아의 가장 격동적인 시대 중 하나를 배경으로 한다.

당시는 사회적으로나 정치적으로 불안이 고조되던 시기였다. 독재 정치를 없애고 서구 민주주의 원칙에 따라 러시아를 재건하려는 자유주의자들과 수세기 동안 러시아에 존재했던 가부장제를 보존하고 황제 체제를 유지하려는 보수주의자들 사이의 균열은 점점 더 커지고 있었다. 그러한 분열은 1860년대 초에 알렉산드르 2세가 시행한 대개혁으로 더욱 첨예해져 갔다. 대개혁은 많은 보수주의자를 불안하게 하였지만 자유주의자들을 더욱 초조하게 만들 만큼 중요한 구조적 변화이기도 했다.

19세기 중반, 수세기 동안 근본적으로 봉건적이고 농업 중심이었던 사회에 자본주의가 도입되자 진보주의자와 전통주의자 모두 이에 격렬하게 반대하였다. 한편에서는 알렉산드르 황제의 개혁과 함께 '여성 문제'가 떠올랐다. 이런 급변하는 사회에서 여성들이 나아갈 길이 무엇인지에 대한 논쟁이 이뤄졌다. 1850년대에 페미니스트들과 자유주의자들에 의해 처음 제기되었던 이 문제는 1860년대에 불이 붙었고, 마침내 급성장하는 혁명 운동에 흡수될 때까지 타올랐다.

안나 스니트키나의 이야기는 그 시대의 경쟁적인 이데올로기들 속에서 독창적인 길을 개척하면서 '여성 문제'에 자신만의 답을 찾으려는 한 여성의 노력을 보여준다. 도스토옙스키와 동시대에 활동했던 문학가들은 대부분 그 시대의 문제에 열정적으로 관여했다. 이때 수백 종의 두툼한 잡지가 등장했는데, 그들은 각기 어떤 파벌을 대변했다. 대부분 자유주의적 성향의 잡지였는데, 러시아를 위해 유일하게 실행 가능한 일이 혁명이라고 주장했던 당대 급진적인 지식인들을 대변하는 수단이라 할 수 있었다.

몇몇 두꺼운 잡지는 보수적 이데올로기를 옹호했다. 선구적인 사상가 알렉산더 헤르젠은 자신의 잡지 〈종〉에서 그 시대의 분위기를 포착해내고 있다. 그는 "폭풍이 다가오고 있으며, 그 폭풍을 놓치는 건 불가능하다. 혁명파와 반동파 모두 그것을 알고 있다. 모든 사람의 머리가 빙빙 돌고 있다. 삶과 죽음에 대한 무거운 질문이 사람들의 머리를 짓누르고 있다"라고 썼다.

〈시간〉을 창간할 당시, 도스토옙스키 형제는 대립적인 두 집단에게 화해의 장을 마련하고자 했다. 그러나 1860년대 중반 러시아 사회의 이념적 균열을 막을 수 없음이 명백해지자 도스토옙스키는 보수주의자들에게 힘을 실어주었다. 한때 페트라셉스키 협회의 일원이었던 도스토옙스키는 보수주의자들의 맹점을 공공연히 인정하면서도, 급진적 지식인의 무신론, 과학 숭배, 혁명적 폭력에 대한 요구를 자신 속에 깊이 내재된 가치에 대한 모욕으로 여겼다. 그래서 보수파를 선호했다.

안나와 도스토옙스키가 만났을 때는 헤르젠이 언급한 '무거운 질문'이 러시아 지식 사회를 넘어 사회 구석구석에 넘쳐나고 있었다. 러시아 문학은 이러한 문화 전쟁에서 공적 역할을 키우고 있었다. 독자는 작가가 그 시대에 불타오르고 있는 사회적 질문에 대한 해답을 보여주기 바랐다. 도스토옙스키는 자신의 인생 경험, 1846년 그의 첫 소설 〈가난한 사람들〉 이후로 쭉 탐구해온 주제들을 통해 비록 선두는 아니더라도 확실히 그 바람의 중심에 서 있었다.

당시 상황을 고려할 때, 도스토옙스키의 삶에 안나가 나타난 것은 개인적이면서 사업상 빚어진, 별로 놀랄 일이 아니었다. 이 젊은 속기사는 도스토옙스키가 자신의 인생에서 가장 암울한 시기를 헤쳐 나갈 수 있도록 도왔을 뿐만 아니라, 머잖아 그가 지닌 시민으로서의 사명을 수행하고 세계 문학계에 내로라 하는 작가가 되겠다는 러시아 작가로서의 야망을 충족시킬 수 있는 구조를 만들어냈다. 안나는 남편의 예술 세계에 몰입하게 되면서 자신의 영적 진화에 영향을 받고 도스토옙스키가 세 가지 가장 중요한 문학 주제 - 열정의 힘, 지적 자긍심의 위험, 구원의 영속성 -에 접근해 가는데 도움을 주었다.

이 책 〈도박꾼 아내〉는 도스토옙스키와 러시아 문학, 그리고 그 시대의 문화적 혼란에 대한 수십 년의 연구를 바탕으로 한다. 안나 스니트키나와 표도르 도스토옙스키의 삶에 대한 자세한 내용은 1차 및 2차 자료로 신중하게 재구성되었으며, 이 자료 중 다수는 학술 출판물에 기고하는 슬라브어 전문가들에 의해서만 발굴된 것이다. 이전의 이야기들은 스니트키나의 등장을 소설가의 삶에 극적인 변화로 인식했을 뿐, 그녀가 대행한 일이나 그녀가 등장하게 된 복잡한 사회, 문화적 배경은 도외시했다.

지금까지 스니트키나는 한 위대한 남자를 자기 파괴적인 성향으로부터 구하고 그의 작품을 출판함으로써 그의 이름을 빛내려는 유일한 목적을 갖고 태어났다는 인상을 주어왔다. 그러나 이제 독자들은 이런 인상을 주는 책들로부터 벗어나게 될 것이다. 기존의 전기에서 간과했던 그녀의 성격과 복합적인 면, 그녀가 한 결정, 그녀가 처했던 위험 등이 바로 도스토옙스키와의 관계가 그녀에게 어떤 의미였는지보다는 도스토옙스키에게 그녀는 어떤 의미였는지를 알려줌으로써 그녀를 잘 보여준다.

안나 스니트키나의 선택에 대해 말할 때, '그녀가 자신의 삶을 이뤄낸 방식을 어떻게 생각해야 할까?'라는 질문은 고려할 가치가 있는 복잡한 문제를 만들어낸다. 예를 들어, 안나는 남편의 일에 헌신하면서 해방된 여성이 되고자 하는 그녀의 오랜 꿈을 저버린 것일까? 동시대의 급진적인 페미니스트들은 분명히 남편과 그의 작품에 대한 그녀의 열렬한 헌신을 여성 해방의 꿈에 대한 배신으로 보았을 것이다. 안나 도스토옙스카야가 도스토옙스키를 위해 치른 많은 희생과 고난을 감안하면 오늘날의 독자들도 그녀를 해방된 여성으로 보기 어렵다고 생각할지도 모른다.

실제로 시대가 그녀를 필요로 했던 어떤 순간에 안나는 당시의 페미니스트 독자들의 감탄을 불러일으킬 만한 행동을 하지 않았다. 그럼에도 불구하고 이러한 사례들은 그녀의 궁극적인 개인적 성공과 직업적 성취에 주목하지 않을 수 없게 한다. 19세기 러시아 페미니스트 원고를 온전히 자신의 생각만으로 다시 쓰는 능력에 대해서는 더 말할 나위도 없다.

표도르 도스토옙스키와 안나 스니트키나, 이 불안한 인물들은 그들의 삶이 무척이나 풀리지 않고 자신의 잠재력이 잠기지 않은 문 사이로 사라질지도 모르는 순간에 만났다. 도스토옙스키는 무모한 모험가이자, 창의적인 천재였으며, 작품 활동을 일관되고 꾸준히 하지 않았다. 하지만 손을 놓고 있다가도 어느 순간이 되면 미친 듯이 글을 써대는 변덕스러운 작가였다. 안나를 만났을 때 그는 궁핍에 찌들어 있었으며, 경력을 거의 망칠 정도의 자기 패배적인 우울증과 싸우고 있었다.

안나는 개인적으로나 직업적으로나 야망이 강했다. 그녀가 결혼한 남자와 마찬가지로, 그녀도 일종의 도박꾼이었다. 하지만 결과적으로 그녀는 그보다 훨씬 더 기민하고 전략적인 사람이었다고 볼 수 있다. 도스토옙스키를 만나지 않았다면, 당시 러시아의 다른 수백 명의 젊은 여성처럼, 안나는 속기사로서 단순하지만 직업적으로 안정된 삶을 살았을 것이다. 하지만 강인한 기질과 열정적인 성격을 지닌 그녀가 과연 그런 삶에 만족했을 지는 의문이다.

그들의 결합은 매우 불완전했던 만큼 복잡했다. 거기에는 현대인이 보기에는 불편한, 도스토옙스키의 나르시시즘과 학대 성향이 억제되지 않은 채 계속 나타날 여지가 있었다. 하지만 안나는 인내심과 판단력, 그리고 무모할 정도로 위험을 감수하는 자신의 능력을 조합하여, 그의 인생에서 다른 여성들이 실패했거나 시도조차 포기했을 때도 그와 성공적인 관계를 유지할 수 있었다. 안나는 끈기와 풍부한 지략으로, 도스토옙스키의 경력을 위하여 개인적으로 감당해야 했던 학대와 직업적인 채찍질 모두를 참고 견디는 능력을 발휘하였다. 그리하여 도스토옙스키가 〈백치〉(1868~1869)나 〈악령〉(1871~1872), 〈카라마조프가의 형제들〉(1879~1880)과 같은 기념비적인 작품을 쓰기 위해 필요로 했던 안정적인 환경을 만들어낼 수 있었다.

안나의 적극적인 사랑은 도스토옙스키 후기 명작의 예술적 비전에 영감을 주었다. 그 과정에서 성실함과 판단력, 야망을 갖춘 안나는 전례 없고 성공적인 자신의 사업체를 세울 기회를 스스로 개척하여, 러시아 역사상 최초의 여성 출판업자가 되었다. 이 사업은 그녀에게 특별한 의미로 다가와 직업적 성취에 대한 만족을 안겨주었다. 뿐만 아니라, 자신들이 운영하는 안정적 수익 사업에 참여하게 하는, 요구는 많고 비양심적이기까지 한 출판사에 도스토옙스키가 위태롭게 의존하지 않아도 되는 환경을 만들었다.

"당신은 아주 보기 드문 사람이오."

도스토옙스키는 죽기 몇 년 전에 아내에게 말했다.

"당신은 자신의 능력을 의심하지 않았소."

안나를 만나지 않았다면 자신의 삶과 경력이 어떠했을지 잘 알고 있는 도스토옙스키는 그의 마지막이자 가장 위대한 책인 〈카라마조프가의 형제들〉을 헌정함으로써 그녀에게 최고의 명예를 안겨주었다. 그리고 아내에게 이런 말을 자주 했다.

"당신은 나를 이해한 유일한 여자라오."

이제 드디어 독자들도 그녀를 이해할 수 있는 기회를 갖게 될 것이다.

차례

도스토옙스키와 안나가 결혼식을 올린 트로이체 이즈마일롭스키 성당(러시아 상트페테르부르크)
©윤상구

제1부
/
도
박

해야 하는 일

1846년 8월 30일, 안나 그리고리예브나 스니트키나는 수도원의
낭랑한 종소리와 엄숙한 군악대 음악에 둘러싸인 가운데 페테르
부르크에서 태어났다. 상쾌한 날씨의 그날은 13세기 전사인 성 알
렉산드르 넵스키 왕자의 축일이었다. 훗날 그녀는 자신이 태어난
시기와 의식에 깃든 정신은 우연이 아니라고 말하곤 했다. 외국 침
략자를 물리치고 멀리 떨어진 위대한 러시아의 부족들을 통일시킨
그녀의 수호 성인 넵스키 왕자처럼, 안나 도스토옙스카야는 그녀
만의 방식으로 러시아의 전사가 되었으니까.

역설적으로 그녀는 러시아 도시 중에서 가장 서구화된 유명 도
시에서 자신의 인생을 시작했다. 페테르부르크는, 후진적인 사회
로 여겨졌던 것들을 현대화하기 위해 진행한 프로젝트의 일환으로
18세기 초 표트르 대제가 건설한 러시아의 수도였다.

표트르 대제는 베네치아 양식의 아름다운 운하와 2~3층짜리
고전적인 건물들이 늘어선 좁은 거리들을 질서정연한 격자 모양으
로 만들어서 '서양으로 열린 창문'을 디자인했다. 네바강 강둑을 따
라 황제의 장엄한 겨울 궁전이 도시의 중심부를 장식하고 있었다.
궁전에서는 네바강 반대편에 있는, 두 개의 기둥과 강으로 내려오

는 화강암 강둑을 양쪽에 두고 있는 웅장한 증권거래소와 원래부터 그 자리에 있었던 페트로파블롭스크 요새가 보였다. 당시 그 요새는 정치범을 수용하는 감옥으로 쓰였다(1849년 도스토옙스키도 선고를 기다리는 몇 달 동안 그곳에 감금되어 있었다.).

정치와 문화 권력의 거점인 도시 중심에서 멀리 떨어질수록 거리와 건물은 더 초라해질 수밖에 없다. 바로 그곳, 페테르부르크의 뒷골목에 위치한 비좁고 환기가 잘 되지 않는 아파트가 도스토옙스키 작품 속 특유의 고통받는 인물들이 사는 곳이었다.

안나 스니트키나는 도시의 중심부에서 별로 멀지 않은 2층짜리 벽돌집에서 안락한 소녀 시절을 보냈다. 그 집은 코스트롬스카야와 야로슬라브스카야 거리의 모퉁이에 2만㎡가 넘는 땅에 서 있었다. 그녀의 가족은 이 집과 같은 땅에 지어진 또 다른 집 세 채를 소유하고 있었는데, 외할아버지의 유산으로 마련한 것이었다. 부유한 스니트킨스는 가장 큰 집의 2층에 살았다. 그곳은 향기 짙은 베리 관목이 있는 크고 그늘진 정원과 연결되어 있었다. 그 집의 다른 방들은 세입자들에게 임대했다. 활동적인 안나의 어머니가 임대료를 관리했고, 안나의 아버지 그리고리 이바노비치 스니트킨은 정부 부처에서 공무원으로 근무했다. 여기서 안나는 조용하고, 신중하고, 평온한 어린 시절을 보냈다. 싸움도, 극적인 사건도, 재앙도 없던 시절이었다.

문학과 관련하여 그녀가 어렸을 때 경험할 수 있었던 것은 몇 권의 아동 도서가 전부였다. "아무도 우리를 '계발'하려 하지 않았다"

라고 그녀는 회상했다. 이 시기에는 자유방임적으로 아이를 키우는 것이 유행하고 있었다. 영국의 공리주의 철학과 프랑스 사회주의 사상의 영향으로 사회주의에서 유물론, 실증주의에서 경건주의에 이르기까지 자기 계발과 사회 진보의 이론이 쏟아져 나온 시기이기도 했다.

그 당시의 잡지는 성병 치료법에서부터 인생을 바꾼다는 영적 체험에 이르기까지 모든 잡다한 정보를 제공했다. 그 두꺼운 잡지의 광고를 슬쩍 들춰보기만 해도 러시아인이 병든 인류를 치유할 만병통치약이 있다고 믿었거나 믿고 싶어 했음을 알 수 있다.

하지만 이 유토피아적인 꿈과 모든 병을 치료한다는 약속도 스니트킨 사람들에게는 터무니없는 소리에 불과했다. 그들은 부르주아적 방식을 자랑스럽게 고수하면서, 무엇보다도 근면함, 겸손함, 조용하고 일상적인 봉사에서 생기는 만족감을 중요하게 여겼다.

애지중지 자란 것은 아니지만, 안나와 그녀의 형제들, 언니 마샤, 남동생 이반은 즐거운 어린 시절을 보냈다. 여름에는 아침부터 밤까지 넓은 가족 정원에서 놀았고, 겨울에는 아버지가 만들어준 얼음 언덕에서 썰매를 탔다. 크리스마스에 가족들은 전나무에 불을 켰고, 카니발이 열리는 주에는 부모님이 반짝이는 종과 밝게 빛나는 나팔로 장식된 마차에 태워주었으며, 일 년에 두 번은 극장에 갔다. 명절이 되면, 축하하러 온 친척들이 스니트킨 부부의 넓은 아파트에서 밤늦게까지 머물곤 했다. 안나가 태어난 때도 명절을 축하하는 기간이었다. 가족은 행복이 다가올 전조라고 기뻐했다. 훗날 안나가 결국은 실현됐다고 주장했던 그 예언이었다.

안나가 자각하는 어릴 적 기억 중 하나는 갓난아기였을 때의 일이다. 그 지역의 짐 마차가 스니트킨 가족 소유의 낡은 헛간에 돌진한 일이 있었다. 두 살배기 안나를 돌보던 어머니와 유모는 공포에 질려 비명을 질렀지만, 잠시 후 운 좋게도 마차꾼이 기적적으로 목숨을 구했다는 사실을 알게 되었다.

일 년 후 그녀가 심각한 병을 앓았을 때도 똑같은 힘이 작용했다. 이때 자신을 낫게 한 것이 맨가슴 위로 기어간 거머리인지, 슈팔레르나야 거리에 있는 교회에 걸려 있는 하나님의 전능하신 어머니라는 기적의 성상 앞에서, 성찬식을 받고 기도하라 했던 어머니의 고집인지 안나는 알 수 없었다. 하지만 그녀를 낫게 한 것이 무엇이든지 간에, 그 순간 이후로 안나는 어떤 영적인 힘이 자신을 지켜주고 보호한다고 확신하게 되었다.

스니트킨 가족은 그런 류의 이야기를 좋아했다. 안나는 성격이 매우 활달하고 민첩하며 장난을 잘 치는 사람인 아버지가 젊은 시절을 철저하게 즐기다가 42세가 돼서야 청혼한 이야기를 기억했다. 그녀의 아버지는, 루터교 주교를 포함하여 스웨덴 학자를 배출한 집안의 날씬하고 놀랄 만큼 아름다운 스물아홉 살의 안나 니콜라예브나 밀토페우스에게 청혼했다. 시부모의 요구로 예비 신부는 결혼 전에 러시아 정교회로 개종해야 했다.

안나 니콜라예브나는 최종적으로 답을 하기 바로 전날 저녁, 친정집의 십자가 앞에 무릎을 꿇고 계시를 달라고 빌었다. 거의 한 시간이 지난 후, 고개를 든 그녀는 십자가 위에서 방 전체를 비추는 마법 같은 광채를 보았는데, 그 광채는 곧 사라졌다. 그녀는 두 번째, 세 번째 아우라가 나타나는 것을 보았다. 같은 날 밤, 안나 니콜라예브나는 그리스 정교회에 들어가 성유를 바르는 꿈을 꿨는데, 그 꿈에서 자신은 그리스도의 성막 바로 옆에 서 있었다. 십자가 위의 환영과 꿈이라는 두 징후는 러시아 정교회로 개종하고 스니트킨과 결혼할 운명이라는 확신을 그녀에게 심어주었다(2주 후에 시모놉스카야 교회에서 실제로 개종 의식을 치르는 동안, 그녀는 꿈에서 보았던 바로 그 그리스도의 성막 옆에 서 있는 자신을 발견하고 놀랐다.).

안나 니콜라예브나는 고대 교회 슬라브어로 된 기도문을 읽을 수 없었지만, 최근에 개종한 사람이 가진 맹렬한 믿음과 헌신을 정교회 신앙에 쏟아부었다. 그녀는 자신의 결정을 결코 후회하지 않았다. 그렇게 하지 않았다면, 그녀는 아이들에게 말하곤 했다.

"내 남편과 아이들로부터 소외감을 느끼게 되었을 텐데, 그건 나에게 큰 고통이었을 거야."

그녀의 딸은 어머니를 집안의 진정한 가장이라고 생각했다. 아버지는 어머니에게 흔쾌히 가장의 자리를 양보했고, 자신을 위해서는 지역 골동품 상점에 들러 장식품과 희귀 도자기를 살 수 있는 권리와 같은 몇몇 소중히 여기는 자유만을 남겨 두었다.

그러나 아버지는 가끔 유순한 기질 속에 가려져 있었던 용기를 보여주어 안나를 놀라게 했다. 스니트킨이 열 살 때, 학교 가는 길에서 만난 잘 차려입은 신사가 그에게 갓 태어난 남자아이의 대부가 되어달라고 부탁했다고 한다. 어린 스니트킨은 주저 없이 동의했는데, 한 가족의 아이들이 모두 죽었을 경우 그 집의 신생아는 아이의 아버지가 처음 만나는 사람에게 세례를 받아야 한다는 사실을 나중에 알게 되었다. 안나는 자신의 아버지가 편안하고 활기차며 관대한 사람임을 보여주는 감동적인 예로 그 이야기를 자주 인용했다.

안나는 아버지를 닮아 동화를 좋아했다. 아버지가 좋아하는 동화는 〈이반 두라초크〉 또는 〈바보 이반〉이었는데, 그는 저녁 식사를 마친 후에 계속 내용을 바꾼 이야기를 아이들에게 들려주었다. 그녀는 이반이 당하고 또 당하는 불운에서 빠져나오기 위해 어떤 꾀를 쓰는지 알고 싶어 남동생과 언니 사이에 끼어 앉아 기쁜 마음으로 귀를 기울이곤 했다. 자신도 모르는 사이에 그녀는 언젠가 꺼내 쓸 수 있는, 살아가는 데 꼭 필요한 두 가지 기술 – 스토리텔링과 생존 –을 배우고 있었던 셈이다. 실제로, 몇 년이 지난 후 안나와 도스토옙스키는 장난스러운 시를 지었는데, 그 시 덕분에 유럽 여행 중에 겪었던 매일 매일의 불행을 덜 수 있었다. 이 장난스러운 시에서는 스니트킨이 좋아하는 동화 속 황홀한 리듬과 낙천적인 정신을 느낄 수 있다.

스니트킨은 또한 열렬한 예술 신봉자였다. 그는 예술을 거의 종교적인 경외심으로 바라봤다. 젊었을 때 그는 유명한 비극 전문 여배우 바르바라 아센코바를 숭배해 극장에서 공연 중인 그녀를 바라보며 저녁 시간을 보내곤 했다. 그러다 결국 그녀를 만나기 위해 무대 뒤로 가는 방법을 알아냈다. 놀랍고 기쁘게도, 아센코바는 젊은 팬에게 즉시 호감을 가져서 라신이나 코르네유의 구절을 암송하러 무대에 오를 때마다 자신의 꽃다발과 숄을 꼭 그에게 맡겼다. 그리고 공연이 끝나면 그에게 분장실까지 자신을 에스코트할 수 있게 해 주었다.

그 여배우가 결핵으로 갑작스럽게 세상을 떠나자 젊은 스니트킨은 너무 상심한 나머지 몇 년 동안 극장에도 갈 수 없었다. 안나의 회상에 따르면, 나중에 아버지는 그녀와 언니 마샤를 데리고 이 여배우의 무덤에 찾아가 우리 시대의 가장 위대한 예술가의 명복을 빌게 했다.

안나에게 표도르 도스토옙스키의 글을 소개해 준 이도 아버지였다. 10대 중반이었던 1860년에서 1863년 사이에 〈시간〉에 게재된 작가의 자전적인 글, 〈죽음의 집의 기록〉을 읽으면서 그녀는 시베리아에서 수년간 힘든 노동을 하는 죄수가 내레이터인 이 이야기에 고통스러워했다.

1861년 같은 잡지에 실린 〈상처받은 사람들〉을 접한 안나는 몽환적이고 무일푼인 젊은 작가 이반 페트로비치를 동정하게 되었다. 작품 속에서 나타샤에 대한 이반 페트로비치의 사랑은 물거품이 된다. 나타샤의 부모가 더 안정된 직업을 가질 때까지 결혼을 미루라고 이반에게 강요했기 때문이다. 나타샤는 잔인하고 부유한 상인의 쓰레기 같은 아들 알료샤와 사랑에 빠지는데, 이반 페트로비치가 알로샤를 더 큰 돈벌이로 유인하여 나타샤를 멀리하게 할 때까지 그들의 관계는 지속된다.

그런 내용 전개는 초기 도스토옙스키 작품의 전형적인 형태였다. 온순하고 순수한 몽상가 기질의 예술가가 사회적 약탈자로 가득한 냉혹한 현실에 맞닥뜨린다는 내용. 평생 동안 이기주의자를 혐오했던 안나 스니트키나는 반사적으로 약자의 편을 들었고, 개인이 당한 부당함을 도스토옙스키 식으로 묘사해낸 이야기에 마음을 빼앗겼다.

"나타샤가 어떻게 사랑스러운 이반 페트로비치보다 쓸모없는 알료샤를 더 좋아할 수 있었는지 이해할 수 없었어요. 그 소설을 읽으며 생각했는걸요, '이반 페트로비치의 사랑을 거절했기 때문에 나타샤가 그렇게 된 건 당연하다'라고요."

약혼 후 그녀가 도스토옙스키에게 한 말이다. 그녀는 이반 페트로비치가 작가 자신의 대리인임을 눈치챘다.

"나에게는 도스토옙스키가 자신의 이뤄지지 않은 슬픈 사랑에 대해 얘기하고 있는 것처럼 보였다."

그의 작품과 인생 이야기를 주의 깊게 추종했기에, 그녀는 소설의 자전적인 함축성을 알아챘다. 특히 페트로비치가 안나에게 익숙했던 도스토옙스키의 데뷔작, 〈가난한 사람들〉과 매우 비슷한 작품을 쓴 작가라는 사실 덕분에 쉽게 미루어 생각할 수 있었다.

안나의 도스토옙스키에 대한 열정은 대단했다. 그걸 확인한 가족은 열여섯 살의 그녀에게 작가의 미완성 소설 중 하나에서 이름을 따서 '네토치카 네즈바노바'라는 별명을 지어주었다. '네토치카 네즈바노바'는 '초대받지 않은 사람'이라는 뜻이지만, 더 흔히는

'이름 없는 사람'으로 해석된다. 이 소설은 타고난 재능에도 불구하고 정서적으로 학대받는 고아 소녀의 고통스러운 어린 시절을 다루고 있다. 네토치카 네즈바노바는 어쩌다 만난 가족의 보호를 받다가 그 다음에 만난 가족과는 비정상적인 관계를 갖는다. 소녀는 열여덟 살이 되어서야 고통스러운 경험을 지나 가수로 입문하게 된다.

도스토옙스키의 작품, 〈네토치카 네즈바노바〉 집필은 그의 체포와 투옥으로 중단되었다. 연재의 첫 두 편은 1849년 4월 그가 체포되기 전에 출판되었고, 세 번째 편은 한 달 뒤에 발표되었다. 그는 이 소설을 완성하지는 못했는데, 만약 완성했다면 19세기 러시아 최초의 페미니스트 소설이 되었을 것이다. 조지프 프랭크라는 학자는 "재능 있고 의지가 강한, 짓밟히기를 거부하는 여성을 묘사하는 최초의 작품이었다. 이후 그 여성은 주요 러시아 소설의 낙관적인 여주인공이 되었다"라고 평가했다.

그런 이야기를 집필하면서, 도스토옙스키는 19세기 중반 러시아 문화에서 가장 극적인 격변 중 하나인 독특한 페미니스트 운동이 떠오르기를 기대하고 있었다. 페미니스트에 관한 인식은 러시아 귀족들 사이에서는 1700년대 후반부터 유행처럼 번지고 있었다. 하지만 대중은 1856년 의사이자 교육학자 니콜라이 피로고프가 쓴 기사에 영향을 받아 비로소 '여성 문제'에 관심을 갖게 되었다.

피로고프는 크림전쟁에서 자신이 지도했던 여성 간호사들의 기술과 용기에 영감을 받았다. 그는 국가의 물질적·정신적 안녕을 지키기 위한 투쟁에서 남편의 진정한 파트너가 되려면 여성들에게도 교육이 필요하다고 주장했다. 교육이 초기 러시아 페미니스트 운동의 중심 목표가 된 것은 그 덕분이다. 그 목표는 1858년 정부가 최초의 여자 중등학교를 개설하고 이듬해에는 여학생들에게 대학 과정을 개방하는 계획을 승인하면서 결실을 맺었다.

또 다른 초기 주창자 미하일 미하일로프는 여성들이 고용과 생산적인 사회 활동에 관심을 돌리기 전에 일찍 자녀를 양육하여 자유로워질 수 있는 체계적인 프로그램을 제안했다. 뿐만 아니라 일찍이 사랑에 기초한 결혼을 위해 여자에게 이혼할 자유를 주는 데 찬성했다.

그 후 몇 년 동안, 다른 목소리들이 논쟁에 참여했다. 그들 중 대다수는 여성이었다.

"숙녀 여러분, 어린애처럼 굴지 마세요. 자신의 두 발로 서세요!"

1860년경에 〈경제 지수〉라는 책을 남편과 공동 편집했던 마리아 베르나츠카야는 이렇게 외쳤다. 그녀는 여성들에게 의미 없는 활동에 시간을 낭비하지 말고 자신의 생계를 책임지라고 말했다. 하룻밤 사이에 대도시뿐만 아니라 지방에서도 여성들을 돕기 위한 여성 단체가 우후죽순처럼 생겨난 듯했다. 페름의 어느 동네에서 한 주최자는 불만을 터뜨렸다.

"러시아 여성들은 사실상 사회적으로 존재감이 전혀 없다."

그 주최자는 머리를 짧게 자르고 무신경한 옷차림으로 집회에 참석하는 것으로 유명했다. 러시아 여성들은 "아내로서도 엄마로서도 전혀 대접받지 못했다. 지금까지도 남성들이 여성들을 완전히 지배하고 있다"라고 그녀는 말했다. 여성의 존엄성과 권리를 지키기 위해 연대하는 것은 여성의 몫이라는 주장과 함께.

다른 페미니스트들은 특정 여성들을 지원하는 자선 운동에 에너지를 쏟았다. 예를 들어, 중하위 계층의 어린 소녀들에게 읽기, 쓰기, 바느질, 종교를 가르치는 기회를 제공한 주일 학교 운동이 인기를 끌었다. 한 교사는 이 운동에 대해 이렇게 회상했다.

"일, 공공의 이익, 사람들과 접촉할 기회를 찾는 우리의 열망을 실현해준 첫 번째 출구였다."

1860년대 초까지 '여성 문제'는 당대의 잡지, 대학 강의실, 학생 아파트, 문예 살롱 등에서 뜨거운 이슈였다. 이 운동은 많은 장·단편 소설에 영감을 주었는데, 그중 가장 유명하고 영향력 있는 소설은 니콜라이 체르니솁스키의 1863년 소설 〈무엇을 할 것인가?〉였다. 이는 진정으로 해방된 여성의 모델을 명확히 제시하고 있다.

이반 투르게네프의 소설, 〈그 전날 밤〉 속의 젊은 페미니스트 여주인공은 결핵에 걸린 자유 투사와 결혼하고, 남자가 죽은 후에도 불가리아 해방이라는 고귀한 정치적 대의를 위해 계속 싸운다. 나데즈다 크보신스카야의 소설, 〈기숙학교 소녀〉(1983)는 지방 귀족 가문의 딸인 렐렌카가 페미니스트 사상에 영감을 받아 부모로부터 벗어나는 이야기를 담고 있다. 렐렌카는 가족과 떨어져 지내며 예술가로서의 경력을 쌓은 후에 이렇게 선언한다.

"나는 절대 사랑에 빠지지 않을 것이다. 사랑은 바보 같은 짓이다. 맹세코 누군가가 나를 지배하게 두지 않을 것이다. 그 낡고 야만적인 관습을 따르지 않을 것이다. 저들과는 반대로 나는 모두에게 내가 한 대로 하라고 말한다. 일할 몸과 강한 의지를 가진 모든 자여, 자신을 해방시켜라! 혼자 살아라. 일, 지식, 자유. 그것이 바로 인생이다."

그녀의 말은 곧 1860년대 급진 여성주의자들을 위한 청사진이기도 했다.

반동주의자들은, 크보신스카야의 소설 여주인공 렐렌카와 같은 페미니스트들을 '여성 허무주의자'로 치부했다. 그들이 혁명적 대의를 지지할 뿐만 아니라 사회 문화적 규범을 공공연하게 경멸하고 의도적으로 불손한 행동과 복장을 한다는 이유였다. 이 여성 중 다수는 보호자 없이 거리를 돌아다니고, 공공장소에서 담배를 피우며, 남성들이 자신을 위해 문 열어주는 것을 거부함으로써 예의바른 사회의 분노를 불러일으키곤 했다.

전통적으로 러시아 젊은 여성들이 사용하는 모슬린, 리본, 파라솔, 꽃을 경멸하는 여성 허무주의자들은 머리를 짧게 자르고, 허리를 조이지 않는 일자형의 어두운 색 모직 드레스를 입기도 했는데, 그 옷의 장식은 흰 깃과 흰 소매뿐이었다. 그들은 짙은 파란색 안경을 쓰고 외국의 과학 작품을 탐독했으며, 러시아의 순수 문학은 여리고 구식이라며 읽기를 거부했다. 한 선동가는 "우리를 당신의 동지, 인생을 함께 하는 동료, 당신과 동등한 사람들로 소중히 여겨주세요"라고 요구했다.

"우리가 평등하다는 사실을 인정하라. 그러면 우리도 우리가 여성임을 상기하는 횟수를 줄이려 노력할 것이다."

이러한 문화적 또는 사회적 혁명에 대한 요구는 1850년대의 페미니스트의 목소리와는 달랐다. 1850년대의 페미니스트들은 사회의 완전한 개편보다는 여성을 위한 취업과 교육 기회를 확보하는 데 초점을 맞추었다. 이 초기 흐름은 나데즈다 스타소바, 마리아 트루브니코바, 안나 필로소포바가 이끌었다. 그들은 실용주의와 삶의 경험을 결합한 교육을 잘 받아 강한 사회적 양심으로 무장되어 있었고 인맥이 넓은 사람들이었다.

상류층의 다른 계몽된 사람들과 마찬가지로 그들도 더 소박하게 옷을 입고, 하인에게 덜 의존하며, 예의 바른 사회에 만연한 형식주의를 피했다. 그럼에도 그 개혁 노력이 공식적으로 인정받을 수 있었던 것은, 그들이 속한 사회적 배경의 도움이 컸다고 할 수 있다. 그들은 공동 출자로 숙박 협회를 설립하여 가난한 여성들의 주택 문제를 해결해주고 여러 가지 도움을 제공하였다. 또 여성 교육을 강화하기 위한 캠페인에 여성을 동원하기도 했다. 1863년에 이르러 트루브니코바와 스타소바는 여성출판협동조합을 설립하여 교육받은 여성들에게 스스로 책을 쓰고, 번역하거나, 책을 엮을 수 있는 기회를 제공했다.

혁명가라기보다는 관행을 따르지 않는 사람들이었던 타소바, 트루브니코바와 필로소포바는 진보적인 여성의 대의를 지지하기 위해 위험을 무릅쓰는 와중에도 자신들이 받은 귀족적인 가정교육의 잔재를 부정하지 않았다. 그들은 주로 막후에서 활동했으며, 여성들에게 경제적·직업적 기회를 주어야 한다고 주장했다. 하지만 남녀 간의 관계 개선을 요구한 것은 아니었다. 또 그들은 여성 해방과 만족스러운 가정생활이 모순된다고 생각하지 않았다. 오히려 여성들이 성취감을 얻는 데는 가정의 행복과 집 밖의 생산적 출구가 모두 필요하다고 믿었다. 필로소포바는 딸에게 조언했다.

"이 세상에서 가족보다 더 소중한 운명은 없다."

젊은 안나 스니트키나는 필로소포바, 트루브니코바, 스타소바를 알지 못했을 것이다. 그들은 1860년대의 보다 급진적인 페미니스트들처럼 누구나 아는 사람들이 아니었다. 그러나 이런 초기 여성 해방 운동의 지도자들은 안나 자신이 인식하고 공감했을 페미니스트의 힘에 대한 비전을 구체화시켰다. 안나라면 미완성 소설 〈네토치카 네즈바노바〉의 여주인공을 위해 도스토옙스키가 상상했던 것과 거의 같은 방식으로 그들의 잠재력을 깨달았을 것이다.

도스토옙스키가 작가로서 활동하지 못했던 오랜 시간 러시아는 그의 작품을 잊어버렸을지 모르지만 스니트킨 가족은 결코 그렇지 않았다. 그들은 딸이 자랑스러워하는 별명을 불러주며 여주인공인 '초대받지 않은 사람'에 대한 기억을 간직했다. 안나는 이 별명이 도스토옙스키에 대한 자신의 열정과 초대도 안 했는데 친척집에 들르곤 했던 그녀의 습관에서 비롯되었다고 〈회상〉에서 밝혔다. 그러나 그녀가 자신을 네토치카 네즈바노바의 이야기와 동일시하는 데는 더 깊은 이유가 있는 건 아닐까?

안나에게 문학에 대한 사랑을 심어준 사람은 아버지였고, 젊은 여성의 종교적 성향과 종교적 징후에 대한 믿음을 책임진 사람은 어머니였다. 두 사람 모두 안나가 러시아 전통에 대한 사랑을 키워 갈 수 있게 해주었다.

1856년, 열 살의 안나와 그 가족은 모스크바로 여행했다. 고모할 머니는 모스크바 크렘린의 부활 수도원에서 중요한 자리를 맡은 수녀였다. 그녀는 스니트킨 일가가 알렉산드르 2세의 대관식을 구 경할 수 있게 수도원 개인 아파트 임대를 주선했다. 반세기가 지난 후에도 안나는 크렘린 종소리와 군악대의 연주가 울려 퍼지는 광 장을 지나가던 장엄한 행렬을 생생하게 기억할 수 있었다. 그녀는 국가가 귀청이 터질 듯한 만세 소리와 합쳐질 때, 빛나는 황금색 으로 수놓아진 제복을 입고 연대에 서 있던 군인과 궁정 직원들, 하얀 타조 깃털과 금색 술로 장식된 거대한 캐노피 아래에 있던 황 제와 황후를 보았던 광경을 떠올렸다.

안나는 이후 가족과 함께 참석한 만찬에서 만났던 사람들의 행 동도 회상하곤 했다. 대다수의 사람이 거대하고 번쩍번쩍한 식당 을 나서면서 각 테이블에 놓인 장식용 꽃을 기념품으로 챙기기 시 작했다. 손님 수보다 꽃다발이 적어서 문제가 생겼는데, 세련된 모 습의 정부 관료들까지 말 그대로 꽃다발과 꽃을 찢다시피 했다. 그 바람에 꽃병에는 빈 줄기만 남았고 바닥에 꽃잎이 흩뿌려졌다. 안 나는 이 광경을 공포와 혼란 속에서 지켜보았다. 우아한 대관식과 그 뒤에 일어난 이런 무례한 사건의 대조에 안나는 불안을 느꼈고, 품위와 예절이 중요하다는 믿음을 더 굳건히 하게 되었다.

그녀는 부모님이 세입자들에게 온화하게 대했다고 기억했다.

안나의 부모는 친절하고 양심적인 주인으로 알려져 있었는데, 이는 초기 자본주의 사회인 러시아에서는 보기 드문 일이었다. 스니트킨은 아름다운 정원이 내려다보이는, 관리가 잘 된 넓은 아파트를 매달 5~8루블에 임대했다. 공동 마당에서 세입자 아이들과 함께 노는 동안 그들의 어머니들은 자식들을 엄격하게 교육하는 집주인의 모습에 감탄하곤 했다.

몇 년째 함께 살면서 스니트킨 가족과 한식구처럼 지내는 세입자도 많았다. 그들은 크리스마스와 부활절을 스니트킨 가족과 함께 보냈고, 생일과 이름의 날*에 선물을 보냈으며, 가족 세례식, 결혼식, 장례식에 집주인을 초대했다. 안나는 부모의 그런 행동을 가부장적인 시대의 잔재였다고 돌이키곤 했다.

"그런 시간은 다시 돌아오지 않을 것이다."

여성 세입자들은 특히 스니트키나 부인을 좋아했는데, 스니트키나는 어머니 같은 조언을 해줄 뿐만 아니라 교회에 입고 갈 실크 드레스와 터키식 숄, 리본으로 장식된 모자를 빌려주기도 했다. 어느 해 사순절 기간, 이 물건들을 빌린 한 세입자가 교회에 서 있는 성상 앞에서 무리하게 무릎을 꿇다가 머리를 램프에 부딪친 일이 있었다. 램프의 기름이 머리 위로 쏟아지고 등 아래까지 흘러내려 빌린 모자와 드레스는 엉망이 되어버렸다. 지저분한 드레스 차림으

---

* 이름을 따온 러시아 정교회 성인의 축일이다. 정교회의 영향을 많이 받았던 19세기 러시아에서는 이름의 날이 생일보다 더 중요하게 여겨졌고 큰 축하 행사가 치러졌다.

로 밀랍으로 가득 찬 모자를 구겨서 들고 찾아온 세입자는 스니트키나 부인 앞에 무릎을 꿇고 흐느끼기 시작했다. 안나의 어머니는 괴로워하는 그녀를 위로하며, 그 옷과 모자는 쉽게 세탁해서 고칠 수 있다고 안심시켰다. 사실 그 옷은 수선할 수 없는 상태였다. 어머니의 관대함을 엿볼 수 있는 그 일을 안나는 잊지 않고 회상했다. "그때는 이 세상을 살아가는 것이 더 쉬웠다. 운명이 우리에게 보낸 시련을 견디기가 더 쉬웠다"라고.

안나는 부모님을 존경하고 조국을 사랑했지만, 그녀에게도 반항적인 면이 있었다. 그 당시에도 중매 결혼의 관습은 여전했다. 사실 그녀의 언니도 그 얼마 전 중매 결혼을 했다. 하지만 안나는 열여섯 살 때부터 그 관습을 혐오한다고 선언했다.

"사람들은 중매 결혼에 대해 직설적으로 말하는 걸 부끄러워하지 않았다. 마치 이렇게 말하는 것 같다. '당신에게는 제품이 있고, 우리에겐 구매자가 있다' 혹은 '여기 당신에게 이익이 되는 구혼자가 있다.'"

중매 결혼의 관습은 안나에게는 자신을 사람이라기보다는 물건처럼 느끼게 만드는 것이었다. 그녀의 관점에서 본다면, 그 관습은 부모뿐만 아니라 그 자식들까지도 가장 품위 없는 속임수에 말려들게 하는 것이었다.

안나는, 가족의 친구 중 한 명이 부모의 부동산을 빌리고 싶다는 젊은 남자에게 그녀의 어머니를 몰래 소개했을 때, 자신이 어떤 느낌을 받았는지 너무나 선명하게 기억하고 있었다. 실제로 그의 방문 목적은 단지 아내로 삼을까 고려 중인 스니트킨의 어린 딸을 지켜보는 것뿐이었다.

안나는 그 젊은 미남 상속자에게 평소 호감을 갖고 있었다. 하지만 그가 자신을 만나기 위해 초대도 받지 않은 결혼식 파티에 오려 한다는 것을 알게 되자 안나는 그의 방문을 거절했다.

"그 속임수 때문에 그 젊은 남자가 하찮아 보였다."

안나는 자존심을 내세우며 엄격한 어조로 회상했다.

"그리고 심지어 그가 불쌍해지기 시작했다. 어머니는 내 마음을 바꾸고 '신랑'의 잘못을 만회하려고 했지만, 나는 양보하지 않고 내 입장을 고수했다."

안나는 자신의 교육에도 강한 의지를 보였다. 아홉 살부터 열두 살까지 그녀는 성 안나 학교에 다녔는데, 그 학교에서는 종교를 제외한 모든 과목을 독일어로 가르쳤다. 이때 배운 독일어는 몇 년 후에 그녀가 남편과 유럽을 여행할 때 매우 유용하게 쓰였다. 안나는 페테르부르크에 문을 연, 여학생을 위한 초기 '김나지움'에도 다녔다. 이 학교는 1858년 여성들에게 더 나은 교육 기회를 제공하기 위한 정부의 노력의 일환으로 세워졌다.

그녀의 급우이자 평생 친구인 마리아 니콜라예브나 스토유니나의 말에 따르면, 안나는 "활기 넘치고, 확고하고, 열정적인 기질"을 가진 재능 있고 성실한 학생이었다. 열여덟 살의 나이로 안나는 졸업식에서 1등 상인 은메달을 받았다. 굉장히 매력적인 눈과 열정적인 천성을 가진 이 학구적인 소녀는 급우들 사이에서는 짓궂은 유머 감각으로 유명했다. 그녀는 이 유머 감각으로 거의 모든 상황에서 코미디를 찾아내 전염성 강한 웃음을 느닷없이 터뜨리게 했다.

그러나 자신의 기질과 에너지에도 불구하고, 안나에게는 평범한 급우들과는 좀처럼 어울리지 못하는 경향이 있었다. '민주적', 혹은 부르주아적 가족이라고 조롱당한 바 있는 그녀는 1850년대 후반 이후 야심찬 젊은 페미니스트들의 전형적인 행동을 따라하지 않기로 했다. 그녀는 머리를 자르지도 않았고, 일부러 안경을 쓰거나 담배를 피우지도 않았다.

안나는 대부분의 급우보다 글 읽기를 놀라울 정도로 더 잘 했지만, "그녀의 부모는 단순한 사람들이었다"라고 스토유니나는 회상했다. 안나 자신도 어설퍼 보일 정도로 세련되지 못한 사람이었다. 그녀는,

> 타원형의 얼굴에 꿰뚫는 듯한 깊은 눈, 살짝 튀어나온 이마, 강인한 기질을 나타내는 힘찬 턱, 우아한 일본인처럼 불룩한 코를 가지고 있었다. 또 가지런한 치아는 푸르스름한 색을 띠었고 머리카락은 모래색이었으며 거친 손에는 끊임없는 공부로 굳은 살이 박혀 있었다. 그녀의 낯빛은 건강하지 않고 창백했는데, 그것은 깊은 곤경에 처한 사람에게서 볼 수 있는 창백함 같은 것이었다. 그녀의 심장 박동은 안정되거나 평화롭지 못했고, 그녀는 떨리는 심장에서 내뿜는 불같은 천성을 가진 사람이었다.

안나에게는 사람을 명확히 읽는 기이한 능력이 있어 무엇을 말해야 할지, 언제 침묵해야 할지 재빨리 알아챌 수 있었다. 안나 스니트키나는 남성의 시선을 끄는 대상이 아니라, 자신만의 현명하고 직관적인 시선을 가진 작가였다. 덕분에 한눈에 상황을 파악해 나중에 화려하고 정확하게 묘사할 수 있었다. "그녀가 한 일이라고는 가장 평범한 목적을 가지고 밖에 나가서 시장에 가는 것뿐이었다. 그런데도 그녀는 모든 것을 알아챘다. 그녀는 중대한 사건이나 눈에 띄는 장면뿐만 아니라, 가장 사소한 일의 세세한 부분까지 말할 수 있었다"라고 스토유니나는 기억했다.

"집에 돌아오면, 그녀는 자신이 본 것을 그림처럼, 연극하듯이 묘사했다. 그녀에게는 분명 숨겨진 예술가의 불꽃이 있었다."

보수적 성향을 지닌 사회진보주의자, 우연히 반은 스웨덴인이었던 러시아 애국자, 전염성 짙은 웃음을 잘 웃는 진지한 학생, 그럼에도 불구하고 한 바탕의 광기에 시달리는 강심장을 가진 젊은 여성, 실용주의자이며 신비주의자인 안나는 모순으로 뒤엉킨 존재였다. 말년에 안나의 지인은 "그녀 안에 있는 놀랍고 깊은 관심을 자극하는 그녀의 영적인 면"은 그녀가 "도스토옙스키의 아내가 아닌 그녀 자체로서"의 위치를 드러내는 인물임을 알게 한다고 주장했다. "지치지 않는 에너지, 미묘하면서도 넓은 마음"과 "모든 주변 환경에 대해 끝없는 관심"을 가진 안나는 "끝까지 사랑하고 끝까지 미워할 수 있는 사람"이었다고 이 지인은 회상했다. 실제로, 누군가가 부당한 대우를 받는 광경을 목격한다면, 그녀는 그 사람의 존엄성을 지키기 위해 대가 없이 멈춰설 사람이었다.

이 모든 것은 당시 진보적인 사상의 영향을 받은 안나가 여성 교육원으로 전학을 결정한 이유를 설명하는 데 도움이 된다. 여성 교육원은 여성에게 허용된 최초의 러시아 고등교육기관 중 하나였다. 안나의 부모가 그녀의 결정에 대해 어떻게 생각했는지에 대한 기록은 없지만, 그들은 이미 학업의 성공을 위해 열심히 공부하겠다는 의지를 보인 딸에게 힘이 되어줬을 것이다.

그 당시 러시아에서는 자연과학이 특히 인기를 끌었는데, "물리학, 화학, 동물학이 내게는 신의 계시처럼 보였다"라고 안나는 회상했다. 그러나 동물학 수업 시간에 죽은 고양이를 보고 기절한 이후, 그녀는 과학이 자신의 적성에 맞지 않는다고 결론지었다. 그러자 마리인스카야에서 그랬던 것처럼 자신이 학교의 골칫덩어리처럼 느껴졌다. 문학이 자신의 진정한 열정을 쏟을 분야라고 확신한 후 그녀는 자신의 흥미를 실용적인 직업으로 바꿀 수 있는 다른 진로를 모색하기 시작했다.

1866년에 러시아 최초의 속기 훈련 학교에 대해 알게 되면서 기회는 자연스럽게 찾아왔다. 그 학교는 파벨 올킨이 페테르부르크에 설립했다. 올킨은 교과서에서, 속기는 직업 그 이상이라고 강조했다. 속기는 젊은이들에게 인내와 끈기라는 필수적인 삶의 기술을 개발시켜 주는 것이기도 했다. 1866년 봄, 올킨의 수업에 등록했을 때 안나는 이미 그 자질을 충분히 갖추고 있었다.

교사와 학생은 완벽하게 어울리는 조합을 이루었다. 안나에게 속기는 해방된 여성이 되는 길이었다. 그러나 급진적인 지식인들의 가르침에 고무된 많은 젊은 페미니스트가 가족의 제약에서 벗어나기 위해 애쓴 반면, 안나에게는 가족을 돕고자 하는 바람이 동기가 되었다. "평생 동안, 나는 단 하나의 열렬한 소망을 갖고 있었다. 내가 먹을 빵을 마련하고, 내 가족에게 짐이 되지 않고, 가족에게 도움이 되고, 자립한 후 필요하다면 내 스스로 생계를 유지할 수 있기를 바랐다"라고 그녀는 일기에 썼다.

그 기회는 생각보다 더 빨리 찾아왔다. 그녀의 아버지는 몇 년째 결핵으로 투병 중이었다. 1865년까지도 그의 병은 호전되지 않았는데, 시간이 얼마 남지 않았음이 분명해지고 있었다. 안나가 생계를 책임져야 하는 날이 다가오고 있었던 것이다. 그녀가 병든 아버지를 돌보기 위해 속기학교를 중퇴하려 했을 때 아버지는 계속 다닐 것을 권유했다.

1866년 4월 28일 그리고리 이바노비치 스니트킨이 사망했다. "내 인생에서 처음으로 경험한 진짜 슬픔이었다"라고 안나는 회상했다.

"슬픔은 폭풍처럼 몰아쳤다. 나는 옥타 묘지에 있는 아버지의 무덤에서 하루 종일 울었는데, 아버지가 없다는 사실을 받아들일 수가 없었다."

그녀로 하여금 슬픔을 견디고 자신의 길을 찾을 수 있도록 도와준 이들은 가족이었다.

"나의 우울한 상태에 상심한 어머니는 나에게 어떤 일이라도 시작하라고 간청했다."

　미처 듣지 못한 수업을 편지로 보충할 수 있게 올킨 교수가 도와주면서 안나는 여름 동안 큰 발전을 이루어냈다. 부분적으로는 매일 구술해준 동생 이반의 공이기도 했다. 1866년 9월 수업이 재개되었을 때, 안나는 올킨의 최고 학생이 되어 있었다. 10월 3일, 올킨은 수업 전에 그녀에게 다가와 보수를 받고 속기 일을 해보겠느냐고 물었다.

　"그 일을 제안한 사람이 누군데요?"

　"작가 도스토옙스키라네. 그가 새로운 소설을 쓰고 있는데 속기사를 고용하기로 했다네."

　그는 안나에게 두 겹으로 접힌 작은 종이를 건넸다. 그 종이에는 '스톨랴니 페룰록, 말렌카야 메쉬찬스카야 거리의 모퉁이, 알롱킨의 집, 아파트 13호'라고 쓰여 있었다

　"내일 열한 시 30분에 그곳에 가게."

　교수가 말했다.

　"더 일찍도 말고 늦게도 말고."

도박꾼

"'그녀는 룰레텐부르크에서 돌아왔다.' 내가 룰레텐부르크에 대해 언급했었소?"

"네, 했어요, 표도르 미하일로비치. 그 단어를 구술하셨습니다."

"그건 불가능해!"

"실례지만, 선생님 소설에 그런 이름의 도시가 있지 않나요?"

"그렇소. '룰레텐부르크'라고 불리는 도박 마을에서 사건이 일어나오."

"그렇다면 그 단어를 제게 구술하셨음이 분명합니다. 그렇지 않으면 제가 그걸 어떻게 알았겠어요?"

"당신 말이 맞소. 내가 여기서 뭔가와 혼동했소."

도스토옙스키는 머릿속이 몽롱했다. 뇌전증 발작 이후에는 항상 그랬는데, 바로 그 전날 발작으로 힘들었던 모양이다. 룰레텐부르크는 구술하고 있는 소설에 나오는, 가상의 도박 휴양지에 그가 붙인 이름이었다.

프렌치 룰렛과 독일식 '-부르크'를 결합한 이 단어가 19세기 러시아인 귀에는 우습게 들리거나 억지로 붙여놓은 것 같아 이상한 느낌을 불러일으켰을 것이다. 이것이 바로 도스토옙스키의 의도였다. 그는 도시 자체의 인위성을 독자에게 전달하고 싶었다. 그 허구의 도시는 그가 생각하는 독일 전역의 도시처럼 현란하지만 영혼이 없는 무대로서, 사람들이 돈의 신에게 복종하며 살다가 죽는 곳, 그가 개탄하는 유럽 물질주의의 상징적 진원지였다. 그곳, 자신이 만든 룰레텐부르크에서, 그는 유럽의 가장 추악한 면모를 드러낼 준비를 하고 있었다. 그리고 아마도, 무심코 자신에 관한 이야기도 하게 될 터였다.

그들은 규칙적인 일상을 보냈다. 안나는 정오에 도스토옙스키의 집으로 와서 네 시까지 머물렀다. 페도샤가 내오는 차로 하루가 시작되었고, 그 다음 구술 시간이 이어졌다. 도스토옙스키는 불안하게 말하거나, 담배를 문 채 어떤 아이디어를 좀 길게 생각하려고 멈춰 선 후에는 방금 구술한 내용을 읽어달라고 했다. 그는 몇 차례나 안나의 이름을 다시 묻고도 처음 만났을 때 그랬듯이 몇 분이 지나면 잊어버렸다. 한두 번 그녀에게 담배를 권하기도 했는데, 그때마다 안나는 자신이 담배를 피우지 않는다는 사실을 그에게 상기시켜야 했다.

한 시간 정도 일을 하고 난 후 피곤해진 그는 휴식을 취해야 했다. 네 시가 되면 그녀는 떠날 준비를 한 다음, 다음 날 정오에 다시 오겠다는 약속을 했다. 그는 그녀에게 무거운 원고지 꾸러미를 건네주었는데, 종이 위에 줄이 거의 보이지 않았다. 그래도 그가 남겨야 할 여백에 대해 정확히 설명해주었으므로 일에는 지장이 없었다.

시간이 흐르면서 그들이 함께 있는 시간은 점점 더 차분해져 갔다. 그는 안나가 보여준 효율성과 재치, 단호한 태도에 감탄했다. 함께 일한 지 일주일이 지나자 그는 원고를 읽는 구술을 그만두고 즉석에서 즉흥적인 구술을 시작했다. 처음에는 그가 밤에 쓴 원고를 받아 적는 게 안나의 일이었다. 어떤 때는 그가 글을 너무 많이 써서 안나는 자정이 넘도록 자신이 받아 적은 내용을 옮겨 적어야 했다. "다음 날 쌓여 있는 페이지 수를 확인할 때의 승리감이란!" 이라고 그녀는 회상했다.

"일이 성공적으로 잘 될 것이고 의심할 여지 없이 마감 날짜를 맞출 수 있다고 확인해줄 때, 행복한 미소로 반응하는 그의 모습을 보는 것이 정말 기뻤다."

그들은 하루에 세 번 정도 구술을 받아쓰는 시간을 가졌다. 그 사이 사이에는 긴 대화를 나누었는데, 대부분 그에 관한 이야기였다. 그는 자신의 문학적 우정, 경쟁 관계, 또는 이전의 유럽 여행과 흥청망청 도박에 빠졌던 이야기를 들려주면서 활기를 띠었다. "친구처럼 나와 대화를 나누는 중에 그는 자신이 경험했던 불행한 일화를 이야기했다"라고 안나는 회상했다.

"나는 그가 결코 빠져나오지 못한, 그리고 실제로 빠져나올 수 없었던 어려움에 대한 이야기를 들으며 깊은 감동을 받지 않을 수 없었다."

도스토옙스키의 어려움은 여러 해 전으로 거슬러 올라간다. 그가 열일곱 살 때, 아버지 미하일 안드레예비치 도스토옙스키는 자신이 학대했던 소작인들에게 살해당했다고 한다. 아버지는 가혹하고 남을 불신했을 뿐만 아니라 다혈질에 신경질적인 성격을 가진 불행한 사람이었다. 그는 극단적인 구두쇠이기도 했는데, 일부 학자들은 아버지의 그런 성격에 대한 보상 심리로 아들이 돈을 낭비했을 거라고 믿었다. 그의 어머니 마리아 표도로브나 도스토옙스카야는 만성 질환을 갖고 있었다. 하지만 다정한 사람이어서 어두웠던 집안에서 드물게 위로가 되어준 존재였다. 그녀는 집안일을 효율적으로 관리하는 현실적인 여성이기도 했다.

그가 받은 엄격한 가정교육으로 볼 때, 어린 도스토옙스키가 사랑에 빠졌다는 증거가 거의 없다는 것은 놀라운 일이 아니다. 그가 20대에 쓴 편지에서는 형 미하일을 흠모하는 꿈 많은 청년이 보인다. 그는 형과 더불어 문학과 고상하고 아름다운 모든 것에 대한 열정을 나눴다. 하지만 그 어떤 강렬한 연애 경험에 대해서도 언급한 적이 없다.

이는 일곱 살 아래의 젊은 레오 톨스토이와는 대조적이다. 톨스토이가 쓴 어린 시절의 편지와 일기는 고통스러운 연애와 사창가 방문에 대한 솔직한 묘사로 가득 차 있다. 안나는 회고록에서, 남편이 "젊은 시절 어떤 여성과도 열정적이고 진지한 사랑을 경험해 본 적이 없다는 것"은 이상한 일이라고 했다. 그는 글쓰기에 완전히 빠져들어 다른 사생활을 뒷전으로 보낸 것이다. 젊은 시절에 딱 한 번의 예외가 있었는데, 지나가듯 창녀와 연락했던 일이 형에게 보낸 편지에 애매하게 언급되어 있다. 물론 아내에게는 결코 말한 적이 없는 일이다.

도스토옙스키의 감정 배출구는 따로 있었다. 페테르부르크 군사 기술 학교의 학생으로서, 그는 카드 파티의 열성적인 팬이 되었고, 룸메이트들과 정기적으로 도박을 했다. 당구 경기에도 매료되었다. 전하는 바에 따르면 그는 전문 도박꾼에게 큰돈을 잃었다고 한다. 처음에는 아버지의 소규모 부동산에서 받는 정기적인 수입으로 손실을 메울 수 있었다. 그러나 계속해서 자금이 부족해지자 결국 친척들에게 부탁하기도 하고, 많지 않은 장교 월급에서 가불하거나 엄청난 고금리로 사채업자들에게서 돈을 빌려야 했다.

검소했던 한 친구는 도스토옙스키의 재정적 무책임에 너무 놀라 미하일에게 이르기도 했다. 이것은 작가의 일생 동안 주기적으로 불붙는 도박 습관의 시작을 의미하는데, 오랜 기간 잠복해 있다가 다시 나타나 자신을 파괴하길 되풀이했다.

도스토옙스키의 초기 작가 생활도 마찬가지로 힘들었다. 그가 24세 때 출판한 〈가난한 사람들〉로 얻은 첫 명성은 〈분신〉의 실패로 사라졌다. 게다가 비평가 비사리온 벨린스키가 자신이 이전에 했던 찬사를 갑자기 뒤집는 바람에, 그의 문학적 성과에는 상처만 남게 된다. 여기에 이반 투르게네프나 이반 곤차로프 같은 가공할 만한 신예들이 등장하기 시작하면서 상황이 악화되었다. 도스토옙스키에게는 자신의 추락을 멈추고 〈가난한 사람들〉에서 보여준 가능성을 확인해 줄 중요한 신작 소설이 필요했다. 그의 세 번째 소설인 〈네토치카 네즈바노바〉는 그런 작품이 될 예정이었다.

"모든 문학, 잡지, 평론가들을 상대로 캠페인을 시작했다는 느낌을 지울 수 없어."

도스토옙스키는 형 미하일에게 쓴 편지에서 말했다.

"올해 〈조국의 글〉(저명한 잡지)에 실린 그 소설의 연재 세 편으로, 나의 불운을 바라는 모든 사람에 맞서 나의 우월함을 다시 확인시켜 줄 거야."

도스토옙스키가 페트라솁스키 협회에 그의 에너지를 쏟아붓기 시작한 때는 그의 문학 경력 중 첫 침체기였다. 그 협회는 소작농들을 해방하고 러시아에서 유토피아 사회주의를 시작할 꿈을 가진 젊은 자유주의자들의 긴밀한 조직이었다. 협회에 다니기 시작했을 때 그의 나이는 스물다섯이었는데, 그 협회의 목표는 작가의 깊은 인도주의적 본능과 맞닿아 있었다.

"도스토옙스키는 결코 혁명가가 아니었고, 그렇게 될 수도 없었다"라고 페트라솁스키 협회의 동료는 회상했다. "그러나 감정이 있는 사람으로서, 굴욕과 모욕을 당한 자들에게 가해지는 폭력을 보고 분노에 휩싸일 수는 있었다"라는 것이다.

1849년에 〈네토치카 네즈바노바〉의 첫 두 편이 〈조국의 글〉에 실린 직후, 도스토옙스키는 "러시아의 기존 질서를 전복하려는 범죄적 의도"라는 죄목으로 스물한 명의 다른 회원과 함께 체포되었다. 〈조국의 글〉 편집장은, 정치범이 된 작가로부터 이미 받은 다음 편을 출판하기 위해 정부의 특별 허가를 받아야 했다. 〈네토치카 네즈바노바〉의 세 번째 편은 작가의 이름을 밝히지 못한 채 출판되었고, 언론에서 아무런 반응도 얻지 못했다. 그렇게 추방당한 후, 도스토옙스키의 이름은 거의 10년 동안 대중의 관심에서 사라졌다.

도스토옙스키는 가짜 처형식의 끔찍한 경험을 결코 잊지 못했다. 12월의 그날, 황제의 감형 처분으로 자신이 목숨을 부지할 수 있다는 것을 깨달았을 때 느꼈던 황홀한 감정까지도, "삶은 어디에나 있다"라고 그는 그날 형 미하일에게 썼다.

"삶은 밖에 있는 것이 아니라, 우리 안에 있다."

그의 시련은 끝나지 않았다. 감옥에서 보낸 4년 동안 그는 이 믿음을 고수하기 위해 있는 힘을 모두 끌어모아야 했다. 그곳에서 극심한 고통을 겪으면서 그의 사회적, 영적 신념은 이전과는 완전히 다른 모습으로 바뀌었다. 처음으로 러시아 농민과 노동자 계층과 부대껴 본 후, 그는 자신과 페트라솁스키 협회의 회원들이 설파했던 유토피아 사회주의적 이상을 노동자·농민 계층과 공유하는 일은 결코 일어나지 않을 거라고 확신하게 된다. 동시에, 그의 동료 수감자들을 통해, 많은 러시아 지식인이 잃어버린 가치였던 기독교적인 사랑과 희생의 얼굴을 한, 그들의 추잡함과 잔인함을 확인한다.

수용소에 있는 동안 도스토옙스키는 뇌전증에 걸렸는데, 그 병은 평생 그를 괴롭혔다. 페트라솁스키 협회의 동료들을 말 그대로 정신 나가게 했던 가짜 처형식과 무덤으로부터의 갑작스런 귀환이 몰고 온 심리적 충격이 그 고통을 불러일으켰을 수도 있다. 하지만 그의 병에도 긍정적인 면이 있었는데, 영적인 깨달음을 누릴 수 있었다는 것이다.

발작이 일어나기 전, 도스토옙스키는 동료들이나 주변 환경과 완전히 융합된 느낌, 열정적인 연민으로 자신을 가득 채우는 황홀한 아우라를 경험하곤 했다. 그 융합된 느낌은 그의 소설에서 초월성을 보여주는 보편적인 조화에 대한 비전으로 작용했다. 작가의 가장 깊은 영적 신념은 그의 소설 〈백치〉에 나오는 미슈킨 왕자를 포함하여 뇌전증에 걸린 주인공들의 목소리를 통해 구현되곤 했다.

32세의 나이에 수용소에서 풀려난 도스토옙스키는 세미팔라틴스크에 있는 시베리아 제7대대에 배속되었다. 그는 병영이 아닌 개인 숙소에서 생활하였다. 거기에서 만난 이가 가난한 알코올 중독자 공무원의 불행한 아내로 결핵 환자였던 마리아 드미트리예브나 이사예바였다.

"그녀는 운명에 짓눌린 불행한 남자에게 연민을 느꼈습니다."

도스토옙스키의 친구 알렉산더 에고로비치 브란젤 남작은 회상했다.

"표도르 미하일로비치는 그녀의 연민과 동정심을 사랑으로 받아들였고, 자신의 젊은 열정을 다 바쳐 그녀를 사랑했습니다."

몇 년 후 마리아의 남편이 죽자 도스토옙스키는 그녀에게 청혼했고, 그녀는 이를 받아들였다. 무일푼이었던 그는 친척들에게 결혼식 비용을 빌려달라고 간청했다. 절친한 지인들에게 파샤로 알려진 의붓아들 파벨 알렉산드로비치 이사옙을 자신이 지원할 수 있게 해달라는 요청까지 서슴지 않았다.

예민하고 비현실적이고 재정적으로 궁핍한 이 두 사람의 결혼은 처음부터 행복할 수 없었다. 그 결혼은 성숙한 동반자 관계가 아닌, 도스토옙스키의 여성 관계에서 하나의 패턴이 되어버리는 건강하지 못한 상호의존성에 기반을 두고 있었다. "사실, 우리가 더 불행해질수록, 우리의 유대는 더 끈끈해졌어"라고 그는 브란젤에게 말했다.

그가 가르쳤던 마을 소녀 중 한 명에 따르면, 세미팔라틴스크에 있는 몇 년 동안, 작가의 도박에 대한 관심은 집착으로 바뀌고 있었다.

"한때 도스토옙스키는 도박에 중독된 것 같았습니다. 이곳 사람들은 도박을 많이 했습니다."

또 다른 동료에게 도스토옙스키는 당구장에서 본 흥미로운 면을 극찬했다.

"세상에, 정말 멋진 게임이었어! 돈이 한 푼도 없다니, 정말 별로지? 그런 악마의 게임은 헤어 나올 수 없는 늪 같아. 나는 이 괴물 같은 열정이 얼마나 비열한지 알고 이해하지만, 그것이 나를 끌어당기고, 빨아들이고 있어."

1850년대 후반, 도스토옙스키는 다시 글을 쓰기 시작했다. 몇 편의 단편 소설을 발표했지만 별 반응을 얻지 못했다. 1859년 페테르부르크로 돌아가는 것이 허락된 후, 그는 러시아의 미래에 대한 사회적, 정치적 논쟁의 소용돌이에 뛰어들었다. 알렉산드르 2세의 대개혁에 고무된 도스토옙스키는 그의 초기 사회적 이상 중 일부가 실현되고 있다고 믿었다.

하지만 서양의 사상을 숭배하고 종교를 조롱하며 과학과 이성이 러시아의 사회적 병폐를 해결할 수 있다고 순진하게 믿는 새로운 이름의 급진적 지식인들이 나타나는 것을 불안해했다. 도스토옙스키는 시베리아에서 만난 범죄자들과의 경험을 통해 인간 성격의 심오한 미스터리와 모순에 대해 새로운 시각을 갖게 되었다. 이로써 급진적인 지식인들은 러시아 사람들을 이해하는 데 실패했을 뿐만 아니라 대부분 사회의 십자군 행세를 하는 무자비한 이기주의자들이라고 확신하게 되었다.

1861년 표도르와 형 미하일 도스토옙스키는 중도 성향의 잡지 〈시간〉을 창간했다. 더 나은 미래를 향한 길은 강력한 독재 정치와 고대 러시아의 전통과 가치에 대한 새로운 헌신에 있다고 믿는 보수주의자들과 급진적인 지식인들 사이에서 조종을 꾀하려는 노력의 일환이었다. 형제는 이 잡지에서 투쟁 중인 두 집단을 화해시키기 위해 '포흐베니체스토보' 또는 '땅으로 돌아가기'라고 알려진 신비로운 러시아의 포퓰리즘을 지지했다. 그렇게 함으로써 지식인들과 대중을 통합할 수 있을 거라 생각했던 것이다.

〈시간〉은 2년 만에 러시아의 가장 중요한 저널 중 하나로 발전했다. 도스토옙스키 형제가 러시아 사회의 분열이 그 간극을 메울 수 없을 정도로 심각해졌다고 우려하는 상황 속에서도 그 입지는 여전했다.

〈시간〉은 상업적으로도 성공을 거두었는데, 이는 도스토옙스키의 능숙한 편집과 문학적 기여 덕분이었다. 작가에게 당시는 새로운 성공의 시기였다. 잡지를 발행한 지 2년이 채 되기도 전에, 시베리아에서 돌아온 이후 그는 첫 작품으로 매우 인기 있었던 〈상처받은 사람들〉과 〈죽음의 집의 기록〉을 출간했다. 〈죽음의 집의 기록〉은 센세이션을 불러일으켰는데, 러시아 대중의 눈에는 도스토옙스키와 그의 고통을 영원히 이어줄 작품으로 보였다.

그러나 작가 자신은 이러한 성공을 거의 누릴 수 없었다. 그는 잡지를 운영해야 한다는 엄청난 부담감에 시달렸고, 마리아 드미트리예브나는 빠르게 쇠약해지고 있었으며 그의 경제적 부담은 가중되고 있었다.

"내 아내는 말 그대로 죽어가고 있어. 난 어찌할 바를 모르겠어."

그는 미하일에게 말했다.

"너무나 많은 것으로 인해 끔찍하게 고통받고 있어서 그것을 말하고 싶지도 않아."

그가 안나 스니트키나를 만나기 전 2년 반 동안, 좀 나아지기 전까지 사업과 개인적인 고통은 점점 심해지기만 했다.

도스토옙스키는 새 속기사에게 독백을 계속하면서 자신의 속내를 털어놓을 만큼 대담해졌다.

"안나, 나는 갈림길에 서 있소."

그녀가 다음 받아쓰기를 기다리고 있을 때 그가 안나에게 말을 건넸다.

"내 앞에는 세 갈래 길이 있소. 동쪽으로 가는 길, 그러니까 콘스탄티노폴리스와 예루살렘으로 가서 거기에서 영원히 머무는 것, 룰렛을 하러 외국으로 나가서 그 게임에 빠져버리는 것, 아니면 재혼 후 가족 생활에서 기쁨과 행복을 찾는 것. 어떤 길을 추천하려오?"

그녀는 반드시 다시 결혼해서 가정에서 행복을 찾아야 한다고 그에게 말했다.

"그래서 내가 다시 결혼할 수 있다고 생각하오? 그럼 나는 어떤 아내를 선택해야 할까, 지적인 아내 아니면 친절한 아내?"

"물론 지적인 아내죠."

작가와 조수 사이의 화제로는 어울리지 않지만, 안나는 개의치 않았다. 누가 봐도 모든 사람에게 버림받은 듯한 그녀의 외로운 고용주는 대화할 사람이 있다는 사실에 확실히 고마워하고 있었다. 그리고 그녀는 우연찮게도 그 둘 사이의 아주 매혹적인 대화를 즐기게 되었다.

안나는 그에게서 직접 들은 것 못지않게, 자신이 받아쓰던 소설을 통해서도 도스토옙스키에 대해 많은 것을 알게 되었다. 〈도박꾼〉은 안나를 만나기 몇 년 전부터 그가 미친 듯이 빠져 있었던 도박에 기반한 소설이었다. 또한 그 안에는 폴리나라고 알려진 아폴리나리아 프로코피예브나 수슬로바라는 이름의 여성과의 현재진행형 비밀 연애 이야기도 들어 있었다. 이 소설은 남자, 도박꾼, 예술가로서의 도스토옙스키를 예리하게 심리학적으로 묘사하고 있었다.

〈도박꾼〉은 알렉세이 이바노비치라는 젊은이의 고백으로 이루어져 있다. 알렉세이 이바노비치는 외국에 살고 있는 자고량스키 장군의 집 가정교사이다. 소설의 시작에서 알렉세이는 전문 도박꾼이 되기 위해 장군의 집을 떠난 후, 유럽에서 가장 유명한 스파의 룰렛 테이블 사이에서 하루하루 입에 풀칠하는 삶을 영위하고 있다. 이름에 러시아 말로 고귀함과 순진함이라는 뜻을 담고 있는 알렉세이는 단순한 도박꾼이 아니다. 소설 속 세련되지만 열정 없는 유럽인들은 자기 욕심을 채우기 위해서 카지노에 갔다. 그러나 알렉세이는 더 깊은 심령적 욕구, 무엇보다도 기필코 자신을 증명하려는, 자신이 기계가 아닌 사람이라는 것을 증명하려는 욕구에 자극되어 카지노를 찾는다.

"5분 안에 대략 400개의 프리데리히가 내 손에 들어왔어."

알렉세이는 어느 순간 고백한다.

"그때 바로 그 자리를 떠났어야 했지만, 내 안에서 어떤 이상한 감각이 느껴졌어. 운명에 대한 반항, 한번 해보고 싶은 욕구, 운명을 놀려주고 싶은 욕구 같은 것 말이야."

그에게 룰렛에서 이기는 것은 자신의 인류애를 선언하는 일이기도 하다.

"1천 700굴덴을 땄어. 5분도 채 되지 않았어!"

그는 소리친다.

"하지만 그런 순간에는 이전의 모든 실패를 잊게 된다! 목숨보다 더 큰 위험을 무릅쓰고 얻은 것이기 때문에, 나는 감히 위험을 무릅썼고, 여기 다시 인간 중 한 명으로 분류되었다."

알렉세이가 장군의 의붓딸인 폴리나와 격정적인 관계를 맺는 것이 이 소설의 두 번째 주요 내용이다. 그녀는 그의 마음을 잔혹하게 가지고 노는 매혹적인 팜므 파탈이다. 알렉세이는 그 관계에서 자기 중심적인 행동을 한다. 폴리나가 실제로 이 대담하고 고상한 마음을 가진 도박꾼을 좋아할지도 모른다는 암시가 있다. 하지만 그녀에 대한 자신의 복종심에 너무 사로잡힌 나머지 결국 그는 자신의 열등함을 주장하며 폴리나를 쫓아낸다. 그럼에도 불구하고, 알렉세이는 쫓고 쫓기는 폴리나의 신나는 게임의 먹잇감이 된다. 그가 생각하기에, 폴리나는 그를 천국에 올려놓을 수도, 짓밟을 수도 있는 여자였다. 룰렛판이 돌아 1초 만에 돌이킬 수 없는 무서운 선고를 내리듯이. 그는 왕이 되는가? 거지가 되어 떠나는가?

안나가 나타났을 때는 룰렛판의 위험한 유혹이 도스토옙스키에게 돌아오고 있었다. 이보다 더 큰 위험은 없었다. 만약 표도르 스텔롭스키에게 새 소설을 주지 못하면, 그는 이후 9년간 모든 집필 수입에 대한 권리를 빼앗길 것이었다. 도스토옙스키가 잘 알고 있듯이 스텔롭스키는 취약한 예술가들을 파괴할 수 있는 능력이 있었다. 그는 쥐꼬리만한 돈으로 작곡가 미하일 글린카의 전 곡을 갈취하여, 19세기 러시아 음악계의 거장 중 한 명을 경제적으로 몰락시켰다. 도스토옙스키도 그와 다를 바 없었다.

그러나 도스토옙스키가 스텔롭스키와 한 내기에서 이긴다면, 그와 그의 영웅 알렉세이가 그렇게 갈망했던 거의 형이상학적인 쾌감을 느낄 수 있을 것이다. 한 달도 안 되는 시간에 장편 소설을 완성하는, 불가능해 보이는 위업을 통해 그 추잡한 문학 투기꾼에게 한 방 먹이는 만족감을. 남은 질문은 하나였다. 그가 할 수 있을까?

안나가 도착하기 3년 전인 1863년 8월, 41세의 도스토옙스키는 기차 창문 밖으로 라인 계곡의 울창한 언덕이 빨리 지나치면서 만들어 낸 흐릿한 선을 바라보고 있었다. 그의 여행 가방에는 스물한 살의 여자 사진이 들어 있었다. 사진 속 여자의 얼굴은 석상처럼 평온했고, 깊은 슬픔에 잠긴 검은 눈동자와 땋아 올려진 부드러운 검은 머리카락을 지니고 있었다. 그녀는 곧고 고혹적인 목을 드러내는 흰색 블라우스를 입고 있었고, 그녀의 입술은 소작농의 후손처럼 강하고 단단했다. 얌전한 유럽 공주풍이 아니라 진지하고 슬픔에 젖은, 예측할 수 없는 순수한 러시아인의 아름다움을 지녔다고 할 수 있었다.

도스토옙스키와 아폴리나리아 수슬로바가 처음 만난 정확한 날짜와 정황에 대한 학자들의 주장은 다양하다. 도스토옙스키의 딸 류보프가 자신의 아버지에 대한 책에서 주장한 것처럼, 그녀가 그에게 자신의 사랑을 고백하는 순진하고 시적인 편지를 썼는지, 또는 도스토옙스키가 1861년 자신의 이야기인 〈잠시 후〉를 출판한 후 직접 그녀에게 접근했는지 여부는 정확하지 않다. 이들이 처음 만난 경위가 어떻든 그 만남이 매력적이었던 이유는 짐작할 수 있다. 도스토옙스키에게 있어 열정적이고 매력적인 폴리나는 치열한 창작 작업의 혹독함, 잡지를 발행하기 위한 매일 매일의 투쟁, 병든 마리아 드미트리예브나와의 불행한 결혼 생활에서 벗어나는 탈출구였던 것이다.

도스토옙스키는 폴리나에게 첫 번째 진지한 애인이었다. 그녀는 엄격하고 비판적인 성격을 지녀서 도스토옙스키만이 그녀의 높은 기대를 만족시킬 수 있는 것처럼 보였다.

"내 친구들은 모두 친절한 사람이지만, 정신이 나약하고 빈곤하다. 그들은 말은 많지만 행동은 형편없다. 나는 그들 중에서 진실을 두려워하지 않거나 삶의 관습 앞에서 후퇴하지 않을 사람을 단한 명도 만나지 못했다."

그녀는 일기에서 이렇게 말했다. 그런데 도스토옙스키는 달랐다. 한때 정부에 저항하고 정치적 신념 때문에 고통받았던 이 대담한 남자가, 소설 〈죽음의 집의 기록〉에서 자신의 참혹한 경험을 예술로 변모시켰던 이 남자가 그녀의 마음을 사로잡았다. 눈에 띄는 영적 기질보다 그의 작은 체구와 무뚝뚝한 태도가 더 두드러지긴 했다. 나중에 폴리나는 도스토옙스키에 대한 그녀의 사랑을 지인에게 이야기할 때, "내가 젊었을 때, 처음에는 아름다움에 관심이 없었어"라고 말했다.

1863년 여름, 그들의 불륜은 절정에 달했다. 그해 초 도스토옙스키는 폴리나와 이탈리아에서 만나기로 약속했지만, 복잡한 문제가 계속 발생한다. 먼저 터진 문제는 미하일이 출판을 위해 승인한 기사가 비애국적인 기사로 검열관에게 낙인찍혀 〈시간〉의 발행이 금지된 것이다. 도스토옙스키 형제는 자신들의 잡지를 다른 이름으로 부활시키기 위해 재빨리 움직였다.

그 와중에 작가의 뇌전증은 계속 악화되어, 한 번 발작이 일어나면 몇 주 동안이나 일을 할 수 없는 상태가 되었다. 성인이 되고 나서 몸이 계속 안 좋았던 남동생 니콜라이는 다시 병원에 입원하려던 참이었다. 도스토옙스키에게는 건강이 악화되는 아내와 10대 의붓아들 파샤도 걱정이었다. 파샤는 경제적으로나 학업에나 무책임하여 도스토옙스키에게 부담을 지우고 있었다.

도스토옙스키는 스트레스를 풀 수 있기를 간절히 원했다. 하지만 이탈리아 여행을 갈 여유가 없어서 가난한 작가와 학자들을 지원하기 위해 문학 기금을 운용하는 협회로 눈을 돌렸다. 1863년 7월, 그는 1천 500루블의 대출을 신청했다. 그가 밝힌 대출 이유는 "병을 치료하고 유럽의 전문가들을 만나 악화되는 병에 대해 상의하고 싶어서"였다.

그는 유럽으로 떠나지 못할까 봐 너무 불안해서, 만약 다음 2월까지 대출금을 갚지 못한다면 이전에 출판된 모든 작품에 대한 권리를 영구히 양도하겠다고 협회에 약속했다. 위험한 약속이라는 걸 알고 있었지만, 그는 무슨 수를 써서라도 폴리나를 만나기로 결심했던 것이다. 하지만 죽어가는 아내를 배신하고 집에 자신을 필요로 하는 형과 의붓아들을 두고 떠난다는 죄책감에 괴로워했다.

"모든 것을 버리고, 심지어 내가 도움이 될 수 있는 일조차도 버리고 행복을 추구하는 것은 이기적이야. 그리고 그 생각은 지금 내 행복을 망치고 있어. 사실 행복이 있기라도 하다면."

그는 그해 여름 미하일에게 쓴 편지에서 자신의 이기심을 인정했다. 그렇게 폴리나를 만나러 파리로 향하는 중이었다. 기차가 독일 시골 지역을 질주하자 도스토옙스키는 점점 흥분되었고 그런 기분은 또 다른 충동을 불러일으켰다. 바로 도박을 향한 충동이었다.

그는 비스바덴에 며칠 머물기로 결정했다는 쪽지를 폴리나에게 급히 보냈다. 비스바덴은 숲이 우거진 라인 계곡의 타우누스 산맥

외곽에 위치한 독일의 스파이자 도박 휴양지였다. 도스토옙스키가 이 유명한, 최상급의 스파 타운 벨트쿠르슈타트를 처음 방문한 것은 아니었다. 그 곳은 괴테, 바그너, 발자크 등 유럽 예술가들뿐만 아니라 러시아의 재능있는 문학가들이 오랫동안 즐겨 찾던 곳이었다.

그 전 해 유럽 전역을 여행하는 동안에도 그는 비스바덴에서 하루를 보내면서 자신의 운을 시험했었다. 처음에는 대단한 결과를 얻었다. 시작하자마자 그는 1만 1천 프랑, 오늘날 돈으로 환산하면 6만 2천 달러가 조금 넘는 돈을 땄다. 재정이 어려운 작가에게는 천문학적 액수의 돈이었다. 그런데 갑자기 그의 운이 뒤집어졌고, 그는 그 돈을 모두 잃었다.

1863년 8월, 그는 비스바덴의 도박장으로 돌아가기로 결정했다. 룰렛을 하는 것이 필요한 자금을 빨리 얻을 수 있는 확실한 방법이라는 확신이 들었다. 물론 다른 힘이 자신의 내부에서 작용하고 있음을 알아챘지만. 그는 그 위험하고 도취할 만큼 술에 찌든 곳에 머무는 것을 좋아했다. 그곳에서는 몇 초 안에 아무것도 없는 바닥에서 모든 것을 거머쥘 수도, 모든 것을 가졌다가 아무것도 없는 바닥으로 떨어질 수도 있었다.

"여기서 중요한 것은 바퀴를 한 번 돌리면 모든 것이 바뀐다는 것이야."

〈도박꾼〉의 알렉세이는 말한다.

"이제 나는 뭐지? 제로, 난 내일 뭐가 될까? 내일이면 나는 죽음에서 살아나 새 삶을 살게 될 거야! 그 남자가 길을 잃기 전에 내 안에서 그를 찾을지도 몰라!"

스트레스에 시달렸던 그 여름, 사업의 부담에 더해 아내에 대한 배신과 자신을 의지하는 사람들을 저버린 것에 대한 양심의 가책에 짓눌려 있던 도스토옙스키에게는 바로 그런 부활이 필요했다.

비스바덴 기차역에 도착하자마자 소설가는 택시를 타고 빅토리아 호텔로 가서 체크인한 후, 익숙한 빌헬름 거리를 지나 1킬로미터도 채 떨어져 있지 않은 카지노로 활기차게 걸어갔다. 주변은 웅장했다. 자갈길에 줄지어 서 있는 호화로운 호텔들, 장엄하고 완벽하게 손질된 영국식 공원, 그림 같은 분수, 가스 불빛을 내부에서 비추는 세 개의 작은 폭포도 있었다.

공원 한복판에, 우아한 돌기둥이 떠받치고 있는 유명한 쿠르하우스, 즉 카지노가 있었다. 붉은 사암으로 된 신고전주의 건물이었다. 돌기둥들을 따라 두 줄의 작은 부티크들이 있었는데, 돈 많은 손님들은 그곳에서 레이스와 실크 제품, 섬세한 유리 제품, 도스토옙스키의 재력을 뛰어넘는 다른 명품들을 구입할 수 있었다. 카지노 쿠르하우스와 몇백m 떨어져 있는 곳에 유명한 극장이 있었고 그곳에서는 가수 아델리나 패티와 같은 스타들이 공연했다.

쿠르하우스 입구에 다다르자, 도스토옙스키는 신경이 곤두서는 순간마다 정신이 초롱초롱해져 살아 있음을 실감했다. 등록이 끝나자 그는 곧장 거대한 게임장으로 향했다. 내부에서는 수백 개의 번쩍이는 샹들리에 가스등이 테이블들의 초록색 모직 천 위에 질서정연하게 늘어서 있는 금화와 은화에 빛을 비추고 있었다. 스포츠 재킷이나 모닝코트를 입고 실크 해트를 쓴 우아한 남성들과 거대한 크리놀린을 입고 장식이 화려한 모자를 쓴 여성들이 게임판 주위에서 북적였다.

시간을 낭비하지 않고, 도스토옙스키는 테이블 중 하나에 자리를 잡고 첫 베팅을 했다. 그런 다음 또 한 번. 그리고 또 한 번. 한 시간 안에 그는 1만 400프랑, 요즘으로 치면 6만 달러가 조금 안 되는 돈을 벌었다. 2년 넘게 꽤 괜찮게 살기에 충분하고, 지금까지 쓴 어떤 책으로 벌어들인 돈보다 더 많은 액수의 돈이었다. 지난 여름에 있었던 행운을 다시 보는 것 같았다.

"내가 그 이후에 정신이 나갔었나 봐."

그는 몇 주 후에 미하일에게 썼다.

"내 방식대로만 하면 행운이 내 손 안에 있다는 걸 왜 믿지 않았을까? 나는 돈이 필요해. 나와 형, 내 아내를 위해서, 소설을 쓰기 위해서. 여기서는 수만 루블을 쉽게 딸 수 있어. 나는 나 자신과 모두를 불행으로부터 구할 생각으로 여기에 왔어."

오늘날 도박 중독 연구자들은 이 마술 같은 생각, 한번 점쳐진 것을 철저하게 고수하면 반드시 성공한다는 방식이 존재한다는 생각은 비합리적이고 강박적인 것이라고 한다.

도스토옙스키는 딴 돈을 호주머니 깊숙이 넣고 방으로 달려가 큰 여행 가방에 넣었다. 그는 룰렛 테이블로 돌아가지 않고 다음 날 비스바덴을 떠나겠다고 다짐했다. 단호하게 이 약속을 지키려 했지만 날이 저물자 기다림을 견딜 수 없었다. 마침내 그는 돈의 일부를 꺼내서 다시 한번 룰렛판을 정복하기로 결심하고 서둘러 카지노로 돌아갔다. 예전처럼 이번에도 실수가 나왔고, 그는 돈을 잃었다.

다음날 그는 쿠르하우스로 돌아왔고, 그 다음 날도 그리고 그 다음 날도. 그는 따고 잃고를 반복했다. 나흘 동안 그는 처음 한 시간 동안 딴 돈의 거의 절반을 잃었다. 더 이상 자신을 통제할 수 없다는 두려움에 남은 5천 프랑의 대부분을 두 개의 봉투에 쑤셔 넣었다. 한 개는 형 미하일에게 보내는 것으로, 그는 형에게 자신이 페테르부르크로 돌아갈 때까지 그 돈을 가지고 있으라는 부탁을 덧붙였다. 다른 한 개는 아내 마리아 드미트리예브나에게 돈을 전달해달라며 처제 바르바라 콘스탄트에게 보냈다.

바르바라에게 보낸 편지에서, 도스토옙스키는 자신의 방식이 왜 갑자기 실패했는지 설명하려 했다. 그는 많은 도박꾼이 도박을 할 줄 모르기 때문에 파산한다고 말했다. 그러나 그는 이기는 비결을 완벽하게 알고 있다는 것이다. "비결은, 게임이 어떤 국면에 있든 단순히 매 순간 자신을 억제하고 정신을 차리는 거야. 그게 다야. 그렇게 하면 절대 지지 않아. 문제는 이 비밀을 알게 된 사람이 그것을 이용할 수 있느냐지"라고 그는 주장했다.

"너는 가장 강인한 성격을 가졌으면서도 여전히 자제력을 잃은 솔로몬처럼 지혜로울 수 있어. 그러므로 도박을 하지 않는 사람들과 룰렛 테이블을 가장 어리석은 것으로 보는 사람들은 축복받은 거야."

아, 그는 이런 절제된 영혼을 가진 사람이 아니었다.

한편 도스토옙스키는 그곳의 또 다른 비밀을 재빨리 알아챘다. 오래된 세계의 우아함과 세련된 오락 시설을 갖춘 쿠르하우스의 빛나는 아름다움 뒤에는 끔찍한 착취와 파괴의 문화가 조성되고 있었던 것이다. 이러한 진실은 1859년 러시아의 유명 언론인 표도르 데르샤우가 유럽 카지노 생활에 대해 가차 없이 폭로하면서 러시아 대중에게 처음 알려졌다. 데르샤우의 기사가 알려지기 전까지 오랫동안 러시아인들은 도박을 상류층의 교양과 연관 지어왔다. 그 이유는 귀족 중 많은 사람이 도박꾼이었기 때문이었다.

당시의 한 매뉴얼은 '기분 좋은 참가자'가 누구든 커다란 손실에 어떻게 대처해야 하는지 간략하게 정리했다. 손실에 대처하는 방법은 평정심, 품위, 차분함, 자신감이었다. 〈도박꾼〉에서 알렉세이는 "진정한 신사라면, 비록 전 재산을 잃었다 해도 감정을 보여서는 안 됩니다"라고 말한다.

"돈은 신사적인 것과는 아주 거리가 멀어서 거의 걱정할 가치가 없습니다."

하지만 알렉세이는, 자신을 창조한 소설의 작가처럼, 교양 없는, 돈 버는 데만 몰두하는 도박꾼의 범주에 속했다. 그러한 신사적인 규칙을 지킬 여유가 없었고, 전부를 걸고서 돈을 따거나 잃는 매우 추잡하게 게임하는 인간 쓰레기였다.

그러한 도박꾼은 특히 유럽의 카지노가 자신과 어울리지 않는다고 느꼈을 것이다. 바덴바덴의 도박 휴양지의 한 지방 당국이 말했듯이, '더 고상하고 더 좋은 사회'를 지향하는 유럽의 카지노 말이다. 프랑스풍으로 건축된 이 화려한 카지노들은 특정 시간에만 운영되고, 엄격한 복장 규정을 유지하며, 세련된 오락과 고급 식사를 제공함으로써 그들만의 독자적인 분위기를 유지했다.

'도박꾼의 노트'라고 불리는 데르샤우의 기사는 이 매혹적인 겉모습 뒤에 있는 추악한 현실을 러시아인들에게 보여주었다. 그는 유럽의 카지노는 냉혹한 기관으로, 강력한 도시 행정부와 전문적으로 훈련된 딜러들이 떠받치고 있으며, 그들의 유일한 임무는 인간의 약점을 이용하여 도박하는 사람들의 돈을 뺏는 것이라고 말했다. 하우스는 항상 이기는데, 이는 수학적으로 더 높은 확률 때문이 아니라, 그저 영혼 없는 이성적인 기계가 탐욕 본능과 유혹에 저항할 수 없는 인간과 대결하는 시스템이기 때문이다. 데르샤우는 50만 프랑을 따고 나서 몇 주 후에 다시 잃은 한 남자의 이야기를 일례로 들었다. 그 남자는 돈을 더 따기 위해 카지노로 돌아가야 한다는 충동을 물리칠 수 없었다는 것이다.

그는 특히 고급 문화와 세련된 오락을 위한 장소라는 카지노의 이미지를 겨냥했다. 바트홈부르크의 카지노에 대해 다음과 같이 썼다.

> 여기 이 사회악의 소굴은 격렬하게 끓어오르는 열정으로 무장한 완전한 방탕이 지배하고 있고, 단 몇 시간 만에 전 재산이 사라지는 곳이다. 아무리 호화롭다 해도, 멋지게 래커 칠된 게임 홀과 유명한 테라스가 아무리 굉장하다 해도, 여기서 열리는 끝없는 무도회와 축하 파티가 정말로 훌륭하다 해도, 눈부신 외관으로 홈부르크 카지노를 귀족화하려는 지방 정부의 노력이 진짜로 대단하다 해도 그 어느 것도 선명하게 눈에 띄

는 게임장의 특징을 덮을 수는 없다.

데르샤우는 독일 카지노가 타락의 상징이라고 지적했다. 모든 것을 잃은 사람들이 권총 자살을 하거나 목매달아 죽을 수 있는 곳으로 가기에 충분할 정도의 돈을 쥐어주는 일이 일상이라는 것이었다. 전 재산을 잃고 절망에 빠진 청년이 유명한 비스바덴 쿠르하우스의 룰렛 테이블에 모여든 관중 앞에서 권총 자살했다. "이 슬픈 사건도 도박을 방해하지 못했다"라고 데르샤우는 보도했다.

"숫자를 외치는 남자는 계속 룰렛판을 돌렸다. 그 냉혈한 남자는 방금 죽은 도박꾼의 산산조각난 머리에서 뿜어져 나온 뇌가 흩어져 있는 테이블의 녹색 덮개를 치우라고 직원들에게 시켰다."

1859년에 '도박꾼의 노트'가 나왔을 때 도스토옙스키도 그 기사를 읽었을 것이다. 그 기사가 그에게 〈도박꾼〉의 집필을 시작하도록 자극을 주었을 수도 있다. 〈도박꾼〉의 부제인 〈젊은이의 노트〉는 데르샤우의 기사 제목을 떠올리게 한다. 그러나 그가 1863년 여름 나흘 동안 비스바덴의 쿠르하우스에서 개인적인 경험을 통해 무엇을 배웠는지 확인하는 데 데르샤우는 필요 없었다.

이 반짝이는 악의 소굴에 거부감을 느낀다 해도 도스토옙스키는 그곳을 벗어날 수 없었다. 나락의 가장자리에 서 있는 스릴은 그가 도박장에서 가져야 하는 자제력을 넘어섰다. 그는 단순히 빠르게 돈을 벌어 자신을 필요로 하는 사람들을 돕기 위해 도박을 했다고 자신과 다른 사람들에게 주장했다.

하지만 진실은 도박 그 자체가 보상이고, 형이상학적 기쁨의 한 형태이며, 영적 초월의 환상이라는 것이다. 넓은 도박장에서, 나무 회전판의 윙윙거리는 소리와 상아로 만든 공의 찰칵거리는 소리가 들리는 가운데, 도스토옙스키는 진정으로 살아 있음을 느꼈다. 그가 푸시킨의 이런 대사를 좋아하는 것도 당연한 일이다.

> 모든 종말의 징조는
> 언젠가는 죽는 인간의 마음속에 숨겨져 있다
> 설명할 수 없는 즐거움
> 아마도 불멸에 대한 보증금일 거야

비스바덴에서 도박을 한 후에, 도스토옙스키는 폴리나가 그의 멍든 자존심을 달래주리라 기대하며 급히 파리로 갔다. 그러나 1863년 8월 14일 저녁, 그녀가 호텔 방 문 앞에서 그를 맞았을 때, 그녀의 떨리는 목소리와 눈물 어린 눈에서 무언가 잘못되었음을 알아챌 수 있었다,

"난 당신이 안 올 줄 알았어요."

그녀가 흥분한 목소리로 말했다.

"편지를 보냈는데요."

"무슨 편지?"

그는 걱정스러운 목소리로 물었다.

"그래서 당신이 안 올 거라고 생각했어요."

"왜 안 오지?"

그의 목소리에 담긴 두려움이 커지고 있었다.

"너무 늦었으니까요."

그는 풀이 죽었다.

"난 모든 걸 알아야 해. 어디든 갑시다. 당신이 말하지 않으면 난 죽을 것 같소."

그녀는 그의 호텔 방으로 가자고 했다. 그들은 말없이 마차를 탔고, 폴리나는 그와 눈을 마주치지 않았다. 도스토옙스키는 무슨 일이 있었는지 짐작했다. 그녀에게 다른 남자가 생긴 것이다. 방에 들어서자 그는 갑자기 그녀의 발 앞에 엎드려 그녀의 무릎을 껴안고 흐느끼며 외쳤다.

"나는 당신을 잃었소. 그럴 줄 알았어!"

시간이 흘러 평정심을 되찾은 후에는 다른 남자에 대해 그녀에게 묻기 시작했다.

"아마도 그는 잘생기고, 젊고, 말도 잘 할 거야. 하지만 나만큼 당신을 사랑하는 사람을 절대 찾을 수 없을 거요."

남자의 이름은 살바도르였고 스페인 의대생이었다. 도스토옙스키는 그녀에게 그 남자에 대한 더 많은 정보를 요구하며 마음을 바꾸라고 다그쳤다. 이윽고 그래 봐야 가망이 없다는 것을 깨닫고는 전략을 바꿨다. 그는 그녀가 자신에게 얼마나 소중한지 말하면서 친구로 남아달라고 애원했다. 심지어 원래의 계획대로 이탈리아로 함께 여행가자는 제안까지 내놓았다. 오빠와 동생으로 같이 가고. 그녀가 머뭇거리자, 그는 마지막으로 절박하게 애원하기 시작했다.

"나는 당신을 미치도록 사랑해. 내가 당신을 얼마나 사랑하는지 말할 수조차 없소. 당신이 그걸 알았다면, 나에게 이 고통을 겪게 하지 않았을 텐데…"

그러나 그녀는 우선 계획대로 함께 이탈리아로 가는 것에 동의하면서도 자신의 입장을 바꾸지 않았다.

사흘 후, 이탈리아로 가는 길에 그들은 바덴바덴에 들렀다. 도스토옙스키는 매일 룰렛을 하다가 큰돈을 잃었다. 어쩔 수 없이, 그는 일주일 전 바르바라를 통해 아내에게 보낸 돈의 일부를 되돌려달라는 편지를 급히 보내야 했다. 또한 미하일에게 편지를 보내 구할 수 있는 모든 돈을 긁어모아 즉시 자신에게 보내 달라고 부탁했다.

한편으로는 자신의 연애 운을 되돌리기로 결심하고, 폴리나가 자신을 다시 사랑해주기를 여전히 바란다고 고집하고 있었다. "나는 이에 대해 아무 말도 하지 않았다"라고 폴리나는 일기에서 썼다.

"그러나 나는 그런 일이 일어나지 않을 것을 알고 있었다."

다음 날 도스토옙스키는 대화를 재개하려고 했지만, 폴리나는 그 주제로 대화하기를 거부했다.

"그래서 그는 희망을 키울 수도 없었고, 희망 없이 지낼 수도 없었다."

그는 희망을 키울 수도 없었고, 희망 없이 지낼 수도 없었다.

이 문구는 이제 남은 두 달간의 여정뿐만 아니라 그 후 몇 년 동안의 애증 관계에서 폴리나가 도스토옙스키를 대하는 태도를 말해 준다. 그들은 바덴바덴을 떠나 토리노, 로마, 그리고 마침내 나폴리로 갔다. 그곳에서 그들은 연애 관계가 정리되지 않은 채로 헤어졌다. 도스토옙스키는 잠시 혼자 토리노로 돌아갔다. 집으로 향하기 전에, 멋진 도박 휴양지인 바트홈부르크에 들렀고, 그곳 룰렛 테이블에서 보낸 며칠 동안 그는 무일푼이 되었다.

폴리나에게 돈을 달라고 편지를 보내자 그녀는 300루블을 보냈다. 모든 일정을 마친 도스토옙스키가 페테르부르크로 돌아왔을 때 보여줄 수 있는 거라고는 빈 호주머니와 새로운 소설의 아주 기본적인 개요밖에 없었다. 그 소설은 유럽 카지노에서 삶을 허비하는 도박꾼 이야기였다.

1864년 1월, 한 줄기 희망의 빛이 비치기 시작했다. 〈시간〉이 갑자기 폐간된 후, 도스토옙스키와 그의 형은 그 금지된 잡지를 부활시켜 〈시대〉라는 새로운 이름으로 출판해도 된다는 허가를 받아냈다. 그해 3월, 잡지의 첫 번째 호에 또 다른 새로운 작품, 〈지하 생활자의 수기〉가 연재되기 시작했다. 잡지 폐간의 돌파구를 〈시대〉로 찾아낸 것과 자신의 위태로운 운명을 감안하면, 소설가는 이 특이하면서도 철학적인 소설에 많은 것을 걸고 있었을 것이다. "반드시 좋은 소설이어야만 해. 나한테도 그게 필요해"라고 표도르가 미하일에게 말했다. 그는 또한 〈수기〉를 쓰는 일에 몰두함으로써 아내가 오래 살지 못한다고 한 의사의 말을 잊으려 했다.

한 달이 채 지나지 않은 1864년 4월 15일, 마리아 드미트리예브나가 세상을 떠났다. 모스크바에 있는 그녀의 가족과 함께 그녀를 매장한 후, 도스토옙스키는 페테르부르크에 있는 형에게로 급히 돌아왔다. 훗날 그는 "형은 나에게 남은 유일한 사람"이라고 친구 바론 브란젤에게 말했다.

그러나 미하일 역시 2년 동안 발견되지 않았던 심각한 간 질환으로 죽어가고 있었다. 도스토옙스키는 형의 죽음이 잡지를 발행하느라 생긴 엄청난 스트레스에서 온 것이라고 확신했다. 미하일이 죽은 지 3개월 후, 도스토옙스키는 상실감에 빠졌을 뿐만 아니라 또 다른 개인적인 사업 문제에 휩쓸리게 되었다. "나는 갑자기 혼자 남겨졌고, 그저 겁만 났어"라고 그는 브란젤에게 말했다.

"내 모든 삶이 한순간에 두 동강이 났어. 내가 지나왔던 한쪽은 내가 살아온 삶의 전부였고, 아직 알려지지 않은 다른 반쪽은 낯설고 모든 것이 새로웠지. 그 두 사람을 대신할 수 있는 사람은 한 명도 없었어. 말 그대로 더 이상 살아갈 이유가 없었어."

미하일의 죽음은 여러 가지 복잡한 일을 몰고 왔다. 도스토옙스키는 〈시대〉를 자신이 운영하겠다면서, 약 3만 루블, 오늘날로 치면 30만 달러 이상의 빚을 떠안았다. 죽은 형의 명성을 지키고 남은 가족이 가난에 빠지는 것을 막기 위해서였다. "형의 가족은 말 그대로 아무런 생계 수단도 없이 남겨졌어"라고 도스토옙스키는 브란젤에게 썼다.

"거지가 될지도 몰라."

잡지사 문을 닫거나 채권자에게 넘기는 것이, 작품을 제공해야 하는 그에게는 훨씬 더 유리했을 것이다. 멈춰버린 집필 활동에 집중할 수 있었을 것이기 때문이다. 그런데 도스토옙스키는 그렇게 하지 않고 모스크바에 사는 부유한 고모를 찾아가 자기 몫의 유산 1만 루블을 받은 다음, 그 돈을 잡지 발행에 쏟아부었다. 그러나 검열관들은 이 전직 정치범이 잡지의 편집자나 출판인으로서 이름을 거는 것을 허락하지 않았다. 결국 익명으로 잡지를 발행할 수밖에 없었고, 물론 이 때문에 판매량이 감소했다. 이후 몇 달 동안 도스토옙스키의 작가로서의 명성은 곤두박질쳤다.

6월에 〈지하 생활자의 수기〉 최종 편이 〈시대〉에 실렸다. 오늘날 이 책은 철학 소설의 걸작으로 여겨지지만 당시에는 실패작 취급을 받았다. 그 소설 내용은 이상하고 당혹스러웠으며, 그 시대 대부분의 사람에게는 혐오스럽기까지 했다.

잡지사를 구하려고 필사적인 노력을 하는 사이 그의 건강과 정신은 말할 것도 없고 저작 활동도 뒷전으로 밀려났다. 밤낮으로 글을 편집하고 저자와 검열관과 서신을 주고받으며, 교정쇄를 읽고 회계 처리를 하느라 그는 거의 매일 다섯 시간 이상은 잠을 자지 못했고, 잡지에 실을 자신의 글을 쓸 한 순간의 여유도 낼 수 없었다. "대중은 내 이름을 접할 수 없었고, 지방뿐만 아니라 페테르부르크에서도 내가 잡지 편집자라는 사실을 아는 사람이 없었어"라고 그는 말했다.

1865년 6월 9일, 그는 〈시대〉의 폐간을 공식적으로 발표했다. 도스토옙스키는 다시 많은 빚을 지게 되었고, 잡지를 지키지 못했다는 부끄러움을 짊어졌다. 그는 "빚을 갚고 다시 자유로워질 수만 있다면, 몇 년이라도 기꺼이 징역살이를 하겠어"라고 썼다.

그에게는 수입을 창출해낼 수 있는 몇 가지 아이디어가 있었다. 자신의 작품을 찍어낼 인쇄소를 차리거나, 잡다한 글과 그 시대의 사건에 대한 인기 있는 사설을 모아 연감으로 만들거나, 전집을 출판할 출판사를 찾는 것이었다. 그러나 이 모든 계획 중 단 한 가지만 현실화되었다. 도스토옙스키가 출판업자 표도르 스텔롭스키의 관심을 끌게 된 덕분이다. 그와의 만남으로 이 허우적대던 작가는 곧 재앙에 가까운 계약을 하게 된다. 그의 경력을 위태롭게 하는 이 계약은 1865년 7월 1일 체결되었다.

"난 혼자야."

그는 브란젤에게 말했다.

"나는 더 이상 친구가 없고, 마흔 살 된 나 자신은 내 안에 없어. 한편으로, 나는 살 준비를 하고 있다는 생각이 계속 들어. 재미있지 않아?"

스텔롭스키로부터 받은 돈은 그답지 않게 낙관적인 시기를 보낸 것을 설명하는 데 도움이 될지도 모른다. 하지만 여기에는 또 다른 이유가 있었다. 도스토옙스키는 다시 한번 사랑에 빠졌다. 러시아 서부 국경의 비테브스크 지방에 있는 은퇴한 장군의 딸이자 지주인, 키가 크고 아름다운 스물두 살의 안나 바실리예브나 코르빈-크루콥스카야에게 구애 중이었다.

도스토옙스키는 이 재능 있는 작가 지망생을 1년 전에 알게 되었다. 그때 그녀는 〈시대〉에 발표하기 위해 '꿈'과 '미하일'이라는 두 편의 소설을 제출했다. 그녀는 가명으로 이 소설들을 제출했는데, 그 이유는 안나의 보수적인 아버지가 "여성 작가들을 너무 싫어했고, 문학과는 전혀 상관없는 행동들까지 하나하나 의심했기 때문"이라고 그녀의 여동생 소피아가 말했다.

1864년 12월, 도스토옙스키는 그녀에게 원고료 181루블을 보내면서, 그녀의 이야기에서 느낀 "젊은이답게 직설적이면서 진실하고, 따뜻한 느낌"에 매료되었다고 쓴 편지를 같이 보냈다. 그리고 그녀에게 편지를 주고받자고 제안했다. 안나는 자신의 문학 작품에 대한 그의 관심에 감사하며 자연스럽게 서신 교환에 응했다.

그러나 도스토옙스키의 그런 행동의 동기에는 개인 사정이 담겨 있었다. 아내와 형이 죽은 후 몸서리치게 외로웠던 몇 달 동안, 이 젊은 작가의 출현은 그에게 편지 교환 이상의 무언가로 이어질 수 있는 정신적 사랑의 가능성을 의미했다. 또 다른 출세 지향적인 젊은 여성 작가인 폴리나 수슬로바와 맺었던 출판 관계가 로맨틱한 관계로 발전했듯이.

코르빈-크루콥스카야는 이 유명한 작가와의 서신 교환을 극비에 부쳤다. 하지만 어느 날 도스토옙스키가 그녀의 관심을 끌기 위해 쓴 편지가 아버지에게 발각되었다. 그는 "부모도 모르는 낯선 남자와 서신 교환을 하고 그에게서 돈을 받을 수 있는 여자에게는 무엇이든 기대할 수 있다"라고 딸을 나무랐다.

"지금 너는 소설을 팔고 있지만, 아마 너 자신을 팔 때가 올 거야."

그러나 시간이 지나고 아내의 꾸준한 설득으로 장군의 반대는 누그러졌다. 투르게네프의 최근 소설 〈아버지와 아들〉에 나타난,

이념적 갈등으로 인한 가족의 분열을 보고 싶지 않아서, 그는 딸과 화해했다. 도스토옙스키와의 서신 교환뿐만 아니라 페테르부르크에 있는 친척을 방문하는 가족 여행에서 도스토옙스키를 만나는 것까지도 허락했다. 물론 어머니의 엄격한 감독아래.

"리자, 기억하시오. 당신에게 엄청난 책임이 있소."

코르빈-크루콥스키가 자신의 아내에게 말했다.

"도스토옙스키는 우리가 속한 사회의 사람이 아니오. 그에 대해 아는 게 뭐가 있소? 그가 언론인이고 전과자라는 것 빼고 말이오. 훌륭한 추천이 있소? 거기에는 논쟁의 여지가 없소. 당신은 그를 매우 조심해야 하오."

1865년 3월, 그들의 첫 만남은, 과장 없이 말하자면 좀 어색했다. 소설가 겸 전 편집자는 안나 친척의 웅장한 응접실에 나타났다. 안나의 어머니와 여동생 소피아, 두 명의 독일인 고모는 무슨 낯선 짐승을 보듯 그를 쳐다봤다. 불편해진 그는 몸을 움직였다.

닷새 후, 도스토옙스키가 다시 방문했을 때 안나와 소피아만 집을 지키고 있었다. 이 만남은 소피아가 기억하는 가장 큰 성공이었다. 소피아는 자신도 이 연상의 남자에 약간 반했다고 인정했다. 그는 그들이 그곳에 머무는 동안 일주일에 서너 번 저녁 시간에 찾아왔는데, 자신의 사업과 개인적인 경험에서 나온 이야기로 참석한 모든 사람을 매료시켰다.

그들이 떠날 무렵, 코르빈-크루콥스카야 부인은 페테르부르크의 상류층 지인들을 위해 주최한 파티에 도스토옙스키를 초대했다. 그 파티는 "장중하고, 공허하고, 재미없는 이벤트"였다고 소피아는 회상했다. 연미복을 입고 하얀 장갑을 낀 하인들이 근엄한 표정을 짓고 차, 과일, 사탕이 담긴 쟁반을 음산한 분위기의 손님들에게 가져다 날랐다.

도스토옙스키는 몸에 잘 맞지 않는 옷을 입고 파티에 참석해서 곧 짜증을 내고 혼란스러워했다. 그가 낯선 사람과 만날 때마다 그랬듯이. 여주인이 그를 다른 손님들에게 소개하려 하자 그는 알아들을 수 없는 소리로 으르렁거리다가 등을 돌렸고, 마침내 부루퉁해서 혼자 구석으로 물러났다.

그러나 한 손님만은 도스토옙스키의 관심을 끌었다. 코르빈-크루콥스키 가문의 먼 친척으로, 근사한 견장을 한 우아하고 잘 생긴 젊은 장교였다. 사기꾼처럼 번지르르한 그를 처음 보는 순간부터 도스토옙스키는 그를 싫어했다. 젊은 남자가 안나 옆의 안락의자에 앉아 그녀의 귀에 대고 뭔가 속삭이려고 몸을 기울였을 때, 도스토옙스키는 화가 나서 제정신이 아니었다. 그러다가 독일계 여성인 안나의 어머니가 러시아 정교회보다 개신교가 좋은 점은 개신교도들이 복음서를 더 자주 읽는 것이라고 말하자 갑자기 그 말에 대한 비판을 늘어놓았다.

"그런데 복음서가 사회 여성을 위해 쓰인 겁니까?"

그는 구석에서 으르렁거리듯 말했다.

"복음서에는 '태초에 하나님은 남자와 아내를 창조하셨다' 또는 '남자는 아버지와 어머니를 떠나 아내에게 가야 한다'라고 기록되어 있습니다. 그것이 그리스도가 결혼을 이해한 방식입니다. 하지만 어떻게 하면 가장 많은 이익을 내면서 딸들을 내보낼까 하는 생각밖에 없는 어머니들이 그에 대해 뭐라고 말할 자격이 있습니까?"

순간 방에는 길고 불편한 침묵이 흘렀지만 곧이어 손님들은 서로 돌아보며 큰 소리로 떠들기 시작했다. 마치 도스토옙스키의 무례함에 대한 기억을 떠내려 보내려는 듯이.

놀랍게도 도스토옙스키는 그런 낭패에도 불구하고 계속해서 그집에 방문했다. 예의상 그를 환영했지만 안나는 그에게 흥미를 잃었다. 그녀는 그가 방문할 때마다 그의 의견에 반박하고 심지어 놀리기까지 하면서 그런 일을 좋아하기 시작했다. 그녀가 자신으로부터 빠져나간다는 것을 알아차린 도스토옙스키는 그녀에게 심하게 집착했다. 누구와 함께 어떻게 하루를 보냈는지 말하라고 요구했고, 그녀가 관심을 보이는 젊은 남자는 모두 피했다. 안나는 이 연상의 구혼자를 피하기 시작했다. 그가 다가오면 모른 척하거나 다른 손님과 대화했다.

한번은, 그녀의 조롱을 참고 있던 도스토옙스키가 이런 말을 내뱉기도 했다.

"너는 머리가 텅 비고, 멍청하고, 버릇없는 어린애야. 그게 너야."

또 자신이 가장 좋아하는 작가 알렉산드르 푸시킨의 기념비적인 작품보다 혁명적 환상에 더 관심을 갖는 당시 젊은이들을 멍청하고 반쯤 교육받은 사람들이라고 일축하기도 했다. 안나는 그를 도발하는 것을 두려워하지 않고, 푸시킨은 시대에 뒤떨어진 작가라고 태연하게 응수했다. 분노한 도스토옙스키는 어린 허무주의자들과 다퉈봤자 소용없다며, 모자를 낚아챈 후 밖으로 뛰쳐나갔다. 다시는 그들의 집에 발을 들여놓지 않겠다고 선언하기도 했다. 하지만 다음날이 되면 그는 아무 일 없었다는 듯이 다시 모습을 드러냈다.

4월 말, 그들이 페테르부르크를 떠나기 며칠 전, 소설가는 이상할 정도로 쾌활한 모습으로 자신의 도착을 알렸다. 어둑어둑하게 불이 켜진 응접실로 안나를 데려간 후, 그녀에게 작은 의자에 같이 앉자고 권하고 그녀의 손을 잡은 채 그녀 쪽으로 몸을 기울이면서 청혼했다.

안나는 그의 청혼을 거절했다.

도스토옙스키는 극도의 외로움 속에서 몇 달을 보냈다. 가난한 데다 경력까지 무시당한 그는 더욱 우울해졌다. 이 끔찍한 상황에 대한 해결책을 찾던 그는 다시 한번 자신이 영원한 짝이라고 부르기 시작한 여성, 폴리나 수슬로바에게 의지했다. 1863년 이후 두 사람이 대면한 적은 없지만, 편지 교환은 계속 이어가고 있었다. 심지어 폴리나가 자신의 흥미를 충족시키기 위해 러시아와 유럽을 돌아다니며 지식인과 예술가, 연인을 찾아다니고 있을 때도, 도스토옙스키는 자신들의 불륜에 다시 불을 붙이고자 하는 희망을 오랫동안 품고 있었다. 그래서 두 사람이 결혼할 수도 있다는 미묘한 암시와 때로는 노골적인 애원까지 편지에 담았다. 그녀는 그의 제안에 퇴짜를 놓으면서도 그와의 관계를 끝내지 않았다.

1865년 봄, 도스토옙스키는 폴리나의 여동생 나데즈다 수슬로바에게 보낸 편지에서 자신의 괴로움을 쏟아놓았다. "아폴리나리아는 병든 이기주의자야"라고 말했다.

"그녀와 나와의 관계에는 인간성이 전혀 없어. 그녀는 지금도 내가 자신을 사랑한다는 것을 알고 있어. 그럼 왜 날 고문하는 거지? 좋아, 날 사랑하지 마. 하지만 날 고문하지도 마."

하지만 그는 그 병든 이기주의자가 너무 보고 싶어서, 1865년 6월, 문학 기금에 새로운 호소문을 보냈다. 그는 자신의 어려운 상황(《시대》의 폐간, 건강 악화, 급히 갚아야 하는 빚)을 설명하고, 자신이 유망한 소설을 편안히 집필할 수 있는 유럽에 갈 수 있도록 해달라며 대출을 요청했다. 대출은 승인되었다. 7월 말 도스토옙스키는 비스바덴에 있었고, 폴리나는 취리히에서 파리로 가는 길에 그곳에 들르기로 했다. 그는 여전히 2년 전 비스바덴의 쿠르하우스에서 영광스럽게, 그리고 빠른 시간 안에 돈을 딸 수 있었던 행운이 돌아오기를 바라고 있었다. 그 이후에 뒤따랐던 재앙은 쉽게 잊어버렸다.

아니나 다를까, 도착한 지 닷새만에 예상되었던 일이 일어나고 말았다. 그는 전당포에 시계를 잡히고 빌린 돈까지 모든 것을 잃었다. 절박해진 그는 당시 바덴바덴에 살던 이반 투르게네프에게 은화 100개를 빌려달라고 간청했다. 두 작가는 친한 사이였지만, 오늘날 돈으로 1천 달러가 넘는 돈을 빌려 달라는 그런 무리한 요청을 할 수 있을 정도는 아니었다. 투르게네프는 그에게 은화 50개를 보냈는데, 당시 자신이 감당할 수 있는 전부라고 말했다. 도스토옙스키는 1876년까지도 이때 빌린 돈을 갚지 않았다. 그 일은 오랫동안 그를 난처하게 했고, 두 작가의 관계가 점점 더 험악해지면서 갈등의 근원이 되었다.

빈털터리가 되어 빅토리아 호텔에서 끌려나오고 경찰서에 갈 위기에 처한 도스토옙스키에게 비스바덴에 도착한 폴리나는 한 줄기 희망처럼 보였을 것이다. 그 둘이 다시 만난 그 며칠 동안 둘 사이에 무슨 일이 있었는지는 알려지지 않았다. 도스토옙스키는 자신들의 사랑이 다시 피어오르기를 바랐다. 심지어 파리까지 동행하려고도 했다. 하지만 며칠 후, 그녀는 곤궁한 처지의 작가를 혼자 남겨두고 떠났다.

그는 폴리나에게 "내 상황이 믿을 수 없을 정도로 악화됐어. 당신이 떠나자마자, 바로 다음 날 아침 호텔에서 나에게 저녁 식사나 차, 커피를 제공하지 말라는 명령이 떨어졌다고 들었어"라는 편지를 써보냈다. 하인들은 옷을 세탁해 주지도 않았고, 그의 호출에 응하지도 않았다.

"모든 하인은 말로 표현할 수 없을 만큼, 전형적인 독일 방식으로 나를 경멸했어. 독일인에게 돈이 없고 제때 지불하지 않는 것보다 더 큰 범죄는 없거든."

이틀 후, 그녀에게 보내는 다음 편지에서, 그는 자신의 불륜이 "더 이상 추악해질 수 없을 정도로 끔찍해졌다. 이보다 더 나쁠 수는 없다"라고 말했다. 호텔은 이제 그에게 저녁에 쓸 양초 조각조차 내주지 않음으로써 그의 자존감을 깎아내렸다. "대책도, 확고한 희망도 없이 무작정 기다려야 하는 상황과 시간의 낭비로 고통받고 있어. 저주받은 비스바덴, 이곳은 당신에게 말할 수 없을 정도로 역겨워"라고 그는 말했다.

그는 떠나야 했다. 파리로 피하거나 고향 러시아로 가야 했다. 비스바덴만 제외하고 어느 곳으로라도. 비스바덴에서 룰렛을 하고 싶은 욕구 못지않게 강한 것은 이기지 못하는 그의 지독한 무능함뿐이었다.

그러나 그의 수중에 있는 돈으로는 기차 요금은커녕 우편 요금조차 감당할 수 없었다. "나를 구해주고 불행에서 꺼내 줘"라고 그는 친구 브란젤 남작에게 간청했다.

"짧은 시간 안에 은화 100개를 보내줘."

그는 인생의 가장 밑바닥, 시베리아로 추방된 자신을 본 브란젤만은 자신을 비난하지 않을 것이라고 확신했다. "그것이 내가 너에게 이 어리석고 비겁한 행동을 고백하기로 결심한 이유야. 그건 우리끼리만 아는 걸로 하자"라고 그는 덧붙였다.

룰렛에 자신을 제물로 바치면서 속수무책인 상태에 빠졌지만, 그런 상황은 그의 가장 대담한 문학 도박 중 하나로 불리는 작품에 영감을 주기도 했다. 당시 겪은 밑바닥 경험을 통해 도스토옙스키는 새로운 소설에 대한 강력한 아이디어를 떠올렸다. 대학에서 퇴학당한 후 극도의 가난 속에서 살고 있는 한 젊은이의 이야기였다.

"그 젊은이는 공중에 떠다니는 어떤 이상한 반쪽짜리 아이디어에 이끌려 이 경솔한 판단과 불안정한 아이디어를 바탕으로 자신의 역겨운 상황에서 단번에 벗어날 결심을 한다. 한 노파를 죽이기로 한 것이다."

도스토옙스키는 미하일 카트코프에게 훗날 〈죄와 벌〉로 완성될 아이디어들을 쏟아냈다. 미하일 카트코프는 러시아의 대표적인 보수 문학 잡지인 〈러시아 메신저〉의 편집장이었다.

도스토옙스키는 1850년대에 카트코프와 거래했는데, 당시 그 편집자는 그가 결코 기고할 것 같지 않은 기사에 500루블을 미리 지불한 적이 있었다. 이때 합의 조건을 놓고 말다툼을 벌이다가 둘은 사이가 틀어진 상태였다.

하지만 그건 그때 일이고, 둘 사이에는 다시 일이 만들어지고 있었다. 도스토옙스키는 절박했다. 그는 카트코프에게 소설의 아이디어가 맘에 든다면 비스바덴으로 선불 300루블을 보내 주지 않겠느냐고 물었다. 카트코프는 바로 돈을 보냈고, 그렇게 해서 도스토옙스키의 경력에서 가장 중요한 문학적 동업 중 하나가 시작되었다.

〈죄와 벌〉은 거의 자전적 작품임을 알 수 있다. 이 소설에서 작가는 비참하고 수치스러운 시기 자신의 찢긴 영혼을 보여준다. 소설의 주인공 라스콜니코프는 가난에 너무 짓눌려서 페테르부르크에 있는 자신의 작은 다락방을 드나들면서도 발소리를 내지 못한 채 숨죽이며 산다. 그는 채권자인 집주인이 지나칠 때마다 어떤 고통스럽고 비겁한 기분에 압도당한다. 그는 극도의 자기 혐오와 분노의 상태에서 고객을 속이고 괴롭히는, 정직하지 못한 전당포 노파를 살해하면 그녀의 존재로 빚어지는 재앙으로부터 인류를 구함과 동시에 자신도 치욕적인 상태에서 벗어날 수 있으리라는 이론을 만들어낸다. 여기 비스바덴에서 굴욕을 당하고 있는 도스토옙스키도 한번에 그 상황에서 벗어날 수 있는 자신만의 계획을 만들어냈다. 살인을 통해서가 아니라 이 신작 소설에 자신의 미래를 거는 것으로.

9월 말, 도스토옙스키는 브란젤 남작과 비스바덴에 있는 러시아 정교회의 야니셰프 신부가 마련해 준 자금 덕분에 비스바덴을 벗어날 수 있었다. 그 가을과 겨울 내내, 작가는 〈죄와 벌〉을 쓰는 데 자신을 바쳤다. 특히 그 가을, 다른 문제들까지 겹쳐 그는 완전히 녹초가 되고 말았다.

죽은 형 미하일이 남긴 복잡한 일들을 정리하기 위해 마음을 써야 하는 일도 그를 힘들게 했다. 과부가 된 형수 에밀리야 표도로브나는 그에게 항상 골칫덩어리였다. 도스토옙스키가 형의 식구에게 많은 도움과 경제적 지원을 제공했건만 감사할 줄 모르는 형수는 결코 만족하는 법이 없었다. 그의 동생 니콜라이처럼 무책임한 의붓아들 파샤도 언제나 걱정거리였다. 니콜라이의 병은 점점 심해졌다. 니콜라이는 항상 건강이 안 좋았지만, 형 표트르보다 2년을 더 살았다. 스트레스는 작가 자신의 건강을 해쳤고, 뇌전증 발작은 점점 더 심해졌다.

그러나 그는 당면한 과제에 집중했다. 그 과제는 1866년 초에 〈러시아 메신저〉에서 첫 번째 편을 싣기로 한 매우 중요한 신작 소설을 쓰는 일이었다.

"저는 돈 없이 나 자신을 가둬야 합니다."

전 해 11월 그는 야니셰프 신부에게 말했다.

"누구보다 더 많이 따기 위해서요. 가장 중요한 것은 마지막에 확실히 이기는 것입니다."

그러면서도 도스토옙스키는 영원한 짝 폴리나를 방문할 시간을 만들었다. 하지만 언제나처럼 불행한 결과와 마주해야 했다. "오늘 표도르 미하일로비치가 여기에 있었는데, 우리는 계속 서로 논쟁하고 반박을 이어갔다. 오랫동안 그는 나에게 손을 내밀고 마음을 주었지만, 그렇게 하는 건 오히려 나를 화나게 할 뿐이다"라고 그녀는 일기에 썼다.

힘든 가을이 음울한 겨울로 이어지는 동안, 그는 쉬지 않고 일했다. 코펙 동전으로 먹고 살며, 최소한의 돈만 쓰면서 파샤와 에밀리아 표도로브나를 부양했다. 파샤는 가족의 불행이 도스토옙스키의 탓이라고 비난하면서 돈을 가져다 썼다. 작가는 처제 돔니카 도스토옙스카야에게 "당신과 동생 안드레이가 내게 남은 유일한 친절한 친척인 것 같습니다"라고 편지를 썼다. 브란젤 남작도 가족과 같았으며, 그가 슬픔을 털어놓을 때 편안하게 느낄 수 있는 몇 안 되는 사람 중 한 명이었다. "나는 죄수처럼 일하고 있어"라고 그는 친구에게 말했다.

나는 점점 더 초조하고 짜증이 나네. 내 성격은 망가졌어. 앞으로 어떻게 될지 나도 모르겠어. 나는 겨울 내내 아무도 방문하지도 않았고, 아무도, 아무것도 보지 못했어. 아마 소설이 완성될 때까지는 계속 이럴 거야. 내가 채무자의 감옥에 갇히지 않는다면 말이야. 내 친절한 친구, 너는 적어도 가족 안에서는 행복하겠지만, 운명은 나에게 인간의 유일하고 위대한 행복을 누릴 기회를 주지 않는다네.

1866년 4월, 도스토옙스키는 다시 한번 그 위대한 행복을 얻기 위해 노력을 기울였다. 모스크바에서 친척인 이바노프 가족을 방문했던 그는 마리아 이반친-피사레바라는 이름의 당돌하고 활기 찬 20세 여성을 소개받았다. 그는 그 젊은 여성에게 지나칠 정도로 사로잡혔다. 그 결과 가족들이 부활절 예배에 간 어느 날 아침, 그녀의 집을 찾은 도스토옙스키는 별안간 청혼을 한다. 자신보다 나이가 두 배 이상 많은 남자의 느닷없는 청혼에 당황한 마리아는 푸시킨의 시 '폴타바'의 한 구절을 인용하며 응답했다.

"세월에 겁에 질린 / 노인의 마음은 불타오른다."

그녀는 문학적 표현으로 작가에게 잘 보이려 했지만, 대신 노인의 마음을 아프게 했다.

다시 한번 퇴짜를 맞은 도스토옙스키는 지금의 자신을 부활시킬 수 있을 것 같은 유일한 작품인 〈죄와 벌〉에 계속 에너지를 쏟아부었다. 소설의 첫 1/4은 1866년 1월과 2월호 〈러시아 메신저〉에 실렸지만 그가 가야 할 길이 아직 많이 남아 있었다. "신의 도움으로 이 소설은 최고의 작품이 될 수 있어"라고 그는 브란젤에게 말했다.

"이 소설은 세간에 센세이션을 일으킬 거야. 중요한 것은 문학가로서의 나의 이름이 다시 회복될 거라는 거지."

5월에 쓴 편지에서 그는 마지못해 인정했다.

"현재로서는 그것이 나의 유일한 희망이야."

도스토옙스키에게는 〈죄와 벌〉이 자신의 운명을 뒤집을 수 있다고 믿을 충분한 이유가 있었다. 3년 전 〈죽음의 집의 기록〉 이후로 그가 처음으로 벌인 문학 도박은 진정 결실을 보는 듯했다. 그때까지 러시아 문학에서 볼 수 있었던 상황과는 달리 독자들은 매회를 간절히 기다렸다. 살인과 그 여파에 대한 사실적인 묘사에 경악했던 독자들조차 책을 내려놓을 수 없었다. 도스토옙스키가 카트코프에게 보낸 투고 편지에서 이 소설을 묘사한 것처럼, '죄에 대한 심리학적 설명'이 거부할 수 없을 만큼 강력하고 사실적이었기 때문이다.

이 연재 소설에 대한 관심으로 〈러시아 메신저〉의 구독자가 매달 수백 명씩 늘어나고 있었다. 드디어 그는 카트코프에게 소중한 존재가 되었으며, 레오 톨스토이, 이반 투르게네프와 함께 러시아 문학계의 선두에 올라섰다. 그런 명성만큼 중요한 것은 〈죄와 벌〉이 그에게 매달 400루블 조금 넘는 일정한 수입을 가져다준다는 것이었다.

여기에 골치 아픈 문제가 딱 하나 있었다. 재정적인 어려움과 새로운 문학에 대한 희망으로 몇 달을 미친 듯이 보낸 그 큰 혼란 속에서, 도스토옙스키는 표도르 스텔롭스키와 1년 전에 체결한 계약에 대해서는 완전히 잊고 있었다. 1866년 6월에야 불현듯 스텔롭스키에게 빚진 소설의 마감일이 4개월밖에 남지 않았음을 떠올리게 된다.

자신의 명성을 밀어 올려주는 〈죄와 벌〉의 작업을 중단하기 싫어서, 그는 스텔롭스키에게 늦어진 것에 대한 벌금을 물겠다고 제안한다. 하지만 출판업자는 거절했다. 도스토옙스키는 스텔롭스키에게 3개월 연장을 요청했다. 출판업자는 다시 거절하면서 작가에게 "계약대로 철저히 하라"라고 말했다.

'내가 이제 시그니처° 열두 개(192쪽 분량)짜리 소설을 쓸 시간이 없다고 확신하기 때문에, 그에게는 연장해주고 벌금을 받는 것보다 계약대로 하는 것이 훨씬 더 유리한 거야. 그러면 내가 나중에 쓰는 모든 작품은 그의 것이 될 테니까'라고 도스토옙스키는 생각했다.

도스토옙스키는 자신의 약혼자가 될 뻔한 안나 코르빈-크루콥스카야에게 이 문제를 설명했다. 험난했던 그들의 과거에도 불구하고, 그는 그녀와 예의 바른 편지를 계속 교환했다. 〈죄와 벌〉을 중단하는 거나 스텔롭스키에게 줄 신작 소설을 쓰지 못하는 것 모두 그의 명성에 치명적인 타격이 되리라는 것을 잘 알고 있었기에, 그에게는 두 소설을 동시에 작업하는 것 외에는 선택의 여지가 없었다. "전례가 없는 파격적인 일을 하려고 합니다"라고 그는 코르빈-크루콥스카야에게 말했다.

"시그니처 서른 개(480쪽 분량)를 4개월 동안 두 권의 소설로 써야 합니다. 그중 한 권은 아침, 다른 한 권은 저녁에 작업해서 제시간에 끝낼 생각입니다."

그러나 몇 주가 지나 몇 달이 되도록 자신이 책임져야 하는 다른 모든 일을 처리하느라, 도스토옙스키는 스텔롭스키의 소설을 쓸 시간이 없었다. 그 출판업자를 생각하면 "너무 걱정돼서 고문당하는 것 같아. 꿈에서도 그가 나타나"라고 그는 작가 친구에게 말했다.

1866년 10월 초, 스텔롭스키 소설의 마감이 한 달도 남지 않은 상황인데도 도스토옙스키는 약속된 작품을 한 줄도 쓰지 못한 상

• 인쇄된 종이로 알려지기도 한 시그니처(signature)는 인쇄된 책의 16쪽에 해당된다.

태였다. 그가 가진 거라곤 3년 전에 비스바덴에서 대강 갈겨 써두었던 오래된 글뿐이었다. 그 메모에는 룰레텐부르크라는 유럽의 휴양지에서 자신의 길을 잃어버린 러시아 도박꾼에 관한 이야기가 담겨 있었다.

도스토옙스키와의 처음 만났을 때 안나 스니트키나는 이런 사실을 거의 알지 못했다. 하지만 다른 사람의 이야기에 주의 깊게 귀기울이는 성격이었던 그녀는 곧 그의 작품뿐만 아니라 그에 관해서도 알게 되었다. 일이 본격적으로 진행되면서 이 새로운 소설, 〈도박꾼〉 속 인물들은 그녀에게 더 생생하게 다가왔다. 그녀는 그 이야기에 관심이 많았다. 그가 구술할 때 날카로운 질문을 던졌는데, 그녀 자신도 "소설에 대한 나의 견해를 표현할 때의 내 대담함에 놀랐다"라고 말할 정도였다. 마치 자신이 그 인물들과 개인적으로 아는 사이이고, 게임에 자신의 역할이 있는 것처럼 느껴졌다. 특히 폴리나라는 인물, 감각적이고 자기중심적이며 잔인한 이 여자는 "나의 경멸을 불러일으켰다"라고 했다. 반면 자신을 키워준 가치인 상식과 현실성을 갖춘 다정한 영국인 애스틀리 씨의 경우는 안나의 동정을 샀다.

젊은 속기사는 용서할 수 없이 우유부단한 주인공 알렉세이에게 공감하는 데 더 많은 어려움을 겪었다고 회상했다. "도스토옙스키는 전적으로 도박꾼의 편이었다"라고 그녀는 말했다. 하지만 그녀는 주인공 내면에 있다고 도스토옙스키가 주장한 '시'를 전혀 보지 못했다. 변덕스럽고 현실감이 없고 충동적인 알렉세이는 안나의 실용주의적 세계관으로는 낯설었고, 그의 행동은 작은 불쾌감 그 이상으로 다가왔다. 어쩌면 안나의 직감은, 미래의 어느 날 그녀와 도스토옙스키에게 큰 도움이 될 그녀의 이 감각은, 매일 운명을 시험함으로써 자신의 열등감을 보상받고자 했던 무일푼 도박꾼의 숨겨진 이기주의를 지켜보면서 생긴 것일지도 모른다.

서로의 의견 차이에도 불구하고, 또는 아마도 그 차이 때문에, 안나는 그 우울한 아파트에서 그와 함께 한 시간을 즐겼다. 그곳은 낯설지만 이상하게도 유혹의 장소로 그녀를 데려간다는 상상을 확실히 하게 하는 곳이었다. 그녀는 훗날 묘사했다.

"여전히 새로운 아이디어에 취해 있는 그를 떠나면 집에서 그가 그리워졌고, 다음 날 그와 만날 것을 기대하며 시간을 보냈다."

그녀는 가족들과 보내는 시간이 줄어들었고, 속기 강의를 하거나 친구들을 방문하는 일을 그만두었다.

"내가 가장 좋아하는 작가의 신선하고 독창적인 관점과 비교해 볼 때, 그들의 이야기가 얼마나 공허하고 하찮게 보였는지!"

그 감정은 상대방에게도 마찬가지였다. 안나의 효율성, 진지함, 위기 속에서도 쾌활함을 유지하는 능력에 감탄하여 그녀의 존재를 의식하게 된 도스토옙스키는 그녀에게 불쾌감을 줄 수 있는 말을 하지 않으려 조심하고 있는 자신에게 놀랐다. 그는 그녀를 골루브치크, 즉 '작은 비둘기'라고 부르기 시작했다.

그는 "처음부터 당신이 내 관심사에 대해 보여준 진정한 따뜻함과 내 머리를 짓누르는 파국에 대한 당신의 동지애에 감탄했다"라고 훗날 그녀에게 말했다. 그가 파국으로 치닫고 있을 때, 그의 가족은 오직 말, 말, 말만을 했을 뿐이었다. 하지만 이 "외부인, 나와는 거의 친분이 없는 젊은 여성은 즉시 내 입장이 되어주었다. 신음소리나 불평 한 마디 없이, 탄성이나 분개하는 기색도 없이, 그녀는 말이 아니라 행동으로 나를 도와주기 시작했다. 그때, 나는 외로움에 너무 지친 상태여서 진정으로 나에게 빠져든 누군가가 있다는 사실에 엄청나게 기뻤다."

고귀한 청혼

　곧 도스토옙스키와 안나는 소설의 대부분을 완성했다. 마지막 날인 10월 29일, 작가는 스텔롭스키에게 원고를 성공적으로 전달한 후 친구들을 위해 준비한 축하 만찬에 자신의 속기사를 초대했다. 그녀는 제대로 된 레스토랑에 가본 적도 없고, 도스토옙스키의 저명한 문학가 친구들과 대화할 자신이 없어 초대를 거절하였다. 10월 30일, 그녀가 도스토옙스키에게 필사본을 가져왔다. 다음날 스텔롭스키에게 최종 원고를 전달하기 전에 그가 마지막 수정을 끝낼 수 있도록 하기 위해서였다. 그는 그녀에게 임금 50루블을 건넸고, 악수하며 그녀의 협조에 진심으로 감사를 표했다.

　"〈도박꾼〉은 완성되었다"라고 안나는 의기양양하게 회상했다.

　"10월 4일부터 29일까지, 26일 동안, 도스토옙스키는 큰 형식으로 2열로 된 시그니처 일곱 개를 썼다. 그건 일반적으로 시그니처 열 개와 맞먹는 양이다."

　오늘날로 보면 160쪽이다. 그녀는 이 특별한 위업에 일조한 것을 자랑스러워했다.

　그러나 비양심적이기로 악명 높은 스텔롭스키는 그렇게 호락호락한 인물이 아니었다. 그는 도스토옙스키가 새로운 원고를 제 때에 전달하지 못해, 향후 9년간 집필하는 모든 글에 대한 권리를 몰수할 가능성에 여전히 기대를 걸고 있었다. 10월 30일, 작가가 원고를 전달하기 위해 스텔롭스키의 집을 찾았을 때, 출판업자가 갑자기 지방으로, 기간도 정하지 않은 채 떠났다는 소식을 듣게 되었다. 할 수 없이 그는 스텔롭스키 출판사로 갔는데, 출판사 매니저는 어떤 자료든 그것을 받을 수 있는 권한이 자신에게는 없다면서 원고받기를 단호히 거절했다.

물론 그것은 도스토옙스키가 예견하고 있었던 계략이었다. 그는 이미 안나의 어머니가 추천해 준 변호사에게 의견을 구해둔 상태였다. 변호사는 원고를 경찰서로 가져가서 공증된 영수증을 받으라고 조언했다. 그런데 그가 스텔롭스키의 출판사를 떠날 무렵에는 이미 공증인을 찾기에는 시간이 너무 늦었고, 경찰서에서는 그의 문제를 처리할 직원이 없다며 나중에 오라고 했다. 결국 밤 열시가 되어서야 그는 경감에게 원고를 건네주고 배달 영수증을 받아낼 수 있었다.

10월 30일, 안나가 그녀의 고용주에게 〈도박꾼〉의 최종 필사본을 가져다준 날은 또 다른 이유로 특별한 날이었다. 바로 도스토옙스키의 생일이었던 것이다. 바로 그날, 안나는 아버지의 죽음 이후 계속 입고 다니던 칙칙한 검정색 면 드레스 대신, 특별한 행사를 위해 아껴둔 라일락빛 드레스를 입고 그의 집으로 향했다. 그를 알게된 이후 처음이었다. 도스토옙스키는 그녀의 그런 변화에 경탄하며, 그 드레스의 색이 그녀와 얼마나 잘 어울리는지, 긴 실크 드레스를 입은 그녀가 얼마나 크고 우아해 보이는지 이야기했다. 안나는 이런 칭찬을 듣고 매우 기뻐했다.

그러나 우울한 과부인 형수 에밀리아 표도로브나가 들어오자 그녀는 기분이 상하고 말았다. 형수는 시동생의 생일을 축하해주려고 방문한 터였다. 도스토옙스키는 자신이 소설을 완성하고 파국을 피할 수 있도록 도와준 젊은 여성이라며 열의를 담아 안나를 형수에게 소개했다. 그런데 그 나이든 여자는 퉁명스럽게 응수했고, 오만한 침묵으로 안나 앞에 버티고 서 있었다. 당황한 도스토옙스키는 안나를 다른 곳으로 안내하며 최근에 나온 논문과 책을 훑어보라고 했다. 안나는 심란한 마음으로 그 책들을 뒤적이다가, 에밀리아 표도로브나의 멸시가 도를 넘은 것 같아 그 집을 떠날 준비를 했다. 도스토옙스키가 형수의 무례함을 사과하며 가지말라고 애원했지만, 안나는 단호했다. 그는 현관까지 따라 나와 그녀를 배웅하면서 자신의 방문 약속을 상기시켰다.

"그럼 언제 가면 되겠소? 내일?"

그는 그녀를 다그쳤다.

망설이던 안나는 마침내 그 주 목요일 저녁 일곱 시로 약속 시간을 정했다.

도스토옙스키의 방문 전 며칠 동안, 안나는 슬픔과 두려움을 동시에 느꼈다. 그들이 나눴던 즐거운 일터, 즐거운 만남과 활기찬 대화가 있었던 시간이 그리웠지만, 도스토옙스키를 사교적인 환경에서 맞이해야 한다는 것이 그녀를 겁먹게 했다. "그의 방문 약속은 나에게 기쁨이라기보다는 오히려 부담에 가까웠다"라고 그녀는 회상했다.

"나도 어머니도 모두 그 사람처럼 영리하고 재능 있는 남자에게 매력적인 대화 상대가 될 수 없다는 것을 알고 있었다."

안나는 그를 다시 만나기 바라는 동시에 그가 자신을 방문하기로 한 약속을 잊기를 바랐다. 그녀는 그 목요일에 그가 좋아하는 배와 달콤한 먹거리를 사기 위해 동네 가게를 돌아다니며 시간을 다 보냈다. 그 와중에도 그들 사이의 대화가 끊겼을 때 꺼낼 수 있는 주제를 마음속으로 되짚어 보는 것을 잊지 않았다.

기대에 찬 기다림 끝에 마침내 일곱 시 30분이 되었고, 안나는 준비를 마쳤다. 그러나 도스토옙스키는 나타나지 않았다. 시곗바늘은 여덟 시를 넘어가고 있었다. 여덟 시 30분. 그가 마음을 바꾼 것은 아닌지 궁금해질 무렵, 드디어 그가 나타났다. 그는 한 시간 가까이 코스트롬스카야 거리에서 그녀의 집을 찾아 헤맸는데, 밤에는 그쪽 문이 잠겨서 슬로노바야나 말렌카야 볼로트나야 거리를 이용해야 한다고 알려주는 것을 그녀가 깜박했던 것이다.

안나의 어머니는 어색함을 풀며 자연스럽게 등장했다. 안나는 어머니에게 급히 작가를 소개했다. 도스토옙스키는 스니트키나 부인의 손에 당당하게 입을 맞추고, 안나와 그녀가 제공한 귀중한 도움에 대한 극찬과 함께 초대해준 데 대해 진심 어린 감사를 표했다. 그는 안나가 알고 있는 사람과는 전혀 다른 남자처럼 보였다. 그녀가 보았던 그 어느 때보다 더 매력적인 모습으로 카리스마를 내뿜고 있었다.

스니트키나 부인이 차를 준비하기 위해 잠시 자리를 비웠다가 거실로 돌아왔을 때, 두 사람은 어색한 침묵 속에 앉아 있었다. 그 어색한 침묵을 깬 사람은 도스토옙스키였다. 그는 스텔롭스키의 추잡한 속임수 이야기까지 동원하며 연이은 매력적인 이야기로 모녀를 즐겁게 해주었다. 반세기 이상의 시간이 흐른 후, 안나는 딱히 이 장면을 꼽지 않더라도 표도르 미하일로비치와 어머니가 잘 지내는 모습을 보는 것이 자신을 얼마나 행복하게 만들었는지 모른다고 회상했다. 어머니는 모든 사람을 편안하게 해주는 타고난 이야기꾼인 이 저명한 손님에게 매료되었다. 저녁이 깊어가면서 어느새 세 사람은 마치 오랫동안 서로 알고 지낸 사람들 같아졌다.

그날 밤 도스토옙스키는 〈죄와 벌〉을 다시 쓸 준비를 하고 있다면서 안나에게 자신의 속기사로 계속 일해 달라고 부탁했다. 기꺼이 그렇게 하겠습니다라고 대답하면서도 그녀는 자신에게 일을 소개해준 올킨 교수가 마음에 걸렸다.

"교수님은 선생님의 이 새로운 일을 맡길 사람으로 다른 제자를 염두에 두고 있을지도 몰라요."

그러나 도스토옙스키는 안나와 함께 일하는 것에 익숙해졌다고 말했다.

"혹시 나와 함께 일하기 싫은 거요? 그렇다면 고집하지 않겠소."

안나는 올킨이 반대할 것 같지 않지만 혹시 모르니 그와 상의하겠다고 말하면서 서둘러 그를 안심시켰다.

도스토옙스키는 열한 시에 그곳을 떠났다. 황홀할 정도로 들떠 있던 안나는 그날 저녁 만남의 성공을 어머니와 함께 축하하기 위해 식당으로 달려갔다. 그런데 10분 후, 도스토옙스키의 호화로운 썰매에 놓여 있던 쿠션을 도난당했다고 하녀가 알려왔다. 그 말을 듣고, 도스토옙스키가 다시는 자신에게 오지 않을 수도 있다는 생각이 들어 안나는 두려웠다.

그 전 주 내내 힘들었던 데다가 그날 저녁 롤러코스터를 탄 것 같은 감정 기복이 더해져 그녀는 정신을 차릴 수가 없었다. 다음날 언니 마샤를 방문했을 때도 그간 있었던 일을 너무 빠르고 활기차게 말하는 바람에, 마샤는 이야기를 이해하기 위해 몇 번이나 동생의 말을 끊어야 했다. 푸른 눈에, 아름다운 머리칼을 가진 날씬한 미인 마샤는 항상 안나에게 부정적인 말을 했는데, 최근 저명한 교수와 결혼하면서 동생과 더 멀어졌다. 그래도 신이 난 안나에게 맞장구를 쳐주던 마샤는 도스토옙스키에 빠져 드는 것은 괜한 짓이라고 잘라 말했다. 안나가 실현될 수 없는, 작가와의 결혼을 꿈꾸고 있다고 비난했다.

"결혼할 수 없어서 얼마나 다행이니? 그가 그렇게 아프고 가족의 부양을 부담해야 하는 데다 빚까지 있다면 말이야!"

안나는 도스토옙스키에게 반한 것이 아니라고 쏘아붙였다.

"나는 그냥 똑똑하고 재능 있는 남자와 이야기를 나눌 수 있어서 행복했고, 그의 끊임없는 친절과 나에 대한 관심에 감사했어."

시간이 흐른 후 안나는 문득 마샤의 생각이 옳은 건지도 모르겠다는 생각을 했다.

'내가 정말 그에게 빠져 있었나? 이것이 내 인생에서 아직 경험

하지 못한 사랑의 시작일 수도 있는 걸까? 정말 말도 안 되는 꿈이야! 그것이 조금이라도 가능한가?'

그런 일이 생긴다면 어떻게 해야 할까? 그의 일을 거절할 어떤 구실을 만들어, 고용과 더 깊어지는 관계 사이에서 생길 수 있는 충돌 가능성을 피해 볼까? 아니면 그를 그만 만나거나, 심지어 그에 대해 생각하는 것조차 그만두면 될까? 그러면 "나는 몰두할 만한 일을 찾아 내가 항상 매우 소중히 여겼던 내면의 평온을 되찾을 수 있을지도 모른다."

결국 안나는 도스토옙스키의 속기사로 계속 일하는 것이 나쁘게 없다는 판단을 내린다. 그 일은 그녀가 열심히 준비해 왔던 일이었다. 그리고 그 일을 하는 과정에서 얻게 될 진심이 담긴 흥미로운 대화의 기회를 왜 버려야 하는가?

안나는 〈죄와 벌〉에 대한 작업을 시작하기 위해 그 다음 주 월요일에 도스토옙스키와 만나기로 되어 있었다. 그 전날, 그녀는 피아노 연주에 정신이 팔려 초인종이 울리는 소리를 듣지 못하고 있었다. 잠시 후, 그녀는 등 뒤에서 나는 발자국 소리를 들었다. 그였다. 도스토옙스키가 그녀의 집 안에 있었다. 그는 이상하게도 소심한 표정을 하고 있었다. 그녀는 의자에서 일어나 그에게 다가갔다.

"내가 무슨 짓을 했는지 아오, 안나 그리고리예브나?"

그가 악수를 굳게 하며 말했다. 그는 "요즈음 당신이 너무 그리웠고, 오늘도 하루 종일, 아침부터 그 생각만 했소. 당신을 보러 가야 하나, 말아야 하나? 나는 목요일에 여기 있었고, 일요일에 다시 왔소!"

그가 언제 오든, 자신의 집에서는 늘 환영한다고 그녀는 짧게 말했다. 그렇게 그들은 서로를 바라보면서 한참을 서 있었다. 그러다 도스토옙스키가 갑자기 말했다.

"하지만 당신의 집은 얼마나 차가운지! 그리고 당신은 오늘 얼마나 냉정한지!"

그는, 그녀의 차림새를 보고 어디 나갈 일이 있는지 물었다. 그녀는 대모를 만나러 알라르친 다리로 갈 거라고 대답했다. 그는 자신도 그쪽에 볼일이 있다면서 데려다 주겠다고 했다.

썰매를 타고 가다가 도로의 급커브를 만나자, 도스토옙스키는 자신의 승객을 보호하기 위해 그녀의 허리에 팔을 단단히 감았다.

"신경 쓰지 마세요. 저는 떨어지지 않을 거예요!"

그녀는 재빨리 말하고, 그의 손을 부드럽게 밀어냈다.

썰매가 눈 덮인 페테르부르크 거리를 휙휙 지나가며 그와 즐거운 이야기를 나누는 동안, 안나의 불안감은 상쾌한 11월 대기 속으로 연기처럼 사라져버렸다. 마침내 그들이 헤어질 시간이 되었을 때, 작가는 그녀 손을 꼭 쥐며 다음날 자신의 집에 와서 작업 일정을 논의할 것을 또 한 번 약속하게 했다. 안나가 올킨 교수에게 얘기했는지는 알 수 없다. 얘기했다 하더라도 그것은 전적으로 안나 스스로 내린 결정임이 확실해 보인다.

〈도박꾼〉의 결말에서, 폴리나와 불운한 연애를 한 지 1년 반이 지나자 알렉세이는 완전히 나락으로 떨어지게 된다. 그는 힌츠라는 시의원의 하인으로 일했으며 채무자 감옥에 갇혔다가 알지도 못하는 누군가의 도움으로 풀려났다. 그는 계속 도박을 하면서 러시아어 가정교사 자리를 찾으려고 애쓴다. 그러면서 한 방을 노렸다. 그 한 방으로 "그 모든 힌츠네 사람, 그 모든 호텔 매니저, 그 모든 훌륭한 바덴바덴 부인들을, 나에 관해 이야기하고, 내 이야기를 전하고, 내게 경탄하고, 나를 칭찬하고, 내가 새로 딴 돈 앞에 고개를 숙이게" 할 수 있기를 바랐다.

분별력 있고 현실적인 영국인 애스틀리는 마침내 자신의 방탕한 친구와 정면으로 부딪치게 된다. 이는 표도르 도스토옙스키가 자신의 도박 습관에 대한 고통스러운 진실을 형 미하일에게 말해야 했던 장면과 겹친다.

"당신은 나무토막 같아."

애스틀리가 말한다.

"당신은 이기는 것 외에 그 어떤 목표도 포기했을 뿐만 아니라… 당신의 꿈도. 그러니까 현재 당신의 가장 본질적인 욕망은 짝수(pair), 홀수(impair), 빨강(rouge), 검정(noir), 열두 개의 수 따위 이상을 넘지 못하고 있어!"

이에 대해 알렉세이는 격하게 저항한다.

"그만해요, 애스틀리 씨. 제발, 제발 나에게 상기시키지 마세요."

제멋대로인 그의 소설 주인공처럼, 표도르 도스토옙스키는 유럽 카지노로 갔던 짧은 여행 기간 자신을 필요로 하는 사람들을 저버렸다는 데 대해 죄책감을 느끼곤 했다. 그러나 그는 자신에게 도박이 필요했다고 거듭 확신했다. 그는 소설 속 알렉세이의 입을 빌려 말한 그 합리화를 이용한 것이다.

"나는 모든 것을 당분간 머릿속에서 지워버릴 거야. 심지어 기억마저도, 내 상황이 근본적으로 개선될 때까지 그렇게 할 거야. 그런다음… 두고 봐, 난 부활할 거야!"

작가가 자신의 삶에서 그런 마법 같은 생각이 위험하다는 것을 잊었다면, 〈도박꾼〉에서 그는 적어도 자신의 중독에 대한 심리를 예리하게 이해하고 있음을 보여준다. 그는 자신의 도박 습관을 극복하지 못하면 자신의 인생이 파탄날 가능성이 높다는 것도 물론 알고 있었다. 알렉세이가 애스틀리에게 약속한 부활은, 물론 절대 일어나지 않는다. 소설의 마지막 줄에서 알렉세이는 달랑 한 개의 동전을 쥔 채 룰렛 테이블을 떠날지 아니면 마지막으로 운을 시험해볼지 고민하고 있다. 결국 그는 주머니에서 동전을 꺼내 망케에 걸고, 이긴다. 그런 다음 그는 흡족해하며 독자에게 말한다.

보세요! 당신의 마지막 1굴덴이 때로는 무엇을 의미하는지를.
그때 내가 용기가 없었다면, 감히 모험을 하지 않았다면?
내일이면, 내일이면 모든 게 끝날 거야.

그 내일이 또 다른 잠깐의 승리를 가져다줄지, 아니면 다시 한번 그를 궁핍하게 남겨둘지는 여전히 불분명하다. 소설이 끝날 때 즈음 분명해지는 것은, 남자로서의 알렉세이는 끝났다는 것이다. 그가 그 다음에 한 방을 거는 룰렛에서 경험할지도 모르는 순간적인 우여곡절이 무엇이든 상관없다. 룰렛에 자신을 바친 그는 돌아올 수 없는 선을 넘었다.

반면 도스토옙스키에게는 사업적으로나 개인적으로나 만회할 기회가 있었다. 그리고 〈도박꾼〉은 그에게 보상을 했다. 비록 룰렛 테이블에서 했던 운 좋은 베팅 몇 개와 같은 식이긴 했지만, 어쨌든 순간적으로 위험에 달려들게 함으로써 그가 재앙을 피할 수 있도록 도와주었다.

〈도박꾼〉을 제시간에 완성함으로써 스텔롭스키의 터무니없는 계약으로부터 스스로를 구했지만, 정작 작가에게는 한 푼의 수입도 없었다. 스텔롭스키는 9년 후에야 비로소 그에게 인세를 지불했다. 그것도 5년이나 늦게, 도스토옙스키 전집 1870년 판에 이 소설을 수록하고서야 원고료를 지불한 셈이었다.

작가가 쓴 가장 창의적인 작품도, 예술적으로 대담한 작품도 아니었던지라 이 소설은 문단에 큰 반향을 일으키지는 못했다. 게다가, 〈도박꾼〉 집필을 끝내느라 그의 관심이 딴 데로 쏠리는 바람에, 〈죄와 벌〉의 연재가 중단된 상태였다. 〈죄와 벌〉은 반응이 좋았는데, 작가에 주어진, 그 중요한 소설을 완성할 수 있는 기간은 딱 두 달뿐이었다.

그래도 〈도박꾼〉을 완성하기 위해 미친 듯이 달려오는 과정에서 도스토옙스키는 그의 소중한 조력자를 만났다. 그리고 안나 스니트키나가 〈죄와 벌〉을 완성할 때까지 자신과 계속 일하기로 했다는 사실에 그는 의기양양해졌다.

1866년 11월 8일, 서리가 내리던 밝은 아침, 〈죄와 벌〉의 작업이 시작되는 첫날이었다. 안나는 택시를 타지 않고 걸어가는 바람에 30분 정도 지각하게 되었다. 문 근처에서 그녀를 기다리던 작가는 안나의 목소리를 듣자마자 홀에 나타났다.

"마침내 왔군요!"

그는 그녀의 모자와 코트를 받아주며 행복하게 말했다. 그들은 함께 서재로 들어갔는데, 그날따라 서재가 유난히 밝아 보였다. "당신이 와 줘서 얼마나 좋은지!"라고 그는 말했다.

"당신이 약속을 잊어버릴까 봐 몹시 겁이 났소."

"무슨 즐거운 일이라도 있었나 봐요?"

안나는 그의 격정적인 분위기에 놀라 물었다.

"맞소, 사실 그렇소. 어젯밤 정말 신기한 꿈을 꿨소."

그는 자신의 꿈에 큰 의미를 부여하면서 그 꿈이 믿을 만한 예언임을 알고 있다고 했다. 꿈속에서 그는 서재 테이블 위에 있는 특이한 장미 나무 상자 앞에 앉아 원고와 편지를 뒤적거리고 있었는데, 그 속에서 작고 영롱한 다이아몬드를 발견했다고 한다.

"그걸로 뭘 했는데요?"

이야기가 어디로 흘러가는지 몰라서 안나가 물었다.

"그게 아쉬운 일이오. 기억이 안 나! 그 꿈 이후에 다른 꿈들이 있었고, 다이아몬드가 어떻게 됐는지 모르겠소. 하지만 좋은 꿈임에 틀림없소."

그녀는 마지막 만남 이후 그가 어떻게 지냈는지 물었다.

"새 소설에 대한 줄거리를 구상하고 있었소."

"그렇군요! 흥미로운 건가요?"

"내게는 꽤 흥미롭소. 하지만 문제는, 내가 그 결말을 잘 풀어내지 못하고 있다는 거요. 거기에선 어린 소녀의 심리가 가장 중요한 중심축이라오. 내가 모스크바에 있다면 조카 손예츠카에게 부탁하겠지만, 지금 상태로는 당신에게 부탁할 수밖에 없구려."

우쭐해진 안나는 열심히 고개를 끄덕이며 이야기를 듣기 위해 자리를 잡았다.

먼저 그는 각 인물의 배경에 대해 묘사했다. 주인공은 어렸을 때 아버지를 여의고 힘든 어린 시절을 보낸 예술가였다. 난치병으로 10년 동안 예술을 포기해야 했던 그는, 병에서 회복되자 유부남의 처지인데도 다른 여자와 사랑에 빠진다. 이 부도덕한 사랑은 그를 괴롭힌다. 결국, 그의 아내는 죽고, 그의 여동생마저도 그 뒤를 따른다. 그는 가난과 빚의 늪에서 허우적거리고 있다.

안나는 도스토옙스키가 가족과 죽은 아내 사이의 관계를 묘사하고 있다는 것을 눈치챌 만큼 그의 과거에 대해 충분히 알고 있었다. 주인공의 외로움, 새로운 삶에 대한 갈망, 사랑에 대한 동경, 이런 것 모두가 도스토옙스키 자신의 감정이라는 걸 안나는 알고 있었다. 그는 자신에 관해 이야기할 때 자주 사용했던 용어로 소설 속 예술가를 묘사했다. 그 예술가는 자신의 시대가 오기도 전에 늙어버린 남자였고, 따뜻하고 여린 마음을 가졌지만 우울하고 의심이 많으며, 자신의 생각을 예술로 승화시키지 못해 좌절한 사람이었다,

"하지만 표도르 미하일로비치, 당신은 왜 그렇게 그 주인공을 계

속 모욕하는 건가요?"

"당신도 그를 안 좋아하오?"

"그 반대예요. 저는 그가 매우 마음에 듭니다"라고 그녀는 반박했다.

"그는 훌륭한 마음씨를 가졌어요. 그가 얼마나 많은 슬픔을 견뎌야 했는지, 어떻게 슬픔에 굴복했는지 생각해 보세요! 인생에서 수많은 고통을 경험하다 보면 나쁜 사람이 될 수도 있는데, 당신의 주인공은 계속해서 사람들을 사랑하고 돕잖아요. 당신은 그를 불공평하게 대하고 있어요."

"당신이 그를 이해하는 것 같아서 정말 기쁘오!"라고 환하게 웃으며 그는 자신의 이야기를 이어갔다.

"그의 인생에서 중요한 시기에, 그 예술가는 당신 나이 혹은 아마도 한 살이나 두 살 더 많은 젊은 여성을 만나게 되오. 그녀의 이름을 아냐라고 합시다. 그럼 그녀를 여주인공이라고 부르지 않아도 되니까. 멋진 이름이오, 아냐…"

만약 이 이야기가 자전적 소설이었다면, 이 아냐는 도스토옙스키가 안나와의 대화에서 자주 언급했던 안나 코빈-크루콥스카야를 바탕으로 한 것이 틀림없어 보였다. 그는 여주인공이 온화하고 현명하며 친절하고 활기가 넘쳤다고 설명했다. 또한 그녀는 개인적인 인간 관계를 유지하는 데도 매우 능숙했다.

"그 여주인공은 예쁜가요?"

안나가 물었다.

"아마 아주 미인은 아니지만 예뻐요. 나는 그녀의 얼굴을 좋아하오."

순간 뭔가가 안나의 심장을 찔렀고, 꼬집힌 듯 그녀는 갑자기 이다른 안나가 싫어졌다.

"하지만 표도르 미하일로비치, 당신은 아냐를 지나치게 이상적으로 그리고 있어요. 그녀가 정말 그 정도로 그 모든 것을 갖추고 있나요?"

"그녀는 정확히 그 모든 것을 가지고 있소! 나는 그녀를 철저히 연구했소!"

그는 이야기를 계속했다. 남자 주인공과 아냐가 서로를 알게 되었을 때, 그는 더욱 그녀에게 끌리게 되었고 그녀와의 결혼을 꿈꿨다.

하지만 "이 늙고 병들어 빚에 시달리는 남자가 젊고 활기찬 여성에게 무엇을 해줄 수 있겠소?" 그는 물었다.

"그의 사랑은 그녀에게 끔찍한 희생을 요구하지 않을까? 그리고 그 후에 그녀는 그들이 삶을 함께 한 일을 몹시 후회하지 않을까?"

작가는 등장인물들의 나이 차이에 집착했다.

"나이와 성격이 다른 젊은 여성이 주인공 예술가와 사랑에 빠질 수 있을까? 그건 심리적인 면에서 잘못된 거 아니요? 그 부분에 대해 바로 당신의 의견을 듣고 싶소, 안나 그리고리예브나."

"그게 왜 불가능하겠어요?"라고 그녀가 반항하듯 말했다.

"당신이 말했듯이, 아냐가 단지 아무 생각 없는 바람둥이가 아니고 이토록 친절하고 공감하는 마음을 가졌는데 어째서 당신의 예술가와 사랑에 빠질 수 없었을까요? 가난하고 아프면 뭐 어때요?

그녀가 하는 희생이 어디 있겠어요? 그녀가 그를 정말 사랑한다면 그녀도 행복할 것이고, 그녀는 그 어떤 것도 결코 후회하지 않을 거예요."

"그러면 당신은 진심으로 그녀가 그를 사랑할 수 있다고 믿는 거요? 남은 인생 동안 계속?"

그는 말을 멈추고 잠시 침묵했다.

"잠시라도 그녀의 입장이 되어 보시오."

그는 마침내 떨리는 목소리로 말을 이었다.

"이 예술가가 나라고 상상해보시오. 내가 당신에게 사랑을 고하고, 당신에게 내 아내가 되어달라고 부탁했다고. 생각해 보시오. 뭐라고 대답하겠소?"

갑자기 안나는 모든 상황이 이해됐다.

그의 얼굴에 너무나 깊은 당혹감과 내면의 고통이 드러나 있어서, 나는 마침내 이것이 문학에 관한 대화가 아니라는 것을 깨달았다. 내가 얼버무리면 그의 자부심과 자존심이 무너질 것임을 알았다. 나는 내게 너무나 소중해진 그의 걱정스러운 얼굴을 바라보며 말했다.

"저는 당신을 사랑하고 평생 사랑할 것이라고 대답할 겁니다."

자신의 대답에 놀라서, 안나는 순간 꿈을 꾸고 있는 것만 같았다. 한 시간 후, 표도르 미하일로비치가 미래에 대해 이야기하기 시작했을 때 그녀는 그를 만류했다.

"어떻게 제가 지금 뭔가를 결정할 수 있겠어요? 지금으로도 너무 행복한데요!"

그들은 적어도 결혼 날짜를 잡을 때까지는 안나의 어머니를 제외한 누구에게도 둘의 관계를 밝히지 않기로 결정했다. 다음날 안나의 집에서 저녁을 보내겠다고 약속한 도스토옙스키는 문 앞에서 배웅하며 부드럽게 그녀의 모자끈을 매주었다.

"안나 그리고리예브나."

그녀가 막 떠나려고 하는 순간, 갑자기 그가 그녀를 불렀다.

"이제 나는 작은 다이아몬드가 어떻게 되었는지 알게 되었소."

"정말이에요? 그럼 꿈의 내용이 기억났나요?"

"정확하게 말하면, 꿈이 아니오. 하지만 마침내 내 작은 보석을 찾았고, 평생 간직하기로 결심했소."

"실수한 거예요, 표도르 미하일로비치."

그녀가 웃었다.

"당신이 찾은 건 다이아몬드가 아니라, 그저 평범한 조약돌일 뿐이에요."

"아니오."

그가 아주 진지하게 말했다.

"이번에는 내가 결코 실수하지 않았다고 확신하오."

안나의 어머니 스니트키나 부인은 걱정이 되었다. 그녀는 도스토옙스키를 좋아했으며, 최근 방문했을 때 그에게 매료되었다. 하지만 건강과 재정 상태까지 모든 것이 위태로운 이 나이든 남자와 결혼하면 딸이 어려움을 겪게 되리라는 사실은 불을 보듯 뻔했다. 그럼에도 불구하고, 그녀는 딸을 만류하는 어떠한 시도도 통하지 않을 거라는 사실을 알고 있었다. 그만큼 안나에 대해 잘 알았다. 안나는 이상하리만치 침착했다. 특히 결혼에 관한 한 부모가 권한 어떤 남자와도 교제하지 않겠다고 고집하면서 자신의 뜻을 밝히지 않았던가. 그래서 스니트키나 부인은 잘 되기를 바라며 둘의 결혼을 허락했다.

도스토옙스키의 열렬한 구혼도 스니트키나 부인을 안심시키는 요인이 되었다. 그는 매일 오후 자신이 가장 좋아하는 제과점에서 간식을 사들고 스니트킨 집에 방문하였다. 그는 안나와 함께 둘만의 조용한 공간에서 저녁 늦게까지 수다를 떨었다. 그 사이 안나는 예비 신부의 역할을 즐겼다. 그녀는 그가 가장 좋아하는 과일과 달콤한 간식을 쟁여 놓기 위해 매일 페테르부르크 최고의 상점을 찾아다녔다.

도스토옙스키는 일 때문에 약속이 있는 날에도 방문을 거르지 않았다. 안나의 집에 도착하자마자 "난 애들처럼 도망쳤어!"라고 자랑하듯 말한 적도 있었다.

"어쨌든 30분 동안 함께 있을 수 있소"

언제나 그랬듯이, 그는 예정보다 더 오래 안나의 집에 머물렀다. 열 시가 되자 돌아가는 길이 위험해지기 전에 일어나라고 안나가 재촉했다. 하지만 그는 자신이 그녀를 다시 보려면 꼬박 하루를 더 기다려야 한다고 한탄하며 10분만 더를 외쳤다. 걱정이 된 그녀가 밤늦게 돌아가는 그를 데려다주라고 정원사에게 부탁할 생각이었는데, 도스토옙스키는 괜찮다며 집을 나섰다. 그러자 안나는 들키지 않게 거리를 두고 따라가면서 그를 지켜봐달라고 정원사에게 부탁했다.

얼마 전까지 상복을 입은 채 직업적인 엄숙한 태도로 속을 내보이는 법이 없었는데, 이제 안나는, 거의 하룻밤 사이에 사랑에 빠진 밝고 활기찬 여성으로 바뀌었다.

"우리 집에 받아쓰기 일을 하러 오던 엄격하고 딱딱한 안나 그리고리예브나는 어떻게 되었소?"

도스토옙스키는 어느 날 혼잣말을 했다.

"누군가 다른 사람이 대신했던 게 틀림없어!"

그래도 좋다고 안나는 생각했다. 그녀는 변해가는 자신이 오히려 좋았다. 마치 그녀의 친구들이 한때 알고 사랑했던 유쾌한 장난꾸러기 소녀를 다시 불러들인 것 같았다. 생산적인 활동으로 쉴 새 없이 바쁘게 지내는 대신, 그녀는 느긋하게 휴식을 취하며, 약혼자와의 매일매일의 만남을 기분 좋게 회상하고, 다음 방문에는 무슨 일이 기다리고 있을까 상상하며 시간을 보냈다.

약혼 후 일주일 동안 그들은 많은 이야기를 나누었다. 서로에게 비밀이 있어서는 안 된다고 주장하면서 안나는 아직도 잘 모르는 이 남자, 자신의 미래의 남편에 대한 호기심을 채우고 싶어 했다. 그는 감정이 풍부했던 어머니에 대한 부드러운 사랑, 변덕스러운 아버지를 향한 냉정함, 형 미하일에 대한 애정에 대해 조곤조곤 이야기했다. 그는 〈시대〉의 폐간 이후 형의 가족에게 빚지고 있다는 생각을 떨쳐본 적이 없는 듯했다.

도스토옙스키는 이전의 연애에 대해서는 그다지 분명하게 이야기하지 않았다. 마리아 드미트리예브나와의 불행한 결혼 생활에 대해서도 거의 말하지 않았다. 나중에서야 그는 안나에게 "이상하고, 의심으로 가득 찼으며, 병적으로 공상적"이라고 말했다.

폴리나 수슬로바에 대해서는 안나에게 이미 공개했음에도 말을 아끼는 듯했다. 〈도박꾼〉으로 함께 일하게 된 지 하루도 채 안 되어 그는 안나에게 죽어가는 아내를 두고 바람을 피웠다는 사실을 밝힌 바 있다. 그러나 안나는 이전에 그의 과거에 대해 충분히 들었고, 소설 속 폴리나가 대변하는 현실 속 인물에게 도스토옙스키가 여전히 어떤 감정이 남아 있을 거라는 생각을 할 만큼 〈도박꾼〉 속 폴리나를 잘 알고 있었다.

그럼에도 안나가 폴리나에 대한 걱정을 멈출 수 있었던 것은, 자신과 도스토옙스키의 관계에 대한 충분한 확신이 있었기 때문이었다. 아니라면 도스토옙스키의 옛 사랑을 지워버릴 수 있을 것이라고 스스로 확신했기 때문일 수도 있다.

안나 코르빈-크루콥스카야에게 한 잘못된 구애에 대해서 그는 안나에게 어떤 이야기를 했던가? 처음에 안나는 그녀를 그가 청혼할 때 만들었던 이야기 속 여주인공으로만 알았다. 안나 스니트키나의 회고록에 있는 이야기로 미루어 볼 때, 도스토옙스키가 많은 부분을 덜어내고 말한 것 같다. 표면적으로 도스토옙스키는 결혼과 가족에 대한 그들의 관점을 포함하여 정반대되는 인생관 때문에 교제가 끝났다고 말했다. 코르빈-크루콥스카야가 좋은 아내가 되기에는 너무 융통성이 없음이 드러났다고 도스토옙스키는 말했다.

안나는 회고록에서 이렇게 추측했다. 코르빈-크루콥스카야가 "모든 좋은 결혼에 필수적인 합의를 할 의지가 부족했다. 특히 표도르 미하일로비치처럼 병들고 짜증 내는 사람과의 결혼에는 더더욱 그럴 생각이 없었다." 그녀는 "가족에게 많은 관심을 기울이기에는 정당 활동에 너무 열성적이었다."

이 지적은 그녀가 어떻게 자신의 페미니스트로서의 야망과 아내이자 엄마가 되고자 하는 바람을 조화시키기 시작했는지를 설명해 준다. 자신의 감정과 약혼자의 과거 연인에 대한 그녀의 판단은, 1850년대 러시아 페미니스트들처럼, 그녀도 그 역할을 모순이 아니라 상호 보완적인 것으로 보았다는 것을 시사한다.

이와는 대조적으로, 안나 코르빈-크루콥스카야는 그 이후 더 급진적인 페미니스트의 길을 걸었다. 그녀는 도스토옙스키를 거절한 직후 가족과 헤어져 외국으로 이주했고, 급진적인 프랑스 사회주의 혁명 운동에 적극적으로 참여했다. 그녀는 여동생에게 그녀가 신경질적이고 까다로운 도스토옙스키와 왜 절대 결혼할 수 없는지를 설명했다. "그는 끊임없이 자신의 손아귀에 나를 움켜쥐고, 빨아들이려 해. 그와 함께 있으면 나는 내가 아니었어"라고 불만스럽게 말했다.

"그는 나 같은 아내가 전혀 필요하지 않아. 그의 아내는 전적으로 그에게 헌신해야 해. 나는 그렇게 할 수 없어. 나는 내 인생을 살고 싶거든."

그러나 안나 스니트키나는 오히려 작가의 곁에 있을 때 스스로 자신이 된다는 느낌을 더 자주 받았다. 아마도 부분적으로는 그들의 관계가 그녀에게 가정적이고 지적인 성취를 모두 보장했기 때문일 것이다. 신혼집에서 쓸 은 식기나 가구를 선택한 것에 대해 표도르 미하일로비치가 칭찬하자 그녀는 자부심을 느꼈고, 그를 위해 멋진 모자와 드레스를 즐겨 입었다. 또 문학적 소양을 쌓기 위해 기꺼이 그의 추천을 받았고, 그에게 영감을 받아 오노레 드 발자크, 빅토르 위고, 조지 샌드, 소피야 스미르노바를 읽었으며, 당연히 알렉산드르 데 푸시킨도 읽었다. 그는 시시한 소설을 읽지 말라고 조언했고, 텅 비어 있는 시시한 연극이 아니라 관객들에게 수준 높고 고귀한 인상을 주는 연극을 보기 위해서만 극장에 가야 한다고 주장했다.

그녀는 대체로 그의 충고에 주의를 기울였고, 어떤 부도덕한 영향으로부터 나를 보호해주려는 그의 마음에 감사했지만, 가끔은 대담하게 저항을 시도했다. 그녀가 허접한 프랑스 책을 뒤적이고 있는 모습을 본 도스토옙스키가 부드럽게 그녀의 손에서 책을 빼내며 그런 책들은 상상력을 더럽힐 것이라고 나무란 적이 있었다. "그럼 당신은 왜 읽어요?"라고 그녀가 물었다.

"당신의 상상력도 더럽혀질 텐데요?"

"난 이런 책에 흔들리지 않소. 어떤 책들은 내 작품의 재료로 꼭 필요하다오. 작가는 모든 것을 알고 많은 것을 경험해야 하니까."

도스토옙스키는 관대하고, 주의 깊고, 용기를 주는 사람이었다.

하지만 그의 행동에서 확인할 수 있듯 잘난 체하거나, 심지어 가부장적일 수도 있었다. 그 성격은 부분적으로는 독선적인 아버지로부터 물려받은 것이리라. 그의 아버지는 자신이 옳다고 확신하고 가족에게 거기에 맞춰 부끄럽지 않게 행동할 것을 요구했다.

작가의 이런 까다로운 성격은 분명 수년 동안 여성들과의 불안한 관계에서 얻은 정서적 불안정에서 비롯됐다 할 수 있다. 그는 안나가 자신의 조언을 따르고 자신을 무조건적으로 사랑한다고 믿었을 때 더 안전하다고 느꼈을 것이다. 폴리나 수슬로바와 안나 코르빈-크루콥스카야는 절대 그렇게 하지 않았기 때문에.

그러나 그의 정서적 불안이 무엇이든, 그는 안나가 자신의 삶에 들어온 데는 어떤 목적이 있다고 믿었다.

"하나님이 당신을 내게 맡기셨어."

그는 결혼 초기 안나에게 말했다.

"그래서 당신의 영혼과 마음의 씨앗과 풍요로움을 잃지 않도록 해야 하며, 오히려 풍성하고 무성하게 키우고 꽃 피워야 해. 신은 내게 당신을 보내주셨어. 그래서 내가 당신을 발전시키고, 잘 이끌고, 보호하면서 비열함과 영혼을 죽이는 것들로부터 구하여 신께 바침으로써 나의 크나큰 죄를 속죄할 수 있게 해주셨어."

그는 죄 많은 예술가였고, 그녀는 그의 구원자였다. 이는 건강하지 못한 상호 의존의 덫이라는 역학 관계가 만들어졌음을 보여주는 것이다. 의심의 여지 없이 그들이 함께한 초기에는 상호 의존의 양상이 보였다.

어쨌든 그들은 처음부터 서로에 대해 사랑과 감사를 느꼈다. 도스토옙스키에게는 예술가와 남자로서 위엄을 회복하기 위해 안나가 필요했고, 그녀도 이제 막 깨닫기 시작한 방식으로 그를 필요로 했다. 때로 거들먹거리기도 했지만 그에게서 받은 문학 교육 - 그의 글쓰기와 출판 경력의 모든 면에서 그녀를 가치 있는 파트너로 만든 -은 그녀에게 예술적 감수성을 길러주었다. 동시에, 그는 글을 쓰기 위해 모든 것을 알고 많은 것을 경험해야 하는 예술가의 길로 그녀를 이끌었다.

경험을 얻고자 하는 도스토옙스키의 강렬한 욕구는 자신을 파멸시킬 수 있을 뿐만 아니라 결혼 생활에 해를 끼칠 수도 있었다. 그러나 그가 의존하는 창의성의 중요한 원천은 경험이라는 것을 안나도 알게 되었다. 그녀가 내놓고 말한 적이 없을지 모르지만, 이 특징은 확실히 그가 매력적일 때와 화나게 할 때 두 경우 모두에서 중요한 부분이다.

약혼한 후 몇 달 동안, 길고 친밀한 대화를 나누면서 안나에게는 궁금점이 하나 생겼다. 대부분의 남자가 하듯이, 그는 왜 그냥 솔직하게 청혼하지 않았을까? 그 이유는 자기 보호 때문이었다고 결국 도스토옙스키는 말했다. 자신의 청혼을 허구적인 이야기로 표현하면 그녀가 거절하더라도 굴욕을 피하기 쉬웠을 것이다. 그에 대해 안나도 고백했다. 안나는 그가 청혼으로까지 이야기를 만들어 갔을 때 겁이 났다. 처음엔 그가 하는 이야기를 이해할 수 없어서 당황했고, 그 다음엔 그가 안나 코르빈-크루콥스카야에 대해 말하고 있다고 단정 짓고 질투했다.

그녀는 지금도 여전히 자신의 행운을 믿기 어렵다고 그에게 말했다. "그렇게 해서 나는 당신을 놀라게 하고 억지로 당신의 동의를 받아냈소! 이제 내가 당신에게 이야기한 소설이 내가 쓴 그 어떤 것보다 낫다는 걸 알겠소. 그것은 즉각적으로 성공했고 바라던 결과를 주었소!"라고 그는 털어놓았다.

약혼의 행복에 젖어서, 그들은 〈죄와 벌〉에 대해 거의 잊어버렸다. 도스토옙스키는 1865년 여름부터 1866년까지 1년 넘게 이 소설을 써서 〈러시아 메신저〉에 연재 중이었다. 그는 카트코프에게 11월 말까지 남은 두 편을 주기로 약속했지만, 잡지 발간이 지연되면서 몇 주 동안 숨을 돌릴 수 있는 여유를 갖게 됐다.

11월 말, 안나는 도스토옙스키에게 방문객을 받지 말고 매일 오후 두 시부터 다섯 시까지 연속으로 소설 작업을 한 다음, 저녁에 그녀의 집으로 와서 원고를 구술하게 했다. 그는 안나의 계획에 정확히 따랐다. 매일 저녁 안나와 한 시간 정도 수다를 떨고 나서, 안나가 앉아서 받아쓰기하는 동안 그는 방 안을 서성거렸다. 〈도박꾼〉을 작업하던 시절처럼 느껴졌다. 아니, 더 좋은 느낌이었다. 사실 그때 소설가는 글을 쓰는 동안 지금처럼 쾌활함을 유지한 적이 거의 없었고 글의 진행이 그렇게 순조롭게 되는 경우도 드물었다. 약 4주 후, 〈죄와 벌〉의 마지막 편이 완성되었다.

여러 달 동안 그 책을 작업하면서, 도스토옙스키는 큰 공책 세 권을 자신의 진화하는 아이디어로 채웠다. 이 공책들을 보면, 그가 1865년 카트코프에게 묘사했던 소설의 초기 개요에는 없었던 여러 요소가 추가되었음을 알 수 있다. 살인자 라스콜니코프는 자신이 왜 범죄를 저질렀는지 이해하기 위해 고통스런 내적 심판을 받은 후, 마침내 젊고 온순한 창녀 소냐 마르멜라도바에게 자신의 죄를 고백한다. 그는 그녀의 알코올 중독자 아버지를 소설 초반에 만난 적이 있다. 놀랍게도, 소냐는 라스콜니코프를 껴안고, "세상 어느 누구도, 지금의 당신보다 더 불행한 사람은 없어요!"라고 말했다. 이 남다른 연민을 보여준 행동으로부터 살인자의 갱생이 시작된다. 범행을 자백한 라스콜니코프는 징역 8년을 선고받고, 소냐는 그를 따라 시베리아로 간다.

추방 중에 살인범은 자신이 저지른 범죄의 동기뿐만 아니라 끔찍한 사회적 함축에 대해 더 깊이 이해하게 된다. 꿈이라는 알레고리 통해, 라스콜니코프는 살인의 사회적 효용에 관해 그가 오랫동안 붙잡고 있던 이론이 깊은 이기주의에 뿌리 두고 있음을 깨닫게 된다. 꿈속에서 세상은, 가진 자들의 군대가 지적 자부심과 이념적 확실성을 명목으로 서로를 파괴하는 아마겟돈이 되어 간다. 그의 이기주의는 세상에 자신의 뜻을 밝히기 위해, 인간 도덕성의 정상적인 경계까지 기꺼이 무시한 채 스스로의 비범함을 증명하고 싶어 안달했던 굴욕적인 청년의 병이었다.

소냐가 구현한 기독교적 겸손과 연민을 통해서만 라스콜리니코프는 구원을 얻을 수 있었다. 그 과정은 길고 고통스러울 것이다. 그래서 그것은 "새로운 이야기의 주제가 될 수도 있다"라고 도스토옙스키는 소설의 마지막 줄에서 말한다. 실제로 그는 자신의 남은 주요 작품들에서 동정심, 이기심, 구원을 주제로 삼음으로써 탐구를 이어갔다. 이러한 주제들은 점점 더 사회·정치적으로 되어가는 경향을 띠게 될 것이다. 그래서 그는 급진적인 러시아 지식인과 그들의 사회적 이론, 유토피아를 향한 길을 닦고 있다고 믿는 이 사람들이 사실은 러시아를 지옥으로 이끌고 있는 거라고 독자들에게 경고했다.

하지만 이 모든 것은 훗날의 일이다. 1866년 가을, 도스토옙스키와 안나는 어려운 경제적 문제를 포함한 일상의 문제로 여전히 바빴다. 〈죄와 벌〉의 성공을 감안해서 작가는 카트코프가 다음 소설을 출판하고 싶어 하리라는 희망에 차 있었다. 그러나 그 사이 2월 중순 이전에 결혼식을 올릴 만한 금전적 여유가 없다는 사실이 분명해졌다. 거기에 새 아파트를 찾아야만 하는 상황이 벌어졌다. 형수 에밀리아 표도로브나로부터 금전적 압박을 계속 받고 있었던 도스토옙스키는 결국 스톨랴니 페렐록과 말렌카야 메쉬찬스카야 거리의 모퉁이에 있는 자신의 아파트에 형의 가족이 들어와 살 수 있도록 했다. 집세는 자신이 내기로 합의했다.

그 일이 그의 관대함의 끝이 아니었다. 11월의 어느 추운 날, 안나는 얇은 가을 코트만 입은 채 집 앞에 서 있는 그를 발견했다. 그녀가 하인을 그의 집으로 보내 겨울 외투를 가져오게 하려 하자, 그는 그날 아침 형수가 빚 50루블을 갚아달라고 간청해서 코트를 저당 잡혔노라고 나직이 고백했다. 같은 날, 그의 의붓아들 파샤와 병든 동생 니콜라이도 그에게 돈을 요구했다. 그는 어려움에 처한 가족의 요구를 거절할 수 없었다. 그런데도 안나에게는 걱정할 필요가 없다고 했다. 날씨가 점점 따뜻해지고 있어서 〈러시아 메신저〉에서 다음 번 송금할 때까지 가을 재킷으로 버틸 수 있다고 하면서.

그러나 그녀는 걱정할 수밖에 없었다. 그리고 도스토옙스키 친척들의 자기중심적인 태도와 그들의 요구를 들어준 그의 경솔함에 매우 화가 났다. 그건 이후로도 계속 반복될 패턴이었다.

> 표도르 미하일로비치가 돈을 손에 쥐는 순간, 그의 형제, 형수, 의붓아들, 조카 등 모든 친척이 어김없이 갑작스럽지만 급하게 돈이 필요하다고 했다. 그러면 〈죄와 벌〉의 원고료로 모스크바에서 300루블이나 400루블이 도착해도 다음 날 표도르 미하일로비치 수중에 남아 있는 돈은 30~40루블이 채 되지 않았다.

그날 약혼자의 설명을 듣고 안나는 울음을 터뜨렸다. 그러나 곧 눈물을 삼킨 후, 화를 내며 그에게 맞섰다. 친척들을 돕고 싶어 하는 것은 고귀한 일이지만 그의 건강을 위태롭게 할 수는 없다고 그녀는 소리쳤다. 이제 그의 의무는 미래의 신부인 그녀를 돌보는 데 있고, 만약 그가 얼어 죽는다면 자신은 비탄에 빠질 것이라고 하면서. 도스토옙스키는 겨울 코트를 저당 잡히는 데 이골이 났다며 그녀를 안심시키려고 했다. 사실, 그는 지난 겨울에도 대여섯 번 코트를 전당포에 잡혔다가 찾아왔었다.

50년 후, 안나는 〈회고록〉에서 이 에피소드를 회상하며, 자신의 행동을 '미친 여자'에 비유하고, 흥분했던 순간을 '히스테리적인 발작'이라고 표현했다. 그리고 그렇게 폭발했던 일에 대해 '부끄럽다'라고 말했다. 그녀는 도스토옙스키가 힘없이 사과하는 것을 보고 자신이 보여준 지성과 자기 주장을 스스로 반성했다.

"나는 그의 자책감을 이용해 다시는 이런 일이 일어나지 않을 것이라는 약속을 강요했다." 그런 다음 그에게 80루블을 내밀며 전당포에서 코트를 찾아오라고 당부했다.

작별 인사를 할 때, 안나는 한바탕 소란을 피운 것에 대해 사과했다. 도스토옙스키는 상황이 종료된 것에 안도하는 것 같았다. 그녀가 그의 목에 하얀 니트 스카프를 매주고 체크 무늬 숄을 어깨에 둘러줄 때, "희망 없는 고통은 없다!"라고 그는 부드럽게 말했다.

"이제 당신이 나를 얼마나 사랑하는지 정말 확신하게 되었소. 내가 당신에게 소중하지 않았다면 그렇게 울 수 없었을 테니까."

그날 밤 안나는 침대에 누워서도 자신의 행동에 실망한 도스토옙스키가 그녀에 대한 마음을 바꿀까봐, 또 그가 집에 가는 도중에 감기에 걸릴까봐 걱정했다. 다음날, 아침 일찍 안나는 곧장 도스토옙스키의 집으로 가서 급하게 초인종을 눌러댔다. 놀란 페도샤가 나와 문을 열어주고 안나를 안으로 들였다. 그녀는 도스토옙스키가 안전하고 건강하게 집에 도착했다고 안나를 안심시켰다. "그날이 약혼 3개월 동안 유일하게 위기에 처했던 날이었다"라고 안나는 반세기 후에 회상했다.

무엇을 할 것인가

처음 안나는 유명한 작가의 속기사로 일하기 시작했다. 이제 그녀는 그의 아내가 되었다. 당시의 페미니스트 운동으로 이해되는 60년대의 해방된 여성의 가치에 따르면, 이건 그녀가 지향해야 할 삶의 방식이 아니었다. 신여성은 경제적으로, 사회적으로 독립하여 세상에서 자신만의 길을 개척할 것으로 기대되었다.

만일 결혼을 하더라도 그 결혼은 부모에게 두 사람의 결합이 합법적이라는 것을 믿게 하기 위해 마음 맞는 커플끼리 짜고 하는 소위 위장 결혼이다. 그래서 상대는 반드시 의식이 깨어 있는 신남성이어야 했다. 남자는 구혼과 교회 의식을 거친 후, 신부에게 별거 허가를 내주고 그녀가 무사히 독립할 수 있게 도와주었다. 만약 파트너들이 서로에게 끌린다면, 이 결합이 성관계를 수반할 수도 있었다. 하지만 이는 꼭 필요한 사항은 아니었다.

이러한 위장 결혼에 참여했다는 것은, 남편 쪽에서 보면 계몽된 사람으로서 자신에게 사회 발전에 기여하고자 하는 의지가 있음을 세상에 보이는 것이었다. 아내 쪽에서 보면 이는 자유를 의미했다. 니콜라이 체르니솁스키 엄청나게 영향력 있는 소설 〈무엇을 할 것인가〉의 여주인공처럼 자신이 원하는 것을 할 수 있는, 그녀가 원하는 어떤 직업이든 가질 수 있고 사업까지 할 수 있는 자유였다.

안나가 17세 무렵이던 1863년에 출판된 〈무엇을 할 것인가〉는 삽시간에 러시아 페미니스트들에게 바이블이 되었다. 급진적 지식인들의 선구적 잡지인 〈우리 시대〉에 처음 실린 이 소설은 다세대 주택 소유주와 딸을 결혼시켜 내보내려고 하는 어머니, 남동생과 함께 살고 있는 가난한 소녀 베라 파블로바의 이야기이다. 가족의 가난과 사랑 없는 결혼 생활로부터 그녀를 구한 사람은 로푸호프라는 젊은 의대생이었다. 로푸호프는 베라와 위장 결혼한 후 베라가 원하는 삶을 살 수 있도록 그녀에게 자유를 준다.

보수주의자들은 이 소설이 성적 문란함을 부추긴다고 비난했다. 하지만 여주인공은 억제되지 않은 성적 방종을 찬양하고자 한 것이 아니다. 단지 자신의 남편과 성관계를 할 것인지, 성적 욕구를 충족시키기 위해 결혼 상대를 마음대로 바꿀 것인지를 선택하는 여성의 자유에 관해 이야기한다.

그러나 베라에게는 성적인 성취감까지도 충분하지는 않았다. 로푸호프가 베라에게 가르쳤듯이, 경제적 독립이 여전히 더 중요했던 것이다. "모든 것은 돈에 기반을 두고 있습니다. 돈을 가진 사람은 권력과 권리 모두를 가지고 있습니다. 이는 여성이 남성의 돈을 받아 살아가는 한, 여성은 의존적인 상태에 있을 수밖에 없음을 의미합니다"라고 그는 설명했다.

그의 조언은 전형적인 1860년대 페미니스트들의 생각이었다. 베라는 그의 조언에 영감을 받아 이익 배분제 드레스 제조 사업을 시작하여 성공했다. 곧 그 사업을 러시아의 수도 중심부에 자리 잡은 완벽한 공동체로 성장시킨다. 기업가로서의 역할을 통해, 베라 파블로바는 러시아 소설에서 여성 해방을 표방하는 초창기 인물 중 한 명이 되었다. 그녀는 의지력과 사회적 의식 및 실행 능력을 보여주었는데, 바로 현대적이고 해방된 여성의 모델이었다.

지식인 계층의 독자들은 체르니솁스키의 소설에 열광했다. 그들은 "거의 예배자들처럼, 우리가 종교적인 책을 읽을 때나 갖는 일종의 경건함과 엄숙함으로" 책을 읽었다고 당시의 비평가는 회고했다.

"그 소설이 우리 사회에 끼친 영향은 엄청났다. 그 소설은 러시아인들의 삶에 큰 영향을 끼쳤는데, 특히 사회주의를 지향한 지식인 계층의 지도자들 사이에서는 더했다."

러시아 마르크스주의의 아버지 게오르기 플레하노프도 극찬을 아끼지 않았다,

"누가 이 유명한 작품을 읽고 또 읽지 않겠는가? 누가 이 소설에 매료되지 않겠는가? 누가 그 박애적인 영향 아래 더 깨끗하고, 더 낫고, 용감하고, 더 대담해지지 않겠는가? 누가 주인공들의 순수함을 따라하지 않겠는가? … 우리는 모두 그 소설에서 더 나은 미래를 위한 도덕적 힘과 믿음을 얻는다."

블라디미르 레닌은 체르니솁스키를 "마르크스 이전 사회주의를 대표하는 가장 위대하고 재능 있는 사람"이라고 부르며, 젊었을 때 며칠이 아니라 몇 주 동안 〈무엇을 할 것인가〉를 숙독했다. 그는

"평생 에너지를 공급하는 이야기"라고 회상했다. 40년 후, 그는 러시아 사회주의에 관한 내용을 담은 유명한 정치 소책자의 제목을 〈무엇을 할 것인가〉로 정했다.

그 소설은 전 세대에게 지대한 영향을 끼쳤다. 당시 젊은 여성들은 베라 파블로바를 롤모델로 삼았는데, 이는 해방된 여성의 표본이라 할 수 있었다. 1860년대 중반의 모든 여학생은 베라 파블로바의 이야기를 거의 외우고 있었고, 베라의 공적을 알지 못하면 바보 취급을 받았다. 그녀는 "1860년대의 여성 운동을 상징했다. 그당시 여성 문제가 도달한 단계가 그녀의 열망과 사업에 그대로 반영되었다"라고 러시아 문학 역사가는 수년 후에 썼다.

그 소설의 영향으로, "상류 귀족 가정의 소녀들마저 가정의 굴레에서 벗어나고 언젠가 남편의 굴레에서 벗어날 수 있는 직업을 갖기 위해 무일푼으로 페테르부르크, 모스크바, 키예프로 몰려갔다"라고 당시 한 작가는 말했다. 1863년 가을, 여름 휴가 후 페테르부르크에 있는 집으로 돌아가는 상류층 소녀들은 그 소설과 여러 권의 〈우리 시대〉로 구성되어 있는 묶음본을 자그마치 25루블을 주고 사들였다.

체르니솁스키의 메시지에 이끌린 일부 여성은 남편과 아이들을 떠나 지방으로 이주한 뒤 번역이나 다른 잡일을 하며 생계를 꾸렸다. 베라 파블로바를 모델로 한 공동체와 사업 협동조합도 설립됐다. 이 사업 계획을 수립하기 위해 만나는 여성들은 체르니솁스키의 소설책을 손에 들고 있었다(이들 중 중 꽤 많은 수의 협동조합이 소설에 대한 서로 다른 해석을 합의할 수 없어 무너졌다). 〈무엇을 할 것인가〉는

19세기 러시아에서 가장 널리 읽힌 소설이며, 이후 수십 년간 진행될 러시아 페미니스트 운동의 이상을 그 어떤 책보다도 잘 정의한 책이었다.

안나 스니트키나도 틀림없이 〈무엇을 할 것인가〉를 읽었을 것이다. 읽지 않았더라도 그 소설이 지지하는 페미니스트 운동의 이상을 알고는 있었을 것이다. 그녀는 소설에 대한 자신의 생각을 전혀 드러내지 않았지만, 그 당시 해방된 여성들을 일컫는 일반적인 용어인 60년대 여성이라고 스스로를 자랑스럽게 지칭했다. 실제로 안나에게는 미래의 자립을 확보하는 일이 너무나 중요했다. 도스토옙스키와 일하기로 한 첫날, 그렇게 어려운 사람과 일을 할 수 있을지 불확실해서 우울한 기분으로 그의 집을 나섰을 때, 그녀는 독립에 대한 꿈이 무너지기 일보 직전이라며 두려워했다.

그렇다면 그녀의 독립에 대한 꿈은 1860년대 급진적인 러시아 페미니스트들의 꿈과 어떻게 달랐을까? 안나의 딸 류보프 도스토옙스카야는 후에 급진적인 페미니스트 운동에 대한 어머니의 태도를 다음과 같이 묘사했다.

정교회의 순종적인 딸인 그녀는 자유로운 사랑을 치명적인 죄로 보았다. 그녀에게 짧은 머리와 안경은 매우 추한 것이었다. 그녀는 예쁜 옷과 우아한 헤어 스타일을 좋아했다. 급진주의자들이 가장 좋아했던 다윈의 책을 읽으려고 했지만, 그 책은 그녀에겐 지루할 뿐이었다. 인간이 원숭이의 계통을 이었다는 이론이 그녀의 관심을 끌지 못했다. 오직 러시아 작가들의 시와 소설만이 그녀의 젊은 상상력을 자극했다. 그녀는 시류에 떠밀려가고 싶지 않았다. 그녀는 부모의 축복 속에 남편의 팔짱을 끼고 친정을 떠나는 것을 선호했다. 해방을 향한 모든 새로운 움직임 중에서, 어머니는 정말 좋은 것만을 선택했다. 그것은 일과, 해방을 진지하게 받아들이는 모든 이에게 주어지는 독립이었다.

류보프가 급진적 지식인과 그들이 선동한 혁명에 분명한 반감을 품고 있었다 해도 그녀의 분석은 대체로 정확했다. 안나 스니트키나는 페미니스트 운동에 참여했을지는 모르지만, 전적으로 그런 쪽은 아니었다. 안나는 자신의 삶의 길을 선택할 수 있는 자유라는, 중요한 면에서만 러시아 페미니스트들에 동의했다. 세상에 나아가 자신의 길을 개척하기로 결심한 체르니셉스키의 베라 파블로바처럼, 안나는 언니처럼 자신을 부양해 줄 남자와 결혼하기보다는 속기사가 되는 과감한 발걸음을 내딛고자 했다.

어머니가 계획한 편의상 하는 결혼을 거부한 베라처럼, 안나는 어머니의 노력과 가족과 친구들의 조언을 거부하고, 자신이 사랑한 남자와 결혼했다. 그는 25년 연상이었고, 지병이 있을 뿐만 아니라 경제적으로도 불안정한 작가였지만 그녀가 사랑하는 남자였다. 그 결혼은 그녀가 앞으로 다가올 수년 간 감수해야 할 많은 위험 중 하나였고, 다른 용기있는 19세기 러시아 페미니스트들과 그녀에게서 공통적으로 찾을 수 있는 위험 요소였다.

안나는 페미니스트들의 지성, 야망, 순수한 의지의 힘을 공유했다. 이는 수세기 동안 전제적 통치가 이어져온, 극히 전통적인 사회에서 보수 세력에 도전해야 하는 진보적인 여성들에게 필요했던 자질들이다. 비록 10대를 겨우 넘긴 나이였지만, 안나는 마린스카야 김나지움에서 독립적인 기질을 처음 보여줬다. 또 대부분의 급우가 쉽게 포기했을 때도 올킨의 최고의 속기 학생으로 남아 그 기질을 증명했다.

안나가 표도르 도스토옙스키를 만나지 않았더라면, 이러한 비범한 자질을 성공할 수 있는 직업에 얼마든지 쏟아부을 수 있었을 것이다. 그녀 세대의 많은 여성허무주의자들이 따랐던 길인 혁명가가 될 가능성은 매우 낮았지만 말이다. 안나는 사회 정의에 대한 급진적 페미니스트들의 헌신에는 동의했다. 하지만 러시아 전제 정치의 해체를 요구하는 데는 절제와 타협을 원했다. 이는 대개 양육 과정에서 비롯된 성향이다. 안나는 비교적 안정적이고 행복한 어린 시절을 보냈다. 반면 그 당시의 가장 급진적이던 페미니스트 대다수는 억압적인 가정 환경에서 자랐다. 1878년 페테르부르크 시장을 암살하려 했던, 안나보다 다섯 살 어린 베라 자술리치는 자신의 불행한 어린 시절을 이렇게 회상했다.

"아무도 나를 안아주지도, 입맞춰주지도, 무릎에 앉혀주지도 않았다. 아무도 나를 애칭으로 불러주지 않았다. 하인들마저 나를 학대했다."

아버지에게 잔인하고 무자비하게 벌을 받았던 베라 피그녀는

1881년 알렉산드르 2세 황제에게 아버지에 대한 증오를 투사했다. 이 젊은 여성들의 어머니 중 대다수는 남편의 폭력으로부터 아이들을 지켜주지도 못한 채 속수무책으로 그 광경을 지켜봤다. 피그녀의 어머니는 남편이 너무 두려워서 자식들을 안아주지도 않고 놀아주지도 않았다. 피그녀와 다른 급진적 여성주의자들이 가부장제에 대한 증오를 키우고, 혁명에 전적으로 헌신하기 위해 그들의 가족, 친구, 전통적인 사회와의 관계를 완전히 끊어버린 것은 놀랄 일이 아니었다.

하지만 안나는 그렇지 않았다. 그녀는 평생 동안 가족과 친하게 지냈고, 진보적인 길을 개척해나갈 때마저도 부모의 자애에 감사했다. 사랑스럽고 관대한 아버지와 강하고 진취적인 어머니 밑에서 자란 그녀는 가족을 위로와 지지로 여겼고, 어머니로부터 여성이 전통적인 결혼의 테두리 안에서도 개인적·직업적으로 성취할 수 있다는 믿음을 물려받았다.

가족 생활의 감정적 차원에 거의 관심이 없었던 니콜라이 체르니셉스키와 그 시대의 급진주의자들처럼, 여성허무주의자들은 전통적인 연애를 부정하며 이를 무지한 과거의 잔재로 간주했다. 반면 안나는 전통적인 연애를 노골적으로 거부한 적이 없으며, 위장 결혼을 고려하지도 않았다. 그녀는 자신이 배우자를 선택했음에도 어머니가 축복해주지 않았다면 결혼까지 이르기 어려웠을 거라는 사실을 알고 있었다. 그녀의 어머니는 "(나중에 다른 사람들이 그랬던 것처럼) 나를 만류하려고 하지 않았다. 그렇게 해준 데 대해 어머니에게 감사했다"라고 안나는 회상했다.

좀더 급진적인 당시 사람들은 체르니솁스키, 다윈, 독일 철학자 루드비히 포이어바흐의 작품들을 탐독했다. 안나는 자신이 자라면서 읽어온 러시아 고전 작가들의 더 영적이고 감정적인 세계에서 즐거운 시간을 보냈다. 그녀는 알렉산더 푸시킨과 시인 바실리 주콥스키와 같은 작가의 작품을 읽었다. 그들은 진정한 인간의 경험을 바탕으로 한 순수한 인물들을 책 속에 창조해내고 있었다.

그중 가장 두드러진 작가는 물론 도스토옙스키였다. 그의 작품은 체르니솁스키의 소설이 전혀 건드리지 않은 심리적 깊이까지 파헤쳤다. 그리고 안나가 사랑했던 〈네토치카 네즈바노바〉가 있었다. 〈무엇을 할 것인가〉가 나오기 거의 15년도 전에 도스토옙스키가 시작한 불완전하지만 예언적인 작업은 19세기 러시아에서 여성이 되는 것이 어떤 의미인지에 대해 매우 새로운 비전을 제시하였다.

〈네토치카 네즈바노바〉의 '초대받지 않은 사람'은 예민하고 의지가 강한 고아 소녀이다. 그녀는 가난, 관계 장애, 심지어 개인적 병리까지 떨치고 일어나 완전히 자율적인 여성 예술가, 자신만의 풍부한 목소리를 가진 가수의 길을 간다.

이 소설은 두 살배기 네토치카가 과부인 어머니와 함께 가난하게 사는 것으로 시작한다. 그녀의 어머니는 평범한 재능을 가진 알코올 중독 음악가 에피모프와 결혼한다. 네토치카는 어머니와 점점 과대망상이 심해지는 계부 사이에 끼어 있는 자신을 발견한다. 그러다가 결국 아내가 성공을 가로막아 인정받지 못하는 천재라는 계부의 환상을 공유한다.

에피모프가 미쳐서 달아나자, 네토치카는 부유한 공작 X의 가족과 같이 지내게 된다. 거기서 그녀는 공작 X의 자존심 세고 군림하려는 딸 카티아에게 열정적이고 로맨틱한 애착을 보인다. 이 침입자에게 분개한 카티아는 가학적인 심리 게임으로 그녀의 애정에 응수한다. 마침내 10대가 되었을 때, 네토치카는 카티아의 온순한 이복 언니 알렉산드라 미하일로브나와 억압적인 남편 표트르 알렉산드로비치를 따라 그곳을 떠난다.

예리한 관찰자인 네토치카는 그 커플의 수수께끼 같은 관계를 곱씹으며 나날을 보낸다. "나는 어떤 상황들을 보고, 알아차렸고, 예측했다. 처음부터 그 모든 것의 밑바닥에는 어떤 미스터리가 깔려 있다는 막연한 의심이 생겼다"라고 그녀는 말한다.

열여섯 살 때, 그녀는 엄격하게 출입이 금지된 가족의 서재에 몰래 들어갔다가, 우연히 소설책 속에 숨겨진 편지를 발견했다. 그 편지는 알렉산드라 미하일로브나의 옛 애인이 보낸 것이었는데, 그는 신분이 한참 낮은 사람이었다. 그녀의 결혼 이후에도 둘은 플라토닉한 관계를 오랫동안 이어오고 있었다. 편지 속 남자는 두 사람의 관계가 세상에 알려지고 난 뒤 관계를 끝내야 했던 아픔을 쏟아내고 있었다. 표트르는 아내의 잘못을 용서했지만, 잔혹하게 그녀의 죄를 이용했다. 그는 그녀의 삶을 오래된 절망적인 고통, 순교, 비참하고 보람 없이 견뎌야 하는 얌전한 희생으로 만들어버렸다. "내가 보기에는, 희생을 요구한 사람이 그 희생을 경멸하고 조롱하는 것 같았다. 범죄자가 선량한 사람의 죄를 용서하는 걸 보니 내 가습이 찢어졌다"라고 네토치카는 썼다.

이런 생각은 네토치카를 존재에 관한 혼란으로 몰아넣었다.

나는 충격과 공포를 느꼈다. 3년 동안 살아왔던 단순한 삶의
한 가운데서, 현실은 나를 깜짝 놀라게 했다. 내 손에 거대한
미스터리를 쥐고 있고, 그 미스터리가 이제 내 존재 전체와 연
결되어 있다고 생각하니 무서웠다.

네토치카는 이 편지를 보고 매우 분개했다. 사회적 편견과 독실
한 체하는 이기주의자와의 결혼이 알렉산드라 미하일로브나를 존
경하는 남자에게 사랑받을 기회를 그녀로부터 어떻게 빼앗았는지
를 이 편지가 보여주었기 때문이다. 그러나 그녀에게 편지가 비밀
을 드러내는 폭로였던 데에는 또 다른 이유가 있다.

"나는 편지 받는 사람을 알고 있었다."

그 사람은 자신만의 비밀스러운 사생활을 가지고 있었다. 네토
치카는 그녀를 이해했다. 이런 일은 애정 없는 결혼 생활에 갇힌 여
성에게는 흔치 않은 독립의 표시로서 어린 고아 소녀와 더 나아가
안나 스니트키나와 같은 독자에게도 충격을 주었음이 틀림없다.
"편지를 읽은 일이 잘못이라는 것을 알았다"라며 네토치카는 고백
한다.

"하지만 그 흥분은 대단했다! 그 편지는 내 안에 있는 무척 많은
것을 각성시켰다. 나는 진정으로 미래를 짐작할 수 있게 되었다."

이 장면 이후 소설의 남은 부분은 도스토옙스키가 잘 쓰기로 유

명한 멜로 드라마적 장면으로 곧 끝난다. 표트르 알렉산드로비치는 네토치카가 편지를 읽은 것을 알게 되는데, 사실 이전부터 이미 알고 있었음이 분명했다. 그가 네토치카와 아내에게 분노에 가득 찬 장광설을 퍼붓자 알렉산드라 미하일로브나는 쓰러지고 네토치카도 겁에 질린다. 겁에 질려 몸을 떨면서도 네토치카는 자신을 비난하는 사람에 대항하여 자신을 변호하고, 감히 주제넘게도, 아내에 대한 표트르 알렉산드로비치의 잔인한 처사를 질책한다.

1849년 도스토옙스키가 체포되어 소설 작업이 중단되었을 때, 여주인공 삶의 여정은 미완성이었고 많은 의문점이 풀리지 않은 상태였다. 하지만 출판된 부분들과 그의 서신, 심지어 그가 '여자 이야기'라는 부제를 최종본에 붙이고자 했던 점 등을 통해 미루어 보건대, 이 책에 대한 그의 야망이 그 당시 인정받았던 것보다 훨씬 더 컸음은 분명하다. 출판 당시 채 서른이 되지 않았던 도스토옙스키는 〈네토치카 네즈바노바〉를 자신의 첫 번째 장편소설이자 '여성 문제'가 러시아 문화계를 지배하기 10여 년 전에 여성의 권리에 대한 논쟁을 다룬 주요한 문학적 공헌이라고 생각했다.

도스토옙스키가 쓴 여성 해방으로 가는 여정은 체르니솁스키의 베라 파블로의 여정과는 사뭇 달랐다. 베라는 가는 길의 단계마다 명확한 선택을 할 수 있었다. 그녀는 항상 올바른(체르니솁스키가 의미한 바는 합리적인) 결정, 계몽과 자율성을 향해 계속 나아가게 하는 결정을 내린다. 네토치카는 그렇지 않다. 그녀의 자아 실현으로의 여정은 직선적이지도 않고 신분 상승으로 이어지지도 않는다. 단지 그녀에게 가혹한 폭로와 가족 기능 장애, 내적 갈등의 어두운 골짜기를 가차없이 걸어가게 할 뿐이다.

네토치카는 가족의 작은 다락방에서 공작 X의 호화로운 집으로, 알렉산드라 미하일로브나와 표트르 알렉산드로비치의 뒤숭숭한 집으로 옮겨 다니면서, 사회적이면서도 심리적인 모든 문제에 반복적으로 노출된다. 〈네토치카 네즈바노바〉는 러시아 문학에서 여성의 복잡한 내면의 삶을 진지하게 받아들여 이를 중심적으로 다룬 최초의 작품이다.

도스토옙스키의 이 미완성 소설 또한 언젠가 그의 위대한 소설의 특징이 될 인간 병리학에 대한 통찰력을 드러내고 있다. 특히 주목할 만한 것은 네토치카와 의붓아버지의 건강하지 못한 관계에 대한 묘사인데, 근친상간의 상호 의존에 가까운 유대 관계로 볼 수 있다.

"그에 관해 꿈꾸고 생각하는 것은 나에게는 유일한 즐거움이었다. 내게는 유일하고 진실된 바람이 있는데, 그건 그를 기쁘게 할 수 있는 그 어떤 일이라도 하는 것이었다. 조금씩 내가 그보다 위로 올라가고 있고, 그를 조금이라도 지배할 수 있고, 그가 나를 필요로 함을 느꼈다."

도스토옙스키는 불확실한 미래와 마주한 젊은 여성이 느끼는 소외감을 포착하기도 했다.

"외지인인 내가 어떻게 초대받지 않은 채 이 삶에 들어갈 수 있을까?"

네토치카는 알렉산드라 미하일로브나의 연인이 보낸 비밀 편지를 발견한 후 탄식한다.

"스스로 집과 지금까지의 평화롭고 고요한 삶을 영원히 떠나서 알 수 없는 긴 여정을 시작하는 사람, 주변을 마지막으로 돌아보고 사려 깊게 과거와 작별 인사를 하고 어쩌면 길 위에서 기다리고 있을지도 모를 험난하고 적대적인 미래에 대한 불안감으로 가득 찬, 마음이 아픈 사람처럼 느껴졌다."

물론 1863년 〈무엇을 할 것인가〉가 출판될 무렵에는 〈네토치카 네즈바노바〉는 사람들의 관심에서 멀어진 지 이미 오래였다. 그러나 안나 스니트키나에게는 베라 파블로바가 아니라 네토치카의 이야기가 여성 해방의 전형적인 이야기, 여성으로서의 정체성을 위한 문학적인 시금석으로 남아 있었다. 네토치카와 안나가 비슷했다는 데는 의심의 여지가 없다. 그 둘은 예술과 예술가를 숭배했고 독서에 대한 열정("나는 미래를 책에서 먼저 알게 됨으로써 그 미래를 살아갈 운명이었다"라고 네토치카는 말한다.)이 있었다.

가장 주목할 만한 것은, 너무 불쌍하고 굴욕적으로 보이는 반쯤 미친 남자이지만 자신에게 환상을 주는 방탕한 의붓아버지에 대한 네토치카의 동정어린 모성애가 천재성으로 안나에게 환상을 주면서도 또 다른 골칫거리 중독자인 남편에 대한 안나의 동정심에 섬뜩한 울림을 주었다는 것이다. 안나와 도스토옙스키의 관계는 그들이 만나기도 훨씬 전에 신비롭고 복잡한 방식으로 시작된 듯하다.

안나는 약혼 후 몇 주 동안 약혼자와 밤늦도록 대화를 나누면서 서로 많은 것을 받아들였다. 그런 대화를 통해 그녀는 자신의 비밀을 밝힐 수 있었고, 그에 대해 더 많은 것을 알아낼 기회를 얻을 수도 있었다. 그녀는 도스토옙스키가 스니트킨 가족에게 오랫동안 유명 인사였다는 것과 10대 소녀였을 때, 자신이 그가 창작한 인물들과 창작자 모두와 사랑에 빠졌었다고 고백하기도 했다. 자신이 "상당한 공상가였다"라고 그녀는 말했다.

소설 속 인물들은 그녀에게는 항상 실제 인물이었다. 이를 보여주기 위해, 그녀는 그의 또 다른 소설, 〈상처받은 사람들〉의 주인공들을 놓고 자신이 좋아하는 것과 싫어하는 것을 자세히 얘기했다. "보시다시피 나는 여전히 그 인물들의 이름을 기억할 수 있어요!"라고 그녀는 표도르 미하일로비치에게 말했다.

"나는 그 이름들을 기억하지 못하오"라고 그는 말하면서, 소설에 대해 "막연한 기억만 있을 뿐"임을 인정했다. "하지만 당신은 잊어서는 안 돼요!"라며 그녀는 그에게 줄거리를 되짚어주었다. 그는 그 소설을 다시 읽어보겠다고 약속했다.

"그런데, 내게 사랑에 빠진 적이 있느냐고 물어본 걸 기억하세요? '실제 인물과 한 적은 없어요. 하지만 내가 열다섯 살 때 소설 속 주인공과 사랑에 빠졌어요'라고 내가 말했어요. 당신이 그게 어떤 소설이냐고 물었을 때, 나는 화제를 바꿨지요. 내가 취직하려고 아부하는 거라고 당신이 생각하지 않기를 바랐어요. 나는 완전히 독립하고 싶었거든요."

그 문제의 소설은 〈죽음의 집의 기록〉이었는데, 그녀는 그 자전적 서술자에 큰 연민을 느꼈다.

"그게 당신을 위해 일하러 갔을 때의 내 감정이었어요. 당신을 진정으로 도와주고 싶었어요. 내가 그토록 흠모했던 작품을 쓴 사람의 존재를 어떻게든 밝게 비춰주고 싶었어요. 올킨이 나를 선택하고, 다른 누군가가 당신을 위해 일하지 않은 데 대해 나는 신께 감사해요."

〈죽음의 집의 기록〉에 대해 언급하자 도스토옙스키의 표정이 언짢아 보였다. 그래서 안나는 화제를 바꿔 분위기를 밝게 하려고 했다.

"그건 운명이었어요. 내가 당신의 아내가 된 것은 운명이었어요."

그리고 그 증거로 열여섯 살 때 가족들이 지어준 별명을 그에게 알려주었다.

"제발, 당신도 저를 '네토치카'라고 부르세요."

"안 돼!"

도스토옙스키의 대답은 단호했다.

"내 소설 속 네토치카는 인생에서 많은 슬픔을 견뎌야 했소. 나는 당신이 행복했으면 좋겠소. 차라리 당신을 아냐라고 부르겠소. 그렇게 해서 당신을 사랑하게 됐으니까."

그의 집으로

결혼식은 1867년 2월 15일 페테르부르크에 있는 트로이체 이즈마일롭스키 성당의 밝게 빛나는 넓은 돔 홀에서 열렸다. 그날은 도스토옙스키가 정한 날로, 감옥에서 출소 후 13년째 되는 날이었다. "자유, 새 생명, 죽음으로부터의 부활… 정말 영광스러운 순간이다!"라고 7년 전 출간된 〈죽음의 집의 기록〉에서 자전적 서술자는 외쳤다. 도스토옙스키에게 이번 결혼식은 지난 몇 년간 겪었던 지옥과의 과감한 결별을 의미했다. 그는 자신이 미래의 모든 것이라고 부른 안나와의 결혼을 새로운 삶으로의 부활이라고 생각했다.

신부의 반응은 더 차분했다. "결혼식의 절반이 진행되도록 나는 안개 속에 있는 듯했다"라고 안나가 회상했다. 그녀는 기계적으로 십자가를 긋고 거의 들리지 않는 목소리로 신부(神父)의 질문에 형식적으로 대답했다. 흐릿하게 잘 떠오르지 않는 결혼식이었지만 그녀는 무엇보다도 남편의 빛나는 얼굴을 기억한다. 생애 처음으로 행복을 찾은 것 같은 남자의 얼굴이었다. 물론 그녀가 그 이유였다.

스니트키나의 집으로 돌아온 후 샴페인이 돌기 시작했고, 친한 사람, 낯선 사람 할 것 없이 수많은 사람이 아파트를 드나들며 부부를 축하했다. 안나가 유명한 작가와 결혼했다는 사실을 알게 된 세입자들도 그녀를 찾아와 밀 알갱이를 뿌렸다. 이는 풍요로운 삶으로 이끌어준다는 상징적 의미였다. 결혼식에 참석한 하객들은 성당에서 보았던 창백하고 진지한 소녀가 어떻게 장밋빛 뺨의 빛나는 신부로 바뀌었는지에 대해 수군댔다.

며칠 후 신혼 부부는 언니 마샤 부부와 함께 즐겁게 저녁 식사를 했다. 다른 손님들이 떠난 후에도 안나와 작가는 계속 친정에 머물고 있었다. 그들은 교제와 약혼으로 정신없이 보낸 몇 주간의 이야기를 나누면서 샴페인을 마셨다. 그런데 도스토옙스키가 중간에 말을 멈추고 소파에서 몸을 일으키려다 갑자기 안나 쪽으로 넘어져버렸다. 알아볼 수 없을 정도로 일그러진 창백한 얼굴로, 바닥에 쓰러지면서 그는 거의 울부짖는 듯한 끔찍한 소리로 비명을 질렀다.

마샤는 비명을 지르더니 벌떡 일어나 미친 듯이 흐느끼며 방을 뛰쳐나갔다. 이어 그녀의 남편이 뒤를 쫓아갔다. 그러나 안나는 그대로 그 자리에 남아, 작가의 어깨를 잡은 뒤 소파 위로 힘껏 밀어올렸다. 그는 의식을 잃어 소파에서 미끄러지기 시작했는데, 거의 죽은 것처럼 보였다. 그녀는 그의 몸이 부딪히지 않도록 주변의 테이블과 등 같은 것을 밀어내고, 바닥에 쭈그리고 앉아 경련을 일으키는 그의 머리를 자신의 무릎 위에 누인 채 꼭 안고 있었다. 형부와 하녀가 마샤를 진정시키는 동안 안나는 남편을 돌보기 위해 홀로 남겨졌다.

몇 분 후, 경련이 잦아들면서 그는 의식을 되찾았다. 그러나 순간적으로 방향 감각을 잃었으며 말도 제대로 하지 못했다. 그가 말하려고 할 때마다 자신의 의지와는 전혀 다른 말이 튀어나왔다.

언니 부부가 돌아오자 안나는 그들과 힘을 합쳐 도스토옙스키를 소파 위로 끌어올렸다. 그 후 그는 다시 경련을 일으켰는데 처음보다 더 심했다. 마샤는 다시 한번 놀라 겁에 질렸고, 형부는 그녀를 진정시키기 바빴다. 표도르와 단둘이 남은 안나는 두 시간 동안이나 두려움에 떨면서, 신음 소리와 비명으로 일그러진 얼굴로 거친 눈빛을 내뿜는 그를 지켜보고 있었다.

"얼마나 끔찍한 밤을 보냈는지."

훗날 안나는 남편이 뇌전증 때문에 극심한 고통을 겪는 것을 처음으로 본 그날 저녁에 대한 기록을 남겼다. "내가 표도르 미하일로비치가 앓고 있는 병의 공포를 깨달은 건 바로 그때였다. 나는 사랑하는 내 남편이 미쳐간다고 거의 확신했다. 그 생각이 나를 얼마나 공포스럽게 했는지!"라고 지인에게 말했다.

"그가 고통스러워하고 있는데도 할 수 있는 일이 아무것도 없다는 것을 깨닫는다는 건 일종의 고통이었어. 그것은 분명히 우리의 행복을 위해 내가 치러야 하는 대가겠지."

결혼 후 몇 주 동안 안나에게는 치러야 할 다른 대가도 있음이 분명해졌다. 우선 안나는 대부분 남편의 지인인 방문객들의 끝없는 행렬에 질려버렸다. 더 이상 책 읽을 시간도, 속기를 연마할 시간도 없었다. 무엇보다 고통스러웠던 것은 끊임없는 손님의 행렬 때문에 부부 단둘이 보낼 시간을 낼 수 없다는 것이었다. 그 시간은 안나가 약혼 기간 무척 소중히 여겼던 시간이었다. 그들이 서재에 함께 있으면 1분도 지나지 않아서, 누군가가 그들을 방해하거나 긴급한 집안일 때문에 그녀를 부르는 이가 있었다. 하루 일과가 끝나면 두 사람 모두 녹초가 될 수밖에 없었는데, 지친 안나가 깊은 잠에 빠지면 책을 손에 든 도스토옙스키가 그 옆에 자리를 잡곤 했다. 결혼한 지 얼마 되지 않아 안나는 남편과 사이가 멀어진 것도 아니었는데 이미 사랑이 식은 것 같은 느낌을 받았다.

안나는 시간이 지나면 이 새로운 삶의 리듬에 적응하고, 시간을 효율적으로 관리하는 법을 배워 남편과 함께 자신이 좋아하는 몇 가지 일을 하면서 가정을 돌볼 수 있을 것이라고 생각했다. 그러나 곧 그녀는 또 다른 문제에 직면하게 된다. 남편의 적대적인 친척들 문제였다. 그들의 회의적인 표정, 신랄한 말들, 그녀를 겁먹게 하려는 빈번하고 노골적인 시도를 보고 안나는 그들이 자신을 싫어한다는 걸 알 수 있었다. 그들에게 못마땅한 것은 그녀의 젊음이었을까, 아니면 속기사라는 직업이었을까? 그녀는 알 수 없었다. 그러나 얼마 지나지 않아 상황을 파악할 수 있게 되었다. 그들의 적대감의 대부분은 다름 아니라 돈과 관련되어 있음을.

형수 에밀리아 표도로브나는 처음부터 결혼에 반대했는데, 이는 결혼이 그녀가 수년 간 누려왔던 수입에 심각한 위협이 되기 때문이었다. 〈시대〉의 실패에 대한 책임을 도스토옙스키에게 물었던 그녀는 잡지가 폐간된 이후에도 오랫동안 가족의 경제 파탄을 이유로 그를 계속 비난했다. 그러면서 끊임없이 돈을 요구하여 시동생을 궁핍으로 몰아갔다. 가족에게 말을 옮겨 모두가 도스토옙스키를 경멸하게 만든 것도 그녀였다. 가장 교활하고 우회적인 방법으로 동정심을 불러일으키고, 도스토옙스키를 부끄럽게 하여 그가 계속 가족을 지원하도록 할 만한 동조자들을 찾았다. "형수는 나의 원초적인 적이오. 왜 그런지 모르겠소"라고 그는 에밀리아 표도로브나에 대해 말한 적이 있다.

결혼이 기정사실화하자 그녀는 전략을 바꿨다. 자신의 뛰어난 가사 관리 방법을 경험 없는 안나에게 가르치면서 죽은 아내 마리아 드미트리예브나가 새 신부보다 더 나은 가정주부였다는 것을 도스토옙스키에게 교묘하게 상기시켰다.

작가의 의붓아들 파샤는 훨씬 더 잔인했다. 그는 결혼을 무산시키기 위해 할 수 있는 모든 일을 시도했다. 처음에 안나는 결혼 후에도 도스토옙스키의 아파트에서 그들과 계속 함께 사는 것을 즐겁게 받아들였다. 안나보다 두 살 어린 파샤 같은 젊은이가 있으면 집안이 활기를 띠게 되고, 가족과의 관계 개선에도 도움이 될 것이라고 믿었다. 하지만 그녀는 곧 파샤가 다른 의도를 가지고 있음을 간파하게 된다.

처음에 그는 자신이 안나의 피해자라는 카드를 꺼내어 도스토옙스키에게 점수를 땄다. 그는 자신이 핍박받는 고아인데, 새로 들어온 사람 때문에 가족 사이에서 자신의 자리가 없어졌다며 동정심을 구했다. 그 작전이 식상해지자 그는 안나를 음해하고 무자비하게 굴었다. 식료품 저장소에서 음식을 훔치거나 일부러 식사 직전에 크림을 다 마셔버리고는 안나의 형편없는 가사 관리 능력을 탓하며 도스토옙스키의 짜증을 돋우었다.

"아빠, 제가 집안일을 맡았을 때는 그런 일이 없었어요!"

도스토옙스키와 함께 있을 때는 곰살궂게 굴면서 자신의 도덕적 발전에 안나가 얼마나 좋은 영향을 끼쳤는지를 말하기도 했다. 하지만 의붓아버지가 방을 떠나면 곧장 돌변해 대놓고 그녀를 비방하는 바람에 안나는 울음을 터트리기 일쑤였다.

　처음 안나는 그 청년을 동정했다. 여덟 살 때 작가가 받아들인 이래로 쭉 함께 살아왔기 때문에, 파샤는 도스토옙스키가 가족에게 습관처럼 부채 의식을 가지고 있다는 사실을 알아차렸다. 하지만 실상은 그것보다 더 복잡했다. 파샤는 의붓아버지가 죽은 어머니에게 양심의 가책을 느낀다고 정교하게 조율된 조종 본능으로 간파했다. 파샤는 아마도 그 이유(도스토옙스키와 폴리나의 비밀 연애)를 알지 못했지만 작가의 심리적 취약성을 약점으로 잡았다. 안나의 갑작스러운 등장으로 그의 편안한 삶의 방식이 위협받게 된 지금, 그에게는 그 어느 때보다도 이 두 사람을 괴롭힐 이유가 생긴 셈이었다.

　안나는 파샤의 술책을 어떻게 다뤄야 할지 몰랐다. 이제껏 그런 일을 당해본 적이 없기 때문이다. 처음에 그녀는 파샤가 자신의 적대적 행동에 스스로 싫증내길 바랐지만, 그런 일은 일어나지 않았다. 안나는 자신이 받는 스트레스나 의붓아들의 속임수로부터 남편을 보호해주었다. 그런데 그 일을 그녀가 하도 효과적으로 처리해서 도스토옙스키는 아내가 어느 정도의 고통을 느끼는지 알지 못했다. 파샤가 자신에 대한 안나의 처사를 항의하기 위해 서재로 쳐들어갔을 때, 화가 난 작가는 파샤가 아닌 안나를 질책했다.

　"아네치카, 파샤와 그만 싸우시오. 그의 기분을 상하게 하지 말란 말이오. 그는 착한 아이요!"

안나가 자신의 어떤 점이 파샤의 감정을 상하게 했는지 물었더니, 도스토옙스키는 이런 말도 안 되는 소리를 듣는 게 지겹다며 투덜댔다. 그는 안나가 좀 더 너그러워지기를 바랐다. 안나는 남편이 자신을 지지해주지 않자 분노했다.

"'내 마음의 위대한 주인'인 그가 내 삶이 얼마나 힘든지 보지 못하고, 계속 지루한 친척들을 나에게 떠맡겨 놓고도 나에게 너무나 적대적인 파샤를 옹호했다."

상황이 더 안 좋아지자 그녀는 심지어 그를 떠날 생각까지 하게 되었다.

"나는 그를 열렬히 사랑했지만 그가 나를 더 이상 사랑하지 않는다고 믿었다면 나의 자존심이 그와 함께 있는 것을 허락하지 않았을 것이다."

하지만 그녀는 그가 자신도 모르는 사이에 약삭빠른 친척들의 손에 놀아나고 있는 거라고 확신했다.

몇 년 후 안나는, 60년대 여성이 사용할 수 있는 방식으로 파샤에게 더 강하게 대응하지 못한 것을 후회했다. "하지만 잊지 말자"라고 그녀는 썼다.

이미 스무 살이 넘었지만, 나는 세상 물정 모르는 완전한 아이였다. 나는 복잡하지도 않고 싸움도 없는 친절하고 화목한 가정에서 내 인생의 몇 년을 보냈다. 이런 이유로 파샤의 무례한 행동에 놀라고, 모욕감을 느끼고 상처를 입었지만, 처음에는 그런 행동을 막기 위해 아무것도 할 수 없었다.

안나는 진퇴양난에 빠졌다. 파샤에게 맞서지 않음으로써, 자신이 부당한 학대를 받고 있을 뿐만 아니라 자신의 페미니스트 이상에도 부응하지 못하고 있다는 것을 깨달았음에 틀림없다. 그러나 다른 사람들을 거의 배려하지 않았던 파샤와 달리, 안나는 남편의 안녕을 걱정했고, 감정적인 스트레스가 그의 끔찍한 뇌전증 발작을 더 격렬하고, 더 자주 일으킨다는 사실을 알고 있었다. 그녀는 회상했다.

"파샤는 이미 나에 대해 끊임없이 불평하고 있어. 근데 나까지 파샤에 대해 불평하기 시작했다면, 내 사랑하는 남편의 삶은 어떻게 되었을까? 그렇게 하는 것이 상황을 어렵게 한다 해도 나의 소망은 그의 마음의 평화를 지키는 것이었다."

안나가 초기 몇 달 동안 당했던 굴욕은 그녀와 도스토옙스키와의 관계에 있어 최악이었다. 그녀의 젊은 페미니스트 이상과 작가의 인생에서 결국 그녀가 휘두르게 될 권력의 자리는 분명한 대조를 이룬다. 오늘날 독자들은 이 신혼 부부의 역학에서 순교자 신드롬의 전형적인 징후를 포착하게 될지도 모른다. 순교자 신드롬은 저명한 사람들과 그들을 흠모하는 배우자 사이의 결혼에 나타나는 전형적인 현상이다. 〈회고록〉에서 안나는 결혼 초기 몇 달 동안 이러한 건강하지 못한 역학을 확인하기에 충분한 거리를 두었다. "나는 표도르 미하일로비치를 무한히 사랑했다"라고 그녀는 썼다.

하지만,

> 내 사랑은 완전히 머리로 한 거였다. 그건 내 머릿속에 존재하는
> 생각이었다. 그런 재능과 고귀한 자질을 가진 사람에 대한 존경
> 과 경외에 가까웠다. 그의 삶의 동반자가 되고, 노고를 나누고,
> 그의 존재를 빛내고, 그에게 행복을 주는 꿈을 나는 상상했다.

이윽고 안나는 세 가지 목표를 달성했다. 도스토옙스키의 작품
을 공유하고, 그의 부담을 덜어주고, 그를 행복하게 해주었다. 그
것도 결혼 초기처럼 굴욕을 당하는 일이나 자신의 권위를 포기하
는 일 없이 그렇게 했다. 당시 그녀는 시집 사람들로부터 학대받거
나 남편이 이를 제지하지 못할 때 그들에게 대항하는 성공적인 전
략을 개발하지 못한 상태였다. 결국 갈등은 그 정점으로 치달리게
되었다. 어느 날 저녁, 도스토옙스키가 외출했을 때, 안나에게 당당
하게 걸어온 파샤는 자신의 의붓아버지가 그녀와 결혼한 것은 엄
청나 실수였다고, 그녀는 끔찍한 주부이고, 그녀가 우리 모두를
위한 돈을 너무 많이 쓰고 있다며 비난했다. 완전히 정신이 나간 안
나는 방으로 달려가 침대에 몸을 던졌다.

도스토옙스키가 돌아왔을 때, 안나는 몇 주 동안 그랬듯이 진실
을 숨길 준비를 하고 있었다. 하지만 마침내 용기를 내 그에게 모
든 것을 털어놓기로 했다. 삶이 얼마나 힘들었는지, 그의 집에서
자신이 얼마나 모욕을 받았는지, 그가 친척들의 요구를 그녀의 요
구보다 우선시해서 그녀가 얼마나 상처받았는지에 대해서.

"나는 그에게 내가 얼마나 수치스러웠는지, 얼마나 고통스러웠는지 말했다."

그가 위로하려 하면 할수록 그녀는 더 서럽게 울었다. 도스토옙스키는 놀라서 그녀를 쳐다보았다. 그리고는 의붓아들의 행동을 부정하거나 의도적으로 모른 척하면서, 안나가 자신에게 더 솔직하지 못했다는 것과 자신에게 더 일찍 오지 않은 것에 대해 힐난했다. 심지어 그녀가 자신의 권위를 충분히 강하게 내세우지 않아서 파샤의 무례함을 부추기는 것 아닐까 하는 생각에 이르게도 했다. 도스토옙스키는 아내의 고통에 놀라울 정도로 무감각했으며, 자신의 삶의 다른 측면 – 특히 도박과 사업 거래 –에서 만나는 사람과 상황을 읽지 못했던 본인의 성향을 그대로 드러냈다.

그러나 아내가 가장 필요로 할 때 그녀를 도와주지 못한 일은 그다지 오래지 않은 그들의 결혼 생활을 위험에 빠뜨렸다. 인간의 실패와 그 결과를 자신의 예술에 너무나 생생하게 담아냈던 이 작가가 어떻게 현실에서 가장 가까운 사람의 필요를 그렇게 냉담하게 묵살할 수 있었는지 의문이다.

안나가 계속되는 손님 접대가 얼마나 부담스러운 일인지 설명하자 도스토옙스키는 방문객들이 넘쳐나는 것을 인정했다. 그러면서도 그들이 오는 건 안나가 언제나 환영하고 모든 사람이 그들의 집에서 즐거운 시간을 보냈기 때문이라고 잘라 말했다. 그는 안나가 손님들을, 특히 또래의 손님들을 흥미로워한다고 생각했다. 그렇지 않으면 그녀가 왜 그렇게 상냥하고 적극적으로 대화에 참여하겠는가? 이제라도 문제가 정리된 것이 기쁘다면서 그녀가 남편의 사랑에 의심을 품었다는 데 놀란 그는 다시금 자신의 사랑을 확인시켜주었다.

그는 예전에 했던 대화를 그리워했으며, 그녀와 단둘이 보낼 시간을 더 많이 내고 싶어 했다. 사실, 그는 다음 책의 출판을 위해 〈러시아 메신저〉의 편집자인 미하일 카트코프를 만나러 모스크바 여행을 계획하고 있었다. 안나도 함께 가는 건 어떨까? 그가 카트코프와 함께 있는 동안, 그녀는 문화적 매력이 가득한 도시를 맘껏 즐길 수 있을 것이다. 자신의 여동생 베라 미하일로브나 이바노바와 그녀의 가족에게 안나를 소개하고 싶은 마음도 있었다.

"어때, 아네치카, 당신도 갈 테요?"

안나를 설득할 필요는 없었다. 그 여행은 그녀를 최근 몇 주간의 고난으로부터 벗어나게 해 줄 것이고, 모스크바에서 농업을 공부하고 있는 남동생 이반에게 남편을 소개할 기회가 될 테니까.

파샤와 에밀리아 표도로브나는 다가오는 여행에 대해 알았을 때도 간섭하려고 하지 않았다. 금고의 돈이 줄어들어서 도스토옙스키가 돈을 더 벌기 위해 모스크바로 가는 거라고 짐작했던 것이다.

안나에게는 안타깝게도, 모스크바에 있는 남편의 가족은 페테르부르크의 가족보다 안나에게 더 좋지 않은 감정을 갖고 있었다. 이바노프 부부는 안나를 싫어했다. 그들이 가장 좋아하는 삼촌이 또 다른 사랑하는 친척과 결혼하는 대신 이 젊은 속기사와 결혼한 것에 실망했기 때문이었다. 그들은 도스토옙스키가 남편을 잃은 고모와 결혼하기를 바랐다. 그들은 이 방해꾼을, 신경질적이고 오만한 허무주의자에, 의심할 여지 없이 엄격해서 안경을 썼을 거라고 막연하게 상상하고 있었다. 실제로, 그녀가 문 앞에 나타났을 때, "그들은 소녀에 지나지 않는 젊은 여성, 게다가 그들 앞에서 거의 몸을 떠는 모습을 보고 놀란 나머지 나에게서 눈을 떼지 못했다"라고 그녀는 회상했다. 그들의 눈빛에는 따뜻함보다는 놀라움이 가득했다.

모스크바의 페트로브스코예 라주모브스코예 농업 학교에 방문한 안나는 학생들에게 색다른 관심을 끌었다. 그녀의 남동생 이반은 잘생기고 볼이 발그레한, 금발의 곱슬머리를 가진 17세 소년으로, 자신감에 넘치는 천진난만한 성격의 소유자였다. 그는 학교에서 가장 어린 학생이었고 모든 이의 사랑을 받았다.

안나가 방문한다는 소식을 들은 이반의 친구들은 유명한 작가의 아내를 보기 위해 앞다투어 몰려왔다. 도스토옙스키가 최근작 〈죄와 벌〉에서 그들의 세대를 비방한 것인지, 아니면 동정한 것인지를 놓고 이반과 그의 친구들이 논쟁하는 것을 지켜보면서, 안나는 물론 남편을 변호하러 왔다고 말했다. 가난에 찌든 학생에서 살인자로 변신한 소설 주인공 라스콜니코프는 분명히 그 시대 젊은 러시아 허무주의자들을 대변했다. 도스토옙스키는 그들이 서양 사상에 빠져들어 추상적인 이론을 증명하기 위해 살인을 저지를 수도 있을 거라고 생각했다. 라스콜니코프라는 인물은 19세기 러시아에서 슬라브파와 서구파로 알려진 두 집단 사이에 훨씬 더 큰 문화적 논쟁을 불러일으켰다.

서구파는 18세기 초에 표트르 대제가 추진한 러시아의 근대화를 찬양했고, 유럽의 가치와 제도를 사회적, 정치적으로 뒤떨어진 러시아의 모델로 보았다. 비평가 비사리온 벨린스키는 1847년 작가 니콜라이 고골에게 보낸 유명한 편지에서 서구파의 신조를 간결하게 요약하면서, 러시아를 "구하는 길은 신비주의, 금욕주의, 경건주의에 있는 것이 아니라 문명, 교육, 인도주의적 가치의 진보에 있다"라고 선언했는데, 벨린스키에게 있어 이것들은 모두 서양에서 온 것이었다.

슬라브파는 이에 동의하지 않았다. 그들은 지리적으로 유럽과 동양 사이에 위치한 러시아의 독특한 역사적 발전이 별개의 국가 원칙을 발전시켰다고 주장했다. 서양의 이상과 정치 형태를 러시아에 반영하려는 표트르 대제의 시도는 엄청난 실수였다는 것이다. 러시아인의 특성 중심에는 그리스에서 건너온 정교회가 존재하는 반면, 서양 문화와 종교는 합리성, 이기주의, 합법성, 제국에 대한 로마 사상에 의해 전파된 것이라고 슬라브파는 주장했다.

게다가 서구 사회는 폭력에 기반을 두었기 때문에 사람들 사이의 관계를 다스리기 위해서는 법치가 필요했다. 이러한 생각들은 러시아에 맞지 않는다는 게 슬라브파의 주장이었다. 러시아는 수세기 동안 지속된 농민 공동체를 통해 기독교적인 형제애의 정신을 보존해 왔다. 그래서 미래에 러시아를 구하는 길은, 러시아의 이상적인 사회 형태로 기능하는 농민 공동체와 함께 구 러시아의 가부장적 가치와 관습으로 회귀하는 데 있다는 것이다. 슬라브파 사상가인 콘스탄틴 악사코프는 "공동체는 이기주의, 개성을 포기하고 공통된 합의를 따르는 사람들의 결합이다. 이것이 사랑의 행위이며, 고귀한 기독교적 행위이다"라고 했다.

1852년 슬라브파 철학자 이반 키레옙스키는 "유럽 문화의 본질과 러시아 문화와의 관계"라는 매우 영향력 있는 기사를 출판했다. 그는 그 기사에서 러시아와 서양을 구별하는 이분법의 전모를 펼쳐 보였다. 그의 주장에 따르면 서양에서는 이성과 논쟁이 중요하지만, 러시아에서는 감정과 신앙이 중요하다는 것이다. 서양인들은 위태로운 개인주의로 고통받는 반면, 러시아인들은 가족 간의 유대감을 즐겼다. 서구는 사치와 인위성을, 러시아는 단순함과 도덕적인 용기를 높이 산다. 서양의 정신은 내면의 불안과 선에 대한 지나치게 지적인 신념으로 가득 차 있는 데 반해, 러시아인들은 도덕적 자아를 위해 노력하게 만드는 스스로에 대한 건강한 불신과 결합된 내면의 평온을 누렸다. 키레옙스키의 이분법은 분명 단순하고 자기 도취적인 것이었지만, 한 슬라브 학자는 "그 이분법은 19세기 러시아 예술이 그 사명을 정의하는 데 도움을 주었다"라고 말했다.

도스토옙스키는 슬라브파의 사상에 깊은 영향을 받았다. "이성과 논쟁이 중요하지만 우리 역시 가장 높은 수준의 독창적인 민족이라는 것과, 우리의 임무는 우리 땅에서, 민족 정신과 국가 원칙이 제시하는 우리만의 새로운 형태, 우리에게 속한 고유의 형태를 창조하는 것에 있음을 확신하게 되었다"라고 그는 〈시간〉에 썼다.

1860년대 초부터, 그는 교육받은 러시아인들이 모국의 전통으로 돌아갈 것을 요구하는 '포치베니체스트보'로 알려진 문화적 기풍의 선도적인 지지자가 되었다('포치바'는 흙을 의미한다). 그는 표트르 대제의 서구화 캠페인 이후 대부분의 동료와 멀어졌다(라스콜리니코프의 이름은 '라스콜', 즉 '분열'이라는 단어에서 유래되었다). 러시아 농민들의 사회 제도가 "생시몽(프랑스 사회주의 이론가)과 그의 학파의 모든 꿈"보다 러시아의 사회 문제 해결을 위한 "더 견고하고 도덕적인 기반"을 제공했다고 도스토옙스키는 말했다.

많은 슬라브파 사상가와 마찬가지로, 도스토옙스키는 정치적으로 보수적인 성향을 보였고 러시아 전제 정치의 지지자였다. 그는 전제 제도를 황제와 그의 성들 사이에 항상 존재했던 오래된 가족 관계의 표현으로 봤다. 성은 그들의 군주를 지상에 있는 신의 화신이라고 숭배했다. "태고 때부터 러시아 국민의 영혼에 스며들었던 고대의 진실은, 황제는 그들의 아버지이며, … 러시아 국민과 황제인 아버지와의 관계는 사랑스럽고 자유로워 두려움이 없다는 것이다"라고 도스토옙스키는 썼다. 도스토옙스키가 조국을 경시하는 것에 대해 매우 민감하게 반응하는 것은 당연했다. 그에게 국가나 그 지도자들에 대한 비판은 러시아의 영혼에 대한 모욕인 셈이니까.

같은 시대 미국 사람들에게 예술 원리와 민족주의는, 불편하거나 이상하게 얽인 것처럼 보일 수도 있을 것이다. 그러나 도스토옙스키를 그의 시대에서 공정하게 판단하기 위해서는 그의 민족주의적 관점이 슬라브파 사상의 오랜 전통에서 비롯되었을 뿐만 아니라 그 시대의 사회와 문화 문제에 정통한 그의 박식함과 열정적인 관심에서 나왔다는 것을 인식해야 한다.

시간이 지나면서, 도스토옙스키의 관점은 19세기 유럽 전역에서 유행한 호전적 국수주의 경향을 띠게 되는데, 이 경향의 사상가들은 하느님이 그들의 땅에 새로운 세계 질서를 창조하고 다른 나라들을 영광스러운 미래로 이끌 것이라고 주장했다. 그러나 1860년 대에 그가 주장한 민족주의는 아직 그 선을 넘지는 않았다.

이반 스니트킨의 기숙사 방에서 〈죄와 벌〉을 토론하는 학생들은 이러한 문화적 맥락을 이해했을 것이다. 그들은 자신들이 토론하고 있는 주제가 단지 문학 해석의 문제에 그치지 않는, 그 시대의 시급한 문화적 문제 중 하나임을 알았을 것이다. 러시아는 서양과 어떤 관계인가? 러시아의 미래를 위한 사회적, 정치적 모델은 어디에서 와야 할까? 도스토옙스키는 남은 생애 동안 이러한 질문들을 탐구하며 기고문을 통해 공개적으로 토론하고, 그 질문들의 철학적, 심리적 복잡성을 극적으로 구성하여 소설의 주요 소재로 삼았다. 작가로서 그가 러시아 문학에 크게 기여한 일 중 하나는 러시아의 민족 정체성에 대한 당시의 논쟁을 의미와 진리를 위한 인간의 탐구라는 변치 않는 사색의 방식으로 변모시켰다는 것이다.

젊은 학생들에게는 실망스럽게도, 작가 자신은 그 자리에 없어서 그들의 토론에 끼어들 수 없었다. 그는 새로운 소설 때문에 카트코프를 만나고 있었다. 그러나 나중에 안나의 동생을 만나기 위해 시간 맞춰 돌아왔고, 그 나이든 매형은 곧 처남을 좋아하게 되었다. 그는 이반을 아들처럼 사랑하게 되었고, 그를 둘러싼 허무주의적 성향으로부터 그 감수성 예민한 청년을 보호하는 것이 자신의 의무라고 생각했다.

안나는 자신의 인생에서 가장 중요한 두 남자가 마침내 만나게 되어 매우 기뻤다. 속기법을 익힐 때 필요한 받아쓰기 연습을 할 수 있게 도와준 이가 바로 그 동생이었다. 그렇게 연습한 속기로 그녀가 도스토옙스키를 만나게 된 것이었다.

그러나 러시아 수도를 방문한 진짜 이유는 매우 중요한 선금을 카트코프에게서 받는 것임을 안나는 잘 알고 있었다. 몇 달 동안, 〈러시아 메신저〉의 독자들은 〈죄와 벌〉에 사로잡혀 있었는데, 그중 마지막 편이 최근 1867년 2월호에 실렸다. 카트코프는 이미 도스토옙스키에게 이 소설의 연재에 해당되는 원고료 전액(약 5천 루블)을 지불했는데, 안타깝게도 아직 누구에게서도 단행본으로 출판하겠다는 제의가 없었다.

도스토옙스키는 이 소설이 여전히 충분한 센세이션을 일으키고 있으므로 자신이 카트코프에게 새로운 책 거래를 요청할 때 어느 정도의 결정권을 가질 수 있을 거라 확신했다. 그렇게 되지 않는다면 위험 부담이 컸다. 도스토옙스키는 새 프로젝트를 파는 일을 전문적으로나 개인적으로 중요시했다. 이것이 부부가 함께 새로운 삶을 살아가는 데 필요한 숨통을 틔워줄 거라 생각했기 때문이다.

그러나 〈러시아 메신저〉 본사에서, 회색 수염을 기른 근엄한 미하일 카트코프 앞에 서서 잡지사가 자신에게 다시 투자해야 하는 이유를 활기차게 늘어놓을 때도 도스토옙스키에게는 소설의 아이디어밖에 없었다. 그는 늘 이런 패턴으로 일을 진행했다. 그는 새로운 아이디어가 조금이나마 구체화되기도 전에 출판사들에 선금을 요청했다. 도스토옙스키의 공책과 서신이 새롭게 작업 중인 소설을 위한 참고 자료로 채워지기까지는 이후 몇 달이 더 소요될 것이다. 이 소설은 나중에 〈백치〉라고 불리는 작품이 된다.

초기 아이디어는, 어머니가 아들을 경멸하며 '백치'라는 별명을 붙여 준 인물을 중심으로 돌아간다. 어린 아들을 버렸던 어머니는, 그가 은혜도 모르는 가족 전체를 부양하게 되었음에도 불구하고 사람들 앞에서 그를 게으름뱅이라며 잔인하게 헐뜯는다. 결국 환멸을 느낀 소년은 열등감으로 인해 자존심 강하고 폭력적인 남자로 성장했다. 하지만 사랑의 힘으로 정화되어 마침내 비극적인 과거를 극복하고 고귀한 위업을 수행한다.

이후 힘든 몇 달이 지나면서 '백치'라는 인물과 그의 이름을 딴 책 둘 다 너무나 많은 변화를 겪게 된다. 내용이 바뀔 때마다 작가에게는 창작의 고통이 따른다. 1868년 출간 무렵에 이르자 〈백치〉에는 도스토옙스키가 원래 의도했던 개념의 일부만이 남게 된다. 처음 영적 전향을 겪는 자존심 강하고 폭력적인 부랑자로 그려졌던 이 인물은 이미 변모된, 그리스도 같은 인물로 바뀌게 되는데, 몰락한 조국의 도덕적 부활을 이끌어내려고 노력하는 완전히 아름다운 인간이었다.

하지만 도스토옙스키가 카트코프에게 계약을 따내려 할 때는 그조차도 이런 일이 일어나리라는 것을 알 수 없었다. 그가 아는 거라곤 출판 계약이 필요하다는 사실뿐이었다. 어쨌든 그는 계약을 따냈다. 한 편당 1천 루블의 선금을 받는 대가로 작가는 즉시 새 소설을 쓰기 시작했다. 이 책은 1868년에 연재를 시작할 예정이었다.

계약이 체결되자 안나는 마음이 놓였다. 그들이 미래를 위한 계획을 세울 수 있다는 의미였기 때문이다. 도스토옙스키 부부는 그 1천 루블을 3개월 동안의 유럽 신혼여행 경비로 사용할 생각이었다. 전에는 그의 멘토였지만 그때는 이미 사망한 비사리온 벨린스키에 대한 기사를 써서 받기로 한 300~400루블도 여행 경비에 보태기로 했다. 마침내 경제적 압박과 친척의 간섭으로부터 자유로워진 그들은 함께 즐거운 시간을 보낼 수 있게 되었다.

그 사이 도스토옙스키는 벨린스키에 대한 기사를 끝내고 새로운 소설을 쓰기 위해 본격적으로 집중하기 시작했다. 부부는 그의 친척들이 여행에 대해 분노할 것이라 짐작했다. 그들이 받아야 할 돈을 여행에 쓴다고 생각할 것이기 때문이다. 그래서 부부는 자신들의 계획이 확고히 세워질 때까지 그 사실을 밝히지 않기로 결정했다.

페테르부르크로 돌아오자마자 이전에 당했던 고통, 쉼 없는 손님 접대와 파샤의 조롱이 즉각 다시 시작되었다. 그래서 그들의 긴 신혼여행 계획은 훨씬 더 현명한 해결책으로 보였다. 도스토옙스키 부부는 자신들의 계획을 최대한 오래 비밀로 했다. 그러던 어느 날, 저녁 식사를 하던 도스토옙스키의 친척들은 여름 휴가를 보낼 집을 찾아보자는 에밀리아 표도로브나의 제안을 놓고 이런 저런 논의를 하게 되었다. 그녀는 파블롭스크 근처에 큰 정원과 많은 방이 있는 훌륭한 집을 알고 있었다.

"안나 그리고리예브나는 젊은 사람들과 같이 있으면 더 행복해

할 거예요. 그리고 난… 음, 그렇다면 좋아! 내가 희생해서 집안일을 맡을게요. 어느 경우라도 우리의 소중한 안주인에게는 맘에 들지 않겠지만."

"근데, 여름 별장을 찾는 것은 의미가 없어요. 안나와 나는 외국으로 나가니까요."

도스토옙스키가 비밀 유지 계획을 포기했다. 처음에 그들은 도스토옙스키의 말을 농담으로 여겼다. 시간이 흐르면서 그들은 그가 진지하다는 것을 깨달았다. 이어진 어색한 침묵 속에서 작가는 서재로 물러났고 안나와 파샤는 식당에 남았으며 나머지 친척들은 거실에 모였다.

"나는 이게 당신의 속임수라는 것을 완벽하게 잘 알고 있어, 안나 그리고리예브나!"

파샤는 화를 냈다.

"무슨 속임수?"

"오, 내 말 못 알아듣겠어? 이 터무니없는 외국 여행이 바로 그거야! 하지만 당신 계산은 틀렸어. 내가 모스크바 여행을 허락했던 건, 단지 아빠가 돈을 얻으러 가야만 했기 때문이었어. 하지만 외국 여행은, 네 기분대로 하는 거잖아. 안나 그리고리예브나, 나는 어떤 상황에서도 허락할 수 없어."

안나는 그의 뻔뻔함에 어떻게 대응해야 할지 몰랐다. 그녀가 씁쓸한 아이러니에 한숨 쉬면서 마침내 입을 열었다.

"하지만 우리에게 자비를 베풀 수 있지 않을까?"

"기대하지 마! 결국 이렇게 당신 기분대로 하느라 돈이 들 텐데,

그 돈은 당신만을 위한 것이 아니라 가족 모두를 위한 것이라고. 우리 돈은 공동으로 쓰는 거야."

이윽고 도스토옙스키의 친척들은 그 여행에 반대하기 위해 그의 서재에 청원자들처럼 한 사람씩 줄지어 들어갔다. 마지막으로 나타난 사람은 파샤였는데, 파샤는 이런 터무니없는 생각을 실행하려면 적어도 돈은 남겨 놓으라고 요구했다. 파샤는 에밀리아 표도로브나와 그녀의 아이들과 상의하여 얼마가 필요한지 다음 날 의붓아버지에게 알려줄 것이다.

안나의 마음은 크게 흔들렸다. 도스토옙스키는 카트코프에게 받은 1천 루블의 선금 중에서 여행 출발 전에 친척들의 생활비로 500루블을 챙겨두기로 계획하고 있었다. 그러면 여행 경비로 500루블밖에 남지 않는다. 그 돈이면 한 달 동안 편안하게 지내기에 충분할 것이다. 그때쯤 도스토옙스키는 벨린스키 기사를 쓰기 시작할 것이며, 그 기사로 운이 좋다면 300~400루블을 더 벌 수 있을 것이다.

다음 날 아침, 안나가 걱정했던 것처럼 에밀리아 표도로브나는 500루블 이외에도, 도스토옙스키가 없을 때 파샤를 돌봐야 한다며 200루블이 더 필요하다고 말했다. 그는 총 300루블로 합의하기 위해 노력했다. 하지만 형수가 거절하자 거기에 따를 수밖에 없었다.

공교롭게도 같은 날, 어떤 젊은 여자가 이전에 빚진 수천 루블의 절반을 갚으라는 법원 명령서를 가지고 나타났다. 그녀는 빚을 갚지 않으면 그의 가구를 압류하겠다고 통보했다. 도스토옙스키가 가진 돈은 1천 루블밖에 없는데, 이제 그에게는 자신의 빚과 친척들에게 줄 돈까지 해서 1천 700루블이 필요하게 되었다.

그날 저녁, 그는 안나가 두려워했던 일을 확인시키고 말았다. 여행을 취소하자고 했다. 그는 "운명은 우리를 막고 있소. 내 사랑 안네츠카, 당신만 알아준다면 좋겠소. 내 사랑, 이런 일이 지금 일어나서 내가 얼마나 가슴 아파하는지! 내가 이 여행을 얼마나 꿈꿔왔는지, 우리 둘에게 이 여행이 얼마나 필요했는지를!"라며 갈 수 없다는 어조로 말했다.

아마도 도스토옙스키는 안나가 지적한 후에도 친척들이 자신을 얼마나 휘두르고 있는지 알지 못했을 것이다. 그러나 안나가 회고록에서 상기한 것처럼, 그의 과장된 어조는 그가 가족에게 맞서기에는 너무 나약한 사람임을 보여준다. 어느 쪽이든, 가족의 요구에 대한 그의 존중은 얼마 지나지 않은 결혼 생활을 위험에 빠뜨렸다.

"우리 사랑을 구하려면, 두세 달만이라도 우리끼리만 있으면서, 내가 고통받았던 모든 불안과 불쾌함에서 나를 건져내야만 했다. 그래야 우리 둘이 평생 함께 할 수 있을 것이다."

그녀는 나중에 회상했다. 그런데 그 기회가 사라지고 있었다.

안나에게 아이디어 하나가 떠올랐다. 자신이 혼수로 가져온 옷과 피아노, 작은 탁자 몇 개, 다른 가구들, 이 모든 것을 저당 잡힐 수 있지 않을까? 분명 그렇게 하면 여행에 필요한 자금을 마련할 수 있을 것이다. 그녀는 그런 귀한 물건을 되찾지 못할 수 있다는 생각에 마음이 아팠고, 그녀의 어머니가 뭐라고 할지 걱정이 되기도 했다. 결혼 후 몇 달 동안, 스니트키나 부인은 "무질서하게 환대하는 러시아 생활 방식 때문에 내가 길러주었던 좋은 습관들이 사라질 것"이라는 우려를 한 번 이상 말한 바 있었다. 저녁 파티와 샴페인, 게임, 끝없는 대화 등으로 많은 손님이 도스토옙스키의 집에서 매일 밤낮으로 돌아다니자 안나가 슬라브식 나태함의 희생양이 될까봐 두려웠다. 또한 그녀의 어머니는 파샤가 안나를 존중하도록 만들지 못한 그녀의 무능함에 대해 꾸짖었다.

그러니 안나가 어머니가 불쾌해 할까 두려워했다는 것은 놀랄 일이 아니다. 특히 혼수 중 일부는 어머니 돈으로 마련한 것이기 때문이다. "만약 엄마가 남편이 자기 가족을 지나치게 편애한다고 비난하고, 나에 대한 그의 사랑을 의심한다면 어떻게 될까? 자식의 행복을 항상 자기 자신보다 우선시하는 어머니가 얼마나 고통받을까"라고 그녀는 생각했다.

안나는 밤새 잠을 자지 못했다. 새벽 다섯 시에 아침 미사의 종이 울리자 그녀는 재빨리 옷을 입고, 집 건너편에 있는 예수승천교회로 갔다. 열렬히 기도한 후, 예배를 마친 그녀는 바로 친정으로 갔다. 울어서 눈이 빨개진 채 이른 시간에 온 딸의 모습을 보고 스니트키나 부인은 깜짝 놀랐다. 안나는 지체없이 어머니에게 모든 것을 털어놓았다. 유럽 여행은 못 가게 되었고, 도스토옙스키 가족과 여름을 보내야 하며, 그들의 사랑이 위기에 처했다고.

스니트키나 부인은 바로 이해했다. "네 행복이 위태로울 때 무엇을 해야 할까? 너와 표도르 미하일로비치는 서로 너무 달라서, 결혼한 사람들이 그래야 하듯이, 지금 가까워지지 않으면 앞으로

도 절대 그렇게 되지 않을 거야. 너는 가능한 한 빨리, 휴가 전에, 복잡한 일이 또 생기기 전에 떠나야 해"라고 그녀가 말했다.

안나가 어머니에게 기대했던 말은 아니었지만, 그 말은 정확히 그녀가 필요로 하는 말이었다. 놀라는 한편으로 안심이 된 그녀는 집으로 달려가 표도르 미하일로비치가 깨어나기도 전에 도착했다. 안나가 커피를 준비하고 있을 때, 파샤는 식당으로 성큼성큼 걸어 들어왔다. 그는 그녀가 어디 다녀왔는지, 무엇을 하고 있었는지 궁금해 했다.

"아직도 유럽의 스파를 꿈꾸고 있는 거야?"

"하지만 우리가 외국에 가지 못한다는 걸 잘 알고 있잖아."

"내가 뭐랬어? 이제 당신은 내가 내 마음대로 조종하고 있다는 걸 알았을 거야. 나는 절대 유럽 여행을 허락하지 않아!"

안나는 소년의 뻔뻔함에 격분했지만 싸움을 피하고 싶었다. 남편을 설득하려면 그녀는 침착해야 할 것이다.

집에서는 누군가가 엿들을 수도 있어서 민감한 주제로 남편과 대화하는 것은 불가능했다. 필시 남을 잘 음해하는 염탐꾼 파샤가 엿들으려 할 것이다. 마침 도스토옙스키가 약제상에 가야 한다고 말하자 그녀는 기회다 싶어 함께 가겠다고 했다. 그녀는 도중에 예수승천교회에 들러 기도할 것을 제안했다. 그렇게 하면 그의 기분이 누그러질 것 같았다. 그들이 예배당을 떠날 때 안나는 유난히 기분이 들떠 있었다.

"아냐, 당신이 잘 받아들이고 있어서 내가 얼마나 기쁜지 모르겠소."

그 여행이 그녀에게 얼마나 큰 의미였는지를 알고 있던 남편이 말했다. "하지만 여전히 여행은 떠날 수 있어요. 당신이 내가 제안하는 계획에 동의한다면 말이에요"라고 안나가 불쑥 말했다. 그녀는 침착함과 굳은 의지를 가지고 혼수품을 팔 계획에 대해 설명했다. 예상대로 그는 즉시 거절했고, 그녀의 소유물을 희생하는 것은 절대 안된다고 했다. 그들은 한동안 말다툼을 벌였고, 그녀가 최소한 두세 달은 차분하고 행복한 삶을 살 수 있게 해 달라고 간청했으나 그는 한 치도 양보하지 않았다.

그들이 모이카 제방을 따라 도시의 황폐한 지역을 거닐고 있을 때, 안나가 너무 격렬하게 흐느껴서 가엾은 표도르 미하일로비치를 당황하게 만들었다. 그녀가 의도한 것이었음은 틀림이 없다. 그녀는 자신이 느끼는 좌절감의 심각성을 들어도 그가 자신의 계획에 동의하지 않는다면 무슨 일이 일어날지 이해해주기를 바랐다. 차분하지만 격렬하게, 그녀는 지난 몇 주 동안 얼마나 힘들었는지 말하며 목이 메었다. 그리고 둘에게 필요한 몇 달간의 평온을 달라고 간청했다. 그녀는 분명히 밝혔다.

"지금 같은 상황에서는 우리는 결코 우리가 꿈꾸던 것처럼 친구가 될 수 없을 뿐만 아니라 아마도 영원히 헤어지게 될 것이다. 나는 그에게 우리의 사랑과 행복을 구해줄 것을 간청했다."

그 작전은 먹혀들었다. 도스토옙스키는 아내가 겪었던 고통의 깊이를 처음으로 알아차리고, 그녀의 열정적인 의지를 확인한 후 모든 것에 동의하였다. 안나가 순순히 남편이 가족에게 한 양보를 받아들였다면, 그들의 결혼 생활은 끝장이 났을지도 모른다. 그녀는 남편의 심리에 대한 예리한 통찰력을 발휘해 결정적인 순간에 결단을 내렸다. 모든 위험을 감수하고, 남편에게 도움을 강요할 수 있었던 그녀의 의지는 결혼 생활을 지켜나가고 향후 사업 수행을 하는 데 결정적 요소로 작용할 것이다.

안나의 진취적 기질은, 중요한 기회의 순간이 다가온다는 것을 알게 하고 그것을 정확히 적절한 순간에 잡을 수 있는 능력을 주었다. 도스토옙스키는 그런 순간에 그녀의 말을 듣고 따를 만큼 충분히 그녀를 이해하고 있었다. 자신의 지혜와 내면의 힘을 끌어내서, 안나는 도스토옙스키가 지혜와 힘을 찾도록 도왔다.

이는 그들의 관계를 움직이게 하는 역동성의 필수적인 부분이었다. 안나는 도스토옙스키의 삶에 들어가자마자 그의 명성을 회복하는 데 필요한 판단과 끈기를 보여주었다. 그가 수줍게 우회적으로 청혼했을 때, 그녀는 자신만큼 그가 위태롭다는 것을 느꼈고, 과감히 청혼을 받아들였다. 그렇게 함으로써, 그녀는 이전 연인 중 그 누구도 하지 않았던 방식으로 남자로서의 그의 가치를 그에게 확인시켜 주었다. 이제, 그들의 미래가 다시 한번 위험에 처하자, 안나는 그에게 직접 맞서서 자신들이 무엇을 해야 하는지 확신을 갖게 한 것이다.

그들 사이의 이러한 역학은 미묘한(때로는 평범한) 권력 투쟁으로 이어졌다. 결혼 초기에 그녀는 도스토옙스키의 마음의 평온을 혹은 자신의 평온을 유지하기 위해 투쟁의 순간에서 물러났다. 지는 것이 실제로 그들의 관계를 끝낼 수 있다는 것을 알아차렸을 때를 제외하고 말이다. 이러한 상황, 그들의 결혼 생활이 진행됨에 따라 더 자주 벌어지는 상황에서 도스토옙스키는 항복할 수밖에 없었다.

시간이 지남에 따라 힘의 균형이 바뀌었어도 서로에 대한 그들의 사랑은 깊고 강렬했다. 도스토옙스키 소설의 많은 등장인물처럼, 안나와 그녀의 남편은 종종 위기에 직면했을 때 감정적으로 가장 잘 조화를 이루는 것처럼 보였다. 그는 내면에 깊게 자리 잡은 감정적이고 창의적인 본능을 이용하기 위해 파괴의 가장자리에 서 있어야 했다. 반면에, 그녀는 극도의 긴급한 순간이나 작가가 창의적 에너지를 열광적으로 쏟아붓는 것을 도울 때 적극적이었다. 그러한 역학 관계를 고려할 때, 결혼 생활 몇 년 동안 그들이 평온함을 누리지 못한 것은 놀라운 일이 아니다.

그들의 공유된 삶은 창의적으로 생산적이면서 정서적으로 격동적이었다. 안나는 종종 자신의 조용하고, 신중하고, 평온했던 어린 시절에 대해 회상했지만, 그녀가 그 평화로운 삶에 완전히 만족했을 가능성은 낮다. 그녀는 항상 마린스카야 김나지움에서 처음 자신을 돋보이게 했던, 흥분을 잘하는 성격을 그대로 가지고 있었다. 학교 친구 마리아 스토유니나가 기억하는 그 불같은 성질 중 하나는 여전했다. 네토치카 네즈바노바처럼, 안나는 도스토옙스키와 같은 남자와 함께 하는 삶의 격렬함과 투쟁에 끌렸고, 사실 그것으로 활력을 얻었던 것이다.

두 사람이 모이카 제방에서 합의한 지 얼마 지나지 않아, 감정인

이 저당 잡힐 안나의 가구 가치를 평가하기 위해 부부의 집을 찾았다. 같은 날 저녁, 가족의 식사 자리에서 부부는 이틀 후에 여행을 떠난다고 발표했다.

"아빠, 제 의견을 말하게 해주세요."

파샤는 그 발표에 당황했다.

"네 의견 따위는 말하지 마!"

도스토옙스키는 화를 내며 가족 모두에게 통보했다.

"모두 약속된 금액을 받게 되겠지만 한 코펙도 더 받지 못할 거야."

저녁 식사 후, 화가 난 도스토옙스키의 가족은 용돈과 지금 받지 못하는 돈의 차용증을 받으러 줄줄이 그의 서재를 찾았다. 그 차용증에는 안나 어머니가 전당포 주인으로부터 돈을 받으면 5월 초에 전달하기로 한 내용이 적혀 있었다. 안나는 남편에게 파샤가 여름 코트를 살 수 있도록 돈을 좀 더 주라고 설득했다. 그렇게라도 해서 그 억울해하는 젊은이를 달랠 수 있기를 바랐다. 하지만 소용없었다. 그들이 헤어질 때, 파샤는 안나의 배신은 꼭 대가를 치를 것이라고 장담했다. 그들이 돌아온 후에 승부를 걸 것이고 승리가 누구의 편에 있는지 볼 것이라는 경고도 덧붙였다.

그러나 안나는 다가오는 여행에 너무 신이 나서 그 말에 신경 쓰지 않았다. 1867년 4월 14일 맑고 화창한 오후, 안나와 도스토옙스키는 3개월간의 신혼여행을 시작하기 위해 독일로 가는 기차에 탑승했다.

하지만 그들이 돌아오는 데는 4년이 걸렸다.

이 건물이 도스토옙스키가 〈죄와 벌〉을 집필한 집임을 알려주는 표지판(러시아 상트페테르부르크) ⓒ윤상구

제2부

/

심
판

새로운 시작

여행 준비에 지쳐서 짐 푸는 것 말고는 원하는 게 없다고 생각했었는데 안나는 어느새 기차를 타고 가는 편안한 여행에 적응해 갔다. 그녀는 그토록 보고 싶어 했던 역사적인 도시 쾨니히스베르크를 포함한 프로이센의 대부분을 잠든 채 지나친 것에 대해 나중에 후회했다. 아침이 되자 그들은 바이헬과 엘빙, 다른 작은 마을들을 지나갔다. 마을에는 대부분 거대한 십자가 모양의 기둥을 위에 얹은, 담쟁이 덩굴과 포도 넝쿨이 우거진 격자 구조물로 된 멋진 석조 가옥이 줄지어 있었다. 발트해를 넘어 남쪽으로 가면서 풍경은 더 수려해졌다. 멀리 전나무와 소나무로 뒤덮인 산들, 만개한 엘더베리 생울타리와 야생 체리, 널판지로 지붕을 덮은 베를린의 삼층집 등 모든 것이 그녀의 눈길을 끌었다.

그 모든 것이 새롭고 매혹적이었다. 도중에 그들은 그 매혹적인 마을에서 하룻밤을 보내려고 기차에서 내렸다. 그런데 정작 거기에서 만난 사람들은, 터무니없이 비싼 요금을 받으면서도 벨 소리에 응답하지 않는 욕심 많은 호텔 주인과 정거장에서 물건을 속여 파는 행상인이었다고 그녀는 회상했다. 그렇더라도 안나에게는 대체로 완벽한 유럽 신혼여행이 시작된 것처럼 보였다. 그리고 카트코프가 최근에 준 선금과 스니트키나 부인이 지원해 준 자금으로 부부는 경제적으로 안정감을 느끼고 있었다.

여행 중 우연히 내린 정거장에서 안나는 자신의 여정을 기록할 작은 공책 한 권을 샀다. 이는 사소한 결정이었지만 후세 사람들이 그녀에게 감사해야 할 부분이다. 그 공책은 그녀가 결혼 첫해 동안 썼던 비밀 일기장이 될 예정이었다. 이 일기는 당시 그녀 남편의 삶을 알려주는 전기적이고 역사적인 세부 사항이 담긴 보물창고일 뿐만 아니라, 그 자체로 19세기 개인 여행기의 빛나는 본보기이다. 출판을 염두에 두고 쓴 것이 아니라 독특한 친밀감을 느낄 수 있다. 그런 점에서 그 가치가 더 높다.

그들이 호텔에 머무는 동안 드레스덴의 날씨는, 선선하고 이슬비가 내리는 며칠을 제외하고는 따뜻하고 쾌적했다. "내 남편과 나 사이에는 아무도 없었다. 나는 그와 함께 있는 시간을 완전히 즐길 수 있는 기회를 얻었다"라고 안나는 회상했다.

드레스덴에 도착한 지 얼마 되지 않아 부부는 안나의 임신 사실을 알게 되었다. 이 점도 둘의 친밀감을 높이는 데 한몫했다. 이 소식은 안나를 세심하게 배려하는 남편과 안나 두 사람 모두를 기쁘게 했다. 그녀는 새로운 생명이 우리의 사랑을 얼마나 더 깊게 할까 하는 상상의 나래를 폈다. "우리는 극도로 행복하다"라고 안나는 썼다.

안나는 부양 가족이 늘어남에 따라 자신들이 경제적으로 어떤 불안감을 느낀 적은 없는 지에 대해서는 일기장에 기록하지 않았다. 두 사람은 드레스덴의 거대한 공원 그로서 가르텐을 함께 거닐며 그 공원 너머 오스트라알레까지 느리게 걸어가거나 가지가 잘 정돈된 멋진 라임나무 숲이 있는 브륄세 테라스에서 커피를 홀짝이며 하루를 보냈다. 밤이 되면 그들은 엘베강 둑에 있는 레스토랑인 헬빅에서 길고 한가로운 식사를 즐기며 강에서 낚시하는 노인들을 바라보곤 했다. 강둑에서는 여자들이 맥주를 마시고 신선한 공기를 음미하며 뜨개질을 했다.

안나는 드레스덴의 많은 박물관에 날마다 방문했던 일을 절대 잊을 수 없었다. 그녀가 가장 좋아하는 박물관은 유명한 츠빙거 갤러리였다. 저녁 노을이 드레스덴을 둘러싸고 있는 산 위의 작은 집들과 성들을 돋보이게 할 때 야외 카페 레알에서 보냈던 맑은 저녁도 그녀는 기억할 것이다. 그런 순간이 되면 엘베강은 무척이나 인상적이어서 늘 불평거리를 찾아내던 도스토옙스키마저 잠잠해졌다.

그러나 모든 순간이 그렇게 평화로웠던 것은 아니다. 도스토옙스키는 집에서 멀리 떨어져 있으면서도 경제 상황을 걱정했고, 일부 채권자들이 자신의 행방을 알아낼까봐 초조해했다. 게다가 여행지 자체에도 약간 불만스러워했던 듯했다. 외국 여행이 처음이라 놀란 눈을 하고 있는 안나와 달리, 시인 알렉세이 코먀코프가 '신성한 경이로움의 땅'이라고 부른 유럽을 이미 경험해 본 도스토옙스키에게는 그곳이 특별할 게 없었기 때문이다. 도스토옙스키는 지난 10년 동안 유럽을 세 차례 여행하면서, 고향에 있는 서구파가 러시아인들이 추종해야 한다고 주장하는 바로 그 나라, 특히 영국,

프랑스, 독일에 대한 반감을 키웠다.

〈시간〉과 〈시대〉에 실린 기사나 소설에서, 1862년 유럽 체류에 관하여 통렬할 정도로 아이러니하게 쓴 여행담인 〈겨울에 쓴 여름 인상〉에서, 작가는 유럽에 대한 회의를 분명히 드러냈다.

"그들은 자신들이 만족스럽고 완전히 행복하다고 스스로 확신하기 위해 얼마나 애쓰는지 모른다."

도스토옙스키는 한때 자기 만족에 빠진 파리 사람들에 관해 곰곰이 생각해본 적이 있다. 그는, 실제로는 러시아가 나머지 세계에 가르칠 것이 많다고 주장했다. 그는 러시아가 물질만능주의 서구와는 완전히 다른 더 깊은 영적 진리를 행하고 있다고 이해했다.

그러나 순전히 필요에 의해서이긴 하지만 도스토옙스키는 여기, 유럽을 다시 찾았다. 그에게는 자신의 인생이 돌고 도는 것처럼 느껴졌다. "내가 왜 드레스덴, 정확하게 드레스덴에 있고 다른 곳에 있지 않는지, 정확히 어떤 이유가 모든 것을 한 곳에 내려놨다가 다른 곳으로 옮길 만큼의 가치를 지니는지 의문이 들었다"라고 그는 그해 여름 늦게 아폴론 마이코프에게 쓴 편지에서 불만을 털어놓았다.

"답(건강, 빛 등)은 분명하지만, 나쁜 점은 내가 지금 어디에 살든, 드레스덴이든, 어디든, 외국의 어디든 결국 다 같다는 것을, 즉 모든 곳에서 외톨이라는 걸 매우 분명하게 느낀다는 거야."

일도 마음에 많이 걸렸다. 그는 아직 〈백치〉를 쓰기 위한 메모조차 하지 않은 상태였다. 〈러시아 메신저〉에 싣기로 한 첫 편을 늦어도 가을부터는 쓰기 시작해야 하는데, 이 작품에 대한 아이디어밖에는 아무것도 없었다. 한편으로는 벨린스키에 대한 기사를 쓰려고 노력했는데, 그 일이 그를 올가미처럼 옥죄었다. 벨린스키는 젊은 시절 도스토옙스키에게 큰 영향을 끼쳤으나, 이제 벨린스키의 자유주의 사상에는 더 이상 흥미를 느낄 수 없었기 때문이다.

도스토옙스키는 마이코프에게 그가 애초에 이 기사를 쓰겠다고 한 게 잘못이었다고 말했다. 그리고 그는 이제 저주받은 쓰레기이면서 자의식 과잉에, 시대에 역행하는 벨린스키 류의 자유주의 사상을 쓸어내버리고 싶어 했다. 그는 비평가들이 옹호하는 지식인 협회에 반발했다. "러시아를 버리고, 러시아를 이해하지 못한 채 프랑스화된 사람들의 무리"라면서 개인적으로 그들을 무시했다. 급기야 벨린스키마저도 의심했다. "그는 사실 깨어 있는 조국의 적이 아니었을까? 그는 사실 시대에 역행하는 사람이 아니었을까?"라고. 그러므로 도스토옙스키가 그 일을 그토록 싫어한 것도, 〈백치〉에서 〈악령〉에 이르는 이 기간의 소설에 러시아 자유주의자들과 서구파를 향한 적대감이 지배적으로 담긴 것도 어찌 보면 당연하다 하겠다.

한편 안나는 그곳에 있는 모든 것을 받아들이고 있었다. 박물관, 달콤한 냄새가 나는 빵집, 매력적인 카페, 아름다운 엘베강을 가로지르는 다리, 무엇보다도 이 낯선 세계 속의 남자와 여자까지도. 열렬한 구경꾼이었던 그녀는 몇 시간 동안 카페에 앉아 있거나 드레스덴의 좁은 거리를 거닐며 즐거운 시간을 보냈다. 남편과 달리, 그녀는 독일에서 시간을 보내기를 고대해 왔다. 그 시대의 많은 러시아인처럼, 그녀는 러시아 관광객과 지식인 모두가 가장 가고 싶어 하는 가장 진보적인 유럽 국가에 대한 거창한 상상을 하고 있었던 것이다. 그녀는 친정인 페테르부르크 아파트 벽에 걸려 있는 아름다운 프랑크푸르트 암 마인 사진을 보면서 자랐고, 마린스카야 김나지움에서 독일어로 수업을 듣기도 했다.

그러나 거룩한 기적의 땅이 심오한 영적 통찰보다는 물질적 만족감을 추구하는 도시임을 알게 되면서 점점 실망했다. 현금이 부족한 신혼 부부에게는 그 도시 사람들이 가치 없는 모든 것에까지 값을 매기는 것처럼 보였다.

"오, 이 독일인들은 돈을 내지 않고는 단 하나의 풍경도 즐길 수 없게 한다!"

그녀는 그들이 다소 둔하다고 생각했는데, 이는 당시 일부 러시아인들이 이웃에 있는 서양에 대해 갖고 있던 일반적인 고정관념이기도 했다.

"독일인들은 정말 너무 멍청하다."

안나는 자신이 무엇을 원하는지 말해도 알아듣지 못하는 웨이터에 대해 언급했다. 그녀는 반복되는 좌절의 상황에서 정작 본인의 독일어 회화 능력의 한계를 간과하고 있었다.

도스토옙스키 부부는 숙소를 찾아 헤매야 했다. 가구가 갖춰진 셋방이라고 플래카드가 달린 여러 건물을 방문했지만 "안으로 들어가 보면 아무것도 준비되어 있지 않았다"라고 그녀는 회상했다. 마침내 그들은 알트슈타트의 요하네스 거리에 있는 아파트를 찾았다. 좁은 자갈길에 늘어서 있는 이 아파트는 맞배지붕을 얹은 예스러운 4층 건물이었다. 집주인 짐머만은 키가 크고 마른 스위스 여인으로, 좀 지루하긴 해도 친절하고 믿음직스러운 인상을 풍겼다. 사실 그들은 집을 구하느라 이미 몹시 지친 상태여서 이 아파트를 선택할 수밖에 없었다.

여기에 안나를 괴롭힌 것이 또 있었다.

"독일인들을 짜증나게 하는 무언가가 내 외모에 있는 것 같다. 왜냐하면 모든 여성이 나를 뚫어지게 쳐다보기 때문이다."

그녀의 일기장에 따르면, 이 거슬리는 독일인의 시선에 안나가 대항한 무기는 그녀도 그들을 뚫어지게 쳐다보는 것이었다. 그녀는 그들을 소설 속 인물로 가정해 놓고 그들의 행동과 표현을 엮어 전체 줄거리를 만들었다. 그녀는 여러 번 관찰한, 장애가 있는 독일 소녀를 '나의 약자'라고 부르면서, 자신이 봤던 그녀의 다양한 교류 상대를 근거로 복잡한 가족 이야기를 짜 맞춰 보기도 했다.

물론 그 독일 소녀가 안나가 본 유일한 장애인은 아니었다. 그녀는 마을을 거닐다가 팔다리가 꼬이고 얼굴이 망가진 사람들과 자주 마주쳤다. 그들은 전 해에 벌어졌던 오스트리아-프로이센 전쟁에서 부상한 사람들이었다. 그러나 그녀는 자신이 보고 있는 것을 완전히 이해하지 못했다. 당시의 유럽 역사를 자세히 알지 못했고, 안전하게 보호받았던 자신의 삶에서 본 적이 없는 광경이었기 때문이었다.

물론 안나에게도 아름다움을 알아보는 능력이 있었다. 얼굴과 예술에서. 특히 라파엘의 시스티나 마돈나와 무릴로의 아기 예수와 함께 있는 성모 마리아, 그 두 얼굴이 그녀를 감동시켰다. 부부는 이 작품들을 한 번에 한 시간씩 바라보았고, 남편이 일하고 있으면 안나는 혼자서라도 그 작품이 보고 싶어 츠빙거를 찾았다. "이렇게 나에게 깊은 인상을 준 그림은 본 적이 없다. 어떤 아름다움, 어떤 순수함, 어떤 슬픔이 그 신성한 얼굴 속에 있는지, 어떤 겸손과 고통이 그 눈 속에 있는지"라고 그녀는 라파엘의 시스티나 마돈나에 대해 말했다.

그 얼굴의 부드럽고 고통에 찬 절묘한 아름다움 속에서 안나를 감동시킨 것은 무엇이었을까? 아마도, 새로운 가족의 운명이 여전히 불확실한 가운데 그녀는 자신 앞으로 다가올 부담을 생각하고 있었을 것이다. 그녀는 도스토옙스키를 사랑했다. 그건 확실했다. 그녀가 이 남자와 결혼해서 지게 된 의무는 그녀에게 커다란 목적의식과 심지어 행복감까지 느끼게 했다.

그러나 이러한 감정과 뒤섞여 슬픔의 고통이 따랐고, 자신이 엄청나게 도전적인 소명에 영원히 얽힌 운명임을 분명히 인식해야 했다. 그녀는 드레스덴의 러시아 정교회를 자주 방문했는데, 남편과 태어날 아이를 위해 열정적으로 기도한 후에야 비로소 자신을 위해 기도했다.

그녀가 영적인 아름다움과 강인함에 대한 예술적인 이미지들에 잠겨 있을 때, 도스토옙스키는 일종의 영적인 빛이 그녀에게서 나온다면서 놀라움으로 그녀를 바라보기 시작했다. "그는 나를 하늘에서 내려온 아름다운 생명체라고 불렀다. 그리고 그는 나를 열렬히 사랑한다고 말했다. 신께서 이 사랑이 계속되게 해주길"라고 그녀는 썼다.

그러나 그녀가 이미 러시아에서 이해한 것처럼 그 사랑은 종종 지배와 복종, 두 가지의 조화를 요구하기도 했다. 그 둘의 사랑은 서로를 연민하는 대등한 관계에서 이루어진 것이 아니었다. 그러기에 젊은 아내의 은혜에 감사하게 되었을 때조차, 그는 복종의 미덕을 시험하려 했다.

드레스덴에서 열흘을 보내고 난 후, 도스토옙스키는 안나에게 시비를 걸기 시작했다. 결혼식과 집안 싸움, 드레스덴 여행에 치여 오랫동안 진지한 작업을 하지 못했던 그는 안절부절못하고 있었다. 결국 그는 안나에게 바트홈부르크로 짧은 여행을 다녀오게 해달라고 부탁했다. 그곳은 드레스덴에서 약 450km 떨어진 도박 휴양지였다.

"그가 나를 여기 혼자 두고 갈 것을 생각하면, 등골이 오싹해진다. 내가 뭘 할지 상상도 할 수 없다. 페댜(표도르의 애칭) 없이 이 세 개의 방에서 우울함에 빠져 앉아 있을 것이다"라고 안나는 썼다. 특히 안나는 거듭되는 심한 입덧에 남편도 없이 어떻게 대처할지 걱정했다.

그럼에도 불구하고, 안나는 가족과 동료들로부터 떨어져 느끼는 고립감이 얼마나 도스토옙스키를 상하게 하는지 잘 알고 있었다. 그래서 안나는 늘 그랬듯이 자신의 문제를 제쳐두고 그에게 집중했다.

"바트홈부르크로의 여행에 대한 기대로 그는 다른 아무 것도 생각하지 않고 있는데, 그의 마음대로 하게 해주는 건 어떨까? 그는 어떤 식으로든 그 생각을 버리지 않을 것이다."

룰렛 한 판이면 그의 기분이 좋아질 것이라고 확신한 안나는 남편의 뜻에 따르기로 결정했다.

그녀는 정말 그러한 주장을 믿었을까, 아니면 중독자의 배우자가 흔히 그러하듯이, 단지 그녀 스스로 합리화한 것일까? 안나는 이 질문에 직접적인 답을 남기지 않았다. 하지만 드레스덴에서 쓴 그녀의 일기에는, 처음에는 도박을, 경제적인 문제는 일으키지 않으면서도 남편에게 활기를 되찾아 줄 일시적인 기분 전환용 오락으로 여겼다고 되어 있다. 최근의 몇몇 학자는 안나의 이런 대응을 비판했다. 그녀가 그 중요한 순간에 도스토옙스키를 더 강력하게 제지하지 않음으로써, 실제로는 그를 부추겼다는 것이다.

이 판단에는 어느 정도 진실이 있을 수 있지만, 남편에 대한 안나의 접근에 영향을 미친 문화적 맥락까지 설명해내지는 못한다. 안나는 당시 러시아의 관습에 따라 도스토옙스키의 도박 요청을 받아들였다. 그 시절, 아내는 남편의 도박 습관을 불평 없이 받아들여야 했다. 그러한 습관이 과도해졌을 때만, 도박으로 인한 금전적인 피해를 최소화하기 위해서만 아내는 남편의 도박을 말리는 데 개입할 수 있었다. 만약 어떤 여성이 감히 그 이상을 시도한다면, 의지가 강한 그 시대의 다른 여성들이 당했던 것처럼 금세 사회적 왕따가 될 것이다. 카롤리나 파블로바처럼.

파블로바는 부유한 귀족 가문에서 태어난 저명한 시인이었지만 그저 그런 작가와 결혼했다. 그는 아내의 막대한 재산을 도박으로 날렸는데 저녁마다 1만 루블에서 1만 5천 루블 정도의 돈을 도박에 썼다고 한다. 몇 년 동안 그 사실을 모른 체했던 파블로바는 남편이 도박 자금을 마련하기 위해 자신의 재산을 저당 잡혔다는 사실을 알고 그에게 소송을 걸었다. 그는 체포되어 수감되었고 10개월 간의 추방 선고를 받았다.

하지만 그의 유죄 판결은 아내의 금고를 털어서가 아니라 당국이 수색을 하다가 그의 서재에서 발견한 다수의 금서 때문에 내려진 것이었다. 이후 파블로바는 대담하게 자기 주장을 한 대가로 사회적으로 매장되었는데, 심지어 그녀의 가장 가까운 친구들까지도 그녀를 버렸다. 그들은 남편의 명성을 망쳤다면서 결코 그녀를 용서하지 않았다.

안나 도스토옙스카야가 드레스덴에서 도스토옙스키의 도박 요청을 더 세게 거절하지 못한 것은 그녀를 이끌어 줄 수 있는 긍정적인 여성 롤 모델이 거의 없었기 때문이기도 했다. 게다가 그 결정은 그녀가 알려진 것보다 남편에 대한 더 깊은 지혜와 심리적 통찰력을 갖고 있었음을 보여준다.

그가 떠날 예정이었던 5월 4일, 안나와 도스토옙스키는 둘 다 결혼 생활 중 처음으로 이렇게 오래 떨어지게 된 것에 불안해했다. 그들은 경고 벨을 기다리며 플랫폼을 오르내리다가, 정작 경고 벨이 울렸을 때는 그 소리를 놓쳤다. 그래서 그는 안나에게 인사도 못한 채 문이 닫히기 직전에 겨우 삼등 기차에 올라탔다. 플랫폼에 선 안나는 기차의 두꺼운 유리 창문 너머 그를 향해 미소를 지으며, 어떤 노인 옆에 자리 잡은 남편을 지켜봤다.

도스토옙스키는 그녀에게 미소로 답하며 자신의 가슴에 손을 얹었다. 그것은 안나도 알고 있는 사랑의 표시였다. 그는 네 개의 손가락을 치켜세웠다. 하루에 한 개씩 그가 떠나 있는 기간을 의미하는 행동으로 자신이 얼마나 빨리 돌아올지를 상기시키려는 몸짓이었다. 그녀의 눈에 눈물이 고이자 그는 손가락을 좌우로 흔들며 부드럽게 그녀를 꾸짖었다. 그럼에도 그녀는 느리고 끽끽거리는 기차를 따라가면서 흐느껴 울기 시작했다.

안나는 독일 사람들의 거슬리는 시선을 피하기 위해 눈물 젖은 눈 위로 베일을 내리고, 요하네스 거리에 있는 아파트로 걸어갔다. 그녀는 정신을 딴 데 쏟고 싶어서 일부러 먼 길을 돌아갔다. 가는 길에 우체국에 들렀다. 거의 매일 오는 이 러시아 커플과 친숙해진 우체국장은 남편에게 온 편지를 건네주었다. 그런데 편지 봉투를 본 안나는 망연자실했다. 폴리나 수슬로바에게서 온 편지였기 때문이다.

안나가 그녀에 대해 경각심을 갖는 데는 이유가 있었다. 안나는 아직도 자신의 삶에 합류한 이 남자를 완전히 믿을 수 없어 몇 주 동안 그의 편지를 몰래 읽었다. 도스토옙스키는 안나가 연애 초기에 들어 잘 알고 있었던 폴리나 수슬로바와 계속 서신을 주고받았는데, 안나에게는 그들 사이에 뭔가 있지 않을까 하는 찜찜함이 남아 있었다. "남편 몰래 그의 편지를 읽는 게 옳지 않다는 걸 나도 안다. 하지만 어쩔 수 없었다"라고 그녀는 일기장에서 고백했다.

일주일 전, 그녀는 폴리나가 보낸 또 다른 편지를 발견했는데, 이 편지는 몇 주 전에 도착한 것이었다. "그 편지를 읽고 나자 온몸이 춥고 떨렸다. 그 둘 사이에 예전의 감정이 되살아나 나에 대한 그의 사랑을 집어삼킬까봐 너무 두려웠다"라고 그녀는 회상했다.

자신이 동요하고 있음을 우체국장에게 들키지 않기 위해, 안나는 침착하게 우체국을 나선 후 아파트를 향해 힘차게 걸어갔다. 집에 도착하자마자 그녀는 칼로 조심스럽게 봉투를 열었다. 그렇게 하면 나중에 뜯은 흔적 없이 봉투를 다시 봉인할 수 있었는데, 그녀가 최근 몇 주 동안 익힌 방법이었다.

안타깝게도 그 편지 자체는 지금 사라졌지만, 이에 대한 안나의 반응이 아직 남아 있다. 그녀는 "매우 어리석고 서투른 편지였다. 발신자의 지성이 형편없음을 확인할 수 있었다. 폴리나는 이 일(도스토옙스키와 안나와의 결혼)에 분노하고 있으며, 그것이 자신의 모욕적인 감정을 표현하는 방식이라고 확신한다"라고 그날 일기에 기록했다.

일기에서 안나는 봉투의 소인이 드레스덴에서 찍힌 거였다고 언급했다. 그러나 학자들이 확인한 바에 따르면 폴리나는 그 당시 모스크바에 있었기에, 아마도 그녀가 우연히 드레스덴에 가게 된 지인에게 편지를 부탁하지 않았을까 싶다.

안나는 다시 그 편지를 읽었다. 보낸 사람은 안나를 브릴키나(매우 멍청하고 전혀 영리하지 않은)라고 부른다. 브릴키나는 반항적인 소녀를 부정적으로 의미하는 러시아 단어 철자를 잘못 썼거나 비숫하게 들릴 수도 있는, 다소 유쾌하지 못한 명칭이다. 여기서 안나가 오해하고 있는 부분이 있다. 폴리나는 안나가 아니라, 도스토옙스키가 독일로 떠나기 직전 페테르부르크에서 만났던 브릴키나라는 여자를 지칭한 것이었으니 말이다. 작가가 4월 23일 보낸 편지에서 폴리나에게 언급했던 이름이었다.

그러나 안나는 이 4월 23일자 편지에 대해 아무것도 몰랐다. 다행인 것은, 그 편지에 대해 알아봤자 그녀가 생각하던 최악의 공포만을 악화시켰을 뿐이라는 것이다. 그의 열정적인 선언에도 불구하고, 그 편지는 도스토옙스키가 여전히 그녀만을 사랑하는 것은 아님을 암시했다.

드레스덴에서 보낸 그 길고 상세한 편지에서 도스토옙스키는 폴리나에게 자신의 근황에 대한 간략한 설명과 함께 결혼할 것 같다는 속내도 털어놓았다. 이 편지로 미루어 보면 도스토옙스키가 폴리나를 몇 달, 몇 년 동안이나 못 만났음이 분명했다. 왜냐하면 이 기간 자신에게 일어난 모든 일을 그녀에게 알려주었기 때문이다.

하지만 그가 옛 애인에게 여전히 어떤 감정을 가지고 있다는 것도 분명했다. 그래서 그는 안나와의 관계에 대한 상황을 일부러 사무적이고 심지어 방어적인 어조로 요약 설명했다. 도스토옙스키는 이렇게 썼다. "내 속기사 안나 그리고리예브나 스니트키나는,"

훌륭한 가정에서 자란 스무 살의 젊고 다소 매력적인 소녀입니다. 그녀는 김나지움 공부를 우수하게 마쳤으며, 엄청나게 친절하고 분명한 성격을 가지고 있습니다. 우리의 일은 아주 잘 끝났습니다. 소설 〈도박꾼〉(이제는 이미 출판됨)은 10월 28일에 24일 만에 완성되었습니다.* 소설이 끝날 무렵, 속기사가 말로 표현한 적은 없지만 나를 진심으로 사랑한다는 것을 알아차렸고, 나도 그녀가 점점 더 좋아졌습니다. 형이 죽은 후 너무 외로워 삶이 괴로웠기 때문에 나는 그녀에게 청혼했습니다. 그녀는 동의했고, 여기 우리는, 결혼했습니다. 나이 차이는 끔찍하지만(20세와 44세),** 나는 그녀가 행복해지리라는 사실을 점점 더 확신하게 됩니다. 그녀는 사랑하는 마음이 있고, 사랑하는 법도 알고 있습니다.

그때 안나가 손에 쥐고 것은 이 편지에 대한 폴리나의 답장이었다. 어찌할 바를 몰라 그녀는 거울 앞으로 가 자신의 얼굴을 자세히 살폈다. 그녀의 얼굴에는 작은 붉은 반점이 생겼는데, 크게 동요했다는 표시였다. 잠시 후 그녀는 자리에 앉아 남편의 편지 보관 상자를 열고, 안에 있던 편지를 모두 꺼내 하나씩 다시 읽었다. 이 우울한 일이 끝나자 그녀는 신선한 공기를 마시러 밖으로 나갔고 문방구를 발견했다. 그곳에서 개봉된 봉투를 원래대로 밀봉하기 위해 밀랍을 조금 샀다.

도스토옙스키의 특급 열차는 저녁 다섯 시 30분에 라이프치히에

* 〈회상〉에 따르면 실제로 이 소설은 10월 29일에 완성되었다.
** 도스토옙스키는 45세 때 이 편지를 썼다.

도착했다. 지치고 신경이 날카로워진 채 그는 다섯 시간 동안 기차역 대합실에서 환승 열차를 기다렸다. 거기서 그는 연기와 맥주 냄새에 시달렸고, 식사를 하거나 술을 마시거나 기차역 주변을 걷기 위해 일어나곤 했다. 그는 자신의 빚에 대해, 도박에서 크게 이길 가능성에 대해, 안나에 대한 그의 사랑에 대해, 애초 여행을 떠나기로 한 자신의 나약하고 혼란스러운 결정에 대해 생각했다. 갑자기 자신이 왜 그렇게 순수하고, 맑고, 조용하고, 온화하고, 아름답고, 자신을 믿는 사람을 떨쳐두고 이곳에 왔는지 이해가 되지 않았다. 그는 바트홈부르크에 도착하자마자 안나에게 보낸 편지에 자신의 감정을 쏟아부었다.

"어떻게 내가 당신을 떠날 수 있었을까? 나는 어디로 가고 있을까? … 내가 지금 하는 일은 어리석음, 멍청함, 더 심하게 말해 비열함과 나약함이지만, 여기에 약간의 가능성이 있소."

어리석음, 비열함, 나약함. 그는 이전에도 바로 같은 도시에서, 그러한 악의 희생양이 되었다. 4년 전인 1863년 10월, 그는 수개월 동안 폴리나와 만날 약속을 한 후에 바트홈부르크에 들렀다. 폴리나가 잘생긴 젊은 스페인 남자와 사랑에 빠졌다는 것을 알게 된 후 그녀와 사이가 틀어졌다. 룰렛 바퀴는 폴리나 못지않게 그를 잔인하게 다루었고, 그는 완전히 빈털터리가 되었다. 거의 4년이 지난 지금, 그는 갓 결혼한 남자가 되어서 같은 카지노로 돌아와 다시 한번 자신의 운명을 시험하고 있었다.

바트홈부르크에 도착했을 때 작가는 신경이 너무 날카로워져서 똑바로 서기도 힘들 정도였다. 그는 기차역에서 빅토리아 호텔로 가기 위해 서둘렀다. 빅토리아 호텔은 여행 중인 고위 관료들과 정치가들에게 인기가 있는 국제적인 휴식 공간이었다. 그는 그날 안 나에게 보내는 편지에서 고작 이틀, 길어야 사흘 후에 드레스덴으로 돌아갈 것이라고 말했다.

세계 여러 나라 사람과 어울려 시간을 보낸 것은 아니지만, 그는 그곳이 자신과는 어울리지 않는다는 느낌을 받았다. 사실, 바트홈부르크의 모든 것이 도스토옙스키를 미치게 만들었다. 바트홈부르크는 헤센 귀족 가문 영지의 조용한 시골에 자리 잡고 있는 낙원으로, 미네랄 온천과 아름다운 자연 환경으로 둘러싸여 있었다. 휴양지의 우아한 덫에는 더 어두운 현실이 도사리고 있다고 그는 생각했다. 이 작은 도피처는 사실 돈 많은 남자들의 도박 습관을 부추기기 위해 만들어진 매우 수익성 있는 사업이었다. 남자들이 카지노로 슬그머니 도망갈 때 그들의 가족은 일주일 동안 스파 치료와 쇼핑을 한다.

도박장을 매력적인 가족 휴양지로 포장함으로써, 온천 주인인 프랑스 사람 프랑수아 블랑은 한때 눈살을 찌푸리게 했던 활동을 최고 수준의 세련된 엔터테인먼트로 탈바꿈시켰다. 그는 그 대가로 엄청난 부를 축적했다. 1863년, 도스토옙스키가 처음 이곳에 왔을 무렵에는 하루에 1천 명이 카지노에 방문하고 있었다. 이는 블랑에게 몬테카를로에 유명한 카지노를 만들도록 부추길 만한 성공이었다. 그는 홈부르크와 몬테카를로의 마법사라는 별명을 얻었다. 블랑이 세운 카지노의 매우 세련된 외관에다 귀족적인 고상함과 세련됨을 표방하는 정신은 도스토옙스키로 하여금 의심과 부러움을 동시에 갖게 했다.

그러나 금요일 아침이 되자 그런 고결한 반대 이유도 도스토옙스키가 밝은 자갈길 루이엔 거리를 따라 300m를 걸어가는 것을 막지 못했다. 그는 비싼 물건을 파는 상점들과 호텔들(잉글리셔 호프, 러시셰르 호프, 호텔 드 프랑스 카지노)을 지나 쿠르하우스로 알려진 카지노까지 걸어갔다. 쿠르하우스는 대리석으로 지어진 2층짜리 긴 네오클래식 건물이었다. 그곳에서는 실크 해트를 쓴 부자들이 양산을 든 숙녀들과 팔짱을 끼고 걷고 있었다.

건물 안 방문객들은 무도회장을 거침없이 가로지르고 있었다. 남자들은 모닝 코트와 줄무늬 바지를 입고 있었고, 여자들은 어두운 색의 주름이 많은 벨벳 치마를 입었는데, 둘레가 2m가 넘는 옷이었다. 독일 관광객들로 카지노가 붐비는 주말에는 그런 옷들이 옆 사람과 무례하게 부딪히는 일은 예사로 일어났다. 그날 밤, 도스토옙스키는 안나에게 "혼잡함, 밀착, 밀치기, 무례함"을 거의 견딜 수 없었다고 말했다.

하지만 그 주 금요일 아침에는 카지노가 비교적 조용했다. 도스토옙스키는 카페 방문객들을 지나 친숙한 게임 홀로 향했다. 이 게임 홀은 당구대와 룰렛 테이블이 있고 그 위 정교한 프레스코화가 그려진 천장에 황금 샹들리에가 매달려 있는 동굴 같은 방이다. 표정 없는 도박꾼 대부분이 이미 자리를 잡고 앉아 셔츠와 속옷 아래로 땀을 흘리고 있었다. 도스토옙스키는 샹들리에에서 나오는 여러 개의 가스 불빛 아래서 테이블 위에 반짝이는 금화와 은화들을 보며 기대에 차 있었다. 그런 순간이 되면 그에게는 집중력이 생겼다. 편집광처럼 그렇게 된다. 이러한 집착이 그의 죽은 형 미하일을 항상 불안하게 했다.

몇 년 전, 비스바덴에서 보낸 도스토옙스키의 편지를 받은 후, 미하일은 도박장에 도착하는 순간 동생이 보내는 편지의 어조가 완전히 바뀐다는 것을 알아챘다.

"너는 더 이상 여행이나 여행에서 받은 인상에 대해 한 글자도 쓰지 않는다."

도스토옙스키는 바트홈부르크의 이번 여행 동안 형이 한 경고를 떠올렸을 것이다. 어느 날 그는 어쩌다 한 번씩 하는 공원 산책을 다녀온 후, "이곳은 매력적이오. 그 망할 룰렛을 하지 않는다면 이곳에 잠시 머무는 것도 좋을 것이오"라고 안나에게 썼다.

하지만 물론, 망할 룰렛이 당시는 가장 중요했다. 그래서 달콤하게 유혹하는 "베팅을 하세요!"라는 말이, 검은 옷을 입고 룰렛 테이블 주위에 위압적으로 앉아 있는 여섯 명의 딜러 중 한 명의 입에서 우레와 같이 터져 나오자마자, 도스토옙스키는 게임에 완전히 빠져들었다. 정오까지 열여섯 개의 임페리얼을 잃었고, 그에게는 열두 개의 임페리얼과 몇 개의 탈러밖에 남지 않았다.

그러나 점심시간이 지난 후, 그는 최대한 조심할 생각, 즉, 자신의 실패 없는 방식을 따를 생각으로 돌아왔다. 그리고 바로 열여섯 개의 임페리얼과 추가로 100굴덴을 다시 땄다. 이 시점에 그는

300굴덴을 딸 수 있다고 확신했는데, 그건 이미 손 안에 있었기 때문이었다. 그는 모험을 했고 모든 것을 잃었다.

몇 시간 동안 계속 이런 식이었다. 그런 후 도스토옙스키는 매우 중요한 사실을 깨닫게 된다. 그에게는 이런 식으로 돈을 벌 수 있는 자질이 없다는 것이었다. 옆에 있던 독일인이 차분하게 베팅한 뒤에, 마치 하루 종일 일을 했다는 듯이 수천 굴덴을 가져가는 모습을 지켜보면서, 그는 자신이 그렇게 만들어지지 않은, 룰렛에서 연승하기에는 너무 불안정한 러시아인이라고 확신했다. "만약 누군가가 신중하다면, 즉 그가 대리석으로 만들어지고, 차갑고, 비인간적으로 조심스럽다면, 의심할 여지 없이, 확실히, 원하는 만큼 이길 수 있다"라고 그는 훗날 안나에게 말했다. 유일한 문제는 그런 일이 일어나기 위해서는 오랜 시간 동안 게임을 해야 하고, 돈을 잃었을 때도 게임을 계속할 수 있을 만큼 부유해야 한다고 그는 판단했다. 도스토옙스키의 질투심 많고 민족중심주의 관점으로 볼 때, 이는 그가 종종 묘사한 바와 같이 독일인처럼 냉정해지는 것을 뜻했다.

그날 도스토옙스키는 3년 전 〈지하 생활자의 수기〉에서 지하 생활자를 창작하고 있을 때 깨달았던 교훈을 다시 배우고 있었다. 인류는 근본적으로 비이성적이고 전혀 예측할 수 없다. 룰렛 바퀴를 정복하기 위한 목적이든 완벽한 사회를 만들기 위한 목적이든, 어떤 방식이라도 실패할 수밖에 없는 것이다. 그건 당대의 급진적인 지식인에 대한 그의 불신을 부채질했다. 그들은 인류가 이성적으로 이상적인 사회를 만들어낼 수 있다고 믿었고, 이러한 방식으로 지구상에 보편적인 행복을 이룰 수 있다고 믿었다.

도스토옙스키는 〈지하 생활자의 수기〉에서 비아냥거리며 질문했다. 만약 유럽이 정말로 인간 성취의 정점으로 세계를 이끈다면, 그것이 인간 투쟁의 종말을 의미하지 않을까? 급진주의자들이 진보의 신 앞에서 굽신거리는 동안, 도스토옙스키와 그의 지하 생활자들은 급진주의자들에게 계속해서 저항했다. 그들이 자유로이 그렇게 할 수 있음을 증명하기 위해서라도 그들이 누군가의 합리적인 설계에 들어 있는 볼모가 아님을 주장했다.

그럼에도 불구하고 도스토옙스키는 서구의 물질만능주의자들이 넘쳐나는 온상에서 룰렛 바퀴 앞에 얼어붙은 채 서 있었다. 물론 이렇게 돈을 버는 방법이 터무니없다는 것도, 자신의 방식이 신기루라는 것도 이성적으로는 알고 있었지만, 여전히 빠져나가기는 힘들었다. 그는 자신을 정확하게 중독자로는 보지 않았다. 도박이 그러한 용어로 분류되기까지는 이후 한 세기 이상이 걸렸다. 그는 자신을 단순히 가족과 친구들을 부양하기 위해 모든 역경을 무릅쓰고 노력하는 명예로운 사람이라고 생각했을지도 모른다. 그러면서도 자신이 절박하다는 것을 확실히 알고 있었다.

그는 간단한 식사를 하거나 우체국에서 안나가 보낸 편지를 확인하는 시간만 빼고, 매일 하루 열 시간씩 도박을 했다. 저녁이 되면 그는 화려한 루이엔 거리를 따라 빅토리아 호텔로 돌아갔다. 돌아가는 길에도 도시의 경계선 바로 너머에 있는 자연의 아름다움이나 카지노를 제외한 다른 장소를 감상할 여유는 전혀 없었다. 이틀은 사흘이 되었고, 나흘, 닷새, 엿새가 되었다. 안나에게 보내는 편지 속 그는 외로움과 자기 혐오로 가득 차서 제 정신이 아니었다.

과장 없이, 아냐, 나는 이 모든 게 너무 역겹고 끔찍해서 기꺼이 도망칠 거야. 당신을 떠올리면 보고 싶어 죽을 지경이오. 오, 아냐, 난 당신이 필요하오. 난 그걸 느꼈소. 당신의 고요한 미소, 당신의 존재로 내 가슴에 피어나던 행복한 온기를 떠올릴 때면 나는 거부할 수 없을 만큼 당신 쪽으로 향하게 되오. 아냐, 당신은 보통 내가 우울하고 시무룩하고 초조해 한다고 알고 있겠지만, 그건 겉모습일 뿐이오. 항상 운명에 부서지고 망가져서 그렇게 되었다오. 하지만 내 마음은 다르오. 날 믿어 주시오, 날 믿으시오!

자신을 믿으라는 말은 바트홈부르크에서 온 그의 편지에서 흔한 후렴구가 되었다.

"당신을 보고 싶은 갈망으로 내가 영적으로 자유롭지 못해서 이 망할 도박을 성공적으로 끝내지 못했고 당신에게도 가지 못하고 있소."

그는 고뇌에 찬 논리로 썼다. 그는 이것이 최선이다라고 그녀를 안심시키기 위해 노력했다.

"나는 도박에 대한 그 저주받은 생각, 편집증을 버릴 것이오. 이제 《죄와 벌》이 있기 전) 재작년과 마찬가지로, 일을 해서 성공할 것이오."

그 처참한 며칠 동안 그가 입은 손실들도 여전히 자신을 구해 줄 어떤 합리적인 방식이 존재한다는 그의 믿음을 포기하게 하지 못했다. "지금까지 스무 번 정도 도박판에서 실험을 했소. … 냉정하고 침착하게 계산적으로 게임을 하면 질 가능성은 없소. 맹세코, 어림도 없소!"라고 그는 안나에게 말했다. 단 나흘만 더 있으면, "나는 모든 것을 다시 되찾을 수 있소. 하지만 물론 도박은 하지 않을 것이오!"라고 주장했다.

그러나 그는 도박으로 계속 돈을 잃었고 안나에게 편지를 보낼 때마다 돈을 보내달라고 매달렸다. 그는 어쩔 수 없이 시계를 저당 잡혔지만, 그 시계를 되찾을 만큼 충분한 돈을 따기도 했다. 하지만 곧 다시 저당 잡혔고, 결국 영원히 되찾지 못했다. 그는 아내에게 이 모든 것이 신의 계획의 일부임을 믿어달라고 간청했다. "미래는 그저 수수께끼일 뿐이오. … 하지만 신은 어떻게든 우리를 구할 것이오. 나는 평생 동안 단 한 번도 6개월 이상을 계산해서 살아본 적이 없었소. 마치 자기 자신의 노동, 사실상 하루 벌이 노동으로 혼자 사는 사람들처럼 말이오"라고 그는 편지에 썼다.

이때 그에게는 나름의 계획이 서 있었다. 드레스덴으로 돌아가자마자 카트코프에게 편지를 써서 500루블을 더 달라고 할 것이다. 며칠 후, 그는 500루블 대신 1천 루블을 요청하기로 마음을 바꿨다.

그는 안나에게 이 최근의 도박 열풍이 자신의 창작욕을 자극하고 있다고 주장했다. 편지에서 다음 소설, 〈백치〉를 최고의 작품으로 만드는 게 자신의 목표라고 선언했다.

"이해하려고 노력해 보시오, 아냐. 그 작품은 웅장해야 하고, 〈죄와 벌〉보다 훨씬 더 좋아야 하오. 그러면 책을 읽는 러시아는 내 것이 될 것이며, 책 파는 사람들도 내 편이 될 것이오.”

그는 이 소설 〈백치〉가 자신의 명성을 위해서 뿐만 아니라 안나를 위해서도 엄청난 성공을 거둘 것으로 기대하고 있었다. 그는 아내의 자랑이 되고 싶었다. 자신이 비열한 악당이 아니라 자격 있는 남편이자 미래의 아버지라는 것을 그녀에게 증명해 보이고 싶었다. 그에게는 그녀의 신뢰가 필요했다.

한편으로는 그녀의 경제적 도움도 필요했다. 이것이 그가 보낸 편지들의 열정적인 선언이 완전한 진심으로만 들리지 않는 한 가지 이유이다. 도스토옙스키는 안나에게 자신의 호텔 숙박비가 늘어나고 있음을 알렸고, 드레스덴으로 돌아갈 때까지 버틸 수 있을지 알 수 없다고 했다. 바트홈부르크에서 보낸 애처로운 편지는 도스토옙스키가 아내를 조종하여 자신의 도박을 받아들이게 하거나 심지어 지원하게 했음을 엿볼 수 있게 해준다. 편지의 어떤 부분에서 그는 엄마에게 말하는 아이 같고, 다른 부분에서는 신부에게 고해성사하는 사람 같았다. “마치 내가 죽음에서 살아난 것 같았다”라고 그는 하루 동안 기다린 끝에 안나의 편지를 받고 썼다. 그는 그 편지가 자신을 갈기갈기 찢어놓았다고 말했다.

“어제처럼 걱정과 두려움이 많았던 적은 없었소. 아니, 아냐, 그런 감정을 느끼려면 사랑이 강해야 하오.”

그는 그녀의 존재가 자신에게 도움이 될 수도 있었기 때문에 그녀를 데리고 오지 않은 것에 자책했다. 하지만 동시에 아내가 이 악의 소굴에 가까이 있지 않기를 바랐다. 이 모든 것을 통해, 한 가지 생각이 그를 괴롭혔다.

"당신의 심판만이 나를 두렵게 하오! 이제 날 존중할 수 있겠소? 존중 없는 사랑이란 무엇일까? 결국 이것 때문에 우리의 결혼 생활 전체가 흔들리고 있소. 오, 내 친구여, 나를 영원히 비난하지는 마시오."

그러나 어떤 이유에서든, 안나는 도박에 관련해 그를 비난하지 않았다. "적어도 나는 내 평생 동안 나를 사랑하는 존재가 있음을 안다"라고 그는 그녀에게 말했다.

"당신은 친절하고, 빛이 나는 성스러운 영혼이오."

어쩌면 안나가 자신을 용서해주는 대신 그런 일이 있었을 때 자신을 탓했더라면, 더 좋았을지도 모른다고 그는 가끔 생각했다. 그녀의 무한한 친절이 죄책감을 가중시켰기 때문이다.

그러나 그는 결국 안나가 자신을 무조건적으로 지지하고 있음을 깨닫는다. 그건 희망적이면서도 두려운 전망이었다. 그는 안나가 자신의 내면에 존재하는 수많은 새로운 생각과 감정, 충동을 깨웠으며, 이를 통해 그는 더 나은 사람이 되었다고 생각하게 되었다.

게다가 그에 대한 안나의 믿음은 그가 쓴 소설의 억압받는 많은 인물에서 구현된 교훈을 굳건하게 만들었다. 〈가난한 사람들〉의 무기력한 복사 서기 마카르 데부시킨부터, 〈백치〉의 불같은 성격의 나스타샤 필리포브나 바라시코바, 〈카라마조프가의 형제들〉의 늙은 호색한 표도르 카라마조프에 이르기까지. 모든 인간은, 사회적, 도덕적으로 아무리 깊은 나락에 떨어지더라도 구원을 받을 가치가 있다는 것이다. 바트홈부르크에서 지내는 고통스러운 나날 내

내 도스토옙스키는 필사적으로 약간의 위엄과 자존감이라도 유지하려고 했다. 그는 그런 상황에서 남편을 지켜주려 애쓰는 안나를 보면서, 그녀가 인간이 다른 사람에게 줄 수 있는 가장 중요한 선물 중 하나를 자신에게 주고 있는 거라고 생각했다.

남편의 도박 열풍이 시작되기 전에 바트홈부르크에서 온 그의 첫 편지를 받은 날, 그녀는 여행에 대한 순수한 남편의 보고에 매우 기뻐했다.

"그 편지가 나를 얼마나 행복하게 만들었는지 이루 말로 표현할 수 없다. … 나는 그 편지를 두 번, 세 번 읽고, 아무도 모르게 편지에 키스했다. 나의 페댜가 얼마나 훌륭하게 글을 썼는지, 마치 그와 대화하는 것 같았다."

이후 그의 광적인 도박 드라마가 펼쳐지면서, 그녀는 점점 더 정신이 혼미해졌다. "페댜가 돌아오기만 한다면," 안나는 한탄했다.

"고통이 견딜 수 없을 정도로 크다."

그녀는 룰렛으로 돈을 버는 것이 그렇게 좋은 일이 아니라는 생각에 시달렸지만, 자신의 본능을 억누르고 즉시 덧붙였다.

"그렇게 분석하지 않는 게 좋겠다."

그녀는 생각을 다른 데로 돌리기 위해 드레스덴의 거리를 배회한 후, 자신이 좋아하는 카페와 박물관에 갔다가 페댜가 돌아올지도 모른다는 생각에 매일 저녁 기차역에 가보곤 했다. 또 집주인 짐머만 부인과 긴 대화를 나누었고, 고향에 있는 친구와 가족에게 편지를 썼다. 어머니에게는 극히 어려운 부탁이었지만 자신의 모피

코트를 전당포에 맡기고 받은 돈을 즉시 보내달라는 내용의 편지를 보냈다. 어느 날인가에는 작센 왕들의 여름 별장지인 필니츠 근처의 마을을 포함한 유적지로 당일치기 여행을 떠나기도 했다. 숲이 우거진 산비탈을 바라본 후, 안나는 검푸른 하늘을 배경으로 한 폐허가 된 오래된 요새와 고딕 양식의 작은 탑으로 이어지는 오솔길에 잠시 눈길을 주었다.

"너무 아름다워서, 가능하다면 기꺼이 저녁까지 여기 앉아 있었을 것이다. 페댜가 함께 있기만 하다면."

그녀는 가파른 산으로 이어지는 구불구불한 길을 따라가기로 마음먹었다. 그 산은 그녀가 지금까지 오른 산 중 가장 높은 곳임이 분명했다. 위로 올라갈수록 아래 전경은 더 웅장해졌다. 풍경은 산과 포도밭, 멀리 보이는 피르나의 작은 마을들까지 수km에 걸쳐 펼쳐져 있었다. 그런데 갑자기 천둥이 치는 바람에 밝은 봄날이 무섭게 변했다. 멀리서 회색 종잇장 같은 폭우가 쏟아지고, 짙고 거대한 구름이 무시무시한 유령처럼 몰려들면서 순간순간 점점 더 어두워졌다. 천둥소리는 숲을 지나 산 전체를 흔들었고 번쩍하는 번개가 하늘을 가로지르고 있었다. 안나는 그렇게 가까이에서 자연의 거대한 힘을 본 적이 없었다. 무서웠지만 거룩한 광경이기도 했다. "왜 그런지 나는 두렵지 않았다"라고 그녀는 일기에 썼다.

> 죽음이 나에게 온다면 받아들일 것이다. 단지 내 운명일 뿐이다. 운명이 지금 나무 아래에서 나를 찾지 못했다 해도 언젠가는 나를 찾아올 것이다. 운명이 나를 기다렸듯이. 그 광경은

정말 놀라워서 근심을 잊게 했다. 나는 몸을 떨었지만, 자연의 거침없는 힘에 사로잡힌 경외감만큼의 두려움은 아니었다.

우리는 안나가 형이상학적 성찰을 하거나 그렇게 드러나게, 거의 도스토옙스키의 언어로 생명의 불가항력에 관해 말한 또 다른 사례를 찾지 못했다. 바트홈부르크에서 운명이 남편에게 장난을 칠 때, 독일의 어느 시골에서는 신비로운 힘이 안나를 덮치고 있었다. 그날 오후 그녀는 일종의 깨달음의 순간을 경험했다. 이 시점부터, 그녀는 더 이상 낡은 패러다임으로 세상을 보지 않게 된다. 아니, 그녀는 열린 공간에서, 인생의 놀라움과 공포에 그대로 노출된 채로 그녀 자신의 길을 활활 타오르게 할 것이다.

바트홈부르크에서의 도박이 한바탕 끝날 때쯤, 도스토옙스키는 그가 가져갔던 돈을 모두 잃었고, 아내와 함께 곤경을 헤쳐 나가기 위해 필요한 돈을 버는 데 비참하게 실패했다. 5월 15일 월요일, 약속했던 것보다 거의 일주일이 더 지나고 난 후, 마침내 그는 돌아왔다. 그는 조금 달라 보였다. 안나는 기차역에서 그를 만났을 때 눈치챘지만, 아마도 여행의 피로 때문일 뿐이라고 생각했을 것이다.

그들이 아파트에 도착하자 하녀가 차를 내왔는데, 도스토옙스키는 자신에게 온 편지가 있느냐고 물었다. 안나는 그에게 폴리나의 편지를 건네주며 혼란스러운 척하는 그의 모습을 유심히 관찰했다. "그가 정말 누구한테서 온 것인지 짐작도 못 했을까?"라고 그녀는 궁금해했다. 아니면 "그는 모른 척하고 있었을까?"

그는 봉투를 열고, 서명을 힐끗 본 후 편지를 읽기 시작했다. 그의 손가락이 귀중한 글임에 틀림없는 편지를 잡고 있는 동안 그녀는 그의 얼굴을 살폈다. 그는 무슨 말인지 이해할 수 없다는 듯 첫 번째 장을 한참 들고 있더니 다 읽은 후에는 얼굴이 붉어지기 시작했다. 안나는 그의 손이 떨리는 것을 본 것 같았다. 그녀는 가능한 한 차분히 앉아 편지 내용에 대해 아무것도 모르는 척했다. 심지어 그에게 손예츠카(도스토옙스키의 조카, 소피야 이바노바)가 그에게 무엇에 대해 편지를 썼는지 물었다.

"손예츠카가 보낸 편지가 아니오."

도스토예스키는 대답하며 입가에 쓴웃음을 지었다. 그녀는 지금까지 그가 그런 식으로 웃는 모습을 본 적이 없었다. 확신할 수는 없었지만, 거기에는 정말 낙담하는 기색이 담겨 있는 것 같았다. 이후 그는 안나가 하는 말이 뭔지 모를 정도로 허둥댔다. 이는 뭔가 뜻밖의 일이 벌어지고 있다는 암시 같아서 그녀는 궁금했지만, 어떠한 질문도 하지 않기로 결심했다. 아직은 아니었다.

이 에피소드를 계기로 서서히 스며드는 독약처럼 배신에 대한 두려움이 두 사람 사이를 슬금슬금 갉아먹는다. 도스토옙스키와 결혼하기로 한 결정에 관해 이따금씩 느껴지는 불안감에 사로잡혀 안나는 남편의 편지를 몰래 읽는 자신의 행동을 정당화했다. 하지만 폴리나가 보낸 편지에 대해 직접적인 언급은 피하기로 했다. 그를 화나게 하는 것이 두려웠기 때문이다. 그녀는 그의 불안한 동요가 얼마나 빨리 뇌전증 발작을 불러오는지 알고 있었다.

"그가 성질을 내다 발작할까봐 너무 두렵다."

하지만 그녀는 자신이 가진 사랑의 힘으로 그의 나쁜 행동, 특히 잠재적인 불륜을 끝낼 수 있다고 믿었다. "그를 구할 수 있는 유일한 길이 있다. 그건 우리 둘 사이의 좋은 관계이다"라고 그녀는 일기에서 말했다.

물론, 그러한 말은 변덕스럽고 통제하기 좋아하는 남자와의 결혼에서 자신의 의지를 주장할 수 없는 젊은 여성의 천진난만한 합리화로 치부될 수도 있다. 하지만 안나는 평생 이 믿음을 계속 가지고 있었다. 심지어 노년기에도, 그녀는 남편이 "날 기댈 수 있고, 오히려 쉴 수 있다고 느끼는 바위로 바라봤다"라고 분명히 말했다.

그러나 안나 자신은 쉬지 않았다. 그녀는 사랑의 치유력에 대한 혼자만의 믿음에 의존하지 않고 행동을 취했다. 그녀는 폴리나 수슬로바에게 비밀 서신을 보내기 시작했다. 드라마 같은 일은 내키지 않았지만, 상황상 필요하다면 대립도 두려워하지 않는 젊은 여성의 영리한 결정이었다. 위태로운 결혼 생활을 살리려면 뒤에서 기민하게 위기를 관리해야 한다고 생각했다. 그래서 안나는 자신만의 조용하고 세심한 방법으로 결혼 생활을 구하기 위한 장기간의 싸움을 시작했다.

우리는 안나의 일기로 이 서신에 대해 알고 있지만, 안나 자신이 폴리나와 편지로 논의한 내용에 대해서는 밝힌 게 없고, 그 편지 중 어느 것도 남아 있지 않아 자세한 사정은 알 길이 없다. 하지만 남편의 코앞에서 몰래 서신을 주고받기 위해 그녀가 엄청난 위험을 감수했으리라는 것은 능히 짐작할 수 있다. 특히 남편의 의심이 그녀를 향하고 있음이 분명해졌을 때는 말이다.

그러나 안나는 부부의 열띤 대화에서 도스토옙스키가 자신의 개인적인 문제에 대해 "감히 간섭하지 않는 게 좋다"라고 조언한 후에도 물러서지 않았다. 이에 안나는 "조언 없이도 잘 해낼 수 있다"라고 응수했고, 남편의 옛 애인과 비밀리에 계속 편지를 주고받았다.

도스토옙스키가 바트홈부르크에서 돌아온 후 몇 주가 지나자 안나는 자신이 중요하게 여기는 문제들에 대해, 특히 남편이 여성 혐오에 빠졌을 때는 점점 더 대담하게 그에게 도전했다. 그녀는 그가 자주 허무주의자 여성을 공격한 것에 대해 비판하며 자신이 허무주의자는 아니었지만, "여성이 폄하되는 것을 듣고 싶지 않다"라고 밝혔다. 도스토옙스키는 안나 세대의 대다수의 해방된 여성에게는 장기적인 목표를 달성할 수 있는 기질이 부족하다고 조롱하기도 했다. "우표 수집과 같은 간단한 예를 들어보지"라고 그는 말했다. 그러한 취미를 가진 남자는 분명 몇 년, 심지어 평생 동안 그 취미를 유지할 것이라는 주장이었다.

"하지만 여자는? 물론 처음에는 우표 수집에 대한 열망으로 불타오를 것이오."

그래서 비싼 앨범을 사고 가족과 친구들에게 우표를 달라고 졸라대지만, 결국에는 흥미를 잃고 앨범에 먼지만 쌓이게 될 게 뻔하다는 것이었다. 그럴 때 안나는 집을 나서서 처음 눈에 띈 문구점으로 남편을 끌고 가서 자신의 돈으로 싼 우표 앨범을 사는 식으로 남편에게 응수했다. 그녀는 남편이 세상을 떠난 이후에도 오랫동안, 총 49년 동안 꾸준히 우표를 수집했다.

이 신혼 부부는 거의 매일매일 모든 일로 또는 아무것도 아닌 일로 다투게 되었다. 돈 문제가 여전히 골치인 상황에서, 안나는 둘 사이 갈등의 상당 부분이 경제적인 문제와 부양 능력에 대한 도스토옙스키의 불안감에 뿌리를 두고 있음을 정확히 간파했다. 만약 비참한 상황이 아니었다면, "우리는 가장 행복한 부부가 될 수 있었다"라고 그녀는 일기에 썼다.

그들은 카트코프가 도스토옙스키의 추가 자금 요청에 응했는지 여부를 확인하러 매일 우체국에 갔지만, 허사였다. 그러던 어느 날, 한판 붙고 싶어 안달이 난 소설가는 안나가 그저 그에게 반항하기 위해 아파트의 가구를 옮겼다고 야단쳤다. 나중에야 그는 그녀를 비난했던 진짜 이유를 밝혔다. 그는 발끈해서 "내가 지금 돈이 없더라도 언젠가는 생길 것이다. 돈이 없다고 해서 누구든 나를 경멸할 수는 없다"라고 말했다.

그의 말에 안나는 마음이 상했다. 그녀는 화가 나서 "돈은 내게 전혀 의미가 없다. … 돈이 나에게 중요했다면, 내가 부자가 되고 싶었다면 나에게 청혼했던 사람과 결혼해서 오래 전에 부자가 되었을 것이다"라고 일기에 썼다. 그녀는 도스토옙스키를 선택한 이유가 돈이 아니라 "내가 사랑한 그의 마음과 영혼"이었다고 주장했다.

늘 그렇듯 곧이어 그들은 화해했다. 안나는 대화를 계속하고 싶다는 장난스런 욕구에 사로잡혔다. 그녀를 돈 때문에 비난할 권리가 남편에게는 없을 뿐만 아니라 그의 사랑도 정확히 순수하다고 할 수 없지 않은가? 사람마다 비밀 몇 개가 있지 않은가?

"나는 꽤 강한 어조로 편지를 쓸 거예요."

안나가 말했다.

"누구한테?"

도스토옙스키는 당황하며 물었다.

"나한테 상처 준 어떤 사람에게요. 나는 모욕을 참을 준비가 되어 있지 않아요. 특히 그럴 자격이 없는 사람한테는."

"악을 악으로 보답하는 것은 끔찍한 일이오. 용서가 더 고귀하오."

그는 훈계했다.

"아, 하지만 그건 내가 생각하는 방식이 아니에요."

그녀는 교활하게 대답했다. 그는 몸을 숙여 그녀에게 계속 키스했다. 마침내 악동 같이 장난치며 그가 말했다.

"당신은 복수를 하려는 거군, 그렇소?"

"아마 그럴 거예요. 하지만 그 대상이 당신은 아니에요"라고 그녀가 대답했다.

그는 그녀를 의아한 눈으로 쳐다보았다. 농담으로 그녀를 여성 작가, 문학적인 여성이라고 부르며, 그녀가 무엇을 쓰려는지 알아내려 했다. 편지라고 그녀는 숨기지 않고 대답했다.

"누구한테 쓰는지 물어봐도 될까?"

"아니오."

"오, 제발!"

"당신에겐 말 안 할 거예요."

밤이 늦었다. 도스토옙스키는 여전히 호기심에 불타고 있음에도 불구하고 안나에게 잠자리에 들라고 말했다. 안나는 자신이 누구를 언급하고 있는지 그가 알고 있다고 확신했는데, 이는 그녀가 원하는 바이기도 했다. 하지만 그녀는 일기에서 불평했다.

"얼마나 자주, 그 일을 그렇게 비밀스럽게 해야 하는지 궁금했다."

그러나 그녀는 자신의 결혼을 보호하기 위해서는 이렇게 비밀로 하는 게 최선이라고 확신했다. 그녀의 기질상 한편으로는 비밀로 하는 것을 즐겼을지도 모른다. 그것은 남편과의 관계에서 약간이 나마 통제권을 유지하기 위한 그녀의 방식이기도 했다. 그렇지 않 으면 그 관계는 힘의 불균형으로 골치 아파질 것이다. 그녀는 페댜 의 더러운 작은 비밀이 그녀에게 통제의 힘을 주기를 갈망했고, 심 지어 남편이 긍정적으로 자신이 시키는 대로 한다고 흡족해하기 도 했다.

그러나 이 소심한 통제를 넘어서 안나는 다른 사람들과의 만남 을 갈망했다. 그녀는 자신의 공동체를 갖기 원했다. 어느 날 올킨 교수가 러시아를 떠나기 전 써준 추천서를 떠올렸다. 그녀는 용기 를 내서 드레스덴 왕립속기연구소 부소장인 줄리어스 자이빅 박사 에게 전화를 했다. 전문적 인맥으로서의 그의 가치를 넘어, 안나는 자이비그가 그 지역의 명소를 추천하거나 도스토옙스키 부부가 박 물관을 특별하게 이용할 수 있도록 주선해줄 수 있을 것이라 생각 했다.

안나를 만난 자이빅은 그녀를 속기연구소의 총회에 초대했다. 그는 안나를 동료들에게 소개할 때 그 분야에서 유명한 전문가의 추천서를 가지고 멀리 러시아에서 왔음을 강조했다. 소개가 끝나고 연구소장이 사람들 앞에서 안나에게 인사말을 건넸는데 그녀는 너무 당황해서 한 마디도 못한 채 고개 숙여 인사만 했다.

회의가 끝나고 회원들과 맥주를 마시면서 이런저런 이야기를 나누는 동안 그녀는 자신감을 되찾았다. 그녀는 서투른 독일어였지만 자신 있는 태도로 그들과 함께 떠들었다. 그녀는 마치 집에 있는 것처럼 느꼈다. 회원들이 그녀의 건강을 위해 술을 마시고 딸기와 패스트리를 권하기 시작했을 때, 안나는 자신만의 전문적인 그룹을 찾았다고 생각했다.

끝나고 자이빅이 집으로 데려다주었는데 헤어지기 전, 그녀는 따뜻한 환대에 감사하며 그들을 페테르부르크로 초대하며 정중하게 대접하겠다는 간단하고 진심어린 인사를 독일어로 했다.

안나에게 그날 저녁 모임은 개인적으로도 직업적으로도 성공이었다. 상대방도 같은 느낌을 가졌음에 틀림없다. 이틀 후 독일 신문 〈내셔널 자이퉁〉에 드레스덴의 속기 연구소가 한 러시아 여성을 환대해 준 이야기가 실렸다.

"그녀는 게이벨스버거 시스템을 공부했고 이 시스템을 페테르부르크에서 자주 사용하고 있다."

도스토옙스키는 거기에 별로 감명받지 않았다. 전국 뉴스에 나온, 자신의 아내이기도 한 이 러시아 여성을 자랑스러워하기는커녕 그녀의 사회적 성공에 적대감을 보였다. "그녀의 추종자 무리 속에 그녀 자신을 끌어들였다"라고 비난했다. 그래서 자이빅의 동료들이 안나와 남편을 미래의 사교 모임에 초대했을 때도 그녀는 거절할 수밖에 없었다. 안나 부부는 거리에서 그 모임의 친절한 멤버를 만난 적이 있었는데, 도스토옙스키는 이런 일 또는 속기 연구소의 어떤 멤버와도 아무런 관계를 맺고 싶지 않다는 뜻을 매우 분명히 했다. 그것으로 자신만의 전문직 사회로 나가려는 안나의 희망은 물거품이 되었다. 남편의 익숙한 질투는 드레스덴에서 극에 달했고, 그녀는 앞으로 그와 같은 복잡한 문제를 피하기 위해 더 조심하기로 마음먹었다.

그들의 행동을 감안한다면, 안나와 도스토옙스키의 관계를 변덕스러운 예술가와 순종적으로 평화를 유지하려는 사람 사이의 불건전한 상호 의존으로 보는 것도 당연해 보인다. 그것은 역사적으로 볼 때, 예술가와 배우자 사이의 관계에서 흔히 나타나는 패턴이다. 안나 자신도 때때로 자신들의 관계를 그런 식으로 묘사한다. "나는 그저 싸움을 견딜 수 없다. 나는 평화를 유지하기 위해 매번 굴복하고 만다"라고 일기에서 인정했다.

그러나 그들 사이의 역학 관계는 그리 간단하지 않았다. 안나의 행동을 순수하게 병리학적인 관점으로만 보는 것은 그녀의 이성적인 평가와 자기 보존 능력을 과소평가한 것이라 볼 수 있다.

결혼 첫해, 안나는 똑똑하지만 자기중심적이고 종종 아내를 학대하는 남편과의 관계를 가장 잘 관리할 수 있는 방법을 찾기 위해 자신만의 미묘한 미적분학을 개발하고 있었다. 그녀는 억압하려는 그의 시도를 헤쳐나가는 방법을 스스로 계발했다. 도스토옙스키가 혼자 바트홈부르크로 가는 것을 허락했지만 폴리나와 비밀 서신에 답장을 못 쓰게 했고, 속기 협회를 포기했지만 우표 수집을 고수했으며, 그들의 결혼에 부담을 주지 않기 위해 그의 마음의 평화를 지켜주는 한편, 자신을 위해 마련한 자율적인 공간에서 조용한 시간을 보냈다.

그럼에도 불구하고 안나는 남편의 소설 속 인물처럼 아내가 어떻게 행동해야 하는지에 대한 합리적인 결정은 그녀가 스스로에게 기대할 수 있는 것과는 거의 관련이 없다는 것을 알아가고 있었다. 그녀는 확실한 이유 없이는 절대 울지 않겠다고 결심했지만, 이것이 불가능한 목표라는 것을 알았다. 남편이 자신의 평정심을 보고 감탄하는 모습을 알기에 기분 좋게 보이기 위해 최선을 다했다.

그러나 남편의 남성우월주의적 모욕을 참지 못해 화를 내기도 했다. 그녀는 "룰렛으로 돈을 버는 것은 옳지 않다"라고 이성적으로 생각했고, 남편이 룰렛 테이블에서 이기겠다는 비참한 생각을 머릿속에서 떨쳐버리길 바랐지만, 습관적으로 그런 생각을 잊은 채 그가 크게 땄다는 소식을 들으면 흥분하곤 했다.

그녀는 때때로 "내 고통은 내가 견딜 수 없을 만큼 크다"라는 진실을 자신에게도 숨길 수 없었다. 외국 생활의 외로움이 그녀를 짓눌렀다. 그녀가 여전히 알려고 노력하는 남편처럼 재미있고 수수께끼 같은 사람과의 결혼이 도전이었듯이. 도스토옙스키를 위해 일하도록 올킨이 자신을 선택했다는 데 신에게 감사했음에도 불구하고 한편에서는 운명이 자신을 위해 준비한 것이 무엇이든지 예상보다 더 힘든 걸 거라는 그녀의 확신이 점점 강해지고 있었다.

예측 불허의 삶에 대한 이런 굴복은 도스토옙스키 소설의 비극적인 여주인공들의 이야기에서 섬뜩하게 반복된다. 〈죄와 벌〉에서 가난에 찌든 알코올 중독자의 불행한 딸 소냐 마르멜라도바는 매춘부의 운명을 받아들이고 고통받는 삶에 자신을 내맡긴다. 나중에 그녀는 살인범 라스콜니코프에게 구원을 위한 유일한 길이라며 자신과 똑같이 행동하라고 촉구한다. 도스토옙스키의 가장 비극적인 여성 인물 중 하나인 〈백치〉의 나스타시야 필리포브나는 화재로 아버지를 잃은 후 열여섯 살의 나이에 부유한 지주의 첩으로 들어간다. 남성들에게 학대를 당한 그녀는 무모한 운명론자가 된다. 그녀는 재앙을 만들어내고 자신을 원하는 남성들을 괴롭히기 위해 자신의 아름다움과 지능을 이용하는 일을 즐긴다.

비록 그녀 자신은 매춘부도 팜므 파탈도 아니었지만, 안나 도스토옙스카야는 이 비극적인 여주인공들과 함께 삶의 깊이와 복잡함, 운명의 도전을 기꺼이 받아들이는 의지를 공유했다. 도스토옙스키와의 결혼을 통해, 그녀는 사람들은 모순되고 사랑은 신비하다는 것을 몸으로 느꼈다. 또한 운명은 스니트킨 가문의 훌륭한 딸인 그녀가 생각했던 것보다 더 어둡고 강력한 힘을 발휘한다는 것도 알게 되었다. 그녀가 일기에서 밝혔듯이, 이 고지식한 젊은 여성은 도스토옙스키 삶의 위험한 면에 매료되었다. 그 과도한 위험이 불러올 수 있는 모든 고통에도 불구하고 말이다. 그녀에게는 완전히 새로운 세계가 마음속에 생기는 것처럼 보였고, 그 안에서 자신만의 독특한 힘을 발견하고 있었다.

안나 코르빈-크루콥스카야가 그랬듯이 폴리나 수슬로바도 도스토옙스키와의 관계에서 비슷한 느낌을 받았다. 도스토옙스키를 향한 안나 코르빈-크루콥스카야의 구애는 딸이 전직 정치범과 결혼하는 것을 견디지 못하는 엄격한 아버지에 대한 부분적인 반항 행위였다. 그러나 폴리나는 순전히 사디스트적인 즐거움으로 도스토옙스키의 마음을 가지고 놀았고, 코르빈-크루콥스카야는 결국 그의 필요와 통제적인 기질을 받아들이지 않았다. 반면 안나 도스토옙스카야는 그를 장난으로 만나지도 거절하지도 않았다. 그녀는 그저 그와 함께 지속 가능한 삶을 살려고 노력했을 뿐이다.

7월 초, 이 부부는 마침내 기쁜 소식을 듣게 되었다. 미하일 카트코프가 도스토옙스키에게 즉시 500루블을 더 보내기로 동의한 것이었다. 그 금액은 작가가 요구한 돈의 절반에 불과했지만, 그들이 다시 일어서는 데는 충분한 돈이었다. "내 영혼은 다시 살아났다"라고 안나는 썼다. 한편 도스토옙스키에게는 얘기가 조금 달랐다. 〈백치〉의 첫 회를 몇 달 안에 끝내야 했고, 벨린스키 기사도 막혀서 안 써지는 상황이 계속되자 그는 창조적인 배터리를 재충전하기 위해 환경의 변화가 필요하다고 확신했다. 그래서 부부는 몇 달 동안 스위스로 옮겨가기로 했다. 도스토옙스키는 안나에게 스위스로 가는 도중에 4년 전 폴리나와 여행하면서 알게 된 도박 휴양지 바덴바덴에 들르자고 제안했다.

룰렛을 하고 싶어 근질거리는 그의 욕구가 비참했던 바트홈부르크 여행으로는 채워지지 않은 것 같았다. 스위스로 서둘러 떠나려는 의도가 단순히 바덴바덴에 들르기 위한 구실은 아닐까 하는 의문마저 갖게 한다. 그는 안나에게 기껏해야 2~3주 정도만 게임을 할 거라고 장담했다. 그 정도 시간이면 자신들이 경제적인 어려움에서 벗어날 수 있을 정도로 돈을 충분히 딸 수 있다고 생각했던 것이다. 그는 여전히 자신이 실패하지 않는 방식을 가지고 있다고 믿었다. 한 장소에서 그 방식을 실행에 옮길 충분한 시간만 있다면 말이다.

평소 남편보다 훨씬 더 냉철하고 현실적이던 안나도 이제는 그의 마법 같은 생각에 영향을 받게 되었다. "그가 너무나 설득력 있게 말해서 나도 확신하게 되었다"라고 그녀가 회상했다. 그녀는 바덴바덴에 들르는 것에 기꺼이 동의했다. 그녀는 "내가 남편과 헤어지지 않는 한, 우리가 어디에 살든 나에게는 똑같았다"라고 회상했다.

마차가 요하네스 거리의 아파트에서 출발하는 동안 안나는 드레스덴의 자갈길과 잘 손질된 잔디밭이 있는 매력적인 독일 집들을 바라보았다.

"이제 안녕, 드레스덴. 아마 우리는 너를 다시 볼 수 없을 거야!"

그녀가 일기에 썼다.

도시에서 보낸 몇 주간의 긴장감에도 불구하고, 그녀는 신혼여행의 첫 걸음을 내딛었던 곳을 애틋하게 바라보았다. "우리가 여기서 함께 얼마나 행복했던가. 나는 우리의 사소한 차이점들을 조금도 중요하게 여기지 않는다. 페댜가 나를 사랑하고, 그 모든 것의 원인이 단지 화를 잘 내는 그의 불같은 성질 때문이라는 것을 알고 있기 때문이다. 그런 성격이라도, 나는 그를 말로 표현할 수 없을 정도로 사랑한다"라고 그녀는 생각했다.

안나는 폴리나가 보낸 편지를 잊지 않았다. 막후에서 남편의 옛 연인과 직접 서신을 주고받을 때마저도 도스토옙스키가 여전히 불륜 상태일 가능성이 있다는 사실이 안나를 괴롭혔다. 그러나 안나는 곧 자신과 남편 사이에 또 다른 정부가 있음을 알게 된다. 그 여자는 폴리나 수슬로바보다 훨씬 더 강력한 라이벌이었다.

'도박꾼 아내'

말들은 포플러와 밤나무로 둘러싸인 바덴바덴의 좁은 자갈길을 또각거리며 걸었다. 덜컥대는 마차에 흔들리면서 남편 옆에 앉아 창밖을 바라보는 안나의 얼굴은 상기되어 있었다. 길 한복판에서 당나귀를 타고 있는 아이들의 모습이 낯설었는지 어리둥절한 표정을 짓기도 했다.

마차는 곧 정원이 있는 석조 건물 앞에 멈춰 섰다. 입구 표지판에는 '슈발리에 도르'라고 적혀 있었다. 말쑥하게 차려입은 10대 소년이 그들을 침대 두 개가 있는 수수하고 매력적인 방으로 안내했다. 도스토옙스키 부부는 하녀들이 방을 정리하는 동안 차를 주문했다.

이 도시는 매력 넘치는 곳이었다. 유명한 라이하르트 여행 가이드에 따르면, 바덴바덴은 "논란의 여지없이 독일에서 가장 화려하고 자주 이용되는 술집"이었다. 바덴바덴은, 예술가들과 작가들은 말할 것도 없이, 황실 가족을 포함해서 러시아 귀족들이 선호하는 유럽의 놀이터였다. 이들 모두는 도박뿐만 아니라 온천, 맑은 공기, 검은 숲의 유명한 아름다움을 즐기기 위해 바덴바덴을 찾았다.

도스토옙스키도 이전에 이곳에 두 번 방문했다. 한번은 1862년에 〈겨울에 쓴 여름 인상〉에 묘사된 유럽 여행의 일환으로 잠시 머문 거였고, 또 한번은 1863년 9월에 폴리나 수슬로바와 사흘 동안 함께 지내다가 연애의 아픔을 겪은 후 도박으로 많은 손실을 입은 때였다.

안 좋은 기억으로 가득 찬 곳이었지만 무엇인가가 그를 이곳으로 돌아오게 만들었다. 이번에는 제대로 하기를, 자신의 인생에서 이 부분에 적절한 구두점을 찍을 수 있기를 희망하면서, 아마 그는 무의식적으로 폴리나와 함께 밟았던 단계를 안나와 함께 되짚고 있었을 것이다. 아니면 그 여행은 자신의 삶에서 아주 즐거웠던 순간을 다시 살아 보고 싶다는 바람을 나름의 방식으로 표현한 것일지도 모른다. 그때는 사랑에서나 룰렛에서나 결과가 정해지지 않은, 모든 것이 가능했던 시간이었다. 이유가 무엇이든 그는 지체 없이 당면한 일에 착수했다.

그들이 도착한 후 비 오는 금요일에, 평소보다 일찍 일어난 그는 15두캇과 탈러 몇 개를 가지고 마을에 있는 카지노로 직진했다. 몸이 좋지 않았던 안나는 방에 머물며 드레스에 후크를 꿰매고 코트를 수선하는 등 옷을 정리했다. 그녀는 입덧이 심해져 불을 끄고 침대에 꼼짝 않고 누워 있었다. 세 시간쯤 지난 후 도스토옙스키가 호텔로 돌아왔다. 그는 가지고 간 돈을 모두 잃었다.

그들은 50두캇, 오늘날로 치면 200달러가 조금 넘는 돈을 가지고 있었는데, 잠깐 동안의 생활비로는 충분하다고 안나는 계산하고 있었다. 그녀는 남은 현금을 최근에 구입한 가죽 지갑에 넣어 두자고 제안했고, 도스토옙스키도 거기에 동의했다. 그것은 바람직한 관계 설정이었다. 그는 도박꾼이 될 것이고 안나는 그의 은행이 될 것이다. 비록 이렇게 하는 것이 기민한 조치였을지라도, 이 안전 장치가 실제로 그녀에게 얼마나 많은 통제력을 주었는지는 알 수 없다. 몇 달 전에 유럽 여행 경비를 마련하기 위해 자신의 혼수를 팔 때도 결국 그녀는 먼저 남편의 허락을 구해야 한다고 생각했으니까.

도스토옙스키 부부의 결혼 생활에서 누가 돈줄을 쥐어야 하는지에 대한 그런 모호함은 당시 러시아 사회의 뿌리 깊은 혼란을 반영한다. 19세기 중반까지 기혼 여성들은 자신의 재산을 통제할 수 있는 명목상의 권리와 자신의 자산에 대한 약간의 법적 보호를 얻었다. 그들은 지참금과 자신이 물려받은 모든 재산을 소유할 수 있었고, 이혼할 경우에도 본인의 재산을 가져올 수 있었다.

그러나 당시 매우 가부장적이었던 러시아 사회에서는 "일반적으로 국가 공무원이나 사회가 그런 법적 규범에 본질적인 가치를 부여하지 않았으며, 어느 경우에도 그 법적 규범은 잘 알려지지도 않았을 뿐만 아니라 불공정하게 집행되었다"라고 한 역사학자가 지적한 바 있다. 이는 여러 개혁에도 불구하고 사실상 남자들이 스스로 원하는 대로 아내의 재산을 쓸 수 있었다는 것을 뜻하며, 남편이 도박 중독자인 겨우 그 아내는 특히 위험해질 가능성이 높다는 뜻이기도 했다.

도스토옙스키 부부는 돈을 절약하기 위해 대장간 위에 있는 게른스바허 거리의 아파트로 이사했다. 그날 늦게 작가가 쿠르하우스에서 돌아왔을 때 안나는 낮잠을 자고 있다가 어두운 방에서 눈을 떴다. 잠시 후 그의 얼굴을 본 순간, 그녀는 무슨 일이 있었는지 바로 알 수 있었다.

"나는 몸을 일으킨 후, 그에게 절망하지 말라고 애원하며 돈을 더 주겠다고 말했다. 그는 5두캇을 더 달라고 했고, 나는 즉시 그 돈을 꺼내주었다. 그러자 그는 마치 무슨 굉장한 선물이라도 받은 것처럼 고마워했다."

그는 여덟 시까지 돌아오지 않았다. 곧 아홉 시가 되었다. 열 시. 여전히 페댜는 돌아오지 않았다. 안나의 마음속에는 두려운 상상들이 떠오르기 시작했다. "방에서 발작을 일으켰는데 누구에게도 어디에 사는지를 말할 수 없었다. 아마도 그는 바로 지금 죽어가고 있으며, 나는 마지막 작별인사도 할 수 없을 것이다"라고 그녀는 생각했다.

열한 시가 되어서야 그는 마침내 불안하고 얼이 빠진 얼굴로 집으로 돌아왔다. 지난 세 시간 동안 그녀에게 돌아오고 싶은 열망을 느꼈지만, 계속 이기고 있어서 "나를 향한 갈망에도 불구하고 더 따고 싶어서 테이블을 떠나지 못했다고 그는 말했다. 나는 그를 위로하며 걱정할 일이 아무 것도 없다고, 그가 없는 동안 아무 일도 없었고 지금 중요한 것은 그가 진정하고 동요하지 않는 것이라고 안심시켰다." 그녀는 여전히 침착했다. 그녀는 일기에 그의 고통이 자신에게 부담이 된다고 썼다.

> 그는 내 앞에서 자책했다. 자신은 바보같이 나약하고, 나에게
> 어울리지 않는다면서 자신은 돼지이고 나는 천사라고 하는 등

다른 많은 어리석은 말을 주절댔다. 내가 할 수 있는 건 그를 진정시키고 그의 주의를 딴 데로 돌리는 것뿐이었다. 불쌍한 페댜, 내가 그를 얼마나 불쌍히 여기는지!

이런 상황은 며칠째 계속됐다. 매일 아침 아래층 대장간의 쾅쾅 거리는 소리에 잠이 깨면 도스토옙스키는 카지노로 향했다. 그러면 안나는 끼니도 거른 채 몇 시간 동안 불안에 떨며 방을 지키고 있었다. 남편이 수중의 돈을 모두 날린 다음, 다시 따려고 애쓰고 있는 동안.

전당포에 가는 일이 일상사가 되어 갔다. 도스토옙스키 부부에게는 값나가는 물건도 없었고 가지고 있는 옷도 별로 없었다. 속옷 몇 벌은 남겨두기로 했다. 바덴바덴에 머무는 동안 속옷만은 저당 잡히지 않았다. 도스토옙스키는 안나의 결혼 반지도 저당 잡혔는데, 몇 시간 만에 그 돈을 도박으로 날렸다. 그날 늦게 반지를 되찾았지만 안나는 반지를 다시 잃는 것은 시간 문제라고 생각했고 그녀의 판단은 옳았다.

그런 일이 빈번해지자 도스토옙스키를 전당포에 혼자 보내는 게 불안해졌다. 말려줄 이가 없는 상황에서 그가 어떻게 잘못될지 알 수 없었기 때문이었다. 불리한 거래를 할 수도 있고, 필요 이상 많이 저당 잡힐 수도 있으며, 그녀에게 거짓말을 하고 쿠르하우스로 가버릴 수도 있었다. 결국 그녀는 전당포에서 돈을 받으면 곧장 집으로 오겠다고 맹세하지 않으면 자신도 함께 가겠다고 그에게 경고했다.

"무슨 뜻이요? 함께 간다니? 내가 룰렛을 하겠다는데 당신이 그 것을 어떻게 막겠다는 말이오?"

좋은 질문이었다. 그녀가 어떻게 막을 수 있을까? 그는 이 카지노 도시에서 정신이 빠진 아이 같았다. "페댜는 자신의 의지가 전혀 없기 때문에, 다른 사람들뿐만 아니라 자신으로부터도 보호받아야 한다. … 그는 약속하고 맹세한다. 그러고 나서 곧바로 그 반대로 행동한다"라고 그녀는 일기장에서 말했다.

모든 것을 잃게 된다면 새해 초에 태어날 아이를 어떻게 부양할 지가 걱정이었다. 무엇인가 준비해야겠다는 생각에, 안나는 혹시 일자리를 얻을 수 있을 때를 대비해 매일 속기 연습을 하고 프랑스어 번역을 공부했다. "나는 태어날 아이의 미래가 매우 걱정된다. 나는 반드시 일하고, 일하고, 또 일해야 한다. 그래서 아이가 의지할 수 있는 사람이 되어야 한다"라고 그녀는 고백했다.

한편으로는 남편을 게임 홀에 가지 못하게 하는 방법이 있다면 그것이 무엇이든 써봐야겠다는 생각을 했다. 도박을 자제시킬 수 있도록 그와 동행하는 건 어떨까? 그렇다. 그게 바로 그녀가 시작한 일이었다. 거의 매일 부부는 아파트에서 카지노까지 함께 걸어갔다. 반짝이는 보석 가게와 고급 레스토랑이 줄지어 있는 산책로를 따라 걸으며, 실크 해트를 쓴 부자들과 색색의 리본과 화려한 금박 무늬로 장식된 모자와 베일을 쓴 여성들을 지나쳐 갔다. "여기 사람들은 모두 잘 차려입고 있다. 반면 나는 날마다 다 해진 검은 드레스를, 더워서 숨이 턱턱 막히는 드레스를 입어야만 한다"라고 안나는 생각했다.

얼마 되지 않아 그들은 바덴바덴의 유명한 쿠르하우스에 도착했다. 쿠르하우스 – 연적색 사암으로 지어진 –는 검은 숲을 배경으로 견고하게 서 있는 2층 건물이다. 5월부터 10월까지 문을 여는 이 카지노는 별도의 홀에 총 열다섯 개의 게임 테이블을 갖추고 있었다. 도박꾼들은 이곳에서 늦은 오후부터 다음날 새벽까지 룰렛, 포커, 블랙잭을 할 수 있다. 당시 바덴바덴 가이드가 지적했듯이, 밝고 빛나는 카지노가 유럽 전역에서 우아한 스파 손님들을 끌어들였다.

안나는 도스토옙스키를 따라 쿠르하우스 식당이나 도서실, 댄스 파티와 음악 공연이 열리는 크고 화려한 홀, 때로는 건물의 인상적인 두 게임 홀 중 하나로 들어가곤 했다. 도스토옙스키는 10m 가까운 높이의 천장에 황금 샹들리에가 달린, 베르사유를 모델로 한 공간 레드 홀을 좋아했다. 수백 개의 가스등이 룰렛 테이블의 녹색 베이즈와 그 아래 레드 카펫을 비추고 있었고, 금색 테두리를 한 거울이 환상 같은 붉은색과 녹색, 은색, 금색을 반사해 공간을 웅장하게 만들었다.

그녀는 이곳에서 세계 곳곳에서 몰려온 사람들과 마주쳤다. 부유한 귀족, 사업가, 예술가와 작가들이 모여드는 곳이었다, 심지어 그 여름 바덴바덴에 있었던 이반 투르게네프나 이반 곤차로프와 같은 러시아 소설가들도 있었다. 1862년부터 바덴바덴에 살고 있던 투르게네프는 쿠르하우스에서 도박을 하며 많은 시간을 보냈다. 소설 〈연기〉의 서두에서 그는 카지노에 대해 다음과 같이 묘사했다.

"게임하는 방에는 똑같은 유명 인사들이 녹색 테이블 주위에 북적대면서, 똑같이 따분하고 탐욕스러운 표정을 하고 있었다. 그들은 어느 정도 어리둥절하고, 어느 정도는 씁쓸해하지만, 근본적으로는 포식 동물 같다. 도박 열기는 심지어 가장 귀족적인 사람들까지도 그렇게 만들어버린다."

소설 후반부에서 한 등장인물이 카지노를 처음 보고 보인 반응은 다음과 같다.

> 룰렛 바퀴와 점잖은 체하는 딜러들을 다른 곳에서 만났더라면, 그녀는 그들을 아마 한 나라의 장관쯤으로 여겼을 것이다. 그들의 빠른 손놀림, 테이블 위에 쌓여 있는 금은덩이, 늙은 여자 도박꾼, 화려한 장신구로 치장한 매춘부 앞에서 카피톨리나 마르코브나는 어안이 벙벙해 환각을 보는 듯했다. 그 순간 순전히 혐오해야 한다는 생각을 완전히 잊고 그저 보고만 있었다. 유심히 쳐다보고 있었다. 그리고 때때로 쏟아지는 새로운 탄성에 몸서리쳤다. 룰렛 바퀴의 깊은 곳에서 상아 공이 윙윙거리는 소리가 존재 깊은 곳까지 파고들었다. 바깥으로 겨우 빠져나온 후에야 그녀는 깊은 한숨을 내쉬고 도박을 귀족의 부도덕한 발명이라고 부를 수 있는 힘을 얻었다.

안나 도스토옙스카야도 소설 속 인물처럼 쿠르하우스에 대해 매혹과 도덕적 혐오감이 섞인 반응을 보였다. 우선 그곳의 우아함에 감탄했다. 특히 부부가 자주 콘서트를 즐기는 독서실과 매력적인 야외 파티오가 좋았다. 룰렛 게임에 참가하는 사람마다 게임하는 방법이 다르다는 사실도 매력적으로 다가왔다(예를 들어, 그녀는 한 러시아 여성이 0에 베팅해서 세 번 연속으로 이겼다는 특이한 사실을 알아차리지 않을 수 없었다.). 그녀는 옷을 잘 차려입은 사람들, 부유한 손님들이 부러웠고, 테이블 주변에서 밀치는 사람들에게 짜증이 났으며, 일요일에 운을 시험하는 현지 주민들이 결국엔 주중에 번 돈을 다 잃는다는 사실에 낙담했다. 그녀는 일기에 썼다.

"불쌍하다!"

그곳은 그녀의 남편이 끔찍한 짓을 하는 곳이었다. 그는 안나가 전혀 접근할 수 없는 사적인 삶을 영위했다. 그 삶 속에서 계속 재산을 탕진했다. 안나는 그를 막을 수 없더라도, 최소한 도박을 하는 그의 곁을 지키는 정도는 할 수 있을 것이다. 비록 참가자라기보다는 방관자이겠지만 말이다. 하지만 매우 실망스럽게도, 그곳은 곧 그들에게 제2의 집이 되었다. 남편이 바트홈부르크에서 보낸 정신 나간 듯한 편지를 통해서 알게 된 도박과 거의 매일 그녀가 지켜봐야 하는 도박은 그 느낌이 사뭇 달랐다.

안나는 그가 게임을 시작하면 옆에 서서 그가 필요로 하는 돈을 나눠준 후, 나머지는 안전하게 보관하는 방법을 써 보기로 했다. 도스토옙스키는 그녀를 게임 홀에 들이기 꺼려 했고 그녀가 그곳에 오면 투덜대기 일쑤였지만, 안나가 옆에 있으면 운이 더 따를 것이라고 믿었다. 어느 더운 7월 오후, 그녀는 그가 파스(19부터 36까지의 수)에 베팅해서 이기는 것을 지켜보았다. 그 다음에는 한 뭉치의 은을 레드에 베팅해서 졌고, 마지막 12에 여섯 개의 금을 베팅해서

3두캇과 약간의 은을 땄다. 그녀는 그에게 지루하다며 게임을 그만하라고 애원했다. "내가 그곳에 가는 주된 이유는 딴 돈을 지키기 위해서"라고 그녀는 일기에서 인정했다.

한 번은 독서실에서 나온 그녀가 홀로 게임 홀을 배회하다가 멀리서 조용히 그를 지켜본 적이 있었다. 그는 손에 은 더미를 들고, 자기 앞에 있는 룰렛 테이블과 회전판을 편집증적으로 바라보고 있었다. 안나는 그가 이기고 있음이 틀림없다고 결론지었다. 이제 모든 것을 잃기 전에 그를 거기서 빼내야 할 때였다. 그녀가 그에게 다가가 팔을 살짝 쳤지만, 그의 시선은 느려지는 회전판에 고정되어 있었다. 마지못해 몸을 돌린 그의 모습을 보고 안나는 깜짝 놀랐다.

"그는 끔찍해 보였고, 얼굴은 빨개지고 눈은 충혈되어 술 취한 사람 같았다."

그는 그녀가 자신의 게임을 방해했다고 쏘아붙였다. 도스토옙스키는 게임 홀이 정숙한 젊은 여성을 유혹하는 위험한 장소라고 생각했다. 그래서 그녀에게 자신의 허락 없이는 홀에 들어오지 말라고 일렀다. 안나는 치근덕대는 남자를 피해 들어온 거라고 둘러댔다가 남편이 그 악당을 잡겠다고 도박장을 나서는 바람에 얼른 말을 바꿔 그의 주의를 돌려야 했다.

그들 사이는 가벼운 분위기일 때도 있었지만, 그때마저도 심리 게임을 좋아하는 남편 때문에 상황이 안 좋아질 때가 많았다. 어느 날 오후, 안나가 소파에 누워 그 무렵 자신이 가장 좋아하는 활동에 대해 생각하고 있을 때, 도스토옙스키는 창백하고 우울한 얼굴로 방에 들어섰다. 그녀는 최악의 상황에 대비했지만, 순간 그의 시무룩한 표정이 교활한 미소로 바뀌었다.

"글쎄, 내가 조금 이겼소"라고 그는 지갑을 들어 보였다. "조금요?"라며 그녀는 그가 딴 돈을 세어보면서 말했다. 금화 마흔여섯 개, 오늘날로 치면 6천 달러가 조금 안 되는 금액으로, 자금난에 허덕이는 이 부부에게 3개월 정도의 생활비에 해당되는 돈이었다.

"지갑이 금으로 가득 찼어요!"

그녀는 자신을 놀린 그를 용서했다. 그래서 그의 소설의 등장인물들이 하는 게임처럼, 순식간에 지나가는 행복의 순간이 무엇이든지 할 수 있는 한 기꺼이 붙잡았다. 페댜는 등 뒤에서 꽃다발을 꺼냈고, 심부름꾼이 베리와 살구 바구니를 들고 나타났다. 안나는 남편의 목에 팔을 두르고 입을 맞추었다. 몇 시간 동안, 머리 위에 드리워졌던 먹구름은 음식과 와인, 흐르는 대화로 사라졌다. "정말 최악의 시기는 지났다고 기대해도 될 것 같았다"라고 그녀는 썼다. 바로 그날 도스토옙스키는 또 돈을 잃었다. 언제나 그랬듯이 몇 주 만에 금화 마흔여섯 개는 거의 모두 사라졌다.

7월 셋째 주가 되자 그들의 상황은 심각해졌다. 안나는 일기에서 탄식했다.

"오 하느님, 이 모든 것이 나를 얼마나 괴롭히는지! 이제 내 모든 옷과 물건을 팔아야만 한다. 그가 이길 것이라고 내가 어떻게 상상하겠는가?"

그럼에도 불구하고 그가 용서를 구하고 돈을 요구하면 그를 위로하며 마지막 남은 50프랑 중 10프랑을 건네주었다. 몇 시간 후에 그는 모든 돈을 잃고 돌아왔다. 이제 그들에게는 40프랑, 즉 200달러가 조금 안 되는 돈만 남았을 뿐이다.

안나가 도스토옙스키의 도박 행위에 대해 이야기할 때 한 가지 주목할 점이 있다. 그것은 그녀가 그의 통제되지 않은 행동에 초점을 맞추는 것이 아니라 단순히 그가 잃어버린 돈을 되찾을 수 있을지에 초점을 맞춘다는 것이다. 여기에는 문화적 이유가 존재한다. 19세기 러시아에서 과도한 알코올 소비를 중독으로 보지 않았던 것처럼 강박적인 도박도 중독으로 보는 사람이 거의 없었다. 그 당시 러시아 소설에서는 도박을 대담한 위험 속에서 취하는 감탄할 만한 행동으로 묘사하거나 개인적 성격 결함의 결과로 다루었을 뿐 건강하지 않은 충동이나 심각한 질병으로 묘사하지 않았다. 같은 시대에 쓴 안나의 일기에서, 그녀는 도박을 통제하지 못하는 병으로 취급하지 않는다.

그러나 1920년대에 프로이트와 다른 사람들은 러시아 대중 담론에서 심리학 이해에 대한 미묘한 차이를 소개했고, 안나는 그녀의 회고록에서 도스토옙스키의 도박을 "단순한 의지의 부족이 아니라 … 치료법이 없는 질병"이라고 인정했다.

하지만 그 순간, 그녀가 할 수 있는 일이라곤 "그가 게임하는 동안 내가 옆에 있으면 어떤 억제 효과를 줄 수 있을 것"이라는 희망으로 버티는 것뿐이었다. 그러나 날이 갈수록 그녀의 믿음은 줄어

들고 있었다. "세상에, 우리는 언제 이 저주받은 늪에서 벗어날 수 있을까? 우리는 결코 빠져 나가지 못할 것이며, 아마도 여기서 영원히 게임하고, 하고 또 하면서, 결코 오지 않는 큰 승리를 기다릴 것이다"라고 그녀는 썼다.

그들은 계속 무너져내려 거의 모든 돈을 카지노에 갖다 바쳤다. 입덧 때문이기도 했지만 우두망찰한 안나는 자기도 모르게 울음을 터뜨렸다. 그런데 도스토옙스키는 뻔뻔스럽게도 그녀가 우는 것이 자신의 신경을 건드린다며 짜증을 냈다. "나는 그걸 역겨운 이기주의라고 부른다!"라고 안나는 비밀 일기에서 외쳤다. 그 와중에 자신의 친정 가족이 어려울 때마저 고마워 할 줄 모르는 남편의 친척들을 계속 부양하는 일도 안나를 힘들게 했다.

> 그가 내 가족에게 전혀 신경 쓰고 싶어 하지 않는다는 것을 알 수 있다. 그는 자신의 가족은 끔찍하게 걱정한다. 에밀리아 표도로브나가 … 돈이 부족할까봐, 조카가 과로할까봐, 파샤가 원하는 것을 갖지 못할까봐 안달이다. 하지만 그는 우리가 어떤 걱정 근심을 견뎌야 하는지 전혀 신경 쓰지 않고, 심지어 우리의 부족한 형편조차 알아차리지 못한다. 그는 아내인 나를 자신의 소유물로 여기며, 내가 온갖 부족함과 불쾌함을 겪는 것을 당연시한다.

안나는 남편에게 헌신했지만, 그 남편은 "아내가 평화로운 삶을 살도록 노력해야 한다거나 다음 끼니는 무슨 돈으로 마련할지 그녀가 끊임없이 걱정해서는 안 된다는 생각을 전혀 하지 않는다. 이 얼마나 끔찍하고 불공평한 일인가!" 그러나 그 부분의 일기에서 그녀는 "내 사랑하는 남편에게 그런 끔찍한 생각을 품고 있는" 자신에게 화를 냈다.

"난 정말 역겨운 존재야."

안나의 일기는 이런 순간들로 가득 차 있다. 그녀는 남편의 이기적인 행동을 알아차릴 만큼 도덕적으로 통찰력이 뛰어났지만, 문제는 바로 그 통찰력이 자기 혐오로 이어졌다는 데 있다.

그녀가 자신과 남편에 대한 *끔찍한 생각*을 떨쳐냈을 때마저도, 도스토옙스키 가족은 그들의 삶에 훼방을 놓았다. 딸의 임신 소식을 딸이 아닌 염치없는 의붓아들 파샤로부터 듣게 된 것이 정말로 가슴 아프다는 내용의 편지를 어머니로부터 받고, 안나는 그의 가족이 어떤 사람들인지 다시금 떠올리게 되었다. 어머니의 편지는 안나에게 충격이었다. 어머니가 임신 소식을 들으면 페테르부르크로 돌아오라고 우길 것 같아 모두에게 비밀로 해왔기 때문이었다. 만약 그런 일이 일어난다면, 안나는 알고 있었다.

이전의 힘들었던 삶은 다시 시작되고, 우리의 사랑은 아직 그 시련을 지탱할 만큼 뿌리 깊지 않다. 파샤는 우리 사이를 갈라놓을 방법을 찾을 테고, 표도르 미하일로비치의 적절한 지원이 없다면 나는 파샤의 공격을 견뎌낼 수 없을 것이다. 어머니가 우기면, 내가 아이와 함께 어머니에게 돌아가는 것으로 일이 끝났을 것이다.

그런데 이 불안한 생각을 하는 와중에, 파샤가 친정으로 찾아가 임신을 언급한 것이다. 그것으로 안나는 자신이 두려워하는 것이 무엇인지 확인할 수 있었다. 파샤는 이제까지 그랬던 것처럼 비열한 짓을 한 것이다. 처음 그녀는 남편이 파샤에게 알린 게 아닐까 의심했다. 그러나 페댜는 그 누구에게도 임신에 대해서는 한 마디도 하지 않았고, 파샤나 에밀리아 표도로브나에게는 몇 주 동안 편지도 쓰지 않았다고 했다. 파샤가 단순히 추측해냈음에 틀림없다. 그는 추리하거나 여러 사항을 종합하여 어떻게든 알아냈을 것이다. 그에게는 자신의 이익을 위해 다른 사람들을 조종할 수 있는, 여러 해 동안 갈고 닦은 염탐 기술이 있었다.

안나는 어머니에게 용서를 구하고 임신 사실을 알리지 않은 이유를 설명하는 장문의 편지를 썼다. 그녀는 자신들의 안타까운 경제 상태를 낱낱이 공개하는 것으로 편지를 마무리한 다음, 돈을 부쳐달라고 부탁했다. 사실 그들의 경제 상태는 스니트키나 여사가 상상하는 것보다 훨씬 더 심각했다. "나는 그런 식으로 편지를 쓰는 게 정말 싫었다"라고 안나는 일기에 고백했다. 그녀는 어머니도 경제적인 문제를 겪고 있다는 것을 알고 있었다. 사실, 어머니는 안나의 혼수를 담보로 빌린 대출금의 이자를 안나 대신 갚고 있었다.

"사랑하는 우리 엄마, 어머니가 우리를 얼마나 사랑하고 우리가 잘 되기를 또 얼마나 바라는데, 우리는 항상 그녀에게 불평이나 하고 돈만 요구하고 있다."

상황이 비참해질수록 안나는 러시아를 그리워했다. 옛 슬라브족 노래의 선율이 머릿속에 스쳐 지나가면, 그녀는 언젠가는 여행 중인 러시아 여인이 쓴 슬라브 밤의 시라는 제목으로 자작 시집을 출판할 계획이며, 바덴바덴의 저주받은 종족에 바치겠다고 남편에게 말했다.

그러나 고향에 대한 그리움만큼이나 안나는 돌아갔을 때 벌어질 일이 두려웠다.

"내 사람들을 다시 보고 싶지만, 러시아로 돌아갈 생각을 하면 너무 무섭다. 페댜가 더 이상 날 사랑하지 않을까봐 너무 두렵다. 나는 아직도 그의 사랑을 확신하지 못하나 보다."

도스토옙스키의 가족과 폴리나 수슬로바를 떠올리며 그녀는 덧붙였다.

"누군가가 따라와서 그의 마음속에 있는 내 자리를 뺏을 것이라는 두려운 생각이 계속 든다."

그녀는 오랫동안 도스토옙스키의 사랑을 받아온 사람이 과연 있기나 할는지 궁금해졌다.

"내가 보기에 이 남자는 누군가를 사랑한 적이 없는 것 같다. 그는 다른 생각과 아이디어에 너무 몰입되어 세속적인 일에 그다지 애착이 없다."

아무리 집에 가고 싶어도, 적어도 당분간은 집에서 멀리 떨어져 있어야 한다고 그녀는 확신했다.

바덴바덴에 머문 지 한 달이 지나도 도스토옙스키의 파괴적 광기는 멈추지 않았다. 그곳에서의 삶은 안나에게 고문이었다. 또한 그녀가 자라면서 배웠던 가치에 대한 모욕이었다. 그녀의 가족, 조국, 경제적인 안정, 심지어 그녀가 알고 있다고 생각했던 남편까지, 세상에서 그녀가 소중히 여기는 모든 것이 서서히 그녀에게서 빠져나가고 있었다. 페댜는 마지막 동전 한 닢까지 도박으로 날릴 것 같았고, 그녀가 아는 한 그는 그럴 수 있는 사람이었다. "나는 신경 쓰지 않는다. 그는 내가 하는 말을 한 마디도 듣지 않는다. … 나는 이렇게 고문당하는 것에 질렸고, 그가 나를 대하는 방식에 진절머리가 난다. 이제 그의 발 앞에 돈을 던지고 그를 버려둔 채 그냥 혼자 떠날 것이다. 나는 더 이상 이렇게 살 수 없다"라고 그녀는 일기에서 말했다.

그럼에도 그녀는 그곳에 남아서 붙잡을 수 있는 단단한 무언가를 계속 찾아다녔다. 불쾌한 더위, 주변에서 소동을 피우는 아이들, 대장장이의 참을 수 없는 망치질, 이 모든 것이 그녀 안에서 소용돌이치며 미래에 대한 불안을 떠올리게 했다. 긴장을 풀기 위해 머큐리 산 정상에 오른 안나는 녹초가 될 만큼 피곤했지만 일종의 카타르시스를 느꼈다. 그녀는 검은 숲과 라인강을 따라 모여 있는 작은 마을들의 전경에 넋을 잃었다. 마을 가장자리에 있는 뉴캐슬의 돌난간에 올라가니 바덴바덴이 보였다. 그녀의 눈은 룰렛 테이블이 있는 위험한 장소로 향했다. 그곳에서는 그녀의 남편이 바로 그 순간에도 자신들의 삶을 망치고 있었다.

급기야 집세를 낼 돈도 구할 수 없는 상황이 벌어졌다. 도스토옙스키는 계획이 있다면서 안나를 안심시켰다. 남은 물건 중 일부를 14굴덴에 저당 잡히겠다는 것이었다. 많지는 않지만 집 주인을 한 동안 찾아오지 못하게 할 수 있는 돈이었다. 아니나 다를까 그는 돈을 집으로 바로 가져오지 않았고, 쿠르하우스에 들러 절반을 날려버렸다.

"그건 바보 같은 짓이었어요"라고 그녀는 쏘아붙였다. 자신을 억제할 수 없었고, 그 돈을 잃었다는 데 화가 났을 뿐 아니라, 룰렛으로 부자가 되겠다는 남편의 미친 환상에 화가 났다. 궁지에 몰린 그는 변명을 하기 위해 잘못을 그녀에게 덮어씌우려 했다.

"왜 그 돈으로 집세를 낼 거라는 말을 하지 않은 거요? 당신이 나에게 상기시켜줬어야 했는데, 나는 그 돈을 모두 도박으로 날려버렸소!"

그는 화를 냈다. 물론 도스토옙스키는 그 돈의 용도를 잘 알고 있었다. "그가 자신의 잘못을 다른 사람 탓으로 돌리려고 하는 짓은 끔찍하다"라고 안나는 지적했다.

며칠 후, 둘의 관계는 마침내 위기에 처했다. 안나는 어머니의 편지를 받았는데, 어머니는 3개월치 이자밖에 못 냈기 때문에 안나가 저당 잡힌 가구를 되찾지 못하게 되었다는 소식을 전했다. 안나가 도스토옙스키에게 이 소식을 전했을 때, 그는 어머니의 망할 가구에 대해 중얼거렸다. 이 모욕으로 안나는 인내의 한계를 넘어섰다. 그녀는 일기를 펼쳐 몇 주 동안 쌓인 원망을 쏟아냈다.

"나는 그의 곁에 있는 동안, 단 한 번도 캐묻지 않았고, 그가 원하는 대로 해주었다. 이 모든 것은 그를 사랑하기 때문이었다. … 그의 도박 열기가 최악일 때도 나는 돈을 잃고 돌아오는 그를 가장 먼저 위로하고, 전당포에 맡기라고 주저 없이 내 물건들을 내주었다. 그 돈을 결국 잃을 줄 알면서도, 나는 그가 돈을 잃었다고 그를 비난한 적이 없다."

그런데도 그는 뻔뻔스럽게도 그녀가 자신에게 가혹하다고 힐난했다.

"그게 내가 불평하지 않은 대가로 받은 감사 인사의 전부이다."

그녀는 자신의 인내심과 관용이 그만한 가치가 있었는지에 의구심을 나타냈다. 그의 첫 번째 아내인 마리아 드미트리예브나도 결국 "그를 사기꾼이자 악당이며 범죄자라고 부르며 자신에게만큼은 순종하는 개와 같았다"라고 말했다.

이는 훗날 전기 작가들과 심리학자들이 주목했던, 자기 학대 경향을 띤 도스토옙스키의 성격에 대한 날카로운 통찰을 보여준다. 그의 그런 성격은 연민이 아닌 지배로 자신의 마음을 정복한, 심지어 학대하는 여자들과의 관계를 오랫동안 추구하게 했다. 자포자기한 그 순간, 안나는 이전과는 다르게 더 공격적으로 남편에게 접근했다. "그가 나를 자신의 노예라고 생각한다면, 그의 변덕에 순종하기 위해 존재한다고 생각한다면, 그는 큰 실수를 한 것이다. 이제 그가 망상을 버려야 할 때이다"라고 그녀는 일기에서 말했다.

대담해진 안나는 비밀리에 도박을 하러 가기로 결심했다. 부부 싸움 후 이틀째 되는 날, 그녀는 어머니로부터 또 다른 편지를 받았는데, 이 편지에는 150루블짜리 지폐가 들어 있었다. 그녀가 기대했던 금액보다 50루블이 적었지만 그 돈으로 많은 것을 할 수 있었다. 오늘날로 치면 1천 600달러 정도의 돈이었는데, 그 돈이면 도스토옙스키가 최근 잃은 손실의 일부를 메꾸고, 집세를 내고, 전당포에서 그들의 물건 일부를 되찾을 수 있었다.

그러나 안나에게는 다른 계획이 있었다. 그녀는 일기에서 말했다.

"내 생애 처음으로, 나는 룰렛을 해서 돈을 조금 따는 것도 괜찮을 거라고 생각했다."

그녀는 행동으로 옮겨 보고 싶었지만 "폐댜가 항상 방해했기 때문에 내 계획을 실행할 수 없었다. 하지만 오늘 결심했다."

안나가 그렇게 결정한 이유는 복잡했다. 그들의 자금난이 분명 그 결정을 한 동기가 되었을 것이다. 만약 그녀가 이기면, 그녀는 자신들의 살림을 바로잡을 수 있을 것이고, 어쩌면 그녀가 꿈꿔왔던 라인강 상류로 가는 여행 비용도 마련할 수 있을 것이다. 게다가 그녀의 결정은 갑작스러운 충동에서 나온 것이 아니었다. 지난 몇 주 동안 그녀는 다른 룰렛 참가자들을 연구했고 어떻게 게임을 해야 하는지 알고 있다고 자신했다. 남편이 게임을 할 때 지는 것보다 더 속상했던 일은 "그가 적절한 때에 게임을 그만하고, 내 충고를 받아들일 생각을 하지 않는다"라는 사실이었다는 점도 그런 결정을 한 이유였다.

그는 안나의 충고를 따르는 것을 부끄러워하는 듯했다. 그래서인지 항상 그녀가 말한 것과 정반대로 했다. 분명히 그는 안나가 자신에게 아무 영향력이 없다는 것을 보여주고 싶어 했다. 동시에, 그녀는 도스토옙스키에게 룰렛으로 돈을 벌려는 생각은 완전히 터무니없다고 솔직하게 말했다. 그 말은 그의 자존심을 상하게 할 의도는 없었다 해도, 상처를 주려고 한 말임은 분명했다.

이제 그녀는 궁극적인 권력을 행사할 참이었다. 그녀는 매우 위험한 작업에 착수하기 위해 남자들의 소굴로 당당하게 걸어 들어갔다. 만약 성공한다면, 남편과 동등한 위치에 서게 되고, 가정 경제를 장악하며, 틀림없이 그의 본거지에서 그보다 우위에 있게 될 것이다. 그들의 경제적인 상황을 고려할 때, 안나의 결정이 무모해 보일지도 모른다. 하지만 그것은 사실 대담함, 반항심, 그녀가 오랫동안 삶의 다른 측면에서 보여 왔던 개인의 자율성에 대한 믿음의 연장이라 할 수 있다. 게다가 도스토옙스키와 갈등을 겪는 순간과는 달리 그것은 직접적인 대립이 아니었다. 그녀의 의지를 밀고 나가기 위해 조용히 그의 세계로 들어가는, 미묘하면서도 굳은 의지의 대결이었다.

드레스덴에서 산 정장용 모자 ─ 소박하게 하얀 밀짚으로 만들어진, 오른쪽 귀 부분과 테두리 주변이 장미로 장식되어 있고 벨벳 리본이 두 번 둘러쳐져 있는 ─를 쓰고, 그녀는 어머니가 보낸 돈에서 9굴덴과 잔돈을 챙겨 쿠르하우스로 활기차게 걸어갔다. 유난히 더운 여름의 화요일이었고, 카지노에는 인적이 드물어 안나는 쉽게 룰렛 테이블 한 자리를 잡을 수 있었다.

우아한 차림의 여성들과 말쑥하게 빼입은 남성들이 와인을 홀짝이면서 향긋한 담배를 피우며 근처를 맴돌고 있었다. 안나는 그곳이 레드 홀이었는지, 그 부속실이었는지 밝히진 않았다. 레드 홀은 도스토옙스키가 대부분의 시간을 보내는 곳이었다. 어느 쪽이든 그녀가 그와 마주칠 수 있다는 데는 의심할 여지가 없었다.

그녀는 탈러 한 개를 첫 번째 12에 걸고 탈러 두 개를 땄다. 그러고 나서 그녀는 마지막 12에 베팅했고, 또 탈러 두 개를 땄다. 탈러 네 개가 늘어났다. 그 후, 그녀는 세 번 연속 졌지만, 탈러 두 개를 다시 땄다. 그런 다음 네 개 더 땄고, 두 개를 잃고 다섯 개를 땄다. 탈러 일곱 개가 늘어나 모두 여덟 개가 되었다. 오늘날 돈으로 110달러 정도 된다. 무척 멋진 게임이었다. 그녀가 도스토옙스키에게 연승 후에 자주 충고했듯, 그쯤 해서 테이블을 떠나야 할 때였다.

하지만 그 순간 그녀는 그 자리에서 벗어날 수 없었다.

"나의 의지가 날 저버린 것 같았다. 뭔가가 한 번도 이기지 못했던 가운데 숫자에 베팅하도록 유혹하는 것 같았다."

그녀의 옆에 있던 여성도 똑같이 하고 있었다.

"그녀는 내가 똑같이 한 것에 분명히 화가 났다. 나는 심지어 그녀가 그렇게 말하는 것을 들었다고 생각했다."

하지만 안나는 그 여자에게 더 이상 주의를 쏟지 않았다. 그녀는 스스로 결정하기 시작했고, 그녀의 모든 관심은 녹색 테이블, 회전판, 빙빙 도는 상아 공에 집중되었다. 이내 그녀는 지기 시작했다. 한 번 또 한 번. 그러고 나서 이유를 설명할 수는 없지만 다시 이기기 시작했다. 그리고 그녀는 졌다가 다시 이겼다. 마음을 다잡고 동전을 세어본 후, 탈러 열아홉 개, 즉 270달러 정도 땄다는 것을 알게 되었다. 그 정도면 확실히 부부가 얼마간 쓸 수 있는 돈이긴 했다. 어머니가 준 돈과 합하면, 밀린 집세뿐만 아니라 가장 긴급하게 갚아야 할 많은 빚을 갚기에 충분했다.

"그에게 보여줄 수 있도록 그가 지금 들어오면 좋겠어."

그녀는 끓어오르는 반항심 때문에 또 다시 베팅을 했다. 아니나 다를까, 바로 그 순간 그가 문간에 서 있었다.

"그의 눈에 띄지 않게 슬금슬금 빠져나갈 수 있었지만, 하얗게 질린 그의 얼굴을 보고 나는 겁에 질려버렸다."

또 한 번 크게 잃었음을 명백하게 보여주는 얼굴이었다. 그를 보자 그녀의 반항심은 걱정으로 변했고, 그녀는 자신이 방금 또 졌다는 사실도 잊은 채 그에게 달려갔다.

도스토옙스키는 젊은 여자가 그런 곳에 혼자 왔다는 사실에 몹시 화를 냈다. 그는 그녀의 손을 잡고 카지노 밖으로 데리고 나갔다. 그는 그녀에게 엄하게 훈계했는데, 게임을 이기자마자 바로 테이블을 떠나야 하고 그렇지 않으면 딴 돈을 모두 잃게 될 것이라고 말했다.

"그런 일은 당신에게도 있었잖아요"라고 그녀가 격렬하게 반응했다. 그녀의 반항심이 되살아난 것이다. "페테르부르크에서 보내준 돈에서, 5굴덴짜리 몇 개 잃었다며 크게 슬퍼할 일은 아니라고" 덧붙였다. 남편과 달리, 그녀는 탈러 한 개만 잃고 룰렛 테이블을 떠날 수 있었다.

사실, 안나는 나중에 그녀의 일기에서 인정했다. 이겼을 때 "게임 홀을 떠나지 않은 스스로가 끔찍했다." 그 돈이면 "가엾은 우리 엄마에게 작은 선물을 보낼 수 있었을 텐데 말이다." 더 정확히는,

그녀가 더 일찍 그만두었더라면, 그녀가 딴 탈러 열아홉 개를 남편에게 보여줄 수 있었을 것이라고 회상했다. "그건 페댜와 너무나 똑같은 모습이었다"라고 그녀는 일기에서 말했다.

"그는 내가 이기고 있는 동안에는 그곳에 올 수 없었고, 내가 지고 있는 바로 그 순간에 모습을 드러내야 했던 것이다."

도스토옙스키 부부는 그날 서로를 이어주는 루비콘강을 건넌 셈이다. 한 아파트에 사는 이 도박꾼들 사이에는 뭔가 모르는 섬뜩한, 새로운 유대감이 생긴 듯했다. 안나에게 그건 약간의 허무한 일이었다. 그녀는 자신과 남편을 계속 게임하다가 모든 것을 잃을 운명인 정신 나간 부부라고 불렀다. 도스토옙스키는, 그의 입장에서, 안나를 도박꾼 아내라고 놀리기 시작했다. 자신이 때마침 나타나서 게임에 진 아내를 구할 수 있어 그녀가 얼마나 운이 좋았는지를 상기시켜주면서 악의에 찬 기쁨을 누렸다.

안나 도스토옙스카야가 도박꾼? 어떻게 그녀는 낯설고, 심지어 그녀가 혐오했던 행동을 할 수 있었을까? 남편의 도박을 막으려고 그렇게 열심히 노력했고 자신의 내면에 깊이 박혀 있는 가치관을 훼손시킬 행동을?

분명히 안나는 중독자는 아니었다. 전에 도박을 한 적도 없었고, 누구라도 그녀가 다시는 도박을 하지 않을 것이라고 단언할 수 있다. 바덴바덴에서의 사건은 분명히 고육지책이었고, 도발이었으며, 어떤 면에서는 교훈이었다 할 수 있다. 룰렛에 잠깐 손을 댄 일은 그냥 지나가는 변덕 그 이상의 효과를 가져왔다. 그것은 몇 달 동안 쌓였던 위기의 절정이었다. 그 일이 있기 몇 주 전부터 그녀에게는 감정을 억제할 수 없어 폭발하는 일이 많았다.

처음에는 임신 탓으로 돌렸다. 임신이 "내 의지력을 약하게 만들고 나를 변덕스럽고 고집스럽게 만들었다"라고 느꼈다. 그러나 잠깐만 눈을 돌려보면 그녀의 불안정한 상태가 도스토옙스키의 강박적인 도박에서 기인하고 있음을 알 수 있다. 그의 도박은 그녀를 충동에 굴복할 정도로 지치게 했던 것이다. "우리는 불쌍하고, 불쌍한 사람들이다. 우리 둘 다. 이 모든 게 저주받은 룰렛 때문"이라고 그녀는 인정했다. 그리고 덧붙였다.

"그런 상황에서는 스스로에 대한 통제가 아무 의미도 갖지 못한다."

1866년 10월 도스토옙스키의 아파트에 나타났던 당돌한 젊은 여성이 이런 말을 한다는 건 상상조차 할 수 없는 일이다. 그때 자아를 절망적으로 포기했다는 사실이 그녀가 그 이후에 얼마나 깊은 나락으로 떨어졌는가를 보여준다. 그 시절 안나의 심리 상태는 한때 자신이 그토록 혐오했던 인간이 될 준비를 하고 있었을 정도였다.

그녀는 지난 몇 주간 망상으로 방어력이 약해지고 자기 통제 능력이 떨어져서, 꿈에도 생각해본 적이 없는 자아상을 갖게 될 가능성이 높아졌다. 신성한 것은 없었다. 모든 것이 가능했다. 때때로 자신의 삶이 생존을 위한 동물적 투쟁으로 전락하고 있다는 느낌을 받기도 했다. "요즘 우리의 모든 에너지는 먹고 마시는 일에 집중하는 것 같다"라고 그녀는 절박하게 썼다.

공들여 지은 신전처럼 보였던 게임 홀에서 룰렛을 함으로써 안나는 잠시나마 초월의 순간을 경험한 듯하다. 정교회 신앙은 그녀의 정체성을 이루는 핵심이었다. 평생 동안 정교회 신자였던 그녀도 다른 형태의 영적 삶을 수용할 수 있다는 것은 이미 밝혀진 바있다. 필니츠 근처의 산비탈에서 다가오는 폭풍우를 보면서 그녀는 운명을 바꾸고 싶은 유혹을 느꼈었다. 그래서 천둥 번개가 하늘을 가르는 그 순간에도, 또 다른 종류의 어두운 깨달음에 강하게 이끌리고 있었다. 우연과 운명의 신들에게 경의를 표하는 룰렛 테이블의 종교에는 확실한 것이 없었다.

안나 스니트키나가 기독교, 공동체, 명확한 도덕적 지도가 있는 환경에서 자랐다면, 새 신부 안나 도스토옙스카야는 결혼 초기 몇달을 훨씬 더 타락한 세상에서 보냈다고 할 수 있다. 그녀의 도박은 잠시나마 자신을 짓누르던 일상의 압박감에서 벗어날 수 있게 해주었을 뿐만 아니라 남편의 참혹한 상황을 몸소 체험할 수 있었던 기회가 되기도 했다.

도박은 둘 사이의 일상적인 대화이자 긴장감을 유발하는 요소였지만, 그날 이전의 안나는 도스토옙스키가 룰렛을 하는 동안 느꼈을 감정을 가늠할 수 없었다. 룰렛 회전판에서 그가 만끽하는 스릴을 그렇게 가까이서 느껴본 적도 없었다. 그래서 안나에게 도박은 남편에게 반항하는 동시에 그의 타락한 생활에 동참하고자 하는 삶의 한 방식이었던 것이다. 그것은 죄수를 부모로 둔 아이들이 감정적으로나 물리적으로 멀리 떨어져 있는 부모와의 친밀도를 높이기 위한 무의식적인 전략 – 때로 범죄를 저지르며 살아가는 –과

많은 면에서 비슷했다.

안나는 남편이 되어봄으로써 남편에게 반항했다. 그것은 반란
행위인 동시에 사랑의 행위이기도 했다.

투르게네프

이반 투르게네프는 도스토옙스키가 바덴바덴에서 가장 만나고 싶지 않은 사람이었다. 그러나 그를 안 볼 방법이 없었다. 특히 투르게네프가 도스토옙스키를 게임 홀에서 봤지만 게임을 방해하고 싶지 않아 아는 체하지 않았다는 이반 곤차로프의 전언을 들은 후에는 더욱 그랬다. 이는 1865년 비스바덴에서 탈러 쉰 개를 투르게네프에게서 빌린 후 여전히 갚지 못한 도스토옙스키에게는 그리 달갑지 않은 소식이었다. 그러나 그에게는 갚지 못한 빚에 대한 수치심 말고도, 투르게네프를 피하고 싶은 더 깊은 이유가 있었다.

두 사람은 1840년대부터 서로 알고 지냈다. 그때 두 사람은, 비사리온 벨린스키가 조직한 모임에서 만난 신출내기 작가였다. 당시 벨린스키는 그들을 재능 있는 새로운 인재로 인정했다. 초반에는 뜻이 잘 맞는 친구들이었다. 도스토옙스키는 자신보다 약간 나이가 많지만 더 세련된 이 친구의 열렬한 추종자였다. 하지만 그 당시에도, 짜증 잘 내고 평생에 걸쳐 궁핍했던 작가는 투르게네프 주변에서 결핍을 실감할 수밖에 없었다. 게다가 〈가난한 사람들〉에 대한 폭넓은 찬사가 도스토옙스키의 자존감을 너무 띄워 놓는 바람에 그는 투르게네프를 포함한 많은 동료 작가로부터 멀어졌다.

연상의 작가는 이때 이 건방진 친구를 "러시아 문학의 코에 난 여드름"이라고 부르는 풍자 시를 썼는데, 이 모욕으로 그들의 우정은 순식간에 끝났다. 10년이 지나고 도스토옙스키가 시베리아 망명에서 돌아온 뒤에야 삶의 경험으로 누그러진 두 사람은 마침내 관계를 회복했다. 투르게네프의 1862년 소설 〈아버지와 아들〉을 둘러싼 격렬한 공방은 그들이 하나로 뭉치게 만든 계기가 되었다. 도스토옙스키는 급진적인 지식인들의 공격에서 투르게네프를 변호했다.

그의 재능을 진심으로 존경했던 도스토옙스키는 공개적으로 그를 칭찬하고 심지어 〈시대〉에 기고하도록 투르게네프를 초대했다. 하지만 그는 투르게네프의 비관적 세계관에 대해서는 못마땅해했다. 그는 〈시대〉가 의뢰했던 유령들은 "무기력으로 인한 신념의 부족을 드러내고 있다"라고 형 미하일에게 말했다. 도스토옙스키는 러시아에는 단순히 비판을 가하는 작가가 아니라 살아갈 긍정적인 이상을 제공하는 작가가 필요하다고 믿었다. 그 이상은 이 찢긴 세상에서 영적인 아름다움을 오랫동안 지속하게 하는 비전이기도 했다. 투르게네프에게는 그 이상을 제공할 능력이 없어 보였다. "그는 뼛속까지 무신론자이다"라고 도스토옙스키는 말했다.

그러나 이신론(理神論)은 그리스도를 우리에게 주셨다. 나의 신은 인간의 고귀한 관념으로 숭배 없이는 이해될 수 없는데, 이런 이상적인 관념은 영원하다고 믿지 않을 수가 없다. 그런데 투르게네프, 헤르젠스, 유틴스(니콜라이 유틴스는 러시아 혁명가였다), 체르니솁스키, 이들은 우리에게 무엇을 제시했는가? 그들은 신적인 아름다움에 침을 뱉는다. 그들 모두는 너무 역겹도록 이기적이고, 뻔뻔하게 짜증을 내고, 경박하게도 자존심이 강해서 가장 고귀한, 신적인 아름다움 대신에 그들이 바라고 있는 것이 무엇인지, 그들을 따를 자가 누구인지를 이해하는 것이 절대로 불가능하다.

투르게네프는 도스토옙스키 부부가 독일에 도착하기 몇 달 전 발표한 소설 〈연기〉를 통해 도스토옙스키가 갖고 있던 두려움을 확인시켜 주었다. 그는 바덴바덴에서 그곳을 배경으로 한 이 소설을 썼다. 이 도시는 몇 년 전, 그가 〈아버지와 아들〉에 대한 엄청난 논란을 겪고 자신의 상처를 달래기 위해 문단을 떠나 조용히 머물던 곳이다.

새 소설은 궁정 사람들, 수다쟁이 지식인, 진보든 보수든 러시아가 어떤 특별한 임무를 가지고 있다고 믿고 있는 모든 이에게 가하는 야만적인 공격을 담고 있었다. 투르게네프는 소존트 이바니치 포투긴이라는 인물의 장황한 연설을 통해 이 메시지를 전했다. 이 인물은 "10세기 동안 구 러시아는 정부, 사법 시스템, 과학, 예술, 심지어 공예품까지도 자체적으로 만들지 못했다"라고 선언한다. 하지만 런던의 크리스탈 팰리스에 대해서는 "인간의 창의력이 성취한 모든 것을 보여준다. 한 마디로, 인류의 백과사전"이라고 부르며 감탄한다. 동시에 러시아와 러시아가 만든 모든 것은 "별 볼일

없어서 못 하나, 핀 하나도 건드리지 못한다"라고 저격했다.

러시아 문학을 놓고 봤을 때 〈연기〉가 러시아를 비판하거나 유럽 문화의 미덕을 찬양한 최초의 작품은 아니다. 그것은 서구파와 슬라브파 사이에 지속되는 논쟁에 대한 기습 공격이었을 뿐이다. 서구파는 자국의 미래 발전은 서구의 사회·정치적 모델을 기반으로 해야 한다고 믿었고, 슬라브파는 러시아 고유의 역사적 운명과 천재성을 믿었다.

투르게네프가 유럽과 비교하여 러시아의 사회적·경제적·정치적 낙후성을 창피해한 것은 철학자 표트르 차다예프가 1836년에 출판한 유명한 철학 서간에서 비롯되었다. 차다예프는 그 영향력 있는 글에서 "우리는 세계에 아무것도 주지 않았다. 우리는 인간 관념에 단 하나의 아이디어도 추가하지 않았고, 인간 정신의 진보에 아무런 기여도 하지 않았으며, 그 진보를 위해 손댔던 모든 것을 망가뜨렸다"라고 선언했다.

투르게네프의 소설 속 인물, 포투긴의 정서는 차다예프를 너무나 면밀히 따르고 있어서, 투르게네프가 그 소설을 쓰는 동안 이 철학자를 염두에 두고 있었을 것이라는 추측을 쉽게 할 수 있다.

사실 투르게네프에게는 자신의 나라를 부끄럽게 여기도록 유도할 이유가 전혀 없었다. 어릴 때부터 도회적 대지주였던 그는 러시아 전제 정치에 대한 본능적인 증오를 키워왔다. 후진성과 잔인함을 직접 볼 수 있는 농노제도에 대해서도 마찬가지였다. 그는 러시아의 과거에 대한 슬라브파의 이상화된 관점을 참을 수 없었기에 아직은 불완전했던 현대 유럽의 민주주의 이상을 찬양했다. 페테르부르크 대학의 그의 친구들은 서구파에 동조한 그에게 미국인이라는 별명을 붙였다.

〈연기〉의 출판은 〈아버지와 아들〉보다 더 맹렬한 논란을 불러일으켰고, 투르게네프의 몇 안 남은 문학 친구까지 사나운 비평가로 만들었다. 자신의 정치적 관점과 상관없이 대부분 그 소설을 좋아하지 않았다. 투르게네프에게 보낸 편지에서 한 비평가는 대부분의 독자가 "러시아 귀족들, 정말로 모든 러시아인의 삶이 혐오스럽다고 믿게 하려는 소설에 두려움을 느낀다"라고 평가했다. 모스크바의 상류층 전용 영어 클럽의 회원들은 투르게네프를 고발하고 심지어 그의 회원 자격을 박탈한다는 성명서 내는 일까지 고려했다.

도스토옙스키는 〈연기〉에 대해 가장 격렬하게 반응했다. 시베리아에서 돌아온 이후 그의 관점이 점점 민족주의적으로 변해갔기 때문이다. 반면에 투르게네프는 그가 사랑하는 유럽에 안착해 반대 방향을 지향했다.

도스토옙스키는 〈연기〉를 읽고 난 후, "나라에 도움이 될 수도 있었던 변절한 러시아인으로부터 조국에 대한 이러한 비판을 들을 수 없다"라고 마이코프에게 썼다. 그는 투르게네프를 "러시아를 비판하는 데서 가장 큰 기쁨과 만족감을 느끼는 쓰레기 같은 자유주의자와 진보주의자" 중 한 명이라고 일축했다.

〈연기〉는 공교롭게도 알렉산드르 2세 황제를 암살하려는 시도가 있은 지 1년 후에 발표됐다. 도스토옙스키는 그 해방가 황제가 자신의 자유를 회복시켜주었다고 믿었다. 투르게네프의 반애국적 소설이 그의 뼈아픈 신경을 건드릴 수밖에 없었던 시기였던 것이다. 도스토옙스키는 마이코프에게 "개인적으로 그 남자를 싫어했다" 라고 시인했다. "자신의 뺨을 내밀면서 키스하기 시작하는 그의 귀족적이면서 익살스런 포옹"까지도 싫었다고.

도스토옙스키는 투르게네프를 방문할 생각에 신경이 곤두섰지만, 자신에게 선택의 여지가 없음을 알고 있었다. 그가 방문하지 않으면 오래된 빚을 갚지 않으려고 동료를 피하는 것처럼 보일 것이다. 그래서 6월 28일 찌는 듯이 더운 오후, 그는 마침내 용기를 내작은 오스강 근처의 실러 거리에 위치한 투르게네프의 매력적인 2층집을 찾았다.

만남은 화기애애하게 시작되었다. 두 작가는 표면적으로 예의를 지키면서 그 시대 러시아 소설, 무신론, 허무주의에 대해 담소를 나누었으며, 한편으로는 조국에서 일어나고 있는 깊은 이념 분열을 걱정했다.

그러나 그들이 개인적인 신념을 논의하기 시작하자마자 상황이 돌변했다. 문제는 투르게네프가 자신을 자랑스러운 무신론자라고 선언하면서 시작되었다. 이는 러시아 문학계에서 기독교 신앙에 투철하기로 유명했던 도스토옙스키를 자극하기 위한, 계산된 발언이었다. 투르게네프는 러시아인들이 "독일인들 앞에서 기어야 하고 모든 사람에게 공통적이고 피할 수 없는 하나의 길은 문명화뿐이며, 슬라브주의와 독립에 대한 모든 시도는 더럽고 어리석다"라고 주장했다. 게다가 슬라브족에 대항하는 긴 글까지 쓰고 있다지 않은가.

겨우 화를 누른 채 이 모든 이야기를 듣고 난 후, 도스토옙스키는 파리에서 망원경을 주문하라고 투르게네프에게 말했다.

"왜?"

투르게네프가 물었다.

"러시아는 여기서 멀리 떨어져 있습니다. 너무 멀어서 당신이 우리를 이해하는 데 어려움을 겪고 있는 것 같아서요."

도스토옙스키는 답했다. 위로하는 동료 작가처럼 엉큼한 태도로 그의 아픈 곳에 칼을 꽂았다.

"하지만 나는 정말로 당신에 대한 이 모든 비판과 〈연기〉의 실패가 당신을 그렇게까지 짜증나게 할 것이라고는 생각하지 않았습니다. 솔직히 말해서, 그럴 가치가 없습니다. 잊어버리세요."

"나는 전혀 짜증나지 않네. 무슨 뜻인가?"

투르게네프는 얼굴이 빨개져서 침착함을 유지하려 애쓰며 말했다. 바라던 효과를 본 도스토옙스키는 화제를 돌려버렸다. 그런데 만남을 끝내고 돌아가려던 순간에 갑자기 돌아서더니 독일인에게 갖고 있었던 3개월 치 분노를 투르게네프에게 쏟아냈다.

"여기서 어떤 악당과 사기꾼들을 상대해야 하는지 알기나 하나요? 정말로 이곳 서민들은 우리보다 훨씬 더 사악하고 정직하지 못해요. 당신은 문명에 관해 계속 이야기하는데, 문명이 그들에게 무엇을 해주었나요? 그들이 우리 앞에서 자랑할 수 있는 게 뭐가 있느냐고요?"라고 그는 말했다.

도스토옙스키가 열변을 토할 때, 투르게네프는 창백해져서("나는 손톱만큼도 과장하고 있지 않아!" 그는 마이코프에게 말했다.) 대답했다.

"그런 식으로 말하는 것은 개인적으로 나를 불쾌하게 하네. 자네는 내가 이곳에 영구적으로 정착했고, 스스로를 러시아인이 아닌 독일인으로 생각하고 있으며, 그 사실을 자랑스러워한다는 것을 알아줬으면 하네!"

도스토옙스키는 생각했던 것보다 더 충격을 받아 비꼬며 쏘아붙였다.

"나도 〈연기〉를 읽었고 지금 여기서 한 시간 동안 당신과 이야기를 나눴지만 당신이 그렇게 말할 줄은 몰랐습니다. 불쾌하게 했다면 용서하세요."

도스토옙스키에 따르면 그 둘은 "꽤 예의 바르게" 헤어졌다. 하지만 그는 바덴바덴이든 러시아든 "투르게네프의 집에 다시는 발을 들여놓지 않겠다"라고 다짐했다. 바덴바덴에서의 남은 7주 동안, 도스토옙스키는 투르게네프와 게임 홀에서 단 한 번 마주쳤다. 잠깐 동안 서로의 눈빛이 스쳤음에도 그들은 한 마디도 주고받지 않았다. 그들이 다시 말을 나누는 데는 10년 이상의 세월이 필요했다.

당대 최고의 두 러시아 작가의 이 긴장된 만남은 러시아 문학사에 흔적을 남겼다. 오늘날에도, 그 만남은 여전히 19세기 내내 맹위를 떨쳤던 서구파—슬라브파 간 논쟁의 고전적인 예로 인용되고 있다. 그리고 도스토옙스키의 향후 작품에 직접적인 영향을 미쳤다. 〈악령〉에서 작가 세미온 카르마지노프라는 인물은 투르게네프의 냉혹한 캐리커처에 해당한다. 논쟁 당시에는 작가가 구상만 하고 있었던 〈백치〉에서도 투르게네프와 그의 동조자에 반대하는 캠페인은 계속됐다. 그 소설에서 그는 유물론적인 유럽 문화 정도로는 어림없다고 생각했던 영적인 아름다움과 도덕성을 갖춘 독특한 러시아적 이상을 묘사했다.

투르게네프와의 만남은 도스토옙스키에게 러시아 작가로서 자신의 사명은 조국을 버리고 유럽을 선택한 모든 투르게네프, 헤르젠스, 유틴스, 체르니셉스키들에 맞서고 민중에게 조국의 위대함에 대한 희망적인 비전을 고취하는 것에 있음을 확인시켜 주었다.

물론 도스토옙스키도 시베리아 포로수용소에서 돌아온 이후 이 문제에 대해 오랫동안 천착한 바 있었다. 1862년 유럽으로 여행을 떠난 그는 그곳에서 몇 년 동안 읽고 들었던 유럽 진보의 결실을 보게 되었다. 이듬해 풍자적인 여행기 〈겨울에 쓴 여름 인상〉에 자신의 인상을 기록했고, 이것은 〈시대〉에 처음으로 발표됐다. 어떤 장소라고 특정하지는 않았지만, 그는 프랑스만을 맹렬하게 공격했다. 그는 러시아인의 상상 속에서 프랑스가 얼마나 큰 나라로 다가왔는지 알고 있었다(프랑스어는 표트르 대제가 2세기 전에 러시아를 서구화시킨 이래로 러시아 귀족들의 언어였다).

프랑스인들이 자랑스러워하는 미덕으로 빛나는 겉모습과 확신 속에는 돈을 모으고 물건을 얻기 위해 삶을 낭비하는 인간의 모습이 투영되어 있다고 도스토옙스키는 생각했다. 그들은 자신들이 만족스럽고 완전히 행복하다고 확신하는 데 열심이었고, 문화적 우위에 대한 심리적인 투자를 너무 많이 해서 회의적인 표현 하나에도 엄청난 충격을 받았다. 그는 프랑스인들은 모든 것이 "해결되고, 서명되고, 봉인되었다"라고, "모든 것은 미덕으로 빛난다"라고 스스로 확신해야 한다고 말했다. 그렇지 않으면, 그들은 이상이 달성되지 않았다고, 파리에는 아직 완벽한 지상 낙원이 없으며, 갖춰야 할 것이 더 많다고 생각할지도 모른다.

프랑스 혁명의 구호로 잘 알려진 자유·평등·박애는 서구 자유주의와 러시아 사회주의의 투쟁 구호가 되었다. 도스토옙스키에게 이 구호는 위선의 극치처럼 보였다. "무슨 자유?"라고 작가는 물었다.

"모든 사람이 법의 테두리 안에서 하고 싶은 것을 할 수 있는 평등한 자유. 언제 당신이 하고 싶은 일을 할 수 있는지 아는가? 당신이 수백만 달러를 가졌을 때다. 자유가 각자에게 백만 달러를 주는가? 아니다. 백만 달러가 없는 사람은 그가 원하는 것을 하는 사람이 아니다. 백만 달러를 가진 사람이 원하는 대로 한다."

그렇다면 프랑스 역시 진정한 평등과 그 비슷한 것조차 얻지 못했음은, 도스토옙스키가 굳이 자세히 설명하지 않더라도 분명한 일이었다.

이제 마지막 구호 박애에 대해 얘기할 참이다. 러시아에서 급진적 지식인들의 상상력을 가장 많이 사로잡은 케케묵은 이 구호는, 그의 관점에서 보면, 서구의 주요 걸림돌이었다. 서구인들은 형제애를 인류의 위대한 원동력이라고 말할 수 있지만, 진정한 형제애는 위로부터 강제될 수 없으며 "인간의 본성에서 찾아야 한다. … 프랑스인의 본성, 일반적으로 서양인의 본성에는 박애가 보이지 않는다. 그들에게 보이는 것은 개성의 원칙, 분리의 원칙, 또는 긴급한 자기 보호, 자기 이익, 자기 결정이다"라는 게 그는 주장이었다.

도스토옙스키의 견해에 따르면, "다른 사람들과의 평등과 동등한 가치에 대한 권리를 주장하는 것은 분리된 인간성이 아니다, '나'가 아니다. 오히려 다른 모든 사람이 그 사람의 가치가 동등함을 인정해야 한다." 그리고 개인은 자신의 권리를 요구하는 것이 아니라 조건 없이 포기함으로써 사회를 위해 자신을 희생해야 한다.

"서양인의 인간성은 그러한 상황 변화에 익숙하지 않다. 그들은 무력 사용을 요구하고, 권리를 요구하고, 분리를 원하기 때문에 형제애를 바랄 수 없다."

그의 관점에서 보자면 서양인의 인간성이 그런 진실되고 자발적인 형제애의 경지에 이르려면 수천 년이 걸릴 거라는 것이다.

유럽은 박애의 이상을 이루지 못했다. 하지만 진정한 형제애를 인간의 본성에서 찾을 수 있는 곳이 한 군데 있었는데, 더 말할 필요도 없이 러시아였다. "러시아인에게는 날이 서고 폐쇄적이며 완고한 유럽인의 자질을 찾아볼 수 없다. … 러시아인은 국적, 혈통, 지역의 차이와 무관하게 인간의 모든 것에 공감한다. 그들은 어떤 관점에서든, 보편적으로 인간적인 것이 무엇이든 그 안에서 합리적인 모든 것을 찾아내고 즉시 인정한다"라고 도스토옙스키는 몇 년 전 〈시간〉에 썼다.

그는 러시아가 유럽 문명의 결실을 러시아의 이상인 보편적인 화해로 통합시켰다는 증거로 자신의 문학 영웅 알렉산드르 푸시킨의 작품을 제시했다. 도스토옙스키가 다른 곳에서 썼듯이, 이러한 이유로 "유럽과 유럽의 과제는 러시아가 완성할 것"이라고 주장했다.

그 일이 정확히 어떻게 이루어질지, 작가는 아직 정의하지 않았다. 그는 이 문제를 10년 후 〈작가의 일기〉 칼럼에서 더 날카롭게 분석했다. 이 글에서 그는 러시아가 범슬라브 기독교 제국을 건설함으로써 전 세계에 기독교의 선함을 전파할 운명을 타고났다고 주장한다. 그러나 도스토옙스키의 메시아 민족주의 경향은 이미 정점에 달해 있는 상태였다. 투르게네프와 만났던 1867년에 그는 이렇게 썼다.

"우리 민족은 한없이 고상하고, 더 고귀하고, 더 정직하고, 더 순진하고, 더 유능하다. 나약한 가톨릭과 멍청하게 모순된 루터교를 가진 유럽은 이를 이해조차 못할 것이다."

현재까지도 문학의 가장 심오한 정신을 소유한 작가 중 한 명으로 일컬어지는 사람에게서 나온 너무나 단순하고 광적인 민족주의는 그의 작품을 읽는 독자를 당황하게 하고 불편하게 했다. 어떤 학자들은 도스토옙스키를 토착주의자라고 불렀고, 다른 학자들은 제국주의자라고도 불렀는데, 이 두 요소는 확실히 1860~1870년대의 그의 생각을 대변한다.

그러나 그의 민족주의는 당시 러시아, 유럽, 미국에서 막 생겨나기 시작한 보다 폭력적인 성격의 토착주의와는 구별되어야 한다. 그는 러시아가 로마 가톨릭과 계몽주의의 영향으로부터 떨어져나옴으로써 기독교적 사랑의 이상을 보존할 수 있었다. 그러므로 기독교의 이타적인 사랑의 원칙에 뿌리를 둔 진정한 자유·평등·박애가 실제로 어떤 모습인지 세계에 모범을 보여줌으로써, 국가들 사이에서 선도적 위치에 설 수 있다고 믿었다.

그러나 그렇게 극단적인 애국심에도 불구하고, 도스토옙스키는 어떤 이유로든 폭력을 용납하지 않았다. 특히 사회 정의의 이상을 이루기 위한다는 명분으로 동원되는 폭력을 용납하지 않았다는 데 주목할 필요가 있다. 그의 소설 속 인물 이반 카라마조프는 작가의 개인적 신조를 요약해서 보여준다. 카라마조프는 유토피아 사회주의자들이 약속했던 고귀한 화합이 단 한 명의 아이라도 눈물 흘리게 한다면 그 화합을 포기하겠다고 선언한다.

그의 후기 경력의 대부분은 그 당시의 사회 혁명가들에게서 느낀 공포에서 비롯되었다. 그들은 대의를 위해 살인과 테러를 정당화하면서 도덕적으로 급격하게 몰락해 갔다. 그의 소설은, 〈죄와 벌〉의 라스콜리니코프의 행동과 〈악령〉에서 베르코벤스키와 그의 비밀 혁명가들의 행동처럼, 합리적인 살인의 이면에 있는 더 어둡고 이기적인 동기를 지속적으로 노출시켰다.

그러나 사상은 예기치 않은 방향으로 변질하는 경향이 있다. 도스토옙스키는 피비린내 나는 목표를 위해 그 사상을 지켜나간 20~21세기 폭력적인 러시아 민족주의의 메시아와 같은 선조가 되었다. 이는 그의 의도와 상관없는 방향이었다.

도스토옙스키가 투르게네프에게 분개한 이유는 열렬한 애국심 때문만은 아니었다. 그는 어려운 경제 상황과 어린 아내와 곧 태어날 아이를 부양하지 못하는 무능력에 대한 수치심, 망명이라는 굴욕적인 상황이 촉발한 심각한 열등감 속에서 고군분투하고 있었다. 그는 "나의 미래는 매우 우울해 보인다. 나에게 의존하고 있는 사람들에게 무슨 일이 일어날지 모른다는 것이 최악이다"라고 마이코프에게 썼다.

그는 러시아가 그리웠다. 떠나온 후로 넉 달이 흘렀다. 이미 그들이 계획했던 기간보다 한 달이 더 지났고, 언제 돌아갈지도 알 수 없었다.

"내가 언제 돌아갈지 알지도 못하고, 예견도 못하면서 내 길을 가는 것은 매우 불쾌하고 괴로운 일이다."

러시아를 떠나 있는 시간이 길어질수록 그의 민족주의 성향은 더 강해졌다. 그것은 점점 더 심해지는 디아스포라에 대한 일상적인 모욕과 부랑자들에 대적하기 위한 일종의 대응 기제이기도 했다.

안나는 이 모든 걸 어떻게 이해했을까?

"투르게네프와의 이 대화가 페댜를 말로 표현할 수 없을 정도로 흥분시켰다는 것을 안다. 또 사람들이 조국을 거부할 때 그가 항상 제 정신이 아니라는 것도 안다."

그녀는 도스토옙스키가 그 만남에 관해 그녀에게 말한 날 일기를 썼다. 그녀는 그가 투르게네프 앞에서 굽실거려야 하는 것이 무엇을 의미하는지도 알고 있었다. 남편처럼 그녀도 이 제멋대로이면서 러시아를 혐오하는 작가를 보기만 해도 움찔했다.

자신의 예술 때문에 고통받을 필요가 없었던 투르게네프가 바덴바덴에서 특권을 누리면서 조국을 비판하고 있다. "나는 지구상의 어떤 러시아 작가도 조국을 부인하려 하지 않을 것이라고 생각했다. 더구나 자신을 독일인이라고 선언하리라고는 상상조차 해 본 일이 없다"라고 안나는 쓰고 있다. 러시아는 "그를 지지했고 그의 재능을 북돋우기 위해 최선을 다했다. 그런데 지금 그는 조국을 버리고, 러시아가 망한다고 해도 그 때문에 세상은 더 나빠지지 않을 것이라고 말한다. 러시아인이 한 말이라고 하기엔 얼마나 끔찍한 내용인지!" 품위 있는 삶을 살며 외국에서 충실한 러시아 시민으로 남기 위해 필사적으로 노력하던 안나에게 이 사건은, 자신이 얼마나 고향에 가고 싶어 하는지를 뼈저리게 일깨워주었다. 심지어 그 꿈이 이루어지기 힘들다는 것까지도.

일부 학자들은 애국심에 대한 안나의 표현은 남편의 입장을 되풀이하는 것에 불과하다고 일축했다. 남편의 사상이 결국 아직 21세밖에 되지 않은 안나에게 영향을 미쳤으리라는 것에 의심의 여지가 없다. 그러나 망명 생활 이전과 이후의 안나의 행동은 그녀가 그 시대의 큰 문화적 질문에 대해 나름의 입장을 형성하고 있었음을 보여준다. 바덴바덴에 머물면서 자신의 인격 형성기에 진보적인 생각을 갖게 해준 유럽과 처음으로 대면한 안나는 신성한 경이로움의 땅과 그 땅이 지탱하는 가치들과 자신의 관계를 다시 생각하게 되었다. 안나에게 가장 시급한 질문은 '러시아의 임무는 무엇인가?'가 아니라, 러시아 작가의 파트너로서 '나 자신의 임무는 무엇인가?'였다. 그 질문은 부부가 유럽에 머무는 내내 그녀를 사로잡았으며, 그녀는 제 때에, 말이 아니라 행동으로 답해야 했다.

룰렛 테이블 사건 이후, 안나는 오래된 일상으로 다시 돌아갔다. 그들이 바덴바덴을 떠날 수 있을 만큼 충분한 돈을 되찾을 때까지 그녀는 남편의 도박 중독을 관리하려고 애썼다. 신혼여행지에서 이틀 이상 머물 것이라고는 상상도 안 해봤지만, 그들은 벌써 거의 두 달 가까이 이곳에 머물고 있었다.

"마치 한 곳에 묶여 있도록 악마가 선고한 것처럼 현재 우리의 상황은 너무 끔찍해서 더 나빠질 수조차 없다. … 도대체 누가 우리를 도와주겠는가? 이 비참한 처지에서 우리를 해방해줄 후원자는 어디에 있는가?"라고 안나는 일기에서 말했다.

벗어나지 못한다면 영원히 지옥에 떨어진 기분일 거라는 걸 알지만, 무슨 돈으로?

부부는 선택의 가능성들을 놓고 저울질을 시작했다. 도스토옙스키는 마이코프에게 어떻게든 돈을 구해달라고 간청할까 하다가 그만두었다. 돈을 빌리기 위해 곤차로프를 찾아가려고 했지만 그는 호텔을 자주 비웠다. 투르게네프에게 의지하는 것은 불가능했다. 엎친 데 덮친 격으로 도스토옙스키는 바덴바덴에서 한 글자도 쓰지 못하고 있었다. 그의 창의적 에너지는 도박을 향한 광기에 눌려버렸다. 하지만 그는 당장이라도 새로운 이야기를 위한 아이디어를 생각해내고, 그 아이디어들을 활용할 수 있는 새로운 출구를 찾아야 했다.

그는 1년 전에 공동 작업에 대해 논의한 적 있었던 작가 이반 악사코프와 연락을 취해보고 싶었다. 하지만 전망이 불확실할 뿐만 아니라 너무 오랜 시간이 걸릴 것 같았다. 결국 그는 다른 잡지에 접근하고 싶다는 유혹에 빠졌다. 즉시 선금을 받는 대가로 1월까지 새 소설을 제공하면 되지 않을까 생각했다. 물론 그것은 그림의 떡이었다. 안나는 그에게 그렇게 빨리 새로운 작품을 생각해낼 수 있는 방법은 없다고 말했다. 카트코프에게 여전히 〈백치〉 연재의 첫 회를 빚고 있는 상황에서, 끝없이 인내해 주고 있는 그 편집자를 실망시킬 위험을 감수할 수는 없었다.

그들은 계획을 하나씩 저울질하고 폐기하기를 반복했다. 안나는 바덴바덴에 계속 머물면 파산이 불 보듯 뻔함을 알고 있었지만 그들에게는 파리로도, 로마로도 옮겨갈 만한 금전적 여유가 없었다. 마침내 그들은 기후가 괜찮은 제네바로 옮겨가기로 결정했다. 기후만큼 중요했던 이유는 카지노가 없다는 것이었다. 아마도 거기에서라면 도스토옙스키는 이 파괴적인 열기를 훌훌 털고 소설을 쓸 수 있을 만큼 스스로를 자유롭게 할 수 있을지도 모른다.

물론 매일매일 그녀가 그런 열정을 불러 모을 수 있는 건 아니었다. 출발 전날, 페댜는 룰렛 테이블로 돌아가서 반지를 전당포에 맡기고 받은 20프랑과 기차 요금 50프랑을 잃었다. 안나는 어쩔 수 없이 기차 요금을 충당하기 위해 자신의 귀걸이를 전당포에 맡겼다. 그런데 출발 한 시간 30분 전에도, 마지막 한 게임을 참을 수 없었던 그는 20프랑을 가지고 쿠르하우스로 돌아가 모든 것을 잃었다. 그가 부끄러워 고개를 숙인 채 아내에게 돌아왔을 때, 그녀는 히스테리를 부리는 대신 그에게 트렁크를 잠그고 집세 지불하는 일을 도와 달라고 말했다.

아무도 배웅해주지 않았다. 바덴바덴에서의 암울한 체류에 어울리는 최후였다. 가방을 들고 계단을 내려오는 바람에 땀에 흠뻑 젖은 부부는 마차에 몸을 싣고 기차역으로 향했다. "마침내 이 저주받은 마을을 떠나게 돼 무척 기뻤다"라고 안나는 고백했다.

"다시는 돌아오지 않을 것이다. 내 아이들이 이곳에 오는 것조차 금지할 것이다. 나는 이곳에서 정말 많은 것을 참았다."

신혼여행이 시작된 지 3개월 지난 때, 그들은 다른 외국 도시로 새로운 여행을 시작하고 있었다. 그들에게는 돈도 없고 친구도 없고 사업적인 전망도 없었고, 가진 것이라고는 남편의 새 소설 〈백치〉의 대략적인 초고 몇 개가 전부였다.

그리고 그녀의 뱃속에는 아이가 자라고 있었다.

삶과 운명

열차가 꼬불꼬불한 라인 계곡을 통과하자 안나는 창밖을 내다 보았다. 바위투성이인 계곡의 강둑에는 늦여름 나무들이 무성하고, 멀리 울창한 숲이 우거진 산에 둘러싸인 스위스의 작은 집들이 보였다. 남쪽으로 내려갈수록 산들은 더 겹쳐 있었고, 바위 봉우리가 구름 위로 솟아올라 있었다. 한참을 달리고 나니 마침내 제네바 호수 끝자락에 자연 그대로의 숲 사이에 자리 잡은, 언덕이 많은 대도시가 시야에 들어왔다.

제네바 시내에서는 증기 전차들이 칙칙거리고 덜커덕거리며 사방으로 지나갔다. 신사 숙녀들이 잔뜩 치장한 채, 반짝이는 보석, 각양각색의 초콜릿과 유럽의 최신 가정용품들로 가득 찬 비싼 상점을 드나들고 있었다. 도스토옙스키 부부는 그곳에서 뭔가 다른 느낌을 받았다. 많은 유럽 도시가 굶주린 군중과 부르주아적 오만함으로 가득 차 있는 데 반해 이 도시는 조용하고 매혹적인 매력을 지니고 있었다. 휴식처 같은 느낌이었다. 바덴바덴의 찌는 듯한 여름 더위를 겪고 난 후에 들이마시는 상쾌한 가을 공기는 안도감을 주었다. 호수의 향기를 실어 나르며 느닷없이 부는 북풍마저도 그 마을이 사람을 진정시켜줄 것이라는 믿음을 안겨주었다. 비록 그 북풍이 도스토옙스키의 발작을 악화시키기는 했지만 말이다.

　도착하자마자 그들은 아파트를 구하러 다녔다. 언덕이 많은 시내 중심에 있는 방들은 너무 비싸서, 몽블랑 거리를 벗어나 다리 건너 좀 덜 비싼 지역을 찾았다. 그곳에서 다리와 장자크 루소 섬이 보이는 매력적이고 넓은 2층 아파트를 발견했다. 안나는 이 건물의 여주인을 만나자마자 좋아하게 되었다. 그 여주인은 드레스덴의 짐머만 부인에게서는 느낄 수 없었던 따뜻한 온기로 그들을 맞이했다. 사실, 그 아파트의 월세는 그들이 감당하기에는 좀 비싼 편이었다. 하지만 남편에게는 편안하게 쉴 공간이 필요했고, 아이가 태어나면 어차피 방이 더 필요할 터였다.

　한 달 집세를 선불로 내고 나자 그들에게 남은 돈은 18프랑이 전부였다. 안나의 어머니로부터 50루블을 받기로 되어 있었고, 마이코프에게 150루블을 빌리기로 했으니 그것으로 몇 달 동안은 겨우겨우 버틸 수 있을 것이다. 게다가 그들은 상황이 절박해지면 소지품을 전당포에 맡겨서라도 가난을 견디는 데 익숙했다. 바덴바덴에서 겪었던 일을 떠올리며 그들은 제네바를 축복으로 받아들이기로 결심했다.

　드레스덴 이후 처음으로 부부는 평범한 일상을 꾸려가게 되었다. 도스토옙스키는 보통 밤에 일하고 오전 열한 시 이후에 기상했는데, 안나는 몇 시간 전에 먼저 일어나 남편이 깨기를 기다렸다. 아침 식사 후에는 안나 주치의의 조언에 따라 산책을 했고, 산책에서 돌아오면 도스토옙스키는 바로 일을 시작했다.

오후 세 시가 되면 적당한 식당을 찾아 점심을 먹은 뒤, 안나가 휴식을 취하는 동안 남편은 몽블랑 거리의 카페에서 유럽과 러시아 신문을 꼼꼼히 읽으면서 몇 시간을 보냈다. 저녁에 그들은 오랫동안 산책을 하면서, 돈이 없어 살 수 없는 보석을 눈으로만 구경했다. 일과를 마치고 집으로 돌아오면 다시 일을 하거나 프랑스어로 된 책을 함께 읽었다. 이 무렵 작가는 〈백치〉를 안나에게 구술하기 시작했다.

그들은 미래의 가족도 꿈꾸었다. 새로 태어날 아이가 아들이라면, 도스토옙스키의 형 미하일의 이름을 따서 미샤로 이름 짓고, 여자아이라면 그의 조카 이름이면서 또한 어린 살인범 라스콜리니코프가 〈죄와 벌〉에서 자신의 죄를 자백한 매춘부 소냐 마르멜라도바의 이름을 따서 소냐로 하기로 했다. 안나는 임신 중 남편의 배려에 감탄했다. 그는 점점 더 그녀에게 의지하게 되었는데, 그 사실을 깨닫는 것이 그녀에게는 작은 기쁨이었다. 그들의 사랑은 어려움을 겪으면서 더 단단해진 것 같았다. 그녀는 아이가 태어나면 그의 사랑이 더욱 커질 것이라고 확신했다.

페댜도 비슷한 마음이었다. "아냐, 우리는 어떤 칼로도 갈라놓을 수 없을 정도로 하나가 되었소. … 곧 소냐가 태어날 것이고, 그러면 두 명의 천사가 있게 되오. 나는 당신이 아이와 어떻게 지낼지, 얼마나 좋을지 상상할 수 있소"라고 그녀에게 말했다.

젊은 아내는 알면 알수록, 새로운 면모로 그를 더욱 놀라게 했다. 마이코프에게 보낸 편지에서, 그는 안나를 "젊고 친절하고 경이로운 사람입니다. 그녀가 내가 상상했던 것보다 더 강하고 깊은 마음을 가졌음을 알게 되었습니다"라고 묘사했다. 자신이 그녀의 삶을 비참하게 만들었을 때조차도 자신을 위로해주는 그녀의 능력에 그는 감탄했다. "안나 그리고리예브나는 그녀의 모든 것, 마지막으로 가지고 있는 것까지 저당 잡혔고 나를 위로하기 위해 얼마나 애썼는지, 그녀가 그 저주받은 도시 바덴바덴의 대장간 위에 있는 방 두 개짜리 아파트에서 얼마나 고달팠는지." 이 모든 것이 승리의 유혹에 저항할 수 없었던 그의 탓이었다. 그러나 그는 "그 어느 것도 결코 나를 정당화시키지 않는다"라고 인식하고, 안나의 방어자이고 보호자로서, 두 사람을 파멸에 이르게 하는 위험을 감수하는 것이 잘못임을 깨달았다.

마이코프에게 보낸 편지에서 도스토옙스키는 종종 예술의 테두리에서 벗어나는 자기 인식의 정도를 보여 준다. 아내를 끔찍한 처지로 몰아넣은 것에 대해 진정으로 반성하면서, 안나에게 고백할 때 흔히 볼 수 있는 연극조의 웃기는 행동 없이도 자신의 나쁜 행동을 책임지고자 했다.

그럼에도 불구하고, 그들의 관계에 대한 그의 묘사는 그들 사이의 역학에 거스를 수 없는 변화가 생겼음을 간과하고 있다. 그는 자신을 안나의 방어자이자 보호자라고 생각했을지 모르지만, 이제는 그녀가 자신과 남편 모두를 완벽하게 돌볼 수 있음이 분명해졌다. 도스토옙스키는 자신의 나이와 병적인 성격을 감안할 때, 스무 살짜리 아내와 그녀 뱃속의 아이에 대응할 수 있는 에너지와 능력이 부족할 수도 있다고 우려했다. 그러나 안나는 남편의 에너지나 열정이 부족하다고 불평하지 않았다. 그녀는 남편의 나이에 전혀 신경 쓰지 않았다. 정확하게 말하자면 그의 매혹적인 인생 경험에 매료되었기 때문이었다. "내가 사랑한 것은 그의 마음과 영혼이었다"라고 그녀는 일기에서 말했다.

러시아를 그리워하는 만큼 그들은 점점 더 유럽을 혐오하게 되었다. 9월에 제1차 국제 평화 회의를 위해 제네바에 많은 유명 인사가 모여들면서 혐오감은 더욱 심해졌다. 평화와 자유의 동맹으로 알려진, 사회 운동가와 급진주의자, 혁명가들로 최근 구성된 단체의 창립 행사인 이 회의는 세계 평화를 이끌기 위해 고안된 사회 개혁의 비전을 제시하기 위해 열린 것이었다. 참석자들 속에는 사회주의 작가 알렉산드르 헤르젠과 유럽에서 망명 생활을 하고 있는 저명한 아나키스트 미하일 바쿠닌과 같은 러시아 혁명 사상가들이 있었다.

처음에 안나는 그러한 중대한 행사가 제네바에서 열린다는 데에 흥분했다. "회의 마지막 날에는 호수에서 야유회를 하고 빅토르 위고가 개인 비용으로 마련한 만찬이 있을 것이다. 나는 그 모든 것을 보고 싶다"라고 그녀는 일기에 적었다.

위고는 건강상의 이유로 마지막 순간에 먼저 퇴장할 예정이었다. 수천 명의 사람이 참석했고, 유럽 전역에서 수만 명의 사람이 이 단체의 목표를 지지하는 탄원서에 서명했다. 1848년의 유럽 혁명으로 거슬러 올라가는 자유의 꿈을 위한 새 생명의 숨결이었다. 많은 사람에게, 그 하루 동안의 행사는 한때 유럽을 지배했던 무지몽매한 야만주의의 종말을 상징했다.

반면, 도스토옙스키는 회의를 한다는 바로 그 자체에 거부감을 느꼈다. 병적인 호기심으로, 그는 안나에게 바쿠닌의 연설을 보러 가라고 권유했다. 물론 그는 한때 젊은 혁명가 집단에 속해 있었기 때문에, 이전에 바쿠닌의 사회주의적 수사학을 들어본 적이 있었다. "그들은 지구상의 평화를 이루기 위해서는 기독교 신앙을 말살해야 한다는 사실에서 출발했다"라고 도스토옙스키는 친척에게 보낸 편지에서 불평했다.

> 큰 국가가 파괴되어 작은 국가가 만들어졌다. 모든 수도를 없앤 뒤 모든 것을 공유하게 하였다. 이 모든 일이 아주 작은 증거도 없이 사라졌고, 20년 전의 기억일 뿐이다. 그 일은 그렇게 남아 있다. 그리고 가장 중요한 것은, 불과 칼이다. 이것들로 모든 것을 파멸시킨 후 – 그들의 의견으로는 – 바로 그때 사실상의 평화가 올 것이다.

파괴를 통한 평화는 사회주의자들의 유토피아적 공식이며 폭력으로 추진되는 자유의 비전이었다. 페트라솁스키 협회에서 활동한 이후 원점으로 돌아온 그는, 인간의 생명을 희생시키는 사회적 진보가 내세우는 것이라면 어떤 비전도 거부했다.

평화 회의에 참석한 안나도 남편처럼 연설의 내용과 연사 사이의 모순을 알아냈다. 한 연사는 진부한 구호를 연달아 외쳤고, 또 다른 연사는 완전히 호전적인 어조로 만점짜리 반전 선언을 했다. 어떤 이탈리아 연사가 "교황을 타도하라!"라고 거듭 외치자 의장은 연사를 연단에서 끌어내려 하였다.

그러나 관중은 그를 응원했고, 관중의 함성이 더욱 커지자, 그는 커다란 제스처를 취하다 누군가의 머리에 물컵을 넘어뜨렸다. 안나 옆에 앉아 있던 한 여성은 돌아서서 그들의 안전을 걱정해야 하는지 안나에게 물었다. 평화적인 모임이니 괜찮을 거라고 안나는 그녀를 안심시켰다. 그렇지만 그녀는 왜 평화 회의가 전쟁 집회처럼 보이는지 궁금했다.

예전에 남편에게서 사회주의자와 혁명가를 폄하하는 말을 듣긴 했다. 하지만 처음으로 그들을 직접 목격하면서 안나 역시 그들의 동기가 진정한 정의와 보편적 화합이 아니라 좀 더 불순한 것에 있음을 직감했다. 그녀는 그 연설의 이면에 분노에 찬 이기주의가 담겨 있음을 느꼈다. 매혹적인 유럽의 삶의 방식이 근본적인 오만함을 점점 더 감추는 듯했다. "이 멍청한 회의는 왜 하는 걸까? 사람들은 할 일이 없어서 여러 회의에 모인다. 회의에서는 거창한 말만 하고 아무 결과물도 내지 못한다. 정말이지, 거기서 에너지를 낭비한 게 후회되었다"라고 그녀는 썼다.

많은 참석자가 그녀와 같은 의견이었고, 평화 회의는 무정부주의적이고 혁명적인 뉘앙스 때문에 그 당시에 널리 비판을 받았다. 한편으로 이 회의를 성공적으로 평가하는 이도 많았는데, 프로이센-프랑스 전쟁 이후 동맹이 브뤼셀에서 재결성되었고 그 참석자들은 유엔의 전신이 된 단체의 철학적 토대를 마련하였다. 평화 회의에 대한 안나의 반응은 의심할 바 없이 가족의 궁핍한 상황으로 인한 불편한 심기가 반영된 것이었다. 그 프로젝트를 향한 남편의 적개심이 그랬듯이. 사실상 제네바에서 이야기 나눌 친구 한 명 없이 지내는 상황이었으므로 그들은 서로에게 좌절감을 표출하는 메아리 방일 수밖에 없었다.

요란한 헛소리가 난무했던 회의 다음 날, 안나는 남편과 평화로운 저녁을 보내고 싶었다. 우체국에 들렀을 때였다. 주머니에 손을 넣던 도스토옙스키가 무심코 구겨진 쪽지를 꺼냈는데, 연필로 무엇인가가 적혀 있는 듯 보였다. 안나가 그 쪽지에 손을 뻗으면서 뭐냐고 물었지만 그는 대답하지 않았다. 그는 적반하장격으로 으르렁거리며 쪽지를 뺏으려고만 했다. 하지만 그녀는 끝까지 쪽지를 놓지 않았다. 결국 쪽지는 찢겨 조각조각 흩어져버렸다. 도스토옙스키는 버럭 화를 냈다. 그녀는 그에게 바보라고 응수한 후 몸을 돌려 집을 향해 걸어갔다.

그녀에게는 남편을 의심할 만한 충분한 이유가 있었다. 몇 달 전 드레스덴에서 남편이 폴리나와 서신 왕래를 한다는 사실을 알았기 때문이다. 그럼에도 불구하고, 타고난 성격은 어쩔 수 없었는지 안나는 자신의 경솔한 행동에 대해 재빨리 자책했다. "나는 정말 형편없는 사람이야! 나는 짜증과 의심, 질투로 가득 차 있다. 나에게 그 쪽지는 새로운 메모로 보였고, 중요한 점은 그 쪽지가 어떤 개인(예를 들면 폴리나)에게서 온 것이라는 것이다. 무슨 일이 있더라도 그 여자와 페댜의 관계가 다시 시작되는 것을 두고봐서는 안 돼"라고 그녀는 일기에서 말했다.

하지만 그건 우편물이 아니라 손으로 전해진 듯이 보이는 종잇조각이었다. 폴리나가 제네바에 있나? 그건 상상도 할 수 없는 일이었다. 남편이 자리를 떠난 것을 확인한 안나는 찢어진 종잇조각을 찾으러 우체국 쪽으로 발길을 옮겼다. 종잇조각을 모아 집으로 달려가는 그녀의 머릿속에는 암울한 시나리오가 펼쳐지고 있었다. 아마도 폴리나가 제네바로 온 거라고 그녀는 생각했다. 페댜는 그녀를 몰래 만나왔을지도 모른다.

"첫 번째 아내를 배신했는데 나를 배신하지 않는다고 누가 장담할 수 있겠는가?"

그녀는 그가 과거의 내연녀를 만나고 있는지 확실하게 알아야 했다. 하지만 얼마 지나지 않아 그녀는 심지어 그런 생각까지 하고 있는 자신을 질책했다.

"그러나 내 인성이 이 정도이고 내가 마음 편히 지낼 수 없다면, 내가 페댜를 너무 사랑해서 질투한 거라면, 어떻게 해야 할까? 신이시여, 그런 비열한 행동을 용서하소서. 절대 불신해서는 안 되는 남편을 감시하고 있는 저를 용서하소서."

집으로 돌아와 글자를 다시 짜 맞춘 후에 안나는 거기에 쓰인 주소를 알아낼 수 있었다. 리베 거리, 블란차드 씨, 지하. 폴리나의 친숙한 글씨체 같기도 했다. 안나는 끔찍한 생각에 휩싸였다. 아마도 그는 바로 이 순간 옛 애인과 함께 있을지도 모른다. 그렇지 않다면 왜 그토록 쪽지를 숨기려 했을까? 그녀는 몹시 흐느꼈다.

"나는 손을 깨물고 내 목을 졸랐다. … 나는 내가 정신이 나갈까

봐 두려웠다."

그녀는 폴리나가 도스토옙스키를 사랑해서가 아니라 그저 자신을 괴롭히기 위해 그에게 돌아왔을 거라는 생각에 사로잡혔다.

"그 여자는 자신이 돌아오면 내가 고통스러워하리라는 걸 알고 있을 것이다. 이제 그들은 예선에 마리아 드미트리예브나를 속였던 것처럼 나를 속일 수 있다고 생각한다."

다음날, 그녀는 그 주소로 가서 폴리나와 직접 대면하기로 결심했다.

"그러면 나는 그를 떠나야 할 것이다."

몇 시간 후 귀가한 도스토옙스키가 도대체 무슨 일이냐고 물었지만, 그녀는 퉁명스럽게 대답하고 남편을 외면했다. 그는 그녀만큼이나 화가 나 있었다. 그녀가 우체국에서 왜 그렇게 대들었을까? 그녀는 무엇을 그렇게 두려워하나? 뭔가 오해가 있는 것 같아서, 종잇조각은 전당포 주인이 보낸 것으로 또 다른 전당포 주소를 알려준 것이라고 아내에게 말해 주었다. 안나는 그를 믿고 싶었지만 그럴 수 없었다. 대신 남편 몰래 동생 이반에게 황급히 편지를 썼다. 폴리나가 아직 모스크바에 있는지 확인해달라는 부탁을 담아서.

밤이 다 가기 전에 부부는 화해했으며, 도스토옙스키는 이 사건을 전날 평화 회의 때문에 생긴 짜증 탓으로 돌렸다. 회의에 다녀온 탓이라는 그의 생각이 완전히 터무니없어 보이지는 않았다. 거기에는 합의보다는 훨씬 더 많은 싸움이 있었다. 그리고 모든 웅변가가 평화가 아니라 전쟁을 선포했다. 그 회의가 군중 속에 잠재된 적대감을 불러일으켰듯이, 부부 내면에 적대감이 생기게 했을 수도 있다. 여전히, 소소한 충돌은 제네바가 보장했다고 생각했던 평온을 방해했다. 안나는 잠을 설쳤으며, 한밤중에 일어나 "내일 내 행복이 모두 파괴되는 건 아닐까?"라고 걱정했다.

다음 날, 도스토옙스키가 작업 중일 때, 안나는 그 비밀스러운 주소를 찾아 리베 거리로 갔다. 거기는 폴리나의 집도 전당포도 아닌, 풍채가 좋은 재봉사 블란차드 부부가 사는 지하 아파트였다. 그녀는 너무 많이 캐물어서 블란차드 씨를 화나게 하면 안 된다고 생각했다. 조각난 종이에 적힌 주소를 잘못 읽었을까? 아니면 블란차드 부부는 그들이 말하는 것보다 더 많은 것을 알고 있을까? 안나는 여전히 의심스러웠고, 남편과 폴리나를 곧 마주칠 수도 있을 거라고 확신했다. 점심 식사 후 도스토옙스키가 낮잠을 자고 있을 때, 안나는 건물 관리인에게 궁금한 것을 물어보려고 리베 거리로 돌아갔지만, 그는 어디에도 없었다.

"나는 모든 걸 철저히 알아내기 위해 그에게 반 프랑을 주려고 마음먹었었다."

안나는 자신을 괴롭혔던 질문에 대해 어떤 답도 듣지 못하였다. 남편과 폴리나 사이에 무슨 일이 일어났든지, 그 일은 그녀에게 풀리지 않은 미스터리로 남았고, 독자들도 거기에 대해 아는 게 없다. 일기장 어디에서도 그녀는 폴리나를 다시 언급하지 않았다. 단 한 가지 주목할 만한 일만 빼고.

몇 주 후, 1867년 10월, 도스토옙스키 부부는 안나의 편지를 찾기 위해 우체국에 들렀다. 도스토옙스키는 발신인이 누구인지 알고 싶어 했다. 그녀가 남편이 폴리나와 부정한 편지를 주고받는 것을 두려워했던 것처럼, 도스토옙스키도 자기 몰래 아내와 자신의 정부가 편지를 주고받을 생각을 했다는 데 경악했다(그런 삼각관계를 경험한 사실을 감안한다면 그가 소설 속에서 이상하고 복잡한 불륜을 묘사할 때 거장의 면모를 보여주는 것이 놀랄 일은 아닌 것 같다.).

사실 그 편지는 그녀의 친구 마리아 스토유니나가 보낸 것으로, 페테르부르크의 최근 소식을 알려주고 다가오는 출산을 축하하고 있었다. 하지만 스토유니나의 필체는 우연히 폴리나의 필체와 닮아 있었는데, 그로 인해 남편이 의심한다 해도 그의 마음을 편하게 해줄 생각이 안나에게는 없었다.

그는 질문을 퍼부었고, 그 편지가 수취인 부담으로 보내졌다는 것을 알고는 분노를 드러냈다. 폴리나가 아내에게 편지를 썼다는 것만으로도 충분히 기분이 나빴는데, 요금까지 내야 한다는 사실에 화가 머리끝까지 치솟은 것이다. 집으로 걸어가는 내내 그는 안나를 질책했다. 그녀는 조용히 편지를 읽으며 그에게서 몇 걸음 떨어져 걸었다. 결국 더 이상 그의 터무니없는 행동을 참을 수 없게 되자 그 편지가 스토유니나에게서 온 것임을 밝혔다.

"친구고 나발이고 간에, 그 여자 때문에 90상팀을 내게 됐다고." 그가 으르렁거렸다.

"돈이 그렇게 걱정된다면, 내가 가서 뭐라도 팔아 당신에게 돈을 줄게요!"라고 안나가 쏘아붙였다. 그걸로 폴리나에 대한 언급은 끝이었다. 그 둘을 거의 갈라놓을 정도였던 집착에 비해 이상할 정도로 갑작스럽게 대단원의 막을 내렸다. 도스토옙스키가 폴리나를 다시 만났다는 증거는 없다. 확인된 바에 의하면, 그들의 마지막 만남은 1865년 11월에 있었다. 그때는 도스토옙스키가 안나를 만나기 거의 1년 전이었다. 대부분의 학자는 그의 결혼 이후 불륜이 흐지부지되었다는 데 동의한다. 수년 간의 사랑과 다툼, 화해를 거친 후, 마침내 폴리나는 그에게 더 이상 그를 사랑하지 않는다고, 흔하게 내세우던 핑계도 없이 노골적으로 말했다. "그녀와 도스토옙스키는 작별을 고했다. 폴리나와 도스토옙스키는 자신들의 길이 다시는 만나지 않으리라는 것을 너무 잘 알고 있었다"라고 학자 마크 슬로님은 썼다.

1867년 가을, 폴리나와 그와의 서신 교환은 끝이 났고, 안나와도 그랬던 것으로 보인다. 아마도 안나는 마침내 남편과 그의 옛 정부 사이의 관계가 끝났다고 확신했을 것이다. 아니면 그냥 그렇게 생각하기로 결심했을지도 모른다. 자신의 관심을 가족과 일에 집중시키면서.

안나는 임신으로 점점 더 힘들어져서 다른 곳에 신경을 쓸 수 없었다. 1867년 말, 그녀의 일기는 대충 적는 몇 줄의 글로 줄어들었다가 완전히 끝이 난다. 무슨 일이 있다면, 폴리나로 인한 위기가 끝날 무렵 도스토옙스키에 대한 그녀의 사랑이 더욱 강렬해 보인다는 것이다. 한 번 이상, 결혼 초기 몇 달 동안, 그녀는 그를 떠날 생각을 했었다. 그러나 그녀는 자신들의 사랑을 지키기로 했고, 그에 대한 믿음과 둘의 유대감에 의지하여 결혼 생활을 이어 나가기로 결심했다.

한편 도스토옙스키에게는, 심각하게 정체된 신작 소설을 쓰는 도중 절망에 빠지지 않도록 자신을 지켜줄 믿음이 필요했다. 그들의 경제 상황은 여전히 엉망이었다. 그는 이미 카트코프로부터 선금을 세 번이나 받았다. 그가 〈백치〉의 첫 회를 보내기 전까지는 카트코프에게 아무것도 요구할 수 없다는 것을 잘 알고 있었다. 한편으로 그는 연재소설이 단행본 계약을 따내는 데 훨씬 유리하리라는 생각에 기대를 걸고 있었다.

"이것은 매우 좋은 소설이어야 한다. 좋은 쪽 말고 그 어떤 다른 식으로 나와서는 안 된다. 절대적으로 그렇게 되어야 한다."

하지만 지난 4개월 동안 그가 한 일이라고는 비사리온 벨린스키에 관한 재미없는 기사와 〈백치〉를 위한 개요 작성뿐이었다. 설상가상으로, 그가 마침내 벨린스키 기사를 게재하기로 한 연감의 편집자에게 원고를 전달해달라고 마이코프에게 부탁했을 때, 그 기사가 행방불명되는 바람에 도스토옙스키가 기대하던 원고료도 물거품이 되고 말았다. 이제 경제난 회복의 희망은 전적으로 〈백치〉에 달려 있었다. 그 소설의 첫 회 마감은 불과 몇 달 앞으로 다가온 1868년 1월이었다.

1867년 10월, 도스토옙스키는 여전히 소설의 개요를 만들었다 버리고를 반복하고 있었다. 스토리 라인은 계속 바뀌었고, 등장인물들은 그의 머릿속에 불분명하게 맴돌고 있었다. 소설 속에서 완전히 아름다운 인간을 그려내겠다는 바로 그 아이디어가 문제였다. 절망의 순간에, 과연 그런 타입의 인간이 존재하는지 궁금했다.

설령 그렇다 해도 러시아나 유럽 사람들이 그의 사심 없는 기독교적 연민에 마음을 열까? 그 대답은 '아니오'였다. 그래서 그는 그 책이 더욱 더 쓰고 싶어졌다.

1867년 봄, 도스토옙스키가 모스크바에서 카트코프에게 소설에 대한 아이디어를 처음 꺼냈을 때는 그 소설이 무엇에 관한 것인지 정도, 단지 어림짐작만 있었을 뿐이었다. 자신의 의도가 분명해진 지금, 그는 이 엄청난 창의적 도전에 겁이 났다. "이보다 더 어려운 일은 없다고 생각합니다, 특히 우리 시대에는. 나의 절망적인 상황 때문에 어쩔 수 없이 아직 구상이 끝나지 않은 아이디어로 일을 시작할 수밖에 없습니다. 나는 룰렛에서처럼 위험을 무릅쓰기로 했습니다. '아마도 글을 쓰면서 구상하게 될 거요!' 그건 용납할 수 없는 일이지만 말입니다"라고 마이코프에게 말했다.

아마도 용납할 수 없겠지만, 창작을 위한 이런 종류의 위험한 줄타기는 도스토옙스키의 글쓰기 과정에 룰렛만큼이나 필요한 것이었다. 그가 룰렛 바퀴가 돌아가는 것을 보면서 관능적인 현기증을 느꼈듯이, 예술적 창작에 내재된 위험, 즉 작품이 완성될 수 있는지 알지 못한 채 아이디어에 모든 것을 거는 위험을 느껴야 했다. 이 것이 도스토옙스키가 소설을 위한 아이디어가 무르익기 훨씬 전에 자주 선금을 받는 이유 중 하나이다. 그는 금전적인 필요만이 아니라 창조적 위험에 대한 갈망에도 이끌리고 있었다.

〈백치〉는 정말 많은 일을 해줘야 했다. 당연히 많은 독자에게 큰 인기를 끌어야만 했다. 그래야 돈을 많이 받고 단행본 출판 계약을 맺을 수 있었다. 그러나 도스토옙스키의 보다 강력한 동기는 따로 있었다. 그것은 진정한 사회적 진보는 제네바 평화 회의의 혁명적 비전에서 나오는 것이 아니라 러시아 국민이 구현한 겸손과 친절이라는, 그의 소중한 기독교적 이상을 통해서만 이루어질 수 있다는 것을 서구 사상으로 철저하게 타락한 러시아인들에게 확신시키는 데 있었다. 이는 그가 몇 년 동안 〈시간〉, 〈시대〉의 지면과 〈겨울에 쓴 여름 인상〉 및 그의 소설에서 주장해 온 입장이기도 했다.

그가 밤늦게까지 일하면서, 신경질적으로 서성거리고, 실룩거리고 혼잣말을 중얼거리자, 안나는 그런 과정이 건강을 해치지 않을까 걱정했다. 그를 도와주고 싶었지만 어떻게 해야 할지 막막했다. "오 하나님, 그의 소설이 완성되기를 온 마음을 다해 바랍니다"라고 그녀는 일기에 썼다.

"그것이 나의 가장 진정한 소망이다. 나는 그 일을 위해 끊임없이 기도한다."

그녀에게는 걱정해야 할 또 다른 이유가 있었다. 그의 도박 충동이 돌아오고 있었던 것이다. 도스토옙스키는 작센 레 뱅에 가는 이야기를 하기 시작했다. 그곳은 스위스 알프스에 자리잡은 멋진 도박 휴양지로 기차로 약 다섯 시간 거리에 있었다.

"그는 분명히 그곳에 가고 싶어 한다. 정말 이상한 남자다. 운명은 그를 크게 벌하고, 룰렛으로 부자가 될 수 없음을 여러 번 보여준 것 같다. 아니, 이 남자는 구제 불능이다. 그는 부자가 될 거라고, 당연히 이길 거라고 여전히 확신하고 있다. 그는 틀림없이 항상 그렇게 확신할 것이다."

안나는 그녀의 일기장에 털어놓았다.

11월 초가 되자 도스토옙스키의 창작의 고통이 두 사람 다를 견딜 수 없게 만들자 안나는 남편의 도박 충동을 받아들였다.

"우울한 생각에서 벗어나게 해주고 싶어서, 룰렛으로 행운을 한 번 더 시험해 보러 작센 레 뱅으로 여행을 떠나보라고 그에게 제안했다."

그녀의 허락에 뛸 듯이 기뻐한 도스토옙스키는 즉시 리조트로 떠났다. 그는 도착하자마자 곧장 카지노로 갔다. 그날 늦게 그는 처음 몇 시간의 고통에 대해 설명하는 편지를 보내면서, 애초에 그를 카지노에 가게 해준 안나를 꾸짖었다. "오, 여보. 당신은 내가 룰렛 바퀴에 접근하는 걸 허락조차 하지 말아야 했소. 룰렛 바퀴를 만지는 순간 나는 심장이 멈추고, 팔다리가 떨리고 차가워짐을 느끼오"라고 그는 썼다. 그리고 그녀에게 약속했다.

"나는 나 자신에게 정직하고 위대한 약속을 하겠소. 오늘 밤 여덟 시부터 열한 시까지만 매우 신중하게 … 게임할 것을 당신에게 맹세하오."

다음 날, 그녀는 너무나 익숙한 말로 시작하는 편지를 받았다.

"아냐, 여보. 나는 모든 것을, 정말 모든 것을 잃었소!"

그러나 바트홈부르크에서 보냈던 그의 편지들과는 달리, 이번에는 자신만의 이기는 방식으로 돈을 따서 집으로 돌아오겠다는 말로 그녀를 설득하려는 시도는 없었다. 대신 그는 "소설만이 우리를 구할 수 있을 것"이라고 인정했다. 그는 심지어 자신의 손실을 신의 선물에 빗대어 이야기하면서, 1865년 비스바덴에서 일어난 불운한 도박 사건 이후 솟구쳐 나온 창의력 덕분에 〈죄와 벌〉을 집필할 수 있었음을 안나에게 상기시켰다.

"이보다 더한 지옥불에 있기도 어렵겠지만, 나의 일이 이 어려움을 헤쳐나갈 수 있도록 해 주었소. 나는 사랑과 희망을 가지고 일을 시작하겠소. 당신은 2년 후에 어떤 일이 일어날지 보게 될 것이오."

하지만 자신의 행동을 어떤 식으로 정당화하더라도 도박은 용서될 수 없는 것임을 그는 알고 있었다. 그가 할 수 있는 거라곤 안나를 안심시키는 것뿐이었다.

"내가 당신에게 가치 있는 사람이 되어 더 이상 추잡하고 비열한 도둑처럼 당신을 강탈하지 않을 때가 올 것이오!"

그녀의 존경을 되찾기 위해, "절대, 다시는 도박을 하지 않겠다"라고 그는 약속했다.

그녀는 이전에도 그 모든 말을 들은 바 있었다. 약속, 자책, 존중해 달라는 절박한 간청. 조금 달랐던 것은 도스토옙스키가 도박이 자신의 창조적인 과정에 필수적 요소임을 이해하는 것처럼 보인다는 것이다. 작센 레 뱅에서 보낸 이 편지에 들어 있는 그의 모든 주장 중에서, 적어도 이 말만은 그럴듯하다는 것을 알 만큼 안나는 눈치가 빨랐다. 그럼에도, 바덴바덴에서 그와 똑같은 구렁텅이 근처에서, 그 아찔한 어둠을 경험한 바 있는 그녀는 고요한 마음으로 멀리서 그의 광란을 바라볼 수 있었다.

"룰렛 테이블에서 그가 졌다고 해서 특별히 비통해하지는 않았다. 나는 그렇게 될 것을 예상했고 모든 돈을 잃게 되리라는 생각에 익숙해졌기 때문에 철학적으로, 냉정하게 받아들였다"라고 그녀는 일기에서 말했다. 그녀는 도박으로 빚어진 참사를 덮기 위한 거창한 약속에도 마찬가지로 익숙했다. 그는 우겼다.

"친구여, 내가 당신을 망쳤다고 슬퍼하지 마시오. 우리의 미래를 걱정하지 마시오. 내가 모든 것을, 정말 모든 것을 바로잡겠소!"

그러나 이제 그녀는 그런 약속이나 뒤이은 복잡한 계획에 그다지 관심을 갖지 않았다. 그 계획이라는 게 환상에 젖어 있을 뿐더러 납득되지도 않았기 때문이다. 그녀가 진지하게 받아들이는 것은 그의 예술뿐이었다. 남편이 제네바에 돌아오자마자 몇 달 동안 보지 못했던 집중력으로 글을 쓰기 시작했을 때 안나가 그토록 기뻐했던 것도 그런 이유 때문이었다.

23일 만에, 그는 〈러시아 메신저〉 1월호에 실릴 〈백치〉의 분량으로 약 93쪽을 써냈다. 안나가 작센 레 뱅에 가도록 부추겨서 한 도박의 효과를 본 셈이다. 더욱이 소설의 첫 부분이 구체화되면서, 그들은 이 작품이 자신들을 경제적 곤궁에서 구해줄 책이 될 수도 있겠다고 믿기 시작했다.

〈백치〉는 가난하고 오래된 귀족 출신의 20대 중반 청년 미쉬킨 공작의 이야기를 다룬다. 그는 스위스에서 4년간 뇌전증 치료를 받고 이방인이 되어 고국 러시아로 돌아온다. 그는 자신의 일용품이 담긴 작은 가방 한 개만 달랑 들고 나타났으면서도 기독교적인 선행을 통해 추락한 사회적 지위를 회복할 수 있을 것이라고 확신하는 인물이다.

미쉬킨(그의 이름은 '쥐'라는 의미의 미쉬카에서 유래한다)에게는 정말로 거부할 수 없는 순수한 뭔가가 있다. 그건 그의 성격이, 만나는 사람마다 마음을 누그러뜨리게 하면서도 동시에 불편하게 한다는 것이다. 그의 먼 친척인 에판친의 집에서 미쉬킨은 거만하고 버릇없고 몽환적인 아글라야 에판치나를 만나게 되는데, 그녀는 공작의 순수한 선량함에 묘한 매력을 느낀다. 미쉬킨은 아름답고 불같은 성격의 나스타야 필리포브나 바라시코바의 모습을 훔쳐본다. 그녀는 부유한 지주의 유혹에 넘어갔으나 나중에 버림받는 인물이다.

공작은 그 두 여자 모두에게 마음이 끌렸다. 아글라야는 막 시작하는 연애에 대한 관심으로 끌렸고, 나스타샤는 기독교적인 연민의 대상으로 끌렸다. 그는 아주 다른 성격의 두 사랑 중 그 어느 쪽도 선택하지 못하고 있었다.

그러던 중 무자비한 데다 질투심이 심한 파피온 로고진과 함께 삼각관계에 휘말린다. 나타샤를 열렬히 사랑하는 로고진은 그녀를 얻기 위해 수단과 방법을 가리지 않는 인물이다. 로고진은 미쉬킨을 좋아함에도 불구하고 자신의 사랑을 위해 공작을 죽이려 한다. 그런데 마지막 순간에 미쉬킨이 심한 발작을 일으키자 충격과 공포에 질린 로고진이 달아나면서 공작은 목숨을 구한다.

실제 줄거리는 살인적인 분노와 강렬한 심리극으로 가득 찬 기이한 사랑 이야기로 구성되어 있다. 그 두 요소로 〈죄와 벌〉이 그렇게 성공했었다. 드디어 글쓰기가 잘 되어가는 중이었다.

이로써 안나는 마음을 놓게 되었다. 출산 예정일이 다가오므로 부부는 출산 준비에 점점 더 마음을 썼다. 안나의 상태와 마음의 평안을 걱정했던 도스토옙스키는 설날 이후에 안나의 어머니가 제네바로 와 그들과 함께 머물 수 있도록 어머니를 초대했다(스니트키나 부인은 안나가 출산할 때 같이 있고 싶었으나 병에 걸려 5월 초에야 제네바에 도착했다.). 그 사이, 도스토옙스키 부부는 바로드 부인을 분만을 도와줄 산파로 정했다. 곧 아버지가 될 사람으로서 그는 임신한 아내를 돌보는 일에 큰 기쁨을 느꼈고, 출산일을 대비해 매일 바로드 부인의 집까지 찾아가는 연습을 했다.

12월에 그들은 몽블랑 거리에 있던 집보다 조금 더 큰, 방 두 개짜리 아파트로 이사했다.

"안나 그리고리예브나는 경외심을 가지고 아이를 기다려왔고, 미래의 우리 손님을 진심으로 사랑하며, 쾌활하고 용감하게 견디고 있습니다. 하지만 최근에 그녀는 신경이 곤두서 있고, 죽을 지도 모른다는 생각에 우울해 합니다"라고 도스토옙스키는 마이코프에게 썼다.

1월 말, 날씨가 험악해졌다. 몇 주 만에 도스토옙스키는 두 차례 발작을 일으켰다. 2월 20일 밤에 있었던 두 번째 발작은 그를 멍하게 만들었는데, 이후 심하다 싶을 정도로 쇠약해진 도스토옙스키는 서 있는 것조차 힘들어했다. 바로 그날, 남편을 잠자리에 들도록 권유하고 난 후 한 시간이 지났을 때, 안나는 복부에 통증을 느꼈고, 이는 매 시간 더 심해지고 있었다. 진통이 시작된 것이다. 그녀는 남편을 깨우고 싶지 않아서 할 수 있는 한 오랫동안 혼자서 고통을 참았다. 세 시간 후, 그녀는 그의 방으로 살금살금 걸어 들어 갔다. 그리고 자고 있는 그의 어깨를 가볍게 두드렸다.

"무슨 일이야, 아네치카?"

그는 중얼거렸다.

"진통이 시작된 것 같아요. 너무 힘들어요."

"정말 안 됐소."

그는 부드럽게 말하고는 다시 잠들어버렸다.

안나는, 남편이 너무 쇠약해져서 다시 발작이 일어날 위험을 무릅쓰지 않는 한 산파에게 가지 못할 거라는 사실을 깨달았다. 그래서 가능한 한 오랫동안 홀로 견디려고 노력하면서, 어머니가, 이반이, 누구라도 자신을 도와줄 사람이 곁에 있었으면 하고 간절히 바랐다.

"나의 유일한 보호자이자 방어자인 남편이 속수무책인 상태에 있었다."

폭풍우가 몰아치고 바람과 비에 창문이 덜컹거리자 그녀는 밤새도록 열렬히 기도했다. 다음날 아침, 그녀는 도스토옙스키를 깨웠다. 그는 아내가 밤새 고통 속에 있었음을 깨닫고 즉시 옷을 입고 바로드 부인을 데리러 달려나갔다.

그런데 문을 연 산파의 하인이 여주인은 방금 돌아와 쉬는 중이니 깨우지 말라지 않는가. 우두망찰하고 있던 소설가는 당장 그녀를 깨우지 않으면 유리문을 부숴버리겠다고 소리쳤다. 그러자 바로드 부인이 즉시 나타났고, 그들은 함께 안나에게 갔다. 산파는, 산모의 부주의로 진통이 방해받았다고 꾸짖으며, 경과를 확인하기 위해 일곱 여덟 시간 후에 다시 오겠다며 돌아가버렸다.

하지만 여덟 시간이 지나도 산파는 오지 않았다. 도스토옙스키는 다시 그녀를 데리러 갔지만 그녀는 친구들과 식사하러 나간 후였다. 그를 보고 겁에 질린 하인이 주소를 알려줬고, 도스토옙스키는 그녀를 찾아냈다. 그는 바로드 부인에게 안나의 상태를 확인하러 같이 가야 한다고 우겼다. 그녀는 자신이 보기에 안나의 진통이 안 좋게 진행되고 있으며, 늦은 저녁 전에는 아이가 나오기 힘들 것 같다고 간단하게 설명한 후, 이따가 가겠다고 약속하고는 식사를 마치러 가버렸다.

밤 아홉 시가 되어도 산파가 나타나지 않자 도스토옙스키는 세 번째로 그녀를 데리러 갔다. 바로드 부인은 친구들과 하는 로또 게임을 하고 있었다. 도스토옙스키는 만약 당장 따라나서지 않으면 그녀를 그 자리에서 해고한 후 다른 산파를 찾겠다고 선언했다. 그 위협은 효과가 있었다. 친구들에게 양해를 구한 후, 그녀는 도스토옙스키와 함께 안나를 보러 왔다. 안나 곁에 도착한 바로드 부인은 불평했다.

"오, 이 러시안들, 이 러시아인들!"

도스토옙스키는 자신의 거친 언사를 사과하기 위해 바로드 부인에게 전채요리와 달콤한 디저트, 와인으로 구성된 훌륭한 저녁을 대접하였다. 이 일에 대해 들은 안나는 매우 기뻐했다. 그녀가 진통하는 동안 잔뜩 긴장해 있을 남편을 바쁘게 할 수 있는 일이라고 생각했기 때문이었다.

"그의 얼굴에 고통스러운 표정이 역력했다."

그녀는 나중에 그 힘들었던 시간을 회상했다,

"정말 절망적이었다!"

그가 흐느끼는 소리를 들으면서 그녀는 자신이 실제로 죽을지도 모른다는 두려움에 떨기 시작했다. 내가 죽으면 그는 어떻게 될 것인가?

"나는 나 자신보다 남편이 너무 불쌍했다. 그에게 내 죽음은 크나큰 비극이 될 수도 있었다. 바로 그때 나와 미래의 아이에게 그가 얼마나 간절한 희망과 기대를 가졌는지 깨달았다. 표도르 미하일로비치의 충동적이고 구속되지 않은 본성에 비추어 봤을 때, 이러한 희망이 갑자기 무너지면 그는 끝날지도 모른다"라고 그녀는 기억했다.

바로드 부인은 안나가 남편에게 신경쓰느라 진통을 참고 있다고 경고하면서 그의 분만실 출입을 완전히 금지했다. 안나는 진통이 심해지자 반복적으로 의식을 잃었고, 낯선 간호사의 시선을 받으면서 깨어났을 때는 자신이 어디에 있는지, 무슨 일이 일어나고 있는지 전혀 알지 못하는 경우가 많았다. 그래도 정신이 들 때마다 산파나 간호사에게 남편의 상태를 확인해달라고 부탁했다.

2월 22일 새벽 다섯 시쯤, 안나의 비명이 멈췄다. 문 밖에서 무릎을 꿇고 성호를 긋고 있던 도스토옙스키는 낯선 울음소리에 깜짝 놀랐다. 두 번째 울음소리를 듣고 나서야 비로소 아기가 태어났음을 깨달았다. 자신의 아기, 그들의 아기였다. 그는 기쁨에 겨워 문을 밀치고 들어가 침대 옆에 몸을 던지면서 그녀의 손에 입을 맞추었다.

"우리의 꿈이 이루어져서 둘 다 너무 행복했다. 새로운 존재, 우리의 첫째 아이가 세상에 태어났다!"

안나는 회상했다.

산파는 아기를 씻겨 천으로 감싼 후 산모에게 안겨 주며 딸의 탄생을 축하했다. 도스토옙스키는 소녀에게 십자를 긋고, 아기의 작고 주름진 얼굴에 입을 맞추며 말했다.

"아냐, 이것 봐, 얼마나 아름다운지!"

안나도 어린 딸을 보니 기뻤고, 남편의 부드러운 얼굴을 보는 것도 즐거웠다. 이 모든 것이 그녀에게 이전에는 경험한 적이 없었던 행복감을 느끼게 해주었다.

이후 몇 주 동안 도스토옙스키 부부의 집은 기쁨으로 가득 찼다. 그들은 부모 역할을 하느라 부산을 떨었다. 안나는 어린 소녀를 향한 남편의 다정함에 반했는데, 그는 아버지가 된 기쁨에 관한 황홀한 편지까지 썼다. 아이를 목욕시킬 때마다 남편이 곁에 있어줘 안나는 기뻤다. 그는 아기를 작은 면 담요로 감싸 안고 방안을 오락가락하다가 좌우로 흔들어주는 것을 좋아했다. 울음소리가 들리면 그는 곧장 일을 중단하고 소녀를 확인하러 갔다. 안나는 그가 딸의 요람 곁에 몇 시간 동안 앉아 터무니없는 목소리로 말하고 노래하는 모습을 지켜보곤 했다. 그가 밖에 일이 있어 나갔다 오는 날이면 제일 먼저 하는 일이 소녀의 안부를 묻는 것이었다.

"소냐는 어때? 잘 잤나? 밥은 먹었고?"

제네바에 봄이 왔다. 소녀의 출생 이후 첫 주 동안의 행복한 피로가 온 집안에 드리워져 변함없는 광채 속에 자리잡고 있었다. 그래도 불안감은 여전히 부부 곁을 맴돌고 있었다. 아기가 태어나면서 지출이 늘었다. 도스토옙스키에게는 저당 잡힌 물건을 되찾기 전에 갚아야 할 빚이 남아 있었다. 엎친 데 덮친 격으로, 아기의 울음소리 때문에 항의하는 주민 때문에 이사하면서 추가 비용이 생겨났다. 부부가 몹시 필요로 했던, 〈러시아 메신저〉에서 보내는 원고료의 지불이 늦어지고 있었다. 하지만 약속했던 〈백치〉의 두 번째 편을 보내기 전에는 더 이상 원고료 지불을 졸라댈 수 없는 상황이었다.

창의력을 충전해야겠다는 생각에 작가는 작센 레 뱅으로 다시 여행을 떠났다. 이번에는 도착한 지 30분도 안 돼 모든 돈을 잃었다.

"이제 당신에게 뭐라고 말할 수 있을까? 이토록 괴롭힘을 당하는 나의 천사여. 용서해 주시오, 아냐. 내가 당신의 삶에 독을 뿌렸소!"

그는 즉시 안나에게 편지를 썼다.

그러나 그날 저녁 늦게, 늘 그렇듯 솟구치는 영감을 느낀 그는 안나에게 "이 비열하고 야비한 일이 지금 일어나지 않았다면, 220프랑을 이렇게 버리지 않았다면, 아마도 지금 나에게 떠오른 놀랍고 훌륭한 아이디어도 없었을 것이오. 그 아이디어는 궁극적으로 우리를 구하게 될 것이오!"이라고 쓰며 그녀를 안심시켰다.

그는 카트코프에게 편지를 쓰겠다고 말했다. 딸이 태어나 원고가 늦어지고 있는데, 소설을 완성하기 위해서는 기후가 좋은 곳으로 이사해야 하지만 어쨌든 가을쯤 책이 완성될 것이고, 이 책이 작품성을 인정받는다면 단행본으로 번 수입으로 빚을 갚고 마침내 러시아로 돌아갈 수 있을 것이라고 설명하겠다는 것이다. 카트코프가 지금 300루블을 더 보낼 줄 수만 있다면, 다음 몇 달은 버틸 수 있으리라.

"가장 중요한 일은 내 소설을 성공시키는 거요! 이 소설이 성공하면, 모든 것이 해결될 것이오."

그가 안나에게 말했다.

우리가 아는 한, 도스토옙스키는 카트코프에게 이 편지를 쓰지 않았다. 안나가 쓰지 말라고 그를 설득했을지도 모른다. 어쨌든, 그는 새로운 에너지를 가지고 제네바로 돌아와 자신의 일에 몰두했다.

봄 날씨는 여전히 아름답고 따뜻했다. 가족은 의사의 권유로 호화로운 영국식 정원에 가 오랫동안 산책을 즐겼는데, 그러는 사이 어린 소냐는 유모차에서 몇 시간 동안 깊은 잠을 잤다. 그러나 5월 초, 그 나들이길에 북풍이 몰아치는 바람에 아기는 감기에 걸렸다.

산책을 마치고 집에 들어서자마자 소냐는 기침을 하면서 고열에 시달렸다. 그들은 즉시 제네바 최고의 소아과 의사를 찾아갔는데, 그는 심각한 상태는 아니라며 부부를 안심시켰다. 의사의 말에 부부는 안도의 한숨을 내쉬었다. 그 후 의사는 정기적으로 소냐의 상태를 점검하고, 기침과 열이 있긴 하지만 아기는 회복되고 있다는 말로 걱정하는 부모를 진정시켰다.

며칠이 지난 5월 12일 아침 - 의사가 왕진을 마치고 세 시간쯤 지난 후였다 - 부부는 요람에서 여전히 창백한 상태로 누워 있는 소냐를 발견했다. 아기는 숨을 쉬지 않았다. 몇 시간 전에 이미 사망했던 것이다.

그때의 트라우마는 부부를 고통으로 얼어붙게 했다. 이후 이틀 동안 부부는 서로의 곁을 떠나지 않았다. 그들은 딸의 매장 허가를 얻기 위해 관공서를 차례로 방문했다. 장례식 날이 되자, 하얀 새틴 드레스를 입은 딸의 시신을 관에 안치했다.

며칠 후 그들은 러시아 교회에서 장례 미사를 치른 후, 도시 한복판에 있는 오아시스인 플랑팔레의 공동묘지로 관을 옮겼다. 새들이 지저귀고 햇살이 밝게 빛나는 가운데 공동묘지 구석 조용한 곳에 자리한 어린이 구역에 소녀를 묻었다. 그들은 제네바에서 체류하는 기간 내내 매일 꽃을 들고 묘지를 찾아가 자식을 잃은 슬픔에 흐느꼈다.

도스토옙스키는 딸의 죽음의 원인을 제네바의 변덕스런 기후가 아니라 스위스 의사의 오만함과 간호사의 무능함에서 찾았다. 그가 항상 스위스인들을 싫어한다는 것을 안나는 알고 있었다. 가장 극심한 슬픔을 겪는 시기에 많은 스위스 사람이 보여준 냉혹함과 무정함, 자식을 잃고 슬픔에 빠진 부모의 울음소리가 시끄럽다며 하녀를 보내 항의하는 이웃들로 인해 이러한 혐오는 더욱 심해졌다.

그러나 도스토옙스키 부부가 더 이상 제네바에 머물 수 없는 사정이 생긴다 해도 - 게다가 그곳은 딸을 잃은 상처를 계속 상기시켰다 - 그들에게는 다른 곳에 갈 만한 경제적 여유가 없었다. 할 수 없이 그들은 제네바 호수의 반대쪽 호숫가에 있는 브베라는 마을로 이사하기로 결정했다.

호수를 건너가기 위해 네 시간 동안 타야 하는 증기선에 자리 잡았을 때, 안나는 소냐가 죽은 지 몇 주 만에 핼쑥해지고 움푹 패인 남편의 얼굴을 응시했다. 그가 평생 동안 억눌러 왔던 슬픔을 쏟아냈을 때 안나는 비통한 마음으로 그의 이야기를 들었다. "그와 함께 살면서 처음으로 평생 그를 핍박했던 운명에 맞서 격렬하게 외치는 소리를 들었다." 안나는 회상했다.

그는 사랑하는 어머니가 세상을 떠난 뒤 쓸쓸했던 청춘 시절을, 자신에게 등을 돌린 문학 친구들의 비웃음과 옥중 시절의 깊은 고통을 이야기했다. 또한 자신이 갖고 있던 가장 큰 소망에 대해서도 세세히 털어놓았다. 그것은 첫 번째 아내와는 결코 이룰 수 없었던, 자신만의 가족을 갖는 것이었다. 이제, 아이를 갖는 이 위대하고 유일한 인간의 행복이 마침내 그를 찾아왔지만 운명은 그 행복을 낚아채버렸다.

안나가 그를 위로하려고 애쓰면서 지금 자신들이 겪고 있는 비극을 받아들여야 한다고 애원했지만 그는 아직 그럴 준비가 되어 있지 않았다. 아직은 아니었다. 도스토옙스키는 마이코프에게 썼다.

"참을 수 없는 순간들이 있습니다. 나는 결코 그 순간을 잊지 않을 것이고, 계속 불행하게 살 것입니다. 다른 아이가 태어난다고 해도 어떻게 그 아이를 사랑할지 모르겠습니다. 어디서 그 사랑을 찾을지 모르겠어요. 난 소냐가 필요해요. 나는 그 아이가 떠났다는 것을 인정할 수가 없습니다."

아아, 브베로 이사를 했는데도 그들은 위안을 얻지 못했다. 훗날 안나가 썼다.

"결혼 생활 14년 동안 남편과 내가 1868년 브베에서 보냈던 때보다 더 비참한 여름은 없었다. 삶이 멈춘 것 같았다."

호수 근처를 산책할 때면 그들의 눈은 어느새 어린 딸이 묻혀 있는 마을을 힐끗거리고 있었다. 길을 걷다 마주치는 모든 아이가 소녀를 잃었다는 슬픔을 뼈저리게 상기시켰다. 둘이 함께 할 시간을 마련하기 위해 산으로 가는 여행도 별 도움이 되지 않았다. 끊임없는 기도와 어머니의 꾸준한 위로 덕분에 적어도 안나는 슬픔을 서서히 달랠 수 있었다. 하지만 그녀의 남편은 그러지 못했다. 그의 주변을 휘감은 슬픔의 장막은 쉽사리 걷히지 않았다.

몇 달 뒤인 1868년 9월 초, 안나는 시동생 니콜라이에게 그들의 끔찍한 슬픔에 대해 편지를 썼다.

"소냐가 살아 있었던 3개월 동안 얼마나 행복했는지 모릅니다. 더 이상 필요한 것이 없을 정도로 충만한 삶이었습니다. 우리 소냐는 정말 사랑스럽고 조용한 아이였어요. 그 아이는 우리를 알아보았고, 우리를 보고 웃었고, 페댜가 노래를 불러주면 그렇게 좋아할 수가 없었어요."

그런 다음, 늘 그렇듯 안나는 초점을 자신이 아니라 남편에게로 옮겼다.

"가엾은 페댜, 그는 당신이 믿지 못할 정도로 고통스러워하고 있고, 단지 또 다른 아이가 생길 거라는 생각만으로 자신을 위로하고 있습니다."

도스토옙스키 학자들은 작가가 소설에서 안나 같은 여성을 그린 적이 없으며, 대신 그의 정부인 폴리나 수슬로바를 구현한 팜므 파탈을 선호한다고 보았다. 하지만 그가 초월적인 연민을 주제로 〈백치〉의 이야기를 구성할 때, 소설 중심에 있는 완벽하게 아름다운 인간은 안나에게서 영감을 받았음이 분명했다.

"나는 당신 없이는 살 수 없소, 아냐."

제네바에서 늦은 밤, 그는 굿나잇 키스를 하면서 말했다.

"그리스도가 오신 것은 당신 같은 사람들을 위해서요. 당신을 사랑해서 하는 말이 아니라 당신을 알기 때문에 하는 말이오."

생존을 위한 매일의 투쟁, 창조와 자기 파괴 사이를 쳇바퀴 돌듯하는 남편, 갑작스런 딸의 죽음으로 점철된, 어쩌면 결혼 생활에서 중 가장 힘들었던 시절에도 안나는 그의 곁을 지키며, 거의 그리스도처럼 보이는 강렬함과 이타심으로 그를 사랑했다.

악령

　도스토옙스키는 여름을 시작하기 위해 억지로 글을 쓸 수밖에 없었다. 그는 조카에게 "글을 쓰는 일이 얼마나 불쾌하고 역겨운지 모르겠다"라고 말했다. 오롯이 아름다운 인간을 그리느라 고군분투하면서도, 자신의 영웅 이야기가 삶의 추악한 현실을 공정하게 반영하고 있는지 의구심이 일었다. 그 현실에는 최근 몇 달간 작가자신이 그토록 고통스럽게 견뎌온 시간도 포함되었다. "그는 매 순간 스스로에게 질문한다. '내가 옳은가, 그들이 옳은가'"라고 도스토옙스키는 소설을 위한 노트에 적었다.

　설상가상으로, 그는 순수하게 예술적인 관점으로 봤을 때 그 책이 좋은 건지 아닌 건지 명확히 알 수 없었다. 그러나 도스토옙스키는 돈키호테 같은 미쉬킨 공작처럼 이 일을 추진했는데, 이제 불가피한 상업적 도박이 아니라 극히 개인적인 윤리에 관한 진술의 성격을 띠게 되었다. 그는 마이코프에게 말했다.

　"모든 것, 나의 운명은 이 소설의 성공에 달려 있다!"

　연재되는 각 편을 계획하는 단계에서 소설의 줄거리는 그의 상상 속에서 계속 진전을 이루고 있었다. 비록 예측 불가능한 방향으로 전개되었지만 말이다. 로고진의 칼로부터 자신을 구해준 발작에서 회복한 미쉬킨은 아글라야 에판치나에게 도움을 구한다. 이 이상하고 어색한 남자의 의도에 불신을 느낀 에판친 부부는 고상한 사교 모임에 참석한 공작의 행동을 살펴보기 위해 저명한 손님들이 참석하는 모임을 주최한다. 물론 그는 제대로 해내지 못한다. 그는 지구상의 보편적 화합에 필요한 러시아 정신과 잠재력의 우월함에 대해 열정적인 강의를 시작한다. 그러나 너무 열성적으로 장광설을 늘어놓는 바람에 또 한 번 발작을 일으킨다.

작품은 뜻밖에 비극적인 방향으로 움직이기 시작했다. 이는 이 부부의 삶을 반영하는 것과 다름없었다. 가을이 되자 즉시 상황을 바꿔야 한다는 것이 명백해졌다. 그렇지 않으면 그들 둘 다 우울증으로 죽을지도 모를 일이었다. 9월에 그들은 브베를 떠나 남동쪽으로 300km 넘게 떨어진 밀라노로 갔다. 생플롱 고개를 여행하고 매력적인 카브리올레를 타고 이탈리아 쪽으로 내려오면서 고산의 야생화를 채집했다. 평온한 산바람과 고향에 있는 러시아 농민들을 떠올리게 하는 롬바르디아 농민들의 모습은 그들에게 좋은 영향을 주었다.

그러나 이탈리아 생활의 고요한 리듬 속에서도 새로운 폭풍이 일고 있었다. 그해 밀라노의 가을은 추운 데다 비까지 내려 부부의 마음속 황량함을 반영하는 듯했다. 도스토옙스키는 10월에 마이코프에게 썼다.

"안나 그리고리예브나는 참고 있지만 러시아를 그리워합니다. 우리 둘 다 소냐를 생각하며 울었습니다. 나는 그녀가 비참하다는 것을 압니다. 우리는 거의 1년 반 이상 서로를 사랑하고 있지만 그럼에도 불구하고 그녀가 이토록 슬픈 수도원에서 나와 함께 살고 있다는 사실이 여전히 괴롭습니다."

하지만 러시아로 돌아가는 것은 아직 선택 사항이 아니었다. 그가 빚을 갚을 돈을 마련하지도 못한 지금 귀국한다는 것은 단지 도착하자마자 채무자의 감옥에 가게 되는 것임을 의미할 뿐이었다.

긴 산책을 즐기지도 못하고, 도서실에서 러시아 신문이나 책을 찾을 수 없게 되자 부부는 곧 밀라노 생활에 싫증이 났다. 두 달 후 그들은 겨울 동안 피렌체에서 지내기로 결정하면서 그곳이 도스토옙스키가 소설을 완성할 수 있는 더 행복한 장소가 되기를 기대했다. 그러나 거기에서도 글쓰기는 계속 그를 괴롭혔다. 그는 그 소설이 과연 괜찮은지 계속 의심했으며 아직 아내의 의견을 믿지 못했다. 그는 마이코프에게 말했다.

"나의 유일한 독자는 안나 그리고리예브나입니다. 그녀는 심지어 이 소설을 매우 좋아합니다. 그렇다고 해서 그녀가 내 글을 판단할 능력이 있다는 뜻은 아닙니다."

작가는 마이코프에게 보낸 또 다른 편지에서 안나의 개인적 자질을 칭찬하면서도 그녀의 문학적 판단을 높이 사지 않았고, 창작 과정에 그녀를 드러내놓고 참여시키지도 않았다.

의심에 사로잡힌 그는 작품에 자신의 비전을 실현할 능력이 있는지 의문을 갖기 시작했다. 〈백치〉의 윤곽이 더 뚜렷해질수록, 그는 "내 문학 생활에서 지금 내게 분명해진 아이디어보다 더 좋고 풍부한 시적 아이디어를 단 한 개도 가진 적이 없었음을 더욱 더 확신하게 되었다"라고 했다.

그러나 시간은 그의 편이 아니었다. "나는 최대한 서둘러야 하고, 다시 읽지도 않고 써야 하며 빨리 보내야 한다. 그래도 결국, 나는 제 시간에 끝낼 수 없을 것이다"라며 고뇌했다. 그러나 그는 서둘러 상상 속의 미쉬킨 공작을 만들어내려고 노력했다.

미쉬킨은 에판친가의 사교 모임에서 발작한 후 정신을 차리자, 마음을 바꿔서 나스타샤 필리포브나에게 청혼하기로 결심한다. 그 나이든 여자는 청혼에 감동한다. 공작은 자신의 개인적 이익을 위해 그녀를 소유하거나 이용하려 하지 않은 첫 번째 남자이다. 하지만 그녀는 스스로를 선량하다고 믿지 않았기에 거짓을 모르는 미쉬킨을 망칠까봐 두려워한다. 그래서 미쉬킨과 결혼하기로 한 교회로 가는 도중 우연히 만난 로고진과 함께 달아난다.

하지만 그녀의 사랑은 이 잔인할 정도로 열정적인 남자에게 불충분한 것임이 드러난다. 그녀를 지배하려는 그의 시도는 질투에 눈이 먼 분노와 살인으로 절정에 달한다. 특이할 정도로 잊히지 않는 마지막 장면에서 로고진과 그의 이전 경쟁 상대였던 미쉬킨은 살해된 여성의 시신을 놓고 밤샘을 한다. 무너진 세상을 재건하는 데 비참하게 실패한 후, 지친 미쉬킨 공작은 다시 한번 치료를 받기 위해 스위스로 돌아간다.

도스토옙스키는 카트코프에게 보낸 완성된 원고에 만족하지 못했다. 그러나 파격적인 클라이맥스와 잊히지 않는 피날레가 있어서 단행본 출판을 하자는 제의가 많이 들어올 거라고 기대했다.

그러나 그런 제의는 결코 들어오지 않았다.

도스토옙스키가 안나에게 약속한 성공과는 거리가 멀게도, 〈백치〉의 명성은 땅에 떨어졌다. 독자와 비평가 모두 그 소설은 주제가 혼란스러운 데다 글이 정연하지 못하다고 평가했다. 그러나 도스토옙스키가 아직 소설의 마무리를 서두르던 1868년 말에 마이코프가 경고한 것처럼 러시아 독자들 사이에서 주로 인물의 비현실성 때문에 비판받았다.

독자들이 그 책이 실패했다고 말해줄 필요는 없었다. 그 자신에게도 모든 것이 명확히 보였으니까. 그의 영웅은 타락한 나스타샤 필리포브나를 갱생시키고, 선의 힘으로 악한 로고진을 무너뜨린 후 오만한 아글라야에게서 겸손을 유도해야 했는데 그 어느 것도 이루지 못한다. 작가가 자신의 노트에서 천사 같은 그리스도 공작이라 지칭한 미쉬킨은 손에 닿는 모든 것과 모든 사람에게 무심코 한 행동으로 막대한 손해를 입히고, 본연의 선함까지도 시대의 추악한 현실에 의해 무너지게 되는 인물이었다.

공작의 이상화된 이미지를, 사람들이 받아들일 수 있는 삶으로 절대 들여올 수 없을 것 같다는 도스토옙스키의 큰 두려움은 현실이 되었다. 〈백치〉가 도덕적 완벽에 대한 그의 이상을 바라보는 왜곡된 시선이긴 하지만, 뇌전증 발작 직전에 미쉬킨이 경험하는 황홀한 아우라 같은 순간이나, 지금까지 들어본 적도 없고 알지도 못했던 충만감, 가치의 척도, 화해, 총체적 삶과의 황홀하고 신앙심 넘치는 합일감을 그의 내면에서 불러일으킨 최고 수준의 조화가 드러난 순간과 같이 기억할 만한 것을 제공했다.

도스토옙스키는 오랫동안 그러한 황홀한 환영의 힘에 사로잡혀 있었다. 그는 자신의 파란만장한 인생에서 그 환영을 이미 경험했었다. 뇌전증 발작 직전에도, 황제가 그를 죽음에서 구해준 순간에도, 심지어 룰렛에서 승리를 거둔 흔치 않은 순간에도. 소냐의 죽음 이후 몇 달 동안, 그는 이런 환상적인 비전에 점점 더 집착하게 되었다. 마치 그 비전으로 실제 삶을 바꾸기라도 할 듯이.

실제 삶은 지불해야 할 청구서와 함께 찾아 왔다. 지금까지 작가는 〈백치〉 원고에 대해 16쪽당 150루블을 받기로 해서, 총 7천 루블(오늘날로 치면 8만 달러가 조금 넘는 금액)을 받을 수 있었다. 그중 3천 루블은 선불로 이미 그에게 지불되었다. 나머지 4천 루블 중 일부는 여행 경비를 마련하기 위해 안나가 페테르부르크의 전당포에서 빌린 돈에 대한 이자로 쓰일 것이다. 한편, 도스토옙스키는 파샤나 형수와 그녀의 가족이 요구할 때마다 계속 돈을 보내고 있었다. 그건 안나에게 계속되는 모욕이기도 했다. 안나는 그 많은 희생에도 불구하고 여전히 남편에게 돈을 얻기 위해 애원해야 하는 처지라는 느낌을 받았다.

〈백치〉의 단행본을 출간할 수 있다는 희망은 어디에도 보이지 않았다. 작가의 유일한 수입원인 〈러시아 메신저〉로부터 받는 월급도 끝이 났다. 그의 계산에 따르면, 그 잡지에 넘긴 쪽수로는 카트코프에게 1천 루블이나 빚진 셈이었다. 1869년 3월, 다시 경제적으로 절박해지자 안나는 자신의 속옷까지 전당포에 맡겼다. 도스토옙스키가 낯선 사람에게 2프랑을 빌리지 못했다면, 그들은 비명횡사했을 수도 있었다.

그는 몇 달 전 마이코프에게 "내 입장에선 가만히 앉아 있을 수 없다"라고 썼다. 그는 그럴 수 없었다. 극복할 수 없어 보이는 문제들에 대한 실질적인 해결책을 아내가 내놓고 있었다. 남편이 자신의 작품으로 러시아의 삶과 문학에 직접적으로 접촉할 수 없다는 사실에 고통받고 있음을 깨달은 안나는 러시아 이민자가 많은 프라하로 이사하자고 제안했다. 그 도시의 모든 것이 도스토옙스키에게 매력으로 다가올 것임을 안나는 알고 있었다.

그는 1867년 슬라브족 회의에 초대받았지만 참석하지 못한 일에 대해 여전히 후회하고 있었다. 그러나 그 꿈은 일장춘몽으로 끝나고 말았다. 증기선으로 몰다우강을 거슬러 열흘간 여행하면서 프라하의 집값이 너무 비싸다는 것을 알게 되었기 때문이다. 대신 그들에게 그래도 친숙한 도시, 드레스덴으로 돌아가기로 결정했다.

요하네스 거리에서 빅토리아 거리까지, 그들 둘 다에게는 자신들의 삶이 돌고 도는 것처럼 보였다. 안나가 드레스덴을 처음 봤을 때 느낀 흥분은 사라진 지 오래였다. 이제 이 독일 마을은 단지 임시 거처일 뿐이며, 그들이 러시아로 돌아가기 위해 거쳐야 할 경유지였다.

부부는 비참한 환경에서도 유머를 찾으면서 당당히 견뎌냈다. 그들은 자신들의 가난을 주제로 함께 5행시를 지었다. 도스토옙스키는 자신을 디킨스 소설에 나오는 쾌활한 빚쟁이 미코버 씨에, 안나를 오랫동안 고통받았지만 여전히 마음씨 좋은 그의 아내에 비유했다. 안나는 어려운 상황에서도 희망을 찾기 위해 초과 근무를 견디며 빚지지 않으려고 소지품을 저당 잡힌 미코버 부인과 약간 비슷하기도 했다.

그러나 1868년에 쓴 번역되지 않은 시에서 볼 수 있듯이 안나는 이런 생활 속에서도 솔직하게 행동했고 심지어 어려움에 맞서기까지 했다. 그 시는 남편과 형편없는 그의 사업적 결정에 대한 명쾌한 평가를 표현하고 있다. 그 당시 도스토옙스키는 카트코프에게, 그가 맞출 수 없는 마감 날짜에 새로운 작품의 첫 장을 보내기로 약속했는데, 신슬라브파 잡지인 〈여명〉에 같은 마감 날짜로 또 다른 이야기를 써 주기로 이미 말해 놓은 상태였다. 안나는 이 문제에 대해 자신의 견해를 분명히 밝혔다.

> 2년 동안 우리는 가난하게 살고 있어
> 우리가 가진 것 중에서 유일하게 깨끗한 것은 우리 양심뿐이야
> 그리고 우리는 실패한 소설[*]을 위해
> 카트코프로부터 돈을 기다린다
> 염치라도 있나, 친구?
> 당신은 〈여명〉을 위해 일을 시작했어
> 카트코프에게 돈을 받고

•   여기서 안나는 〈백치〉를 가리킨다.

작품을 보내겠다고 약속했잖아

당신이 가진 마지막 돈은

룰렛으로 날렸어

이제 당신은 3코펙도

가지고 있지 않아. 이 멍청아

"그렇게 완전한 고독과 고립 속에 살고 있는 사람들은 결국에 서로를 미워하게 되거나, 아니면 평생을 함께 할 동지애를 갖게 될 지도 모른다. 다행히도, 우리는 후자였다"라고 그녀는 여러 해 후에 회상했다.

안나가 다시 임신했다는 소식에 부부의 기분은 매우 좋아졌다. 그들은 영국식 빅토리아 거리에 있는, 가구가 딸린 방 세 개짜리 아파트로 이사했고, 그곳에서 출산을 도우러 온 안나의 어머니와 함께 살게 되었다. 도스토옙스키는 안나의 첫 임신 때처럼 그녀를 세심하게 배려했다. 그는 심지어 레오 톨스토이의 〈전쟁과 평화〉 중 신작 편을 숨기기까지 했다. 그 책에서 안드레이 볼콘스키 공작의 부인 리자가 출산 중 사망하는 장면이 나오는데, 이 장면이 아내를 상심하게 할까봐 걱정되었기 때문이다. 안나가 그 책을 찾아 사방을 뒤지자, 그는 책을 잃어버렸다면서 간단히 사과하고 어디엔가 있을 것이라며 그녀를 안심시켰다. 안나는 성공적으로 출산을 마친 후에야 그 책을 볼 수 있었다. 1869년 9월 14일, 그들의 딸, 류보프 도스토예브스카야가 태어났다. 아이는 '류바'로 불리게 된다.

도스토옙스키는 몇 달 후, 동료 니콜라이 스트라코프에게 쏟아냈다.

"오, 왜 결혼하지 않고 왜 아이를 갖지 않았습니까? 사랑하는 니콜라이 니콜라예비치! 나는 결혼이 인생 행복의 4분의 3을 차지한다고 맹세하지만, 나머지 4분의 1도 결혼이 차지하지 않을까 하는 생각이 듭니다."

1869년 후반의 가을, 〈백치〉의 실패 이후, 도스토옙스키는 늘 마음에 두었던 작품, 위대한 죄인의 삶이라고 불리는 새로운 소설을 쓰는 데 힘을 쏟기 시작했다. 그 소설은 신의 존재를 의심하는 고뇌에 찬 러시아 청년의 영적 여정을 다룬 작품이었다. 도스토옙스키는 이 소설을 〈전쟁과 평화〉 규모 정도의 소설로 생각했다. 수도원을 배경으로 한 다섯 개의 이야기 중 두 번째 이야기를 완성하기 위하여, 고향의 공기를 마시고 일상의 맥박을 느끼고자 마침내 러시아로 돌아가기로 결심했다. 그렇지 않으면, "나는 러시아의 살아 있는 삶의 흐름과 단절될 것입니다. 아이디어가 아니라 그 삶 자체와 단절될 것입니다. 그렇게 되면 예술 작품이 크나큰 영향을 받습니다!"라고 마이코프에게 말했다.

그러나 그와 안나는 여행 비용과 남겨 두고 온 빚을 모두 감당할 수 있는 돈을 쥐지 않고는 러시아에 돌아갈 수 없다는 것을 알고 있었다. 그럼에도 러시아를 떠난 기간이 길어질수록 부부의 의욕과 도스토옙스키의 작품 모두에 가해지는 타격이 커졌다. 게다가 그의 작품은 그들의 유일한 수입원이었다.

러시아가 사회적, 정치적 위기를 겪고 있는데 자신들이 그곳을 떠나 있다는 사실도 그들을 괴롭게 했다. 도스토옙스키는 드레스덴 도서실을 매일 방문하면서 그 위기에 대해 알게 되었다. 당시 독일 신문들은 러시아 전역에 생기고 있는 혁명 조직들의 광범위한 네트워크에 관해 보도하고 있었다. 도스토옙스키는 이 모든 지하 조직의 동요가 일종의 심각한 정치적 소동을 불러일으킬 수 있다고 예상했다. 그 소동이 모스크바의 페트로브스코예-라주모브스코예 농업학교까지 번지지 않을까도 우려했다. 혁명 활동의 온상인 그 학교에 안나의 남동생이 재학 중이었다. 이반이 소요 사태에 휘말릴까 두려웠던 그는 처남을 잠시 동안 드레스덴에 머물게 하자고 장모에게 제안했다.

도스토옙스키의 예감은 적중했다. 1869년 10월 말, 이반이 드레스덴에 도착하고 몇 주가 지난 후에, 이바노프라는 이반의 동급생이 혁명 테러 조직의 수장인 세르게이 네차예프의 명령으로 공원에서 살해되었다. 부부는 이반이 이바노프에 대한 애틋한 인상과 학교 생활에 대해 전하는 말에 귀 기울였다. 그 이야기는 부부를 불안하게 하면서도 한편으로 도스토옙스키의 창의성을 자극했다.

도스토옙스키에게 농업학교에서 일어난 일은 도덕적 위기의 축소판이었다. 이로써 사회주의 사상에 도취한 젊은 이상주의자들이 살인을 저지를 수 있음이 증명되었다. 수년 동안 그는 독자들에게 그러한 유토피아 운동 저변에 깔려 있는 위험성, 즉 각 추종자의 신조에 숨어 있는 이기주의에 대해 경고해 왔고, 이제 그러한 경고가 현실화되고 있었다.

이후 도스토옙스키는 〈위대한 죄인의 삶〉의 집필을 그만두고,

네차예프 사건을 소재로 한 새 소설에 집중했다. 이 소설은 조국에서 싹트고 있는 종말론적 세력에 관해 자신의 견해를 밝히는 데 사용할 수단을 제공할 것이다.

그러나 작가가 부패와 폭력, 서구 물질주의를 그리는 새로운 작업에 착수했을 때마저도 그와 아내는 러시아로 돌아가기를 간절히 원했다. 조국 러시아와 혁명적 이념에 의해 러시아가 당한 신성모독은 점점 더 도스토옙스키가 창조적 에너지를 쏟는 대상이 되었고, 자신이 러시아에 있지 않다는 사실로 인해 그의 광적인 열정은 더욱 강해졌다.

러시아는 위기에 처했다. 도스토옙스키 부부도 위기에 처했다. 아마도 이런 상황이 그가 푸시킨의 시 '악마'에 강하게 끌린 이유를 설명해 줄지도 모른다. 조국의 영적 상태를 매우 완벽하게 포착하고 있는 그 시에서 작가는 새로운 소설의 제목을 따왔다. 그의 소설에는 〈악령〉이라는 제목이 붙었다(러시아어 제목인 〈베시〉는 '악마'를 의미한다.).

놀라워, 길이 사라졌어,
글쎄, 이제 어쩌지? 우린 길을 잃었어.
악마가 말들을 들쑤셔서
우리가 황야에서 길을 잃게 만들었어.

도스토옙스키는 자신의 작품을 통해, 현재 러시아의 혼란을 러시아 정신이 가진 치유 능력의 메시아적 비전으로 변화시킴으로써 그 난국에 대응하고자 했다. 한때는 가족에게 경제적 자유를 줄 큰 승리라는 이념에 사로잡혀 있었는데, 당시는 인류를 구하게 될 똑같이 거창한 이상, 자신이 때로는 '러시아 사상'이라 부르는 이상에 떠밀리고 있었다.

이런 메시지는 1870년 여름, 더욱 시급하게 필요해졌다. 프랑스와 독일군이 자신들의 국경을 따라 줄지어 서서, 서로를 학살하려고 준비하고 있었기 때문이었다. 프로이센-프랑스 전쟁이었다. 서구의 자랑스러운 진보가 이끈 곳은 자멸의 위기였다. 도스토옙스키는 단지 증오로 들끓는 군중만의 문제는 아니라고 보았다. 교수, 예술가에 이르기까지 모두가 서로를 죽일 준비가 된 듯했다. 이는 서구가 도덕적으로 명분을 잃어버렸고, 러시아만이 문명을 구원할 수 있을 거라는 자신의 느낌을 확인시켜 주는 일이었다.

하지만 구원이 있기 전에는 반드시 심각한 병에 노출되어야 했기에 작가는 그런 종류의 전개를 〈악령〉에서 풀어나가려고 했다. 〈악령〉은 지금도 세계 최고의 정치 소설 중 하나로 간주된다. 러시아 수도에서 멀지 않은 조용한 지방 도시에서 한 달 동안 일어나는 일을 다룬 이 소설은 마을에 침투한 혁명가들의 비밀스러운 조직 이야기를 조명한다. 그 조직은 전국적인 반란으로 번지기를 바라는 선동의 첫 단계로 공포와 혼란을 퍼뜨린다. 이 조직의 리더 표트르 베르코벤스키는 선동적인 유인물의 보급을 위해 인쇄기를 징발하려고 오랜만에 고향으로 돌아왔다. 그는 과거 사회주의자에서 보수적인 슬라브파로 전향한 탈주 조직원 이반 샤토프를 살해할 계획을 세운다. 자신의 권력을 공고히 하면서 비밀 조직의 구성원들 간의 결속을 피로써 다지기 위해서였다.

사람을 조종하는 데 능한 베르코벤스키는 자신의 목적을 위해 마을 사람들의 허영과 가짜 자유주의를 이용한다. 자칭 자유주의 자인 시장의 아내를 설득하여 가난한 가정교사들을 위한 혜택을 마련하도록 한 것이 그 예이다. 이 사건의 카니발 같은 참사는 모든 참가자가 웃음거리가 되고, 마을은 불탄 후 무기력한 시장이 신경 쇠약에 걸리면서 끝난다.

어쨌든 어수선한 가운데 샤토프를 살해할 무대가 마련된다. 외딴 지역으로 유인된 그는 머리에 총을 맞은 후 연못에 버려진다. 이 살인 사건은 그 혼란스러운 밤에 일어난 다섯 건의 살인 사건 중 하나에 불과했다. 같은 날 밤, 두 건의 자살과 두 건의 때아닌 죽음이 발생했다. 이렇게 해서 〈악령〉은 도스토옙스키 작품 중 가장 많은 사망자를 내게 되었다.

이 기본적인 줄거리 속에 작가는 〈위대한 죄인의 삶〉에서 보여준 생동감 있는 개념을 포함, 자신의 소중한 영적, 철학적 사상의 많은 부분을 담았다. 러시아인들은 혁명가 세대를 낳았던 서구 사상을 버리고 자신들의 영적 지혜로 돌아가야 구원을 찾을 수 있을 거라는 그의 생각이 들어 있었다. 도스토옙스키는 1870년 가을 마이코프에게 썼다.

"사랑하는 친구여, 자신의 국민과 민족적 뿌리를 잃은 사람은 누구든 아버지 같은 신앙과 신을 잃게 된다는 점에 주목하십시오. 귀

떱한다면, 그게 바로 제 소설의 주제입니다."

이런 생각을 가장 분명하게 표현한 인물은 피살된 이반 샤토프인데, 저자는 이 인물 속에 자신의 신체적, 자전적 내용을 상당히 많이 투영했다.

그러나 이 소설의 진짜 영웅, 또는 주인공 아닌 주인공은 악마적이고 카리스마가 넘치며 불가사의한 인물인 니콜라이 스타브로긴이다. 도스토옙스키는 내용이 상당 부분 진행된 후에야 이 인물을 작품에 등장시켰다. 바이런적인 인물인 스타브로긴은 그가 한때 설파했던 혁명적 사상에 싫증이 난 상태이다. 다른 등장인물들이 그를 태양으로 우러르지만 실제 스타브로긴은 다 타버린 별로, 그 자신이 허무주의적 절망감에 굴복했을 때조차도 다른 사람들을 자신의 궤도로 끌어들이는 블랙홀 역할을 한다. 도스토옙스키는 "니콜라이 스타브로긴 역시 우울한 사람이며 악당입니다. 하지만 지금 나에게는 그가 비극적인 인물로 보입니다. 내 생각에 그는 러시아인이자 인간적인 사람입니다. 나는 그를 내 마음속에서 데려왔습니다"라고 마이코프에게 말했다.

도스토옙스키가 양심에 찔리는 자신의 끔찍한 범죄를 털어놓기 위해 작품 속 인물을 이용했을 것이라고 많은 사람이 증거도 없이 추측한다(어린 소녀를 강간했다고 고백했던 바로 그때, 스타브로긴은 죄의식에 사로잡힌 소녀가 목을 매 자살한 광경을 보고만 있다.). 작가가 자신의 심리적인 양상을 탐구하기 위해 등장인물을 이용했음은 훨씬 더 분명하다.

한때 혁명적 이상주의에 불타 있던 스타브로긴은 오래 전부터 환멸에 빠져 있었다. 이는 도스토옙스키가 러시아 토착 가치에 대한 자신의 믿음을 재발견하기 이전과 같다(작가와는 대조적으로 스타브로긴의 삶은 자살로 끝난다.). 그런 스타브로긴의 모습은 〈악령〉이 확실한 작가의 고백적 소설이 되게 한다. 작가는 여기에 정치적 음모와 살인 등 끔찍한 에피소드를 담았고, 그것을 혁명 정신의 윤곽에 대한 심오한 사유로 승격시킨다.

이 음울한 대혼란 속에 작가는 밝고 인간적인 순간을 주입한다. 그건 몇 년 동안 헤어진 후 이반 샤토프에게 돌아온 아내 마리가 아들을 낳는 감동적인 장면에서 확인할 수 있다. 도스토옙스키가 딸 소냐의 탄생 과정에서 겪은 자신의 경험을 직접 끌어낸 이 장면은 자전적인 세부 내용으로 가득 차 있다. 작가의 무력함, 횡설수설하는 남편을 정신 차리게 하려는 아내의 노력, 산파를 미친 듯이 찾아 헤매는 시간, 연약한 새 생명의 탄생에서 촉발된 아버지의 강렬한 기쁨 등이 모두 들어 있다.

> 샤토프는 앞뒤가 맞지 않고 의미도 없는 말을 황홀한 말투로 주절댄다. 자신의 의지와는 별개로 그의 무언가가 머릿속에서 꿈틀거리고 영혼에서 솟아오르는 것 같았다.
> "두 사람이 있었는데, 이제 세 번째 인간이 있습니다. 인간의 손으로 만들 수 없는, 완성된 온전한 새 영혼이오. 새로운 생각과 새로운 사랑 … 그건 확실히 놀라운 일이오. … 그리고 세상에 이보다 더 위대한 것은 없소."
> "마리," 그는 아이를 품에 안으며 울었다.

"예전의 모든 광기, 수치심, 죽음과 같은 무감각은 다 끝났소, 그렇지 않소? 열심히 일하고 새로운 삶을 시작합시다. 우리 셋이서. 그래, 그래."

몇 시간 후 샤토프는 잔인하게 살해됨으로써 자신이 한때 지지했던 혁명의 광기에 휘말린 희생자가 된다.

도스토옙스키는 자신의 아픔을 예술로 쏟아냈지만 안나는 드레스덴 한복판에 러시아식 집을 만들어 나름의 조국애를 표현하고 있었다. 도스토옙스키의 허구적 영웅들과는 달리 현실적인 그녀의 어머니처럼, 안나는 그들의 혼란스러운 삶에 새로운 안정을 찾고자 했다. 물론 비좁은 독일식 집이지만 한 지붕 아래, 자신에게 세상에서 가장 사랑스럽고 소중한 사람들, 남편, 아이, 어머니, 동생, 이렇게 함께 있는 게 도움이 되었다. 그녀의 남동생 이반은 매형이 그토록 자신을 보호하고자 했던 바로 그 소동에 대한 이야기를 통해 작가의 창의적 상상력을 채우고 있었다.

역사의 목격자 그 이상으로, 안나는 역사적인 사건들에 참여하게 되었다. 어떤 면에서는 전설적인 데카브리스트들의 아내를 본보기 삼아 따랐다고 할 수 있다. 반 세기 전, 이 여성들은 시베리아로 추방당한 남편들과 합류하여 수용소 근처에 정착, 오늘날까지 남아 있는 마을 전체를 세웠다. 데카브리스트의 아내들이 멀리 동쪽으로 떠난 반면, 안나는 자신이 자라면서 배운 페미니스트 사상과 남편이 이제는 두려워하는 혁명 사상의 발상지인 서유럽으로 갔다. 유럽 유배지에서 그녀는 그녀만의 길을 만들고 있었다. 이는 페미니스트나 과거의 전통으로 정의되지 않는, 오히려 그 둘을 창의적으로 합쳐 놓은 일종의 급진적 전통주의로 정의할 수 있는 일이었다.

안나는 드레스덴의 러시아인들 사이에서, 남편이 범슬라브주의 목소리를 내는 애국자로 유명세를 타고 있음을 알게 되었다. 그녀는 그의 헌신적인 추종자들이 꽃과 책을 가져다주고, 류바에게 장난감과 선물 공세를 하는 모습을 보면서 미소짓곤 했다.

1870년 말, 러시아가 흑해에서 함대를 유지할 권리를 주장한 즈음, 유명한 정교회 사제의 집에 모인 러시아 공동체는 독일 총리에게 보내는 서신 초안 작성을 도스토옙스키에게 요청했다. 작가는 이 편지를 자신의 열렬한 민족주의를 표현하는 기회로 삼고, 사랑하는 조국의 행복을 위해, 고통으로부터 오래오래 조국을 지켜주기를 신에게 기도했다.

그러나 그들의 조국은 고통을 겪고 있었고, 조국에 있을 수 없다는 사실은 부부를 더욱 고통스럽게 했다. "외국에서 사는 것은 나를 가둬두고 결코 자유롭게 할 수 없는 감옥 같았다. … 나는 운명이 나에게 영원히 외국 땅에 머물도록 선고했다고 확신했다"라고 안나는 회고록에서 썼다.

안나는 몇 달 동안 자신의 불행을 남편에게 숨기려고 애썼다. 그녀는 남편에게 완전한 마음의 평안을 주기 위해 그 앞에서는 눈물과 불평을 참았고, 멀리까지 등산을 가기도 하면서 자신의 감정을 일기장에 쏟아부었다. 어느 시기까지는 견뎌낼 수 있었다. 그러나

1870년 거의 내내 그녀는 마음이 편치 않았다. 류바가 젖을 떼고 난 후에도, 모성애와 궁핍이라는 두 가지 중압감이 타격을 주고 있었다. 외국에서 가족을 위한 편안한 집을 유지하기 위해 얼마나 열심히 일했든, 그 집은 결코 임시 거처 이상이 아니라고 그녀는 매일 생각했다.

그리고 그녀는 또 임신 중이었다.

의사들에 따르면, 신경과민과 탈진을 동반한 안나의 고질화된 병은 우울증과 의사들이 심각한 빈혈로 분류한 병의 합병증이었다. 이는 류바를 계속 돌보는 와중에 새롭게 임신하면서 일어난 결과라고 했다. 하지만 안나는 의사 진단을 별일 아닌 것으로 치부하고, 의사가 처방한 철분도 섭취하지 않았다.

한편 도스토옙스키는 걱정으로 정신이 나갈 지경이었다. 그는 안나의 진짜 병은 자신을 괴롭혔던 병과 같다고 확신했다. 바로 향수병이었다. "안나 그리고리예브나는 러시아를 그리워하다 병에 걸렸고, 그 사실이 나를 괴롭힌다. 안나는 그저 그리워한다. 늘 그렇듯, 그녀는 최근까지 나의 집필을 돕고 있지만 그녀 내면의 갈망은 어쩔 수 없고, 향수병을 떨쳐낼 수가 없다"라고 자신의 조카에게 썼다.

귀향의 대가로 궁핍함마저 받아들일 준비가 된 안나에게는 자신의 영혼을 위해 러시아가 필요했다. 도스토옙스키가 자신의 예술을 위해 그랬던 것처럼. 러시아가 없다면 남편은 직업적으로 죽겠지만, 그녀는 문자 그대로 죽을 수도 있다는 생각에 겁이 났다. 유럽에서 끝없이 망명 생활을 해야 한다는 두려움이 채무자의 감옥에 들어갈 수도 있다는 그들의 오랜 두려움보다 커지는 순간이 마침내 찾아온다. 감옥에 수감된 적 있었던 도스토옙스키는 채무자의 감옥을 기꺼이 지금의 지옥과 교환할 용의가 있었다. 적어도 그곳에서는 자신의 민족과 함께 있을 테니까.

"당신은 증오에 이를 정도로 심한 혐오감을 아는지요. 유럽에서 있었던 지난 4년 동안 나에게는 유럽에 대한 반감만 커졌습니다."

그는 마이코프에게 보낸 편지에서 고백했다. 안나도 같은 마음이었다. 드디어 그녀는 그곳에서 나가겠다는 생각을 갖게 되었다.

마지막 도박

1871년 초, 한 줄기 희망이 예상치 못한 곳에서 나타났다. 표도르 스텔롭스키. 1866년의 모욕과 수모 이후, 부부는 그 남자의 이름을 다시는 듣지 않아도 되어 더할 나위 없이 행복했다. 그러나 스텔롭스키가 출판하는 〈죄와 벌〉의 새로운 판을 알리는 광고 때문에 그 이름을 다시 대하게 된 도스토옙스키는, 아폴론 마이코프에게 원래 계약대로 자신의 원고료 1천 루블을 받아 달라고 부탁했다. 이행하지 않을 경우 스텔롭스키는 계약 위반 벌금으로 3천 루블을 작가에게 지불해야 했다.

당연히 스텔롭스키는 1천 루블 때문에 계약을 몰수당하거나 소송에 걸리는 위험을 무릅쓰지 않을 것이다. 이 돈과 함께 작가가 〈러시아 메신저〉에 게재하는 〈악령〉의 첫 편으로 기대하는 원고료 정도면, 도스토옙스키 부부는 안나의 출산 예정일인 8월 초 전까지 러시아로 돌아갈 준비를 하면서 몇 달 더 버틸 수 있을 것이라고 확신했다.

마이코프가 답장에서 설명한 것처럼 도스토옙스키는 스텔롭스키와의 계약에서 심각한 허점을 놓치고 있었다. 부부가 목을 매고 있는 그 계약에서 가장 중요한 조항에는 새로운 판본을 출판할 때 작가에게 돈을 지불해야 하는 구체적인 날짜가 명시되지 않았던 것이다. 마이코프가 스텔롭스키의 대리인에게 돈을 청구하러 찾아갔을 때, 그 교활한 출판업자는 재정난을 호소하며 빚을 갚을 현금이 부족하다고 우겨댔다. 그 돈은 좀 더 기다려야만 했다.

도스토옙스키는 화가 나서, 마이코프에게 몇 달 전에 준 광범위한 위임장을 이용해 스텔롭스키에게 즉각 소송을 제기하라고 지시했다. 작가는 이 소송에서 자신이 이길 것이라고 확신했다. 그건 정확히 룰렛에서 그를 압도했던 잘못된 자신감 같은 것이었다. 아니나 다를까, 스텔롭스키에게는 적어도 가까운 시일 내에 돈을 지불할 의사가 없음이 금세 분명해졌다. 실제 작가가 스텔롭스키에게 이 돈을 받는 데는 꼬박 4년이 걸렸다.

기대했던 소득이 생기지 않아 러시아로 돌아가려는 그들의 계획은 무산될 위기에 처했다. 그러나 마이코프는 도스토옙스키 몰래 막후에서 계속 그를 위해 일했는데, 작가가 러시아로 돌아올 수 있도록 400루블을 빌려줄 것을 문예 기금에 요청한 것이다. 자신의 요청이 받아들여지자 기쁨에 찬 마이코프는 도스토옙스키에게 즉시 페테르부르크로 돌아와 대출금을 받으라고 전보를 쳤다.

전보를 받고 흥분한 도스토옙스키는 안나에게 그 소식을 알리기 위해 집으로 달려갔다. 하지만 이야기를 나누다 보니 그 소식에 무언가 … 미심쩍은 구석이 있었다. 마이코프한테 온 게 맞나? 무엇보다 마이코프는 그의 친구를 대신하여 문학 기금에 접근하겠다는 계획을 언급한 적이 없었다. 설명을 부탁하며 답장을 썼는데도 아무런 답변도 못받았다. 의심이 더 커질 수밖에 없었던 것은 마이코프의 전보가 만우절에 도착했기 때문이었다. 장난이었을까? 만약 그렇다면, 그들이 필요로 하는 돈의 액수를 정확하게 꾸며낼 만큼 충분히 그들의 사정을 잘 아는 사람이 한 짓임에 틀림없었다.

처음에 그들은 그 전보를 농담이거나, "표도르 미하일로비치를 페테르부르크로 데려가려는 채권자나 스텔롭스키의 교활한 계략으로 받아들였다"라고 안나는 회상했다. 그 출판업자가 도스토옙스키에게 〈죄와 벌〉로 지불해야 할 1천 루블의 빚을 회피하려고 채무자의 감옥이라는 굴레로 그를 위협하는 것이라 생각한 것이다. 작가의 정신없는 편지에 대한 마이코프의 답장을 받고 나서야 도스토옙스키 부부는 결국 그 제안이 진짜라는 것을 받아들였다.

마음속으로 최악의 시나리오를 생각해 봤을 때 도스토옙스키가 페테르부르크로 돌아간다는 전망은 여전히 두 사람을 공포에 떨게 했다. 만약 지금 페테르부르크로 돌아간다면, 채권단은 그가 그곳에 발을 내딛자마자 그를 쇠사슬로 묶어버릴 수 있다. 안나는 점점 더 싫어지는 이 춥고 축축한 독일 마을에 홀로 남겨져 남편 없이 아이를 낳아야 할 것이다. 그녀는 스위스 의사의 엉성한 진단이 어린 소냐를 죽음으로 이르게 한 1868년 봄을 너무도 선명하게 기억하고 있었다. 남편 없이 그런 일을 겪어야 한다는 것은 그녀에게는 상상조차 안 되는 일이었다. 그리고 남편이 러시아에서 그녀가 귀국할 수 있는 돈을 마련한다 해도, 남편이나 유모 없이 거의 70시간의 여행을 혼자 하는 것은 너무 위험한 일일 것이다. 결국 안나와 아기는 드레스덴에 1년 더 머물러야 한다는 것인데, 그건 부부 둘

다 받아들일 수 없는 시나리오였다.

"스텔롭스키와 내 모든 사정은 고려할 가치가 없어!"

도스토옙스키는 마이코프에게 말했다.

그들이 떠난다면 둘이 함께여야 할 것이다.

〈악령〉을 완성하는 동안 작가는 우리에 갇힌 야수처럼 밤낮으로 드레스덴 아파트를 서성거렸다. 〈악령〉은 그가 지금까지 쓴 그 어떤 작품보다 더 큰 창작의 고통을 야기했다. 심지어 〈백치〉보다도 더 많이. 몇 달 동안 그는 계속해서 원고지를 찢고 수정하면서, 너무나 많은 메모가 적힌 종이를 이전에 쓴 종이 더미 위에 쌓아버리는 바람에 자신이 쓴 것을 확인하기 위해 고안해낸 시스템을 놓쳐버렸다. 서두르지 않고 글을 쓸 수 있으면 좋으련만, 그는 "그건 톨스토이, 투르게네프, 곤차로프가 글을 쓰는 방식"이라고 스트라코프에게 불평했다.

그러나 그는 그런 사치를 부릴 수 없었다. 이 작품을 빨리 완성해야 했다. 관대한 카트코프는 곧 새로운 편을 기대하고 있었고, 작가에게는 착한 지니를 실망시킬 여유가 없었다.

그가 출판을 서둘렀던 한 가지 이유는 소설의 시사성 – 러시아에서 일어나고 있는 사건과의 긴급한 관련성 –에 있었다. 또 다른 이유는 문학계에 새로운 중대 경쟁자가 등장했다는 데 있었다. 레오 톨스토이의 첫 번째 소설 〈전쟁과 평화〉는 지난 몇 년간 〈러시아 메신저〉에 게재되고 있었으며 엄청난 찬사를 받아 왔다. 반면 도스토옙스키는 〈죄와 벌〉 이후 이렇다 할 히트작이 없었기에 이번 신간을 통해 자신의 문학적 위상을 다시 세워야 한다는 것을 아주 잘 알고 있었다. 그는 마이코프에게 열변을 토했다.

"나는 정말 가치 있는 아이디어에 도전했습니다. 대중 사이에서 확실한 반향을 불러일으킬 아이디어 중 하나입니다. 〈죄와 벌〉과 비슷하지만, 현실에 더 가깝고, 더 중요하며, 가장 중요한 우리 시대의 문제와 직접적으로 관련되어 있습니다."

그러나 그는 그 책을 세상 밖으로 끌어내면서 최악의 시간을 경험했다. 뇌전증 발작은 몇 주에 한 번씩 그를 방해했고, 유럽이 자신의 재능을 파괴했다. 점점 늘어나는 가족의 부양을 불가능하게 만든다는 두려움에 떨며 그는 점점 더 무력해졌다. "나는 놀란 쥐처럼 두렵습니다"라고 마이코프에게 인정했다.

"그 아이디어가 나를 유혹했고, 나는 그 아이디어를 매우 좋아하게 되었습니다. 하지만 내가 해낼 수 있을까요? 소설 전체를 망치지는 않을까요? 그게 바로 문제입니다!"

안나는 남편이 〈백치〉에 같은 방식으로 상업적 희망을 걸었다는 것을 너무 잘 알고 있었지만, 그렇게 중요한 순간에 남편에 대한 믿음을 잃지 않으려 노력했다. 그가 〈악령〉을 시작하는 데 힘을 쏟을 수 있도록 자신도 뭔가 해야겠다고 생각했다. 갑자기 점점 더 예민해지는 그녀의 생존 본능이 발휘되기 시작했다. "불안을 달래고 집중력을 떨어뜨리는 우울감을 떨쳐내기 위해 항상 그를 즐겁게 하면서 정신을 딴 데 쏠게 하는 방법을 찾는 일에 매달렸다"라고 안나는 회상했다.

4월 중순 어느 날, 도스토옙스키가 가장 좋아하는 주제 중 하나인 룰렛으로 대화를 나눌 기회가 생겼다. 그녀는 남편에게 비스바덴의 테이블에서 다시 한번 자신의 운을 시험해 보고 싶은지 물었다. "결국 당신은 몇 번 이겼어요. 이번에는 행운이 당신 편에 있기를 기대해 보는 건 어때요?"라고 안나가 그를 달랬다.

남편이 도박을 합리화하는 데 이런 논리를 너무 자주 사용했다는 것과 그녀 자신이 이에 전혀 대항하지 못한다는 것을 알고 있었다. 하지만 이제 그녀는 자신의 목적을 위해 이 논리를 이용하고 있었다. 그녀는 심지어 그가 탈러 120개를 가져갈 수 있도록 허락했는데, 그 돈은 남아 있는 탈러의 3분의 1에 해당했다. 바덴바덴에는 그녀가 함께 갔었지만, 이번만은 그와 같이 가지 않을 것이다. 그는 홀로 룰렛 테이블을 마주해야 했다. "물론, 나는 그가 이길 거라고 한순간도 믿지 않았다"라고 안나는 수년 후 회상했다.

> 나는 탈러 100개를 잃게 된다는 생각에 매우 후회했다. 하지만 그가 룰렛 테이블을 방문했던 경험에서 어떤 강렬한 감정을 느끼고 위험에 대한 갈망, 도박에 대한 갈망을 충족시킨 후, 다시 진정되어서 돌아올 것임을 알았다. 그리고 … 그는 새로운 에너지로 소설을 쓰는 데 집중하면서 잃어버린 모든 시간을 보충하고, 2~3주 동안 일할 것이다.

이는 거대한 도박이었지만, 안나는 그 희생을 불가결한 것으로 인지하고 있었다. 외부 관찰자는 그들의 상황에서 그녀가 무리수를 두고 있다고 생각할지도 모른다. 하지만 사실 그것은 위험을 따져보고 그 위험을 이용할 줄 아는 안나의 재능이 있었기에 가능한 일이었다. 몇 년 전, 그녀는 남편의 영역 속에 있는 악마와 맞서려는 본능적인 욕구에서 도박을 감행한 적이 있었다.

이제 그녀는 또 다른 직관을 따랐다. 남편과 자신들의 가족을 구할 수 있는 유일한 방법은 그를 도박 중독의 지옥불로 다시 밀어 넣는 것이다. 물론 이전에 그와 똑같은 지옥불이 그들을 거의 망쳐 놓은 적이 있었지만, 그녀는 남편과 마찬가지로 도박이 창의적인 정신을 채워준다는 믿음을 받아들였다. 그의 창의적 정신은 자신들의 경제난을 해결하는 데 꼭 필요한 것이기도 했다.

애초에 이 불안정한 조합 ─ 안나의 끈기, 야망, 대담함과 도스토옙스키의 자기 파괴와 광기 어린 글쓰기의 순환 ─이 그들의 관계에 있어 중심을 이루는 원동력이었다. 그것이 사업적으로나 개인적으로 무너지기 직전의 상태에서 그를 구출할 수 있다는 용기를 도스토옙스키의 삶에 처음 나타난 스무 살의 속기 학생에게 준 것이다. 그리고 두 사람의 성격적 특성이 모여 만들어진 강력한 마력이 결혼 생활의 구조와 둘이 공동으로 진행하는 일을 수십 년에 걸쳐 성장시킬 수 있도록 해주었다.

장모에게 도박에 대해 말하는 게 껄끄러웠던 도스토옙스키는 프랑크푸르트로 며칠간 출장 간다고 말해달라고 안나에게 부탁했다. 만약 그가 돈을 모두 잃는다면, 안나는 그럴 거라고 알고 있었지만, 그가 전보로 그녀에게 알리기로 했다. 그러면 그녀가 집에 돌아올 차비로 탈러 30개를 즉시 그에게 보내면 된다. 장모가 편지를 발견할 경우에 대비하여, 그들은 암호를 생각해냈다. 내게 편지를 보내시오를 돈을 보내라는 의미로 쓰기로 한 것이다.

도스토옙스키는 얼었던 길이 녹는 4월 중순에 비스바덴으로 떠났다. 감미롭고 향기로운 공기가 겨울의 맹위를 누그러뜨리면서 부활의 약속을 담고 있었다. 타우누스 호텔에 체크인한 후, 그는 지체없이 호화로운 호텔과 영국식 스파장을 지나 아름다운 쿠르하우스까지 이어지는 익숙한 길을 걸어갔다. 어두운 현관을 지나 카지노 게임 홀로 들어가 촛불 아래 여러 언어로 떠드는 익숙한 소음에 싸이자 도스토옙스키는 집에 온 듯 편안해졌다. 한순간에 지난 몇 주간의 모든 나른함과 우울함이 사라졌다.

그가 도박을 시작한 첫 며칠 동안 무슨 일이 일어났는지는 아무도 모른다. 우리가 아는 것은 4월 15일 목요일 정오쯤, 도스토옙스키가 룰렛 테이블 앞에 서서 빠르게 베팅하기 시작했다는 것이다. 그는 다시 베팅했고, 졌다. 한 시간이 훌쩍 지나갔다. 그리고 사라졌다. 시간도, 돈도. 그는 마지막 탈러까지 모든 것을 잃었다.

몇 시간 후 그는 우체국에 서 있었다. 안나에게 전보를 보낼 수 있을 정도의 돈밖에 남지 않은 상황에서 그는 카운터 뒤에 있는 남자에게 전보 내용을 불러주었다. 거의 정신이 나간 상태임에도 적어도 한 구절만은 분명한 독일어로 발음할 수 있었다.

"내게 편지를 보내시오."

다음날 정오 직후 그는 안나가 보낸 편지를 받았는데, 거기에는 기다리던 탈러 서른 개는 들어 있지 않았다. 호텔로 돌아간 그는 약속한 돈을 보내지 않은 것을 질타하는 내용의 편지를 썼다. 그는 나중에 그 편지를 '비겁하고 잔인한 편지'였다고 인정했다. 그는 두 시 30분에 다시 우체국으로 갔다. 돈은 아직도 오지 않았다. 네 시 30분에 세 번째로 우체국을 찾았을 때에야 우체부는 그에게 탈러 서른 개와 함께 안나의 편지를 건넸다.

"이 편지는 언제 온 거요?"

도스토옙스키는 투덜거렸다.

"두 시쯤에"라고 직원이 대답했다.

도스토옙스키는 "내가 두 시 이후에 여기 왔을 때 왜 안 준 거요?"라고 묻고 싶었지만 그대로 돌아서서 우체국을 떠났다. 몇 분 후, 그는 게임 홀로 돌아왔다.

도스토옙스키는 다음날 그녀에게 썼다.

"아냐! 당신에게 맹세하건대 나는 도박을 할 생각이 없었소"

그래도 … 만약 그가 단지 몇 분 동안만 자신의 운을 시험하려고 했다면? 전부가 아니라, 탈러 서른 개 중 다섯 개만 걸려고 했다면?

그는 더 잘 알고 있어야 했다. 서둘러 집에 오라는 안나의 경고성 편지를 읽은 후, 그는 자신이 모든 것을 잃는다면 그녀에게 무슨 일이 일어날 것 같아 두려워졌다. 괴로운 꿈도 연속으로 꾸었다. 그의 아버지가 나왔는데, 전에는 단 두 번밖에 경험하지 못했던 끔찍한 꿈이었다. 그런 꿈은 결국 현실이 된 재앙을 예언했었다. 불과 사흘 전, 안나가 회색으로 변하는 꿈을 꾸었다. 이러한 모든 불길한 징조를 감안해서 그는 마지막 탈러 서른 개를 도박으로 날려버리지 않겠다고 결심했다. 카지노로 돌아왔을 때, 그는 단지 구경만 하겠노라 스스로에게 다짐했다. 룰렛 테이블 옆에 서서 유혹하는 바퀴에 시선을 고정한 채, 그는 머릿속으로만 베팅하기 시작했다.

"내가 맞힐까 못 맞힐까? 어떻게 생각하오, 아냐?"

그는 썼다.

"나는 열 번 정도 연속으로 맞혔소. 심지어 0도 맞혔소."

게임을 하고 있었다면, 그는 베팅한 돈의 서른다섯 배를 벌어들였을 것이다. 그는 열기로 점점 더 달아올랐다. 그의 본능은 승리가 틀림없다고 부추기고 있었다. 이윽고 그는 머릿속으로 하던 베팅을 소리내 외치고 실제로 돈을 테이블에 올려놓고 있는 자신을 발견하였다.

"아냐, 아냐."

그는 그녀에게 기억해달라고 간청했다.

"나는 악당이 아니라 단지 열정적인 도박꾼일 뿐이오"

5분 만에, 그는 탈러 열여덟 개를 땄다. 그는 승리한 채로 홀을 뛰쳐나올 준비가 되어 있었고, 딴 돈을 가지고 그날 밤 마지막 기차를 타고 떠나겠다고 스스로에게 말했다. 그러나 그의 발은 움직이지 않았다.

"그 순간, 아냐. 난 통제력을 잃었어."

그는 계속해서 베팅했고 계속 실수를 했다. 그는 계속해서 졌지만 멈출 수 없었다. 5분만에, 그가 땄던 탈러 열여덟 개가 사라졌다. 그리고 안나가 보낸 서른 개도. 아홉 시 30분이 되자 그는 모든 돈을 잃었다.

미친 사람처럼 홀에서 뛰쳐나온 그는 사제를 찾아 나섰다. 주님의 목자를 찾기 위해 비스바덴의 미로 같은 뒷골목을 미친 듯이 달려가던 그는 러시아 정교회처럼 보이는 돔형 건물을 발견했다. 재빨리 달려갔지만 그곳은 러시아 교회가 아니라 유대교 회당이었다. 그는 겁에 질려 길 위에서 꼼짝도 못한 채 그대로 서버렸다. 이윽고 그는 몸을 돌려 호텔로 달려가서는 아내에게 편지를 쓰기 시작했다.

"아냐, 류바를 위해서라도, 미래의 아이를 위해서라도, 걱정하지 말고, 화내지 말고, 이 편지를 끝까지 주의 깊게 읽어주시오. 진정하고, 천사여, 끝까지 듣고 읽으시오. 제발 찢어버리지 마시오."

그러나 그는 자신을 산산조각내고 있었다. 그는 끔찍한 소식을 단번에 전했다.

"나의 소중한 친구, 영원한 친구, 천상의 천사여, 물론 당신은 내가 모든 것을 잃었다는 것을, 당신이 보낸 탈러 서른 개를 모두 잃었다는 것을 알겠지요."

남편을 잘 아는 여자로서, 남편이 쓴 모든 단어를 꼼꼼히 읽는 데 익숙한 안나는 편지의 행간을 읽을 수 있었을 것이다. 그녀는 그가 꿈과 징조를 얼마나 진지하게 받아들이는지 알고 있었고, 점쟁이들을 얼마나 자주 방문했는지, 콩으로 미래를 점쳤던 노파를 얼마나 신뢰했는지 알고 있었다.

그의 편지는 그 점을 분명히 했다. 도스토옙스키는 그가 어둠의 힘에 속아 넘어갈 때 자신이 항상 믿고 싶어 하던 신에게 참회하려고 했다. 그의 도박벽은 그를 러시아 사람들의 토착 종교인 정교회로부터 멀어지게 했다. 아마도 이미 멀어졌을지도 모른다. 도박은 그를 배교자로 만들었다. 사실 유대교는 도스토옙스키가 유럽 문화와 연관시키게 된 냉정하고 합리적인 물질주의의 구현이었다. 그가 결국 죽어가는 서구의 가치에 굴복하여 자신의 러시아 영혼을 잃는다면, 지난 4년간의 모든 고통은 무위가 되어 버리는 셈이었다.

죄책감으로 절망의 구렁텅이에 빠진 라스콜니코프가 성직자보다는 소냐에게 죄를 고백하고 싶은 충동을 느꼈던 것처럼, 도스토옙스키는 가장 힘든 시간에 자신에게 필요한 것은 교회가 아니라 심판 없이 자신을 받아들이는 한 사람, 모든 것을 용서해주는 고해 신부 같은 사람임을 깨달았다. 이는 그가 편지의 첫 번째 추신에서 한 특이한 약속을 설명할 수 있을지도 모른다. 그는 안나에게 말했다.

"나는 어떤 이유로도, 어떤 경우에도, 사제를 만나러 가지 않을 것이오. 사제는 옛것과 과거, 이전 사람들, 사라진 자들의 목격자 중 한 명이오! 그를 만나는 것조차 고통스러울 것 같소!"

당시 그에게 필요한 유일한 고해 신부는 이 모든 시간에 끔찍한 중독으로 인한 고통에도 자신의 곁을 지켜 준 사람이었다. 그 중독은 그들을 거의 망가뜨릴 뻔했지만 "그 어떤 칼로도 우리를 갈라놓을 수 없었다"라는 도스토옙스키의 표현처럼 그들을 단단히 묶어주기도 했다.

그러나 이 사건은 그에게 다른 무언가를 보여주었다. 자신의 도박이 안나의 생명을 위협할 수도 있다는 사실이었다. 그 사건은 가장 저열한 도덕적 타락의 행위로, 그가 오랫동안 끌려다녔던 일종의 가학피학적인 선택일 뿐이었다. 하지만 그는 더 이상 끌려다니지 않을 작정이었다. 그는 소리쳤다.

"내가 또 지면 당신이 죽을 걸 알아! 나는 절대 미친 사람이 아니오. 결국, [만일 그런 일이 생긴다면] 나는 끝장이라는 것을 알고 있소."

그의 행동이 그녀에게 어떤 영향을 미쳤는지, 그녀의 죽음이 그에게 어떤 의미일지에 대한 오싹한 생각은 그가 오랫동안 무시해왔던 진실을 일깨우기에 충분했다. 그는 주장했다.

"아냐, 우리의 부활이 당도했다고 믿어주시오. 그리고 오늘부터 나는 내 목표를 이룰 것임을 믿어주시오. 내가 당신을 행복하게 해주겠소."

세 번째이자 마지막 추신에서 그는 아내의 헤아릴 수 없는 인내와 헌신에 감사하며 그녀에게 약속했다. "내 평생 이 일을 기억하고 언제나 당신을 축복하겠소, 나의 천사여. 아니, 이제 난 당신 거요. 당신과 절대 떨어질 수 없는, 온전히 당신 거요."

도스토옙스키는 1881년 죽기 전까지 10년 동안 이 약속을 지켰다. 그 어떤 것도 다시는 그들 사이에 끼어들지 않을 것이다. 비밀리에 만나는 정부도, 룰렛도, 어떤 종류의 불법적인 행동도 더 이상 없을 것이다. "승리에 대한 그의 환상은 갑작스럽지만 깨끗이 회복된 일종의 강박이나 질병 같은 것이었다"라고 그가 죽고 반 세기가 흐른 뒤 안나는 회고했다.

도스토옙스키의 무자비한 중독이 극복되었다고? 어떻게 된 걸까? 학자들은 때때로 작가의 도박 중독이 끝난 이유로 러시아에는 공

공 도박이 없었다거나, 1872년 프로이센 정부가 독일 카지노를 폐
쇄하면서 1870년대 도스토옙스키가 자주 독일에 갔어도 도박할 기
회가 없었다는 점에 주목하기도 한다. 그러나 독일 이외의 유럽 국
가에는 합법적인 도박이 존재했다. 그가 마음만 먹었다면 룰렛 테
이블로 돌아갈 기회를 쉽게 찾을 수 있었을 것이다. 그저 그가 그런
생각을 했다는 증거가 없을 뿐이다.

러시아로의 귀환도 그의 중독이 없어진 것에 대한 충분한 설명
이 되지는 못했다. 한 가지 예로, 연구자들이 도스토옙스키의 중독
을 키웠다고 믿는 심리적, 생물학적 요소들, 즉 불안, 빈곤, 뇌전증
등은 그가 러시아로 돌아왔을 때도 사라지지 않은 상태였다. 오히
려 단기적으로는 부부가 새로 태어난 아이와 함께 다시 처음부터
삶을 꾸려나가기 위해 애쓰느라 가난과 불안은 더욱 심해졌다. 그
러면 러시아의 문화적 환경이 그를 치료했을까? 슬라브 학자인 윌
리엄 J. 레더바로우는 그렇다고 생각한 듯하다. 그는 〈도박꾼〉을 읽
고 다음과 같이 결론 내렸다.

> 도스토옙스키의 소설에서 도박 행위를 둘러싸고 있는 기호학
> 적 체계는 유럽 문화의 붕괴에 대한 그의 비전에 깊이 박혀 있
> 는 행위임을 시사한다. 그러므로 그가 고향 러시아에 있을 때
> 는 도박을 할 필요를 느끼지 않아야 하고, 그러한 형태의 악마
> 적 중독은 황폐한 서유럽에서 필사적인 망명 생활을 하는 동
> 안에나 그를 사로잡는 거라고 생각해야만 하는 것은 아닐까?

신체적, 문화적 자극에 대한 도스토옙스키의 과민성을 고려할 때, 이 주장은 일리가 있다. 하지만 그 주장은 1870년대 유럽 문화가 그가 개탄했던 상황에서 크게 변한 바가 없다는 사실을 설명하지는 못한다. 그때 그는 몇 차례 독일로 긴 여행을 떠났지만, 우리가 아는 한 다시 카지노의 유혹에 넘어가지는 않았다.

도스토옙스키가 도박을 그만둔 이유에 대한 그 어떤 설명이라도 그의 중독에 대한 광범위한 학문 이론에서 거의 언급된 바 없는 한 가지 요인을 고려해야만 한다. 젊은 아내와의 결혼에서 그가 내면화해온 교훈이 그것이다. 도스토옙스키가 안나에게 인생에 대해 교육했을지 모르지만, 그를 벼랑 끝에서 되살린 사람은 그녀였다.

"당신만이 나의 구세주입니다."

그는 그 정신없이 쓴 편지에서 그녀에게 말했다. 그녀는 그를 절망의 구렁텅이에서 구하고, 그의 명성을 살렸으며, 그가 발작을 일으키는 동안 그의 머리를 손으로 받치고, 그를 다치지 않게 하려고 그와 바닥 사이에 자신의 몸을 끼워 넣어 돌보면서 그의 목숨을 구했다. 그가 인정했듯이 "당신은 지난 4년 동안 나를 위해 당신의 모든 것을 저당 잡혔고, 고향을 그리워하며 나를 따라 헤매었소." 그녀는 사랑하는 아이를 잃고 도중에 자신의 건강을 위태롭게 하면서도 그와 함께 했다.

인정받으려는 광적인 몸부림을 그만 멈추라고 도스토옙스키에게 말한 사람도, 룰렛 테이블을 떠나라고 한 사람도 안나였다. 룰렛은 안나의 사랑이 갑자기 마르는 그날에 대비해 그가 매달렸던 심리적 안전 장치로 그의 마지막 연인에 다름 없었다.

그런 지속적인 사랑은 그의 인생에서 완전히 새로웠고, 이로 인해 그는 다른 사람들 앞에서 완전히 취약한 모습을 보이는 위험도 감수할 만큼 대담해졌다.

"아니, 이제 난 당신 거요. 당신과 절대 떨어질 수 없는, 온전히 당신 거요."

그는 비스바덴에서 보낸 편지에서 그녀에게 썼다. 그는 그녀의 사람이 되었다.

이전에 도스토옙스키는 사랑을 지배하거나 복종하는 것으로 여긴 바 있다. 안나는 그 대본을 심오한 상호 의존 같은 새로운 이야기로 다시 쓰도록 도왔다. 이 새로운 이해를 바탕으로 그가 바뀌기까지 몇 달, 심지어 몇 년이 걸릴 것 - 그들의 관계에서는 결코 그 불안정한 힘의 역학을 완전히 배제할 수 없다. -이지만 그가 비스바덴의 카지노에서 도망치던 날 저녁, 번쩍이는 불빛처럼, 새로운 이야기의 싹이 분명히 생겨났다.

안나와 도스토옙스키는 새로운 국면을 맞이한 결혼 생활에서 5년 동안 과열되었던 리듬을 다시 조율하는 법을 곧 배우게 될 것이다. 확실히 두 사람을 결합시키는 각자의 개성 - 그녀의 강인함, 동정심, 위험에 대한 내성, 창작에 대한 그의 강렬한 욕구, 한 바탕의 우울증, 극단적인 행동에 이끌리는 성향 -은 여전히 남아 있었다. 도스토옙스키가 어두워지는 정치 지형에 대항해 함께 만들어갈 새로운 삶의 기쁨과 고난 속에서 예술적 영감의 새로운 원천을 발견했을 때도, 안나는 곧 자신의 개인적인 에너지를 가족을 돌보는 일뿐만 아니라 사업을 펼치는 데 쏟기 시작했다.

하지만 그건 모두 나중 일이었다. 안나는 우선 남편을 드레스덴으로 데려와야 했고, 그 다음에 가족 모두가 함께 독일을 떠날 수 있게 준비해야 했다. 몇 가지 물건을 더 저당 잡힌 후, 그녀는 기차 요금으로 그에게 탈러 서른 개를 보냈다. 그러고 나서도 그가 돌아오기까지는 나흘이 더 걸렸다.

"나는 물론 사흘 동안 참을 수 없는 고통 속에 있었소."

그는 도박에서 실패한 다음 날 그녀에게 썼으며, 이렇게 덧붙였다.

"저당 잡히는 일이 당신에게 얼마나 고통스러운 일인지 알지만, 곧 모든 것은 영원히 끝날 것이고, 우리는 새로워질 것이오. … 러시아에 빨리 가기 위해서! 이 저주받은 이국땅에 머무는 시간과 승리에 대한 환상을 끝냅시다! 오, 이 시간을 어떤 증오심으로 회상하게 될지 모르겠소."

약속했던 날이 되어도 도스토옙스키가 돌아오지 않자 뭔가 의심스러워하는 어머니에게 안나는 적당한 핑계를 대며 둘러댔다. 그가 발작을 일으켰는데, 무리하게 돌아오다가 또 다른 발작을 일으킬까 염려되어 2～3일 더 쉬기로 결정했다고 한 것이다. 이틀 후 그는 안나에게 편지를 보내 안심시켰다. 그가 화요일 자정까지 집에 오지 않더라도 "제발 절망하지 말고 내가 다시 룰렛에서 졌다고 생각하지 말라고 당신에게 간청하오. 그런 일은 일어나지 않을 것이고 있을 수도 없소." 그는 아내에게 자신을 위해 저녁 식사를 준비하라고 지시하면서, "당신이 완전히 기독교인 아냐라면, 내가 도착할 때까지 담배 한 갑을 준비하는 것을 잊지 마시오"라는 요청도 잊지 않았다.

도스토옙스키는 4월 20일 평온하고 기분 좋은 상태로 드레스덴으로 돌아와서 바로 〈악령〉의 집필에 착수했다. 일을 하지 않을 때는 안나와 함께 귀국 준비를 하고 7월에 출산 예정인 아이를 위한 계획을 세웠다. 그는 카트코프에게 메모를 보내 자신이 최근에 입은 손실에 대해 자세히 설명한 후, 약속한 1천 루블의 송금을 서둘러 달라고 부탁했다. 카트코프는 그들이 떠나기 전인 6월 말까지 돈을 보낸다는 데 동의했다. 부부는 여행과 러시아에 도착하는 데 드는 비용을 충당하기 위해 3~4천 루블을 손에 넣고 싶었지만, 어쨌든 카트코프가 보내는 1천 루블을 가지고 출발하기로 결심했다. 6월 말에 돈이 도착하자 그들은 드레스덴에서 지체 없이 주변을 정리했다. 전당포에서 물건들을 되찾고, 많은 빚을 청산한 뒤 여행 짐을 쌌다.

떠나기 이틀 전, 도스토옙스키는 안나에게 서재로 오라 하더니 몇 개의 두꺼운 종이 꾸러미를 태워야 한다고 했다. 그녀는 자기 앞에 놓인 종이 뭉치들을 내려다보았다. 어떤 것은 끈으로 묶여 있고, 어떤 것은 풀어진 상태였는데 종이마다 잉크로 쓴 그의 글씨가 빽빽하게 들어차 있었다. 종이 뭉치들에는 다년간의 그의 노력과 희생이 담겨 있었다. 〈백치〉의 초고들, 그의 중편 소설 〈영원한 남편〉과 〈악령〉의 초기 수정 원고가 거기 있었다. 안나는 그가 작품을 만들어 낸 수년 동안 이 산더미 같은 창작의 고통과 기쁨을 함께 겪으면서 그의 곁을 지켰다. 그녀는 그의 부탁이 중요하다고 이해했지만 잠시 망설였다.

"나는 원고를 없애는 것이 너무 마음 아파 원고를 가지고 갈 수 있게 해달라고 간청하기 시작했다."

하지만 그는 태워버리겠다는 자신의 생각을 굽히지 않았다.

도스토옙스키의 두려움은 비이성적인 것이 아니었다. 그는 정치범이라는 전력 때문에 여전히 비밀경찰의 감시를 받는 처지였다. 그래서 국경에서 수색당하고 원고는 압수되리라는 사실을 알고 있었던 것이다. 그들은 거의 70시간의 여행을 떠날 예정이었고, 도와줄 간호사도 없이 임신 30주가 넘은 안나와 함께 가는 여행이었다. 국경에서 검문 때문에 지연되는 상황이 빚어지면 그 와중에 안나가 비위생적인 환경에서 급하게 출산하게 되는 일이 생길지도 모른다. 이는 산모와 아기의 생명을 위험에 빠뜨릴 수도 있었다. 그래서 더 이상의 논쟁 없이 안나는 남편과 함께 종이 더미를 불 속에 던졌다. 그렇게 도스토옙스키의 주요 소설 세 편의 초고가 사라지면서 후대의 독자와 학자들도 영원히 그것을 잃게 되었다.

도스토옙스키는 너무 서두른 나머지 위에서 말한 소설에 대한 공책들을 잊고 있었다. 안나는 그 공책을 안전하게 보관하기 위해 재빨리 어머니와 남동생에게 그 공책들을 건네고 몇 달 후 러시아로 올 때 가지고 오라고 당부했다. 그것은 가족의 이익을 보호하면서도 남편의 가장 중요한 작품들 이면에 숨겨진 창작 과정을 조명할 수 있는 귀중한 자료를 후대를 위해 보존하게 한, 찰나의 결정이었다. 또 그녀가 그후 몇 년 동안 내리게 될 여러 가지 중요한 문화적 결정 중 하나이기도 했다.

7월 5일, 그들은 드레스덴에서 베를린으로 이동한 후 러시아로 가는 기차에 올라탔다. 몸 상태가 좋지 않았던 안나는 따뜻한 담요 속으로 들어가면서 페댜에게 자신이 자는 긴 여정 동안 류바를 즐겁게 해주어 아이의 주의를 다른 데로 돌려달라고 부탁했다. 맹목적으로 딸을 사랑하는 아버지는 아내의 말에 순종했다. 그는 정거장마다 류바와 함께 기차에서 내려 게임을 하고 우유와 음식을 사주며 놀아주었다. 그 와중에도 여행 중에 편안히 쉬고 있는 것 같지만 언제라도 건강이 악화될 수 있는 안나를 계속 주시했다.

44시간의 여정 끝에 그들은 마침내 베르즈볼로보의 국경 역에 도착했고, 독일 수비대를 무난히 통과했다. 그럼에도 불구하고 기차에서 내려 러시아 수비대와 마주해야 했을 때 부부는 두려움에 휩싸였다. 러시아 수비대는 독일 관리들 못지않게 위세를 부리며 불쾌감을 드러냈다. 다른 승객들은 간단히 수색을 마쳤지만, 도스토옙스키 부부는 노골적으로 구금하였고 짐도 마구 헤집었다. 무리를 지어 테이블 주위에 모여든 관리들은 압수한 책과 얇은 원고 꾸러미를 자세히 들여다보기 시작했다. 지친 데다 환승 기차를 놓칠까봐 초조했지만 그들은 그저 기다릴 수밖에 없었다.

승객들이 분주한 세관에서 총총거리며 오갈 때, 러시아 관리는 부부의 가방 지퍼를 열고 개인 소지품을 뒤지고 있었다. 그때 갑자기 류바가 숨이 넘어가게 소리치기 시작했다.

"엄마, 빵 주세요!"

그 시끄러운 소리를 한순간도 더 참을 수 없던 수비대는 책들과 원고를 테이블 너머로 밀어낸 후, 가방을 닫고서 성가신 가족을 방 밖으로 몰아냈다.

여전히 놀란 상태로 열차에 탑승한 도스토옙스키는 좌석으로 쓰러졌고 열차는 출발했다. 거대한 바퀴가 철제 레일 위로 천천히 움직이다가 속도를 내는 사이 기차역과 독일이 그들 뒤로 멀어졌다. 그들 앞에는 24시간의 고된 여행이 놓여 있었는데, 집에 가면 이 가족은 많은 도전과 마주하게 될 것이다. 아이가 곧 태어나는데 그들이 가진 돈이라고는 60루블 정도가 전부였다. 채무자의 감옥이라는 위협이 다가오는 상황에서, 러시아에서 삶을 다시 세우겠다는 도전은 결코 쉽지 않을 것이다.

그러나 열차가 윙윙거리며 러시아 초원을 가르기 시작하자 안나에게는 그 어떤 생각도 떠오르지 않았다.

러시아 땅에서 기차를 타고 있고 우리 주변이 모두 우리 민족, 러시아인이라는 사실을 의식하자 우리는 정말 편안해져서 여행의 시련을 모두 잊게 되었다. 남편과 나는 즐겁고 행복해서 마침내 러시아에 온 것이 사실이냐고 서로에게 물어댔다. 오랫동안 소중하게 키워온 꿈을 이뤘다는 사실이 우리에게는 경이로움으로 다가왔다.

도스토옙스키의 장례식이 거행된 알렉산드르 넵스키 수도원 성당(러시아 상트페테르부르크)
ⓒ윤상구

제3부
/
보
상

출판인 안나

안나는 회고록에서 결혼 후 처음 4년 동안 노력하게 해준 운명에 감사했다. 그 당시 그녀는 지난 일을 돌아보면서 이렇게 말했다.

"나는 소심하고 수줍음이 많은 소녀에서 더 이상 삶의 불행과 맞서는 걸 겁내지 않는, 결단력 있는 여성으로 발전했다."

그녀의 여자 친구들은 그녀가 훨씬 더 강해지고 남자들 주변에서 말을 아낀다는 것을 알아챘으며, 외모나 옷차림에 신경 쓰지 않고 머리를 예쁘게 다듬지 않는다고 그녀를 나무랐다. "그들의 지적에 동의하지만 바꾸고 싶지 않았다"라고 안나는 썼다. 그녀는 야망, 강철 같은 실용주의, 위험에 대한 내성을 조합한 그녀만의 자질을 갖추고 있었다.

안나는 친구들의 비판을 무시한 채 자신이 옳다고 믿고 필요하다고 판단한 것에 초점을 맞추었다. 도스토옙스키에 대한 사랑의 시작은, 그녀의 말에 의하면, "흠모와 경외심 같은 것이었다." 그 사랑은 일종의 행동력으로 변모했다. 그 힘은 작가를 러시아 문학의 선두에 빠르게 올라서게 할 뿐만 아니라 그녀 자신을 중요하고 지속적인 사업의 길로 이끌 것이다.

도스토옙스키의 귀환이 신문에 발표되면서 부부는 거의 매일같이 아파트에 나타나는 채권자들과 언쟁을 벌여야 했다. 그러나 기민한 협상, 달콤한 대화와 노골적인 위협을 이용해 안나는 이 사람들을 돌려보낼 수 있었다. 사람들에게 너무 잘 속는 그에게 이런 일을 맡길 수 없다고 판단한 안나는 이 모든 일을 남편 몰래 처리했다. 그녀는 남편과 그를 속이려는 사람들 사이에는 뚫을 수 없는 장벽이 있다는 사실을 페테르부르크 전역에 알렸다.

도스토옙스키의 형 미하일과 수년 전에 미심쩍은 거래를 했던 독일인 상인도 그중 한 명이었다. 안나는 그가 내세운 근거 없는 협박을 자세히 기록하여 페테르부르크 신문에 내겠다고 큰소리쳤다.

"정직한 독일인들이 무엇을 할 수 있는지 모두가 알게 합시다!"

그녀는 분개했다. 이에 상인은 협박을 멈추고 안나의 조건을 받아들였으며 다시는 도스토옙스키 부부를 성가시게 하지 않았다. 안나는 협상가로서의 자질을 발견하고 있었다.

그녀는 파샤에게도 단호했다. 파샤의 심각한 이기심은 더 심해진 상태였다. 그들이 유럽으로 망명해 있는 동안, 그는 도스토옙스키가 자신에게 맡긴 서재의 책 전부를 중고 서적상에 팔아넘겼다. 그래 놓고도 유럽에서 제때 돈을 보내지 못한 부부 탓을 할 정도로 뻔뻔했다. 그 모든 일에도 불구하고 그는 돈을 달라고 계속 졸라댔다.

"아빠는 좀 어때, 기분이 어때?"

부부가 돌아오고 나서 몇 주 후, 파샤는 가식적인 미소를 띠면서 안나에게 물었다.

"난 아빠와 얘기해야 해. 40루블이 꼭 필요하거든."

"하지만 카트코프가 아직 돈을 보내지 않았고 우리에게는 돈이 전혀 없다는 것을 알고 있잖아. 나는 오늘 25루블에 브로치를 저당 잡혔어." 안나가 대답하며 영수증을 보여주었다.

"그래서 어쩌라고! 다른 것도 저당 잡혀."

"하지만 이미 내가 가진 것을 모두 저당 잡혔어."

그녀는 이 무례한 젊은이를 호되게 꾸짖고 싶은 마음을 참는 데 온 힘을 끌어모아야 했다.

"글쎄, 나는 꼭 사야 할 물건이 있을 뿐이라고."

그는 고집했다.

"우리에게 돈이 좀 생기면 그때 사."

"안돼. 미룰 수 없어."

"하지만 나에겐 돈이 없어!"

안나는 이 대화가 끝났음을 분명히 했다. 자신이 이전에 알던 안나가 아닌, 다른 사람을 상대하고 있음을 분명히 알게 되었음에도 그 교활한 젊은이는 한 가지 계략이 남았다고 확신했다. 아빠를 찾아가 안나에 대해 불평하면 된다. 그러나 충격적이면서 실망스럽게도 그의 예전 전술은 더 이상 통하지 않았다.

"집안일은 모두 아내에게 넘겼다."

어느 날 파샤가 도스토옙스키의 서재에 당당하게 걸어 들어와 안나에 대한 불평을 늘어놓자 그는 파샤에게 말했다.

"그래서 그녀가 어떻게 결정하든 그렇게 될 거야."

파샤는 격분했지만 안나에게 그는 성가신 존재에 지나지 않았다. 그녀의 머릿속은 훨씬 더 긴급한 걱정으로 가득 차 있었다. 가족의 미래를 어떻게 꾸려야 할지가 큰 걱정거리였다. 남편이 문학적 인맥을 다시 세우려고 노력하는 동안 안나는 아내와 어머니로서뿐만 아니라 속기사, 비서, 재무관리자로서 하루에 열네 시간씩 일했다. 그 와중에도 가족의 빈약한 수입을 보충하기 위해 바깥에서 할 수 있는 일을 찾아다녔다.

이러한 부담에 더해 러시아로 돌아온 지 1년 만에 안나에게는 여러 건의 불행한 일이 연달아 벌어지고 있었다. 세 살배기 류바는 의사가 부러진 손목뼈를 잘못 맞추는 바람에 생명을 위협하는 수술을 받아야 했고, 한 살 먹은 아들 표도르는 스타라야 루사의 스파타운에 빌려놓은 여름 별장에서 간호사의 보살핌을 받으며 엄마와 떨어져 지내야 했다. 또 발이 아파 고통받고 있는 어머니의 부재, 임신 말기인 올케의 건강이 좋지 않다는 소식, 말라리아로 인한 언니의 갑작스런 죽음에다 그 소식마저 일주일 지나서 알게 된 것 등 모든 것이 안나를 힘들게 했다. 설상가상으로 그녀 자신도 심각한 인후염에 걸려 거의 죽다 살아난 상태였다.

안나는 이 시기를 묘사하기 위해 "문제는 하나씩 닥치지 않는다"라는 러시아 속담을 회고록에 인용하면서 다음과 같이 덧붙였다.

"당신은 자비로운 하나님이 우리에게 시련을 줄 때는 그 시련을 견딜 힘도 주신다는 것을 분명히 알게 된다."

그리고 안나는 그 어려움을 견뎌낼 것이다.

〈악령〉은 1871년에서 1872년 사이에 〈러시아 메신저〉에 연재되어 대중 사이에서 폭풍 같은 논란을 일으켰다. 이 소설로 도스토옙스키에게는 문학계의 새로운 적이 많이 생겼는데, 당시 영향력 있는 비평가 니콜라이 미하일롭스키의 경우 훗날 자신의 유명한 평론에서 작가를 가리켜 잔혹한 재능이라고 석연치 않은 평가를 했다. 성적 타락, 사회적 역기능, 정신병이 가미된 이 정치적 살인 이야기는 러시아 독자들에게 충격과 흥분으로 다가갔다. 이 소설에 나오는 12세 소녀에 대한 성추행의 경우, 카트코프가 〈러시아 메신저〉에 게재하기를 거부할 정도로 불쾌감을 주는 부분이었다.

이 소설은 급진적 지식인들까지 격분하게 했다. 그들은 러시아 혁명에 대한 도스토옙스키의 통렬한 풍자를 자신들을 향한 직접적인 공격으로 받아들였다. 그들이 틀린 것은 아니었다. 작가는 이 소설에서 마지막 단어까지 자신의 의견을 분명히 밝히겠다고 마이코프에게 한 약속을 철저히 지켰다.

문학 대중 중 소수 그룹인 보수적인 독자들은 소설이 내건 정치적 메시지를 높이 평가했다. 혁명가들은 많은 경우에 부도덕한 파괴자이면서 사회의 십자군으로 가장한 이기주의자들이었다. 하지만 이렇게 찬미하는 독자들조차도 〈악령〉이 너무 많은 이야기, 겹쳐진 등장인물들, 사회적 사실주의보다 더 희화화된 그 시대 러시아를 전반적으로 묘사한 것은 과도한 부담으로 다가온다는 문학 비평가들의 의견에 동의했다.

안나는 이데올로기적이고 비판적인 논쟁과는 거리를 두면서, 대신 좀 더 절실한 문제에 초점을 맞추고 있었다. 소설이 완성되면서 가족의 유일한 수입원은 말라버렸고, 그들은 거의 입에 풀칠만 하는 생활로 돌아갔다. 도스토옙스키에게 집필거리가 없는 상황이 되자, 안나는 속기사로 일해 벌어들인 수입을 생활비에 보태기로 결심했다. 그녀는 자신의 옛 스승인 올킨 교수에게서 추천서를 받았다. 처음에 그녀는 서부 지방에서 열리는 회의의 임시 속기사 자리에 지원했는데, 남편은 그녀가 혼자서 그렇게 먼 거리를 여행해야 한다는 사실을 견딜 수 없어 했다. "그래서 속기로 돈을 벌려는 나의 노력은 끝이 났다"라고 안나는 회상했다.

그녀는 쉽게 단념하지 않고 돈을 더 벌 수 있는 다른 기회를 찾아다녔다. 도스토옙스키 부부는 여러 출판사에 〈악령〉의 단행본 출판을 요청했다가 거절당했는데, 1873년 초, 드디어 한 출판사가 이에 응했다. 그러나 이 책이 부정적인 비평을 받은 후라 그들에게 제안한 최고 금액은 겨우 500루블 정도였고, 이마저도 2년에 걸친 분할 지불이라는 조건이 붙었다.

그 제안은 받아들이기에는 너무 보잘 것 없는 것이었지만, 도스토옙스키 부부는 여기에서 사업 아이디어를 얻었다. 몇 년 전 유럽을 여행하면서 부부는 도스토옙스키의 작품을 인쇄하고 출판하는 일을 시작하는 것에 대해 이야기를 나눈 적이 있었다. 그 일은 작가가 1840년대부터 곰곰이 생각해온 것이었다. 형 미하일에게도 이에 대해 얘기했지만 별 반응이 없었다. 이후 그 일은 그에게 도달할 수 없는 꿈으로 남아 있었다. 하지만 안나가 그의 옆에 있으니 무엇이든 가능해 보였다.

그들이 처한 경제 상황으로 볼 때, 그 전망은 전혀 가망성이 없어 보였다. 도스토옙스키 자신은 이러한 사업을 운영할 수 없기 때문에 경영은 안나의 몫이 될 것이다. 하지만 안나는 사업 경험이 부족했고 다른 가족을 책임져야 하는 부담을 안고 있었다. 도스토옙스키의 가족과 친구들은 26세 여성이 그런 위험한 물속으로 헤쳐 들어가는 일은 완전히 바보 같은 짓이라고 생각했다. 그들은 그런 위험한 일을 시작하는 것은 가족을 빚더미에 빠뜨리는 것이라 확신하고 부부를 설득하여 그만두게 하려고 애를 썼다.

안나 자신도 그 위험을 이해했는데 실상 그 위험은 엄청난 것이었다. "그 시절에는, 어떤 작가도 자신의 작품을 직접 출판하지 않았고, 설령 그런 대담한 사람이 나타난다고 해도 그 용기의 대가로 손해를 볼 게 뻔했다"라고 그녀는 회상했다. 그 당시까지 러시아 서적 사업은 일반적으로 작가에게 작품에 대한 권리를 사서 책을 인쇄하고 러시아 전역에 배포하는 인쇄소를 통해 이루어져 있었다. 또 모든 수익은 출판사가 가져가고 작가에게는 거의 전달되지 않았다.

성 역할에 대한 사회적 통념도 부부의 편이 아니었다. 악명 높게 경쟁이 심한 러시아 도서 사업 역사상 여성이 성공적으로 소유하고 운영하는 출판사는 단 한 곳뿐이었다. 1850년대의 초기 페미니스트들의 선구자인 마리아 트루브니코바와 나데즈다 스타소바가 1863년에 설립한 여성출판협동조합은 많게는 서른여섯 명의 여성을 고용해 교과서, 아동 도서와 한스 크리스티안 안데르센의 동화나 다윈의 〈종의 기원〉과 같은 유럽 고전의 번역본을 출간했다. 안나가 자신의 회사(6년 뒤인 1879년 폐업)를 시작하려고 고심하던 시절에도 여성출판협동조합은 여전히 운영 중이었고, 출판계에서는 트루브니코바와 스타소바라는 이름이 유명했다.

이 무렵 안나도 그들에 대해 알고 있었을 가능성이 높은데, 특히 부부와 가까운 동료 중 한 명이 안나 필로소포바와 친했기 때문이다. 안나 필로소포바는 최초의 페미니스트 삼두 정치의 세 번째 멤버였다. 1873년 2월, 안나가 출판 사업을 시작할 무렵, 사실 도스토옙스키 부부는 필로소포바로부터 여성을 위한 고등교육 과정을 만들려는 그녀의 후원 모임에 참석해달라는 초청을 받았다.

초기 페미니스트들과의 이런 직접적인 연결고리에도 불구하고, 안나가 트루브니코바와 스타소바의 특정 비즈니스 모델에서 얼마나 많은 것을 배울 수 있었는지는 의문이다. 여성출판협동조합에는 설립자 두 사람이 서로 의지할 수 있었고 직원들과 한 팀으로 일할 수 있다는 장점이 있었다. 반면 안나는 유일한 사업 파트너이면서 작가인, 성급하고 비현실적인 남자와 함께 이 모험을 시작할 것이다. 게다가 그는 기껏해야 들쭉날쭉한 영업 실적밖에 보여줄 게 없는 사람이었다.

그러나 안나는 자신이 작가이자 남편인 도스토옙스키의 빈틈없는 관리자임을 오랫동안 증명했다. 어설픈 결혼 생활 정도는 끝장내버리기에 충분했던 사업적이고 개인적인 어려움을 둘은 함께 극복했다. 그들이 처음 만났을 때 도스토옙스키는 거의 절망적인 난국에 직면해 있었다. 하지만 안나는 자신의 지능, 직업 윤리와 감정적 지지를 통해 참사를 피할 수 있도록 그를 도왔다. 그녀의 친구들과 가족은 부부의 사업 성공 가능성을 의심했지만, 이 부부에게는 그 일을 해낼 수 있다고 믿을 만한 근거가 있었다.

안나는 평소처럼 체계적인 철저함과 배짱으로 출판 산업을 연구하기 시작했다. 그녀는 호기심 많은 고객인 척 서점을 돌아다니며 가게 주인들에게 특정 책의 판매량, 출판사와의 거래 방식, 심지어 어떤 할인 혜택을 받고 있는지까지 알려달라고 압력을 가했다. 남편이 명함을 주문하는 인쇄소 주인은 대부분의 책이 현찰로 출판된 것이라고 설명했다. 이는 가게가 책을 수령하는 즉시 대금을 지불해야 한다는 뜻이다(저자에게 입증된 실적이 있다면, 인쇄업자는 6개월까지 신용 거래를 할 수 있었으며, 6개월 후에는 미납액에 대한 이자를 부과할 수 있었다.). 믿을 만한 그 가게 주인은 종이 공급업자들도 비슷한 조건을 내걸 것이라고 알려주었다. 그는 안나에게 종이 구입, 인쇄, 제본 등 책을 출판하는 데 드는 전체 비용에 대한 대략적인 견적도 내주었다.

배운 내용을 바탕으로 안나는 대략적인 계획을 짜보았다. 〈악령〉을 3천 500부 한정판으로, 윤기 나는 하얀 종이를 사용하여 크고 우아한 활자로 인쇄하는 데는 약 4천 루블이 들 것이다. 통상적인 판매 가격으로 한 권당 3루블 50코펙이면 매출 총액은 1만 2천 250루블로, 오늘날로 치면 거의 20만 달러에 해당되는 돈이다. 대량 주문을 할 경우 30% 할인해주고 기타 비용을 제하면 4천 루블이 넘는 순이익을 낼 수 있었다. 출판업자들이 제시했던 쥐꼬리만한 500루블에 비하면 상당한 액수라고 할 수 있었다.

몇 달 동안 그렇게 정찰 임무를 수행한 후, 안나는 위험이 무엇이든 출판사는 그냥 지나쳐버리기에는 너무 수익성이 좋은 사업이라는 결론을 내렸다. 그녀는 페테르부르크 최고의 제조업체 중 한 곳에서 외상으로 종이를 공급받았다. 그러고 나서 인쇄 방법을 마련했고 책들을 제본했다.

1873년 1월 22일 - 안나가 자신의 출판업자 경력의 시작으로 자랑스럽게 기억할 수 있는 그 날 -에 표도르 도스토옙스키의 〈악령〉 단행본이 독립적으로 출판되었다는 광고가 페테르부르크 신문 〈목소리〉에 실렸다. 그날 아침 열 시에 M. V. 포포프의 서점에서 온 심부름꾼이 도스토옙스키 출판본부에 나타나 열 부를 주문했다. 그들의 출판본부는 세르푸콥스카야 거리에 있는 간소한 가구를 갖춘 방 네 개짜리 아파트였다. 안나는 현관으로 책을 가져와서 가격을 불렀다. 35루블. 책 판매자 할인으로 20%를 깎아준 금액이었다.

"왜 이렇게 할인이 적죠? 30%는 안 될까요?"

그는 안나를 압박했다.

"안 됩니다."

그녀 단호했다.

"그럼, 최소한 25%는요?"

"정말 안됩니다."

안나는 첫 번째 고객을 잃는다는 생각에 내심 두려웠지만 당당하게 거절했다.

잠시 머뭇거린 후, 그 구매자는 안나의 조건을 받아들여 그녀에게 현금을 건넸다. 의기양양해진 그녀는 갑자기 마음이 후해져서 그 남자에게 택시비 30코펙을 내주었다.

아침이 다 가기 전에 더 많은 벨이 울렸다. 구매자들은 페테르부르크 전역에서 찾아왔고, 도시 바깥에서 온 이도 몇몇 있었다. 안나는 매번 그 구매자들과 치열한 협상을 벌였고, 자신의 주장을 관철해 나갔다. 그날 정오쯤, 페테르부르크의 저명한 서점에서 잘 차려입은 판매원이 도착했다. 도스토옙스키는 이 서점을 종종 이용했는데, 전날 갓 제본한 〈악령〉을 자랑스러운 마음으로 가져다준 바 있었다. 판매원은 전날 작가와 약속한 대로 50% 할인된 가격에 소설 200부를 가져가겠다며 고압적인 태도를 보였다.

안나는 그의 제안을 거절했다. 그리고 출판사가 남편 명의로 되어 있지만 판매 결정은 자신이 내린다고 설명했다.

"그럼 표도르 미하일로비치와 직접 이야기할 수 있을까요?"

판매원은 남의 말을 잘 들어주는 도스토옙스키의 성격에 희망을 걸고 다그쳤다.

"표도르 미하일로비치는 일을 하느라 밤을 새워서 두 시 이전에는 그를 깨우지 않을 작정입니다."

그녀는 이렇게 응수했다. 상황이 거기에 이르자 판매원은 200권을 가게로 가져간 후, 대금은 나중에 도스토옙스키에게 직접 지불하게 해달라고 부탁했다. 안나는 다시 한번 단호히 거부의 뜻을 밝히고, 계속해서 자신의 할인 체계를 설명했다. 그러자 판매원은 몸을 돌려 나가버렸다.

한 시간도 채 지나지 않아 같은 서점에서 수수한 차림의 직원이 찾아왔다. 그는 훨씬 더 공손한 태도로 〈악령〉 50권을 30% 할인 가격으로 현금 구매하겠다고 말했다. 그것이 바로 안나가 한 시간 전 그의 상사에게 내걸었던 거래 조건이었다.

아침의 성공으로 기쁨에 겨운 그녀는 즉각 이 소식을 남편과 나누고 싶었다. 하지만 그가 방에서 나올 때까지 기다려야 했다. 그녀는 아침에는 중요한 사업 문제에 대해 말하지 않는 게 좋다는 것을 알고 있었다. 아침에는 도스토옙스키가 전날 밤의 악몽에 시달려 짜증을 내면서 나타나곤 했기 때문이었다. 그래서 그날 아침 그녀는 남편이 식당에서 뜨거운 커피 두 잔을 마시고, 서재로 물러나 아이들에게 인사를 할 때까지 기다렸다. 아이들을 놀이방으로 돌려보낸 후, 그녀는 평소처럼 그의 책상 옆 자리에 앉았다.

"아네치카, 우리 사업은 어떻게 돼가오?"

그는 장난스럽게 물었다.

"훌륭하게."

그녀가 대답했다.

"아마도 한 권 정도는 팔았겠지?"

그는 비웃는 미소를 지으며 말을 이었다.

"한 권이 아니라 115권이에요."

그녀는 농담 투의 어조를 버리고 의자에 똑바로 앉으면서 대답했다.

"말도 안 돼!"

그는 안나가 농담을 하는 거라 생각하며 맞장구를 쳤다.

"축하하오, 그럼."

"하지만 난 사실을 말하고 있어요. 왜 내 말을 안 믿죠?"

그녀는 짜증을 냈다. 그녀는 300루블 지폐 뭉치와 함께 판매 번호가 적힌 메모지 한 장을 주머니에서 꺼냈다. 도스토옙스키는 말문이 막힌 채 돈을 응시했다. 장난이 아니었다. 그의 아네치카는 진짜로 그의 책을 팔고 있었던 것이다.

그녀는 "우리의 출판 사업은 찬란하게 시작되었다"라고 회상했다. 그 해가 다 가기 전에, 그들은 〈악령〉을 3천 부나 팔았다. 그 다음 몇 년 동안 그들은 남은 500부를 모두 팔아서 그녀의 계산대로 4천 루블의 순이익을 냈다. 오늘날로 치면 5만 5천 달러에 해당하는 돈이었다. 가장 시급한 빚을 갚기에 충분한 액수였다.

"나는 얻기 힘든 승리감을 느꼈다. … 물론 나는 그 돈으로 행복했다. 그런데 중요했던 것은 나 자신이 그 사업에 흥미를 느꼈다는 것이다"라고 안나는 썼다. 다른 사람들의 부정적인 예상을 뛰어넘어 얼마나 잘 해냈는지 암시하면서, 자신의 사업이 "나의 문학 조언자들의 경고에도 불구하고 잘 되었다"라며 특별한 기쁨을 느꼈다.

물론 몇몇 사기꾼은 그녀의 미숙한 경험을 이용하는 데 성공했지만, 무엇이든지 빨리 배우는 안나는 실수로부터 많은 것을 배워나갔다. 그녀는 이 모든 것을 살짝 즐기기도 했다. 소설의 러시아어 제목은 〈악마〉였는데, 이 제목은 책 구매자들을 즐겁게 했다. 책을 주문할 때 그들은 "나는 〈악마〉들을 찾으러 왔다"라거나 "내가 열두 〈악마〉를 갖게 해주시오"라고 말했다.(미신을 믿는 부부의 늙은 유모는 별로 재미있어 하지 않았다. 많은 낯선 사람이 그들의 집에 와서 악마를 요청하는 바람에 그 유모는 도스토옙스카야 부인이 아파트에서 어둠의 힘을 키우고 있다고 확신했다.)

　그리하여 러시아 최초의 여성 단독 출판업자로서 안나의 경력이 시작되었다. 이로써 그녀는 도스토옙스키를 빚에서 벗어나게 하고 거의 40년 동안 그들의 가족을 부양할 수 있게 되었다. 게다가 당시 러시아에서는 흔치 않았던 안나의 사업 모델은, 수십 년간 착취당하는 시스템에 의존할 수밖에 없었던 작가 남편을 출판사로부터 해방해주었다. 그는 부부가 직접 운영하는 사업을 통해 지금까지 소설로 벌었던 돈보다 훨씬 더 많은 돈을 벌 수 있게 되었다.

　도스토옙스키 자신이 사업가는 아니었지만 아내의 실질적인 재능을 인정하기 시작했다. 1875년 여름, "모든 일에서 당신의 도움에 의지하오"라고 안나에게 썼다. 그는 자신의 모든 작품의 저작권 관련 사항을 안나가 처리하도록 허락하는 문서뿐만 아니라 안나에게 은행에서 우편환을 받고 업무를 수행할 수 있는 권한을 주는 문서에도 서명했다. 1914년까지 러시아에서는 아내가 남편의 확실한 허락 없이는 그런 일을 할 수 없었기 때문이다.

　그는 안나가 자신의 창작 작업에 관여하는 것도 허락하기 시작했다. 이전에는 누가 됐든지 그런 생각을 해 본 적이 없었다. 그는 그녀의 문학적 판단을 암묵적으로 신뢰했다. 등장인물의 머리 색이나 옷 색깔을 바꾸라고 조언하면 거기에 귀 기울였다. 그녀가 작가의 소설 속 장면을 상상할 수 있다면 독자들도 그럴 것이라고 확신했다. 그렇지 않다면 무언가 잘못되고 있다는 뜻임을 그는 알았다.

몇 년 뒤, 그는 〈카라마조프가의 형제들〉에서 알료샤 카라마조 프가 어린 소년 일류샤의 장례식에서 돌아오는 장면을 구술하다가 안나가 한 손으로는 눈물을 훔치면서 다른 한 손으로 구술 내용을 받아 적고 있는 모습을 보게 된다. 그는 감사의 눈빛으로 아무 말 없이 그녀에게 다가와 이마에 키스했다.

그는 자신의 작품을 직관적으로 파악해내는 안나의 능력에 감 탄했다. 나중에 친구에게 "어떤 평론가에게서도 찾기 힘든 그런 이 해, 그런 감정, 그런 직관. 나는 그녀에게 자주 말한다. 어린 엄마, 문학을 공부해서 소설을 써보는 게 어때?"라고 말할 정도로, 사실 안나는 소설 쓰기를 시도해 보았고, 제목이 없는 이야기 두 개와 몇 편의 희곡을 썼다. 이 모든 글은 최근 그녀의 기록 보관소에서 발견 되었다. 남편의 죽음 이후 쓴 이 작품들에서 안나는 사회적 감수성 은 물론 한때 김나지움 급우들이 알아차렸던 재기발랄한 유머 감 각을 보여준다.

희곡 〈추천〉은 두냐샤라는 이름의 가난한 소녀를 다룬다. 이 소 녀는 과부가 된, 유명한 작가의 부인인 안나 그리고리예브나 표도 롭스카야라는 여성의 가정부이다. 두냐샤는 해고 통보를 받고 고 용주에게 추천을 요청하지만 거절당한다. 그 후 그녀는 안나 그리 고리예브나가 며칠간 집을 비우자 지역 신문에 가짜 광고를 낸다. "표도롭스카야 부인이 하녀를 추천합니다"라고. 그녀를 고용하겠 다고 나선 몇몇 사람은 표도롭스키 부부의 집에 나타나 두냐샤와 인 터뷰하지만, 그녀가 바느질과 다리미질을 못하고, 아이 돌보는 법도 모른다는 사실을 확인한 후 차례로 고용을 거절한다. 희곡은 안나 그리고리예브나가 돌아오면서 끝나는데, 그녀는 두냐샤를 해고할 생각임은 물론, 속임수에 대한 보복으로 그녀를 위협하기도 한다.

실제 안나 그리고리예브나는 〈마르멜라도프의 고백〉이라는 단막극도 썼다. 이 희곡은 라스콜니코프와 전직 사무원으로 알코올 중독자인 마르멜라도프의 술집 만남을 각색한 작품이다. 원고의 제목 페이지에 적혀 있는 메모로 판단컨대, 안나는 1910년 연극을 상영하기 위한 검열관의 승인을 받았다. 그러나 그 연극이 공연되었다는 기록도 없고, 연극이나 이야기를 출판하려는 안나의 시도에 대한 기록도 없다. 결국 소설 분야에 그녀가 진정으로 기여한 것은 남편의 작품을 위한 봉사였다.

그녀는 그가 문장을 다듬는 데도 도움을 줬다. 자신의 문체가 장황하다는 것을 아는 도스토옙스키는 안나가 쓴 편지의 단순명쾌한 문장에서 예술적 영감을 얻었다. 그는 바트엠스에서 보낸 편지에서 그녀에게 다음과 같이 썼다.

"나는 당신의 편지를 흠모하고 즐겁게 읽고 있소. 그리고 매일 나 자신에게 '내 아내는 얼마나 영리한 여자인가!'라고 말하고 있소. 나는 여덟 쪽을 쓰고도 하고 싶은 말을 다 하지 못하는 반면 당신은 네 쪽에 모든 것을 훌륭하게 전달하지 않소. 거기에는 사무적으로 필요한 모든 것이 다 들어 있소. 지적이고 군더더기 없으며, 확실하게 말해야 할 것이 무엇인지 정확히 안다는 느낌으로 쓰여 있으며 미묘한 감정까지 들어 있소."

가끔 그는 아내의 이야기를 노골적으로 훔칠 때도 있었다. 안나가 인쇄소에서 돌아오는 길에 만난 노인에 대한 이야기를 그에게 들려준 적이 있었는데, 그 이야기를 바탕으로 단편소설 〈100년〉을 썼고, 그 작품을 개인적으로 가장 좋아했다. 유럽 여행의 침울함을 달래기 위해 부부가 함께 지은 유머러스한 시는 도스토옙스키의 소설에 그대로 삽입됐는데 이는 〈악령〉에서 레뱌드키나 선장의 우스꽝스러운 시나 〈카라마조프가의 형제들〉에서 김나지움 학생들의 앞뒤가 맞지 않는 풍자시로 나타났다. 이렇게 그가 빌려간 것이 자신의 것이라고 인정받지 못했음에도 그녀가 이런 일에 신경을 썼다는 증거는 없다. 그녀는 멀리 내다보고 있었던 것이다. 이렇게 창의적으로 빌려주는 것이 결국 가족의 경제적 이득임을 알고 있었으므로.

도스토옙스키에게 출판사의 성공으로 인한 심리적 혜택은 모든 면에서 돈을 많이 버는 것 못지 않게 중요했다. 마침내 그는 스스로 문학 프롤레타리아라고 여기는 굴욕적인 계급에서 벗어나게 되었다. 그는 권력을 쥔 편집자와 출판사의 변덕에 굴복해야 했던 일을 뒤로 하고, 톨스토이나 투르게네프와 같은 당시의 부유한 귀족들이 경험하는 그런 종류의 독립을 쟁취했다. 경제적 안정은 그에게 사회 문제에 대한 생각을 더 자유롭게 말할 수 있는 특권도 주었다. 이제 그의 분노의 대상은 젊은 시절과 달리 국가가 아니라, 국가를 파괴하는 급진적 지식인과 혁명가들이 되었다.

그러니 보수 잡지 〈시민〉의 극보수주의적 출판업자인 블라디미르 메셰르스키 공작이 도스토옙스키에게 편집장직을 제안했을 때, 그가 흔쾌히 수락한 일은 그리 놀라운 게 아니다. 그 자리에는 여러 가지 이점이 있었다. 정부로부터 많은 자금을 지원받은 그 잡지는 그에게 3천 루블이라는 괜찮은 연봉을 제공했다. 또 그에게 '작가 일기'라고 불리는 칼럼을 쓸 수 있는 기회도 주었다.

그 칼럼은 그가 수년간 숙고해 온 좀 더 야심찬 프로젝트 – 그 시대 생활에 대한 개인 연감 –의 소규모 버전이라 할 수 있다. 도스토옙스키는 거기에 에세이나 이야기, 사회와 정치 문제에 대한 간단한 의견을 담아내게 될 것이다. 이전 러시아 문학에서는 이와 같은 칼럼이 시도된 적이 없었다. 〈시민〉의 이 칼럼은 그 프로젝트를 위한 시운전이라 할 수 있었다. 또 편집자로서 자신과 비슷한 성향을 가진 사상가들의 작품을 홍보하면서 자신의 독자층을 넓힐 발판을 제공받을 수 있을 것이다. 그의 이념적 입장이 정부의 입장과 어느 정도 일치하기에 검열은 최소한만 받으면 되었다.

〈시민〉에서 하는 일이 도스토옙스키에게 새로운 문학적 적을 만들 것임은 당연한 일이었다. 그들은 진보 진영의 사람들이었다. 그들은 한때 급진적인 이상 때문에 사형에 직면할 정도로 넘치는 용기를 보여주었지만 지금은 악명 높은 극보수주의 잡지와 동조하고 있는 이 정치범을 용서할 수 없었다.

그 와중에 명성과 더불어 도스토옙스키의 건강도 타격을 입었다. 1873년 여름, 그의 가족은 잡지의 출판본부와 더 가까운 곳을 찾아 페테르부르크의 새 아파트로 이사했다. 덥고 먼지가 많은 사무실에서 몸을 굽히고 원고를 읽던 작가는 숨이 차고 심한 기침이

나는 증상을 호소했다. 그 증상이 마침내 그를 죽인 폐 기종의 초기 단계였다고 안나는 믿었다.

도스토옙스키와 메셰르스키는 즉시 이념적으로 충돌했다. 도스토옙스키는 잡지를 이용한 정치와 자신이 편집해야 하는 형편없는 기사 모두에 점점 더 불만스러워졌다. 당시 그는 자신을 가장 불쾌하게 했던 사람에게 무례한 내용의 편지를 쓴 후 우편으로 부쳐 달라고 안나에게 건네곤 했다. 그러면 그녀는 편지를 슬쩍 읽은 후, 현명하게도 편지를 부치는 일을 미루다가 며칠 지나고 나서는 편지 보내는 일을 **깜빡** 잊어버렸다고 했다. 그때쯤 되면 그의 분노는 심적 고통에서 자신을 구해 준 안나에 대한 감사함으로 바뀌어 있었다. 그렇게 부치지 않은 편지가 열두 통 이상 안나의 기록물 안에 남아 있다. 만약 이 편지들이 다 보내졌다면, 〈시민〉에서의 짧고 힘들었던 도스토옙스키의 경력은 더 빨리 끝장났을 것이다.

그럼에도 그가 더 이상 참을 수 없는 순간이 찾아왔다. 학생들을 계속 감시할 목적으로 특수한 대학 기숙사를 건설하겠다는 정부안을 메셰르스키가 옹호하기 시작한 것이다. 도스토옙스키는 정부의 감시가 주는 굴욕감을 너무 잘 알고 있었고, 젊은 세대의 이상주의적 목표에 여전히 공감하고 있었다. 그런 그에게, 메셰르스키의 지지는 그냥 넘어갈 수 없는 행동이었다. 1874년 3월, 그는 사직서를 제출했다.

낙담한 그는 다음 창작 프로젝트를 구상했다. 한편 안나는 〈악령〉으로 성공한 후, 1874년에 〈백치〉의 첫 단행본을 발간하면서 출판을 계속하고 있었다. 도스토옙스키가 한때 블록버스터가 될 것이라고 장담했던 이 소설은 상업적으로 성공을 거두었다. 이는 폭넓은 독자들의 입맛에 맞게 이 책을 광고한 안나의 사업 수완 덕분이었다. 교정본이 스타라야 루사에서 휴가 중인 도스토옙스키에게 보내진 상태였지만, 출판 준비를 마치자마자 안나는 페테르부르크로 홀로 돌아와 마음먹었던 수량만큼 책을 팔았다. 페테르부르크에 있는 동안 그녀는, 인쇄소와 정산을 마치고 위탁 판매를 통해 책을 더 팔기 위해 대규모 유통업자들과 새로운 거래를 협의했다.

1874년 4월 어느 날 정오 무렵, 하녀가 니콜라이 알렉세예비치 네크라소프라는 이름이 적힌 쪽지를 안나에게 건네주었다. 도스토옙스키가 이미 옷을 갈아입은 상태임을 확인한 안나는 하녀에게 손님을 응접실로 안내하라고 부탁한 다음 남편에게 쪽지를 전했다. 그 당시 교육을 받은 모든 러시아인이 그러하듯, 안나도 네크라소프라는 이름을 알고 있었다. 소위 말하는 민중 시인 중에서 가장 위대한 네크라소프는 영향력 있는 잡지인 〈우리 시대〉를 발행하면서 눈부시게 성공한 출판업자였다.

〈우리 시대〉는 젊은 투르게네프, 톨스토이의 작품들뿐만 아니라 비사리온 벨린스키, 급진적 작가 니콜라이 체르니셉스키, 니콜라이 도브로류보프의 작품들까지 게재하였다. 안나가 알고 있듯이, 도스토옙스키는 작가로서의 첫 시작을 벨린스키에게 신세진 바 있다. 그때 〈가난한 사람들〉의 원고가 벨린스키의 눈에 띄게 한 사람이 네크라소프였다. 벨린스키는 그 소설에 열광적으로 호응하며 도스토옙스키의 소설을 출판해주었다. 뿐만 아니라 그가 대단한 신예로서 명성을 확립하는 데도 도움을 주었다.

그러나 그 사이 몇 년 동안 도스토옙스키와 네크라소프는 점점 커가는 이념 차이로 소원해졌다(도스토옙스키가 점점 더 보수적으로 바뀔 때, 네크라소프는 여전히 열정적인 자유주의자로 남았다). 급기야 서로에 대한 인신 공격까지 서슴지 않는 사이가 되었다. 1866년 가을, 도스토옙스키가 안나를 처음 만났던 바로 그날, 그는 네크라소프를 가리켜 부도덕한 사업가이자 악명 높은 "야바위꾼에, 형편없는 도박꾼이며, 계속 인류의 고통에 관해 이야기하면서도 자신은 정작 마차를 타고 다니는 사람"이라고 비난했다.

그런데 갑자기, 도스토옙스키와 거의 10년 동안 대면한 적 없는, 한때 친구였던 이 사람이 그들의 아파트에 와 있었다. 무슨 이야기를 나눌지 의심스러우면서도 궁금했던 안나는 두 사람이 이야기를 나누고 있는 서재 문 뒤에서 대화를 엿들었다. 진보 잡지인 〈조국의 노트〉 발행인인 그는 사업 제안을 하기 위해 그곳을 찾았다.

"내년에 소설을 투고할 생각이 있나요?"

네크라소프는 16쪽당 250루블을 지불하겠다고 했다. 그 금액은 〈러시안 메신저〉로부터 받는 액수보다 100루블 많은 금액이었다.

그들의 대화를 주의 깊게 듣고서 안나는 본격적으로 머리를 굴리기 시작했다. 그녀가 추측하길, 네크라소프는 그들의 소박한 숙소를 둘러보고 도스토옙스키가 자신의 제안을 기꺼이 받아들일 수밖에 없을 거라고 결론지었을 것이다. 그 제안은 훌륭했다. 네크라소프가 2천 달러를 선불로 주기로 동의한 후에는 더더욱 그랬다. 남편이 〈시민〉을 그만둔 마당에 확실히 그 돈이 필요했다. 그 기회가 자신이 그리워하는 창작 작업으로 그를 돌아갈 수 있게 해 줄 것이다. 수중에 들어온 돈이나 다름없는 데다가 그 정도로 신망받는 잡지라면 더할 나위 없다. 그렇다. 안나는 남편이 그 제안을 받아들여야 한다고 생각했다.

하지만 실망스럽게도 도스토옙스키는 망설이고 있었다. "나는 두 가지 이유로 당신에게 긍정적인 대답을 할 수 없습니다, 니콜라이 알렉세예비치"라고 그가 말하는 것을 들었다. 첫 번째 이유는 그의 오랜 출판업자인 미하일 카트코프와 이 문제를 논의할 필요가 있었는데, 그에게는 카트코프에게 제일 먼저 작품 게재를 제안해야 할 암묵적인 의무가 있었기 때문이었다.

"두 번째 문제는"

그가 말했다.

"당신의 제안에 대한 아내의 의견을 들어야 하기 때문입니다. 아내가 집에 있으니 지금 바로 물어보겠습니다."

네크라소프는 작가가 이러한 중요한 직업적 결정을 아내에게 의존하리라고 예상하지 못했다. 도스토옙스키는 서재에 그를 혼자 남겨둔 채 안나를 찾아 나섰다. 그녀는 이미 아무도 모르게 자신의 방으로 돌아와 있었다.

"물어볼 게 뭐가 있어요? 하겠다고 대답해요, 페댜. 하겠다고 해요, 당장."

남편이 나타나자마자 그녀는 엉겁결에 자신의 마음을 내비쳤다.

"뭘 하겠다고 하란 말이오?"

그는 놀라서 물었다.

"오, 세상에! 물론 네크라소프의 제안이요."

"당신이 네크라소프의 제안을 어떻게 아는 거요?"

"내가 그 대화를 전부 엿들었기 때문이죠. 문 앞에 서 있었어요."

"그래서 엿들었단 말이오? 부끄럽지도 않소, 아네치카?"

그는 냉담하게 물었다.

"전혀요! 결국 당신은 나에게 어떤 비밀도 없잖아요. 그리고 당신은 그 제안에 관한 모든 것을 나에게 말하려고 했잖아요. 그럼 내가 듣는 게 무슨 큰일이죠? 그건 우리 일이잖아요. 다른 사람 일이 아니라고요"라고 그녀가 말했다.

안나가 몰래 남편의 편지를 읽고, 그가 알지 못하게 폴리나 수슬로바에게 편지를 쓰게 된 것도 같은 논리였다. 그녀에게는 자신의 결혼과 공동 출판 사업을 보호하기 위해 속임수까지도 포함하여 모든 자원을 마음대로 쓸 의향이 있었다. 안나가 자신의 일에 간섭한다고 야단치기도 했다.

하지만 도스토옙스키는 그녀의 대담함이 자신과 어쩌면 자신들 두 사람을 구해냈다는 사실을 인정할 정도로 도박꾼 아내에 대해 충분히 알고 있었다. 그래서 서재로 돌아온 그는 네크라소프에게 알렸다.

"아내와 논의했는데, 아내는 내 소설이 〈조국의 노트〉에 게재된다는 데에 매우 기뻐합니다."

네크라소프는 안심이 됐지만 여전히 혼란스러워하면서 말했다.

"당신이 아내한테 쥐여산다는 건 상상조차 못해 본 일입니다."

"놀랄 게 뭐 있나요? 아내와 나는 매우 화목하게 함께 살고 있습니다. 나는 내 모든 일을 아내에게 털어놓고 그녀의 지성과 사업 감각을 신뢰하고 있습니다. 우리 둘에게 그토록 중요한 일인데 어떻게 아내의 조언을 구하지 않을 수 있겠어요?"

도스토옙스키는 솔직하게 대답했다.

네크라소프에게 이것은 당황스러운 합의 방식이었다. 러시아의 위대한 민중 시인은 그의 작품에서 매춘부로 알려진 낙오된 여성들의 고통에 대해 겉으로는 번지르르하게 웅변하고 있었다. 하지만 그 시대의 많은 저명한 문학가처럼 권력이 커지는 여성들에게는 동정심을 베풀지 못했다. 네크라소프는 자신의 시 '나의 환멸'을 통해 유명한 시인 카롤리나 파블로바가 피클과 젤리를 만드는 가정적인 삶보다 문학가를 직업으로 선택했다고 풍자했다. 교육받은 대부분의 대중은 그를 따라 웃었을 것이다. 이 상황은 안나가 자신을 위해 개척자 역할을 만들어냈다는 또 하나의 증거이기도 하다.

1874년 여름 내내 도스토옙스키는 폐 기종이 악화되어 바트엠스에서 치료받으면서 네크라소프에게 약속한 〈미성년〉을 맹렬히 집필했다. 그는 안나에게 자신의 처참한 외로움과 불치병인 뇌전증에 관해 길고 장황한 편지를 쓰면서, 뇌전증이 자신의 상상력을 영원히 없애버렸다고 평소처럼 과장해서 불평했다. 안나는 다정하지만 단호하게 대답했다.

"제발 서둘러서 일을 시작하지 마세요. 시간이 좀 지나가게 두세요. 계획이 저절로 드러날 겁니다. 서두르는 것은 방해가 될 뿐입니다."

그러고 나서 그에게 〈악령〉과 〈백치〉가 나오기까지 그 소설들을 계획하는 데 얼마나 오랫동안 고통받았는지를 상기시켜주었다.

"서두르면 일 전체를 망칠 수 있습니다. 당신은 계획을 다시 세워야 하고, 그렇게 되면 예술성에 지장을 주게 될 것입니다. 내 사랑, 제가 당신에게 조언하는 것을 용서하세요. 하지만 순수한 마음으로, 소설이 성공하지 못할 경우 매우 실망하게 될, 최고의 숭배자로서 하는 말입니다"라고 그녀는 경고했다.

물론 안나는 출판업자로서도 그에게 조언하고 있었다. 자신의 가장 중요한 작가가 매우 섬세하게 관리되어야 한다는 것을 알고 있었기 때문이었다. 몇 년 동안 그를 지켜본 그녀는, 이 같은 한 바탕의 자멸적 우울증을 그가 글을 쓰는 과정의 일부로 받아들이게 되었다. 그의 도박을 "창작의 하늘을 맑게 하는 폭풍"이라고 한, 도스토옙스키를 연구하는 어느 학자의 말처럼, 도박이 한때 그러했었다.

그녀는 그에게 자신의 사랑을 확인시켜주었고, 그가 전에도 여러 번 이런 감정 상태에 빠져본 적이 있음을 상기시켰다. 강점은 아니지만 그래도 시간과 인내심이 그의 가장 든든한 동맹이라고 말해주었다. 안나는 남편에게 자신의 삶에서 그녀 스스로가 따랐던 원칙을 권하고 있었다. 그녀는 그가 위대한 글을 쓰기 위해서는 창작의 격변을 겪어야 함을 인식하고 있었던 것이다.

헤어져 있는 몇 달 동안 안나를 향한 그리움은 극에 달했다. 그는 6월 16일에 "상상 속에서 당신들 모두에게 키스하고 있소(당신은 이해하나요?). 맞아요, 아냐. 이 고독의 비참함 속에서 당신 없이 살면서 고통 받고 있소. 나는 당신이 나오는 매혹적인 꿈을 꿨는데, 당신은 내 꿈을 꾸나요?"라고 썼다. 그는 그녀에게 "이 편지를 읽을 때 내숭 떨지 말라"라고 한다. 안나는 그의 취향에 비해 너무 얌전한 편이었고, 그 부분은 그녀의 단점이기도 하다고 도스토옙스키가 불평했다.

그러나 그해 여름, 그녀의 평소 사무적인 편지에 드물게 터져나오는 열정이 간간이 끼어들었다. 그녀는 "사랑하는 페디치카, 나도 당신이 너무, 너무, 너무 보고 싶어요. … 당신이 돌아오는 꿈을 꾸고 있습니다. 당신이 치료받는 시간이 3주도 채 남지 않아 기쁩니다. 당신의 편지를 자주 되풀이해서 읽고 있는데, 세 번째 쪽이 없어서 아쉬워요. 매일 밤 새벽 한 시쯤 어김없이 당신이 나오는 꿈에서 깨어납니다. 그리고 당신을 생각하며 30분 동안 누워 있습니다"라고 한 편지에서 썼다.

그 정도가 그에게 보낸 편지에서 안나가 할 수 있는 노골적 표현의 전부였다. 적어도 남아 있는 편지들에서는 그렇다. 가정교육 때문이든, 언젠가 세상이 그녀의 편지를 읽을지도 모른다는 우려 때문이든, 또는 도스토옙스키를 지나치게 자극할 수 있다는 두려움 때문이든, 그녀의 편지에서는 글에서조차 흐트러진 자신을 결코 용납하지 않으려는 절제가 드러난다.

그녀에게는 그런 생각을 할 시간이 없었다. 도스토옙스키와 네크라소프 사이의 긴장이 거의 즉각적으로 고조되었기 때문이었다. 네크라소프의 진보적인 잡지와 맺은 이 계약은 주로 작가의 경제적인 필요에 의해 이루어진 악마의 거래였다. 그들은 네크라소프가 급진주의자들에 대해 너무 비판적이라고 생각한 〈미성년〉의 특정 구절을 두고 심한 의견 차이를 보이고 있었다.

"우리가 구호품을 청하게 된다 해도, 나는 내 정치적 성향에 관해서는 단 한 줄도 타협하지 않겠소!"

도스토옙스키는 안나에게 썼다. 이 말은 단지 화려한 은유를 위해 사용한 게 아니었다. 그들은 이전에 입에 풀칠만 하고 살았던 경험이 있었고, 또 어쩔 수 없이 그렇게 살 수밖에 없을지도 모른다. 하지만 안나는 더 이상 그런 것들에 동요되지 않았다. 원칙적인 면에서 그의 마음을 바꾸려고 하기보다는, 그녀가 항상 그랬듯이, 도스토옙스키로 하여금 도스토옙스키가 될 수 있는 조건을 만드는 동시에, 가족의 이익을 보호하려는 노력에 초점을 맞추었다.

8월 쯤 〈미성년〉을 위한 핵심 개념이 드러났다.

"이 소설의 전체적인 개념은 무질서가 이제 보편적이라는 것을 보여주는 것이다. 무질서는 어디에나 존재한다. 사회에도, 사회 문제에도, 지배적인 생각(사실상 지배적인 생각은 없다)에도, 신념(마찬가지로 신념도 없다)에도, 가족 기반의 붕괴에도 있다."

이 주제가 어찌나 강한 흥미를 불러일으켰던지 그는 책 제목으로 '무질서'를 마음에 두기도 했다. 도스토옙스키는 베르실로프라는 인물의 카리스마 있고 신비로운 성격을 통해 이 주제를 탐구했다. 베르시로프는 사생아 아르카디 돌고루키를 둔 지주였고, 그 아들이 책 제목이 말하는 미성년이었다.

수년 전, 베르시로프는 자신의 사유지에서 젊은 소작농 여성 소피야 안드레예브나를 유혹했다. 그녀는 베르시로프의 옛 정원사 마카르 돌고루키의 아내였는데, 베르시로프는 그녀의 남편에게 합의금을 주고 소피아를 외국으로 데려갔다. 그곳에서 베르시로프는 아들 아르카디와 딸 리자를 얻었다. 그런데 그는 아내와 딸을 버리고 아르카디를 기숙학교에 보낸 후 목적 없는 여행을 계속했다.

소설은 학교 교육을 마친 아르카디가 직장을 찾고 자신의 아이디어를 좇아 페테르부르크에 오는 데서 시작된다. 그의 야망은 실제 금융가인 제임스 메이어 드 로스차일드만큼 부유해지는 데 있다. 사생아라는 현실과 가난이 만들어낸 불안감을 보상해 줄 거창한 목표였다. 페테르부르크에 있는 동안, 그는 자신의 상상 속에 멋지게 남아 있지만 거의 알지 못하는 아버지 베르시로프뿐만 아니라 사실상 낯설 수밖에 없는 어머니 소피아와 가깝고도 복잡한 관계를 형성한다. 악한과 주인공의 성장을 소재로 한 이야기에서 아르카디는 같은 시대를 사는 러시아인의 폭넓은 삶의 단면을 경험하고 쓰디쓴 환멸의 여행을 떠난다. 이는 작가에게 도덕적 혼란에 빠진 사회의 전 영역에 걸쳐 논평할 기회를 제공했다.

그 가을과 겨울 내내 도스토옙스키는 〈미성년〉을 꾸준히 집필했다. 안나는 시간이 날 때마다 소설을 받아쓰면서 가족의 경제를 계속 걱정했다. 도스토옙스키가 네크라소프와 사이가 틀어지면 가족들이 어떻게 될지 몰라 두려웠다. 특히 선금으로 받은 2천 루블을 돌려줘야 한다면 큰일이었다. 그 돈의 일부는 이미 써버린 후였다. 그렇다면 남편이 새로운 수입원을 찾을 때까지 어떻게 살아야 할지를 생각해야만 했다.

〈러시아 메신저〉는 그가 연재할 수 있는 유일한 다른 선택지였다. 하지만 카트코프는 도스토옙스키가 〈미성년〉을 경쟁지인 네크라소프의 잡지에 게재한 것에 불쾌감을 드러낸 상태였다. 설상가상으로, 그즈음 카트코프에게는 레오 톨스토이의 소설 〈안나 카레니나〉를 포함한 새로운 작품들이 넘쳐나고 있었다. 카트코프는 적어도 1년 반 동안은 도스토옙스키의 책을 출판할 수 없을 것이다.

앞으로의 일을 곰곰이 생각하던 안나는 가족의 생활비를 줄이는 일이 유일하게 책임 있는 선택이라고 마음을 굳혔다. 그들의 "소박한 거주지만 해도 연간 700~800루블이 들고, 장작까지 포함하면 1천 루블이 든다"라고 그녀는 회상했다. 그리고 아직 갚지 못한 빚에 대한 이자까지 합하면 1년에 3천 루블을 쓰고 있었다. 비용을 줄이기 위해 그들은 1874~1875년 겨울을 페테르부르크보다 생활비가 훨씬 적게 드는 스타라야 루사에서 보내기로 했다. 만약 도스토옙스키에게 창의적 에너지를 충전하고 싶은 마음이 생긴다면, 혼자 페테르부르크에 몇 번 오가면 될 일이었다. 그렇게 하면 가족 전체가 왔다 갔다 하는 것보다 비용이 훨씬 적게 들 것이다.

안나는 겨울 동안 스타라야 루사에서 지내는 것이 살림에 도움이 된다며, 그에게 다가오는 겨울에 〈미성년〉을 마무리하고 '작가 일기' 칼럼을 길게 써서 월간 정기 간행물에 내려는 새로운 기획을 준비해야 한다고 주장했다. 도스토옙스키는, 작가 일기는 "문자 그대로 매달 실제로 경험하는 인상과 보고 듣고 읽은 것에 대한 이야기이다. 물론 짧거나 긴 이야기가 포함될 수 있지만 주로 실제 사건과 관련된다"라고 설명했다. 안나는 러시아 지방의 중심부에서 가족과 함께 보낼 길고 고요한 겨울의 매혹적인 장면을 그려보았다. 도스토옙스키도 이에 동의했다. 안나는 그 겨울을 "가장 아름다운 기억들" 중 하나로 회상했다.

그들은 일상에 정착했다. 점심 식사 후 도스토옙스키가 안나에게 서재로 오라고 부탁하면 안나는 오후 두 시에서 세 시 사이에 그가 전날 밤에 쓴 글을 받아썼다. 일하는 중간 중간에 웃음과 농담, 작품과는 무관한 매력적인 이야기가 자주 끼어들었다. 아이들도 건강해서 겨울 내내 의사를 부를 필요가 없었다. 도스토옙스키는 호흡이 좋아졌고 신경도 안정되었다. 그는 몇 달 동안 발작을 일으키지 않았다.

안나는 가족을 위한 사업 기회를 끊임없이 생각했다. 〈악령〉과 〈백치〉가 여전히 큰 성공을 거두고 있는 가운데, 그녀는 10대 때 자신을 눈물짓게 했던 도스토옙스키의 작품을 다시 출판하기 위해 그의 과거를 끌어낼 결심을 한다. 그의 반자전적 감옥 소설 〈죽음의 집의 기록〉은 오래 전에 절판되었지만 지금도 서적상들이 찾고 있는 작품이었다. 1874년 2월, 이 목적을 위해 그녀는 2주간 페테르부르크로 갔다. 그곳에서 인쇄 비용을 대는 데 도움이 될 수 있는 여러 서적상의 관심을 끌려고 노력했다.

도스토옙스키가 그녀에게 보낸 편지에는 극심한 그리움, 비현실적인 지시와 고집스러운 명령 등이 섞여 있었다. 뿐만 아니라 도스토옙스키의 판본을 대리 판매한 서적상 한 명이 〈죽음의 집의 기록〉에 관심을 가질 것이라는 의심스런 표현도 담겨 있었다. "그들이 많은 양의 책을 가져가지 않을 것 같은 불길한 예감이 든다"라고 그는 썼다. 그가 틀렸다. 안나는 그 서적상을 설득하여 700권을 주문하게 했으며, 거기서 나온 돈으로 인쇄 비용과 종이 일부 비용을 지불하고도 집으로 가져갈 수 있는 돈이 충분히 남았다.

그리고 그녀는 다시 임신했다.

가족이 1875년 5월까지 스타라야 루사에 머무는 동안 도스토옙스키는 오래도록 쉬지 않고 〈미성년〉을 집필하면서 안나의 속기 기술을 최대한 활용했다. 그는 그해 여름 바트엠스로 돌아갔으나 거기 있는 동안 거의 생활이 불가능할 정도로 아내와 가족을 그리워했다. 어느 날인가는 남편이 그 온천 도시에서 중태에 빠졌다는 소문을 듣고, 안나가 너무 걱정되어 거의 기차를 탈 뻔한 일도 있었다. 며칠 후 그는 그녀에게 전보를 쳐서 소문을 잠재웠다. 하지만 그녀에게는 전보를 기다리는 며칠간의 공포가 남아 있었다.

"여보, 이제는 당신이 한 사람을 얼마나 사랑하는지, 그 사람이 당신에게 얼마나 소중한지 알아야 할 때입니다. 그냥 생각해보세요, 내 사랑, 너무나 소중한 페디치카. 무슨 일이라도 생기면 어떡해요? 어제는 유산으로 목숨을 잃고 당신과 불쌍한 아이들만 남을 수도 있었어요. 생각만 해도 무섭습니다"라고 그녀는 썼다. 그러고 나서 그녀는 반 농담으로 서로에 대한 그들의 열정이 상황을 이렇게 만들었다고 주장했다.

"사랑하는 나의 천사여, 당신과 나는 가장 바보 같은 사람들입니다. 우리는 함께 있어야 했습니다. 우리가 모든 것을 하느님의 뜻에 맡기고 서로에게 무관심했더라면 상황은 더 나아지고 차분해졌을 겁니다."

하지만 하느님의 손에 일을 맡기는 건 안나의 방식이 아니었다. "신은 스스로 돌보는 자를 돌본다"라는 옛 속담은 안나가 살아가면서 따르는 삶의 지혜였다. 그들이 더 이상 구호품을 구걸하지 않는다고는 해도 집안은 풍족하지 않았고, 연간 2천 루블 정도의 수입이 전부였다. 새로 태어날 아이까지 생각하면 한 푼이라도 아껴야 했다. 남편이 〈조국의 노트〉에서 받은 돈을 전부 안나에게 가져오지 않고 모스크바의 최고급 가게에서 비싸기만 하고 전혀 쓸모없는 속옷 세트를 사들고 집으로 돌아왔을 때 안나가 절망스러워한 데는 이유가 있었던 것이다.

아기가 태어날 예정이고 〈미성년〉의 최종회도 곧 마감이어서, 부부는 작품의 마지막에 온 힘을 쏟았다. 도스토옙스키는 밤늦게까지 글을 썼고, 안나는 시간이 나는 낮 동안에 글을 옮겨 적었다.

1875년 8월 10일, 안나는 아들을 낳았고 알렉세이라고 이름 지었다. 아이는 온 집안을 기쁨과 행복한 피로감에 젖게 해주었다. 이번 분만은 그녀가 이전에 겪었던 공포와 육체적 고통도 없이 놀랄 만큼 순조롭게 진행되었다. 안나는 이것이 아기에게 특별한 무언가가 있다는 확실한 증거라고 생각했다.

그러나 도스토옙스키가 직접 선택한 아이 이름은 〈도박꾼〉에서 결코 축복받은 삶을 살지 못했던 자전적인 주인공의 이름이기도 했다. 훗날 돌이켜 보면 부모와 두 손위 형제의 사랑을 한 몸에 받았던 알렉세이는 아버지의 작품 속 동명이인 주인공에게 닥친 그 어떤 비극보다 훨씬 더 고통스런 운명을 맞게 된다. 그러나 그 모든 것은 나중에 벌어질 일이었다. 지금으로서는, 특히 찬란한 여름의 한 가운데, 삶은 도스토옙스키 부부와 그들의 자라는 아이들에게 미소 짓는 것처럼 보였다.

9월까지 〈미성년〉의 마지막 편이 완성되었다. 도스토옙스키는 이 책을 〈무질서〉라고 부르겠다는 당초 생각은 버렸다. 하지만 혼란에 빠진 러시아 사회를 묘사하기 위해 아르카디의 여정을 이용한다는 소설의 개념에는 충실했다.

"나는 매 순간 무엇이 선하고 나쁜지에 대한 감각을 잃고 있는 가련한 미성년일 뿐이다."

아르카디는 베르시로프가 그의 어머니와 명목상 아버지인 마카르 돌고루키를 무시하라고 하자, 그 늙은 아버지에게 한탄했다.

"아버지가 힌트만 줬다면 저는 서둘러 그 길을 따라갔을 겁니다. 하지만 아버지는 저를 화나게만 했어요."

아르카디는 화가 난 젊은이이다. 소설의 제목은 때때로 〈미숙한 젊은이〉라고 번역된다. 그의 여정은 그가 한때 이상으로 삼았던 아버지와 도덕적으로 표류하는 이 사회의 토대를 마련한 아버지 세대에 대한 뼈저린 실망을 잘 드러낸다.

로스차일드처럼 부유해지려는 아르카디의 노력은 다른 사람들의 삶에 점점 더 얽혀들면서 좌절된다. 예컨대 그는 황제와 그 일가의 암살에 관련된, 대중주의적 사회주의를 설교하는 급진적 혁명가 집단과 마주친다. 거기서 주인공은 죽어가는 장군의 자랑스럽고 아름다운 아내 카테리나 아흐마코바와의 관계를 포함하여 돈에 얽힌 로맨틱한 음모에 휘말리게 된다. 아르카디는 카테리나와 격렬한 애증 관계를 유지하며, 자신이 갖고 있는 편지를 이용하여 그녀를 쥐락펴락했다. 그 편지가 발견될 경우 카테리나는 부유한 아버지의 유언장에서 배제된다.

자기 발견을 위한 여정에서 아르카디는 젊은 세르게이 소콜스키를 만나기도 한다. 세르게이 소콜스키는 아르카디의 여동생 리자와 바람을 피우는 상습적인 도박꾼이다. 소콜스키와 엮이는 과정에서 아르카디는 페테르부르크의 더 지저분한 면들 - 특히 불법 도박장 -에 노출되어 룰렛에 빠지게 된다. 그는 엄청난 돈을 벌지만, 결국은 강도 사건에 말려들면서 게임방에서 쫓겨난다. 이 장면들은 도스토옙스키의 개인적인 경험에서 비롯된 것으로 보인다. 여기에서 그는 도박으로 인한 자신의 불행을 더 깊은 영적 의미보다는 부의 정복이라는 신기루에 매달리는 아르카디와 같은 젊은이들이 줄어드는 세상에 관한, 폭넓은 사회적 논평으로 변형시킨 듯하다.

그러나 두 번의 결정적인 순간에 주인공은 도스토옙스키가 그렇게 높이 평가했던 겸손과 연민을 구현하는 사람들과 만나게 된다. 그 짧은 만남 중 하나는 오랫동안 고통받았던 그의 어머니 소피아와의 만남이다. 충격적인 과거에도 불구하고, 도스토옙스키의 어머니를 모델로 한 이 인물은 여전히 풍요로운 영혼과 상처 입은 아들을 위로할 수 있는 능력을 가지고 있다. 두 번째로 만난 사람은 마카르 돌고루키이다. 그는 수모를 당한 이후 몇 년째 경건한 순례자로 살고 있었다. 그는 아르카디에게 삶에 존재하는 신비로운 선에 대한 믿음을 고무시키면서 주름진 늙은 러시아 농부처럼 서정적으로 위로하듯 이야기한다.

이 두 순간이 소설에서 가장 훌륭한 장면에 속한다. 이 장면들은 혼란과 붕괴의 분위기가 지배하는 이 책에서 독자들에게 일시적으로나마 서정적인 행복감을 느끼게 해 준다. 도스토옙스키는, 너무나도 잘, 시대의 혼돈을 포착하는 데 성공했고, 많은 독자는 그 책 자체가 무질서하고 파편적임을 알아챘다. 투르게네프는 이 소설을 '이런 혼돈'이라고 지칭했고, 또 당시의 다른 작가, 미하일 살티코프-셰드린은 '미친 소설'이라고 불렀다.

〈미성년〉에는 신에 대한 탐구, 돈의 사악한 영향, 성적 변태의 유혹, 유럽 합리주의의 위험성, 사회 진보의 환상 등 그의 다른 작품들에서 다뤘던 주요 주제들이 들어 있다. 반면에, 그의 가장 성공적인 작품에서 독자들로 하여금 넋을 잃게 만들었던 강렬한 심리 드라마나 극적인 에피소드는 빠져 있었다.

그 원고는 완벽과는 거리가 멀었지만 그렇게 될 수밖에 없었다.

네크라소프가 원고를 기다리고 있었기 때문이다. 9월 15일, 다섯 명의 가족은 페테르부르크로 떠났다. 그곳에서 작가는 〈미성년〉의 마지막 회를 전달하고 당시 그들에게 필요한 남은 원고료를 받기로 했다. 따뜻하고 찬란한 늦은 여름날, 도스토옙스키 가족은 고급 캐러밴을 타고 밝게 울리는 마차 벨소리와 아이들의 즐거운 비명 속에 일멘 호수의 증기선 선착장에 도착했다. 호수는 청록색으로 유리처럼 부드러웠으며, 안나에게 거의 10년 전 여행했던 스위스 호수들을 떠올리게 했다. 오후 세 시에 노브고로드에 도착한 그들은 증기선에서 짐을 내린 다음, 기차역으로 이동했다.

그날 늦은 저녁 출발할 시간이 되었을 때, 보관소에 남편의 여행용 트렁크라고 생각했던 가방을 가지러 갔던 안나는 그것이 남편의 가방이 아님을 알아챘다. 그녀는 주위를 둘러보았다. 그 근처에는 다른 검은 트렁크가 없었다. 그녀는 점점 걱정이 되었다. 여러 트렁크 중에서 하필이면 그 트렁크였다. 그 안에는 남편의 외투와 속옷만이 아니라, 〈미성년〉 원고가 들어 있었다. 더 안 좋은 일은 그 트렁크 안에 소설을 위한 공책까지 들어있다는 것인데, 그 공책들이 없으면 도스토옙스키는 속수무책이 되어버린다. 두 달간의 집중적인 작업이 허사가 되고, 그는 처음부터 이야기를 재구성해야 할 것이다.

안나는 그의 아내이자 사업 매니저로서 부주의했던 자신을 탓했다. 수화물실 카운터에 기대어 눈물을 흘리며 서 있던 안나에게 퍼뜩 어떤 생각이 떠올랐다. 그녀는 남편에게 알리지도 않은 채로 즉시 마차를 불러 급히 부두로 달려갔다. 저녁 여덟 시, 도시의 후미진 구역을 마차가 달렸다. 큰 회색 창고들 사이에 있는 비좁은 거리에 살금살금 나오는 사람들이 보였다. 부랑자들은 소리를 지르며 마차를 쫓아왔다. 겁에 질린 마부가 말을 하도 거칠게 몰아세우는 바람에 말은 질주하기 시작했다. 그렇게 선착장에 도착하자마자, 안나는 마차에서 뛰어내려 증기선 사무실로 가는 경사로를 뛰어올라 주먹으로 어두운 창문을 계속 두드렸다.

"경비원, 문 열어주세요. 당장 문 열어 주세요! 할아버지, 문 열어요! 커다란 검정색 여행용 트렁크를 여기에 두고 가서 그걸 가지러 왔어요!"

그녀가 소리쳤다.

"여기 있어요."

졸린 목소리가 대답했다. 안나가 한 치의 망설임도 없이 경비원에게 문을 열라고 명령하자, 경비원이 문을 열어주었다. 그녀는 팁을 주겠다고 약속하며 경비원에게 트렁크를 마차까지 옮겨달라고 부탁했다. 그는 응하지 않았다. 그녀는 마부에게도 도움을 청했지만 마차를 도둑맞을까 봐 겁이 났는지 마부도 그녀의 부탁을 거절했다.

"나는 트렁크의 손잡이를 잡고 끌면서 걸음마다 멈추었다. 설상가상으로 경사로는 정말 길었다. 하지만 가까스로 마차까지 끌고 갈 수는 있었다."

그제서야 마부가 뛰어나와 좌석과 마부석 사이에 60kg이 넘는 무게의 트렁크를 들어올렸다. 안나는 그 위에 올라앉아 "부랑자들이 공격해 와도 트렁크를 포기하지 않겠다"라고 다짐했다. 오는 길에 놀랐던 마부가 말을 몰아치며 거리를 달려 내려가자 부랑자들이 다시 나타나 뒤에서 소리 지르기 시작했다.

그들이 기차역에 가까워졌을 때, 정신줄을 놓은 듯한 남편의 모습이 안나의 눈에 들어왔다. 그녀는 그에게 전후 사정을 이야기했다. 그들이 거의 잃을 뻔한 것이 무엇인지, 그것을 구하기 위해 그녀가 무엇을 했는지도.

"세상에!"

그가 소리쳤다.

"당신이 어떤 위험에 처했는지 생각해 보시오! 결국 당신을 쫓던 불한당들이 마부가 여자 한 명만 태우고 있다는 것을 알아채고 당신을 공격하고 강탈하고, 다치게 하거나 죽였을 수도 있소."

그의 반응은 가족 내에서 그들의 역할에 대해 많은 것을 말해주었다. 그는 무기력하게 그녀에게 경고하면서 불평했다.

"우리에게, 나와 아이들에게 무슨 일이 일어났을지 생각해 보시오. 오, 아냐, 아냐! 당신의 경솔함으로 안 좋은 일이 생기면 어쩔 것이오!"

이 지점에서 그가 잘못 알고 있는 게 있다. 그의 원고를 구해낸 것은 안나의 경솔함이었다는 것이다. 그녀의 비상한 대담함과 끈기, 투지가 그들을 여러 번 구했던 것처럼, 이번에도 그의 명성과 가족 전체에 닥친 재앙을 피할 수 있게 해준 것이다. 작가는 아직 남아 있는 남성 우월주의 때문인지, 아내를 매니저가 아닌 대필가로 보고 싶은 욕구 때문인지 몰라도, 최근 편지에서 묘사한 것처럼 안나에게서 "단순하고 천사 같다"라고 한 이상화된 이미지를 떨쳐내지 못하는 듯했다. 그는 모든 반대되는 증거에도 불구하고 그녀를 보호와 지도가 필요한 사람으로 봤다. 그러나 안나가 그런 식의 대우를 꺼려한 흔적은 없다. 그녀는 자신이 누구인지, 무엇을 해야 하는지 알고 있었다. 그 늦은 여름 저녁 그녀에게 중요한 일은 〈미성년〉 원고를 찾았다는 것이다.

시험

    안나와 표도르 도스토옙스키는 이제 사업적으로도, 개인적으로도 완전한 파트너였다. 안나는 속기사로서, 첫 독자로서, 편집자로서 그의 창작 작업에 참여하는 일을 넘어서서, 출판 사업에 관련된 제반 사항까지 관리했다. 종이 공급업자, 타자수, 인쇄업자, 서적상들과 협상하고 거의 모든 사업용 서신을 처리했다. 그 일의 양은 어느 한 개인이 전적으로 혼자 감당하기에는 지나칠 정도로 많았다.

    최근 러시아 출판사학자가 지적했듯이, "책 출판, 특히 소설과 관련된 편집 작업은 대체로 작가와 번역가, 교정자 사이에서 나뉜다. 출판사는 책을 책임지지만, 출판 준비 과정에는 참여하지 않았다." 반면 안나는 모든 과정을 책임졌다. 부부는 출판 작업을 위한 공간으로 아파트 방 하나를 개조했고, 출판 사업을 위해 별도의 사무실을 빌렸다는 기록은 없다. 경제 사정이 빠듯했던 안나는 오래전부터 그들의 사생활과 마찬가지로 사업에서도 최소한의 비용으로 견디는 법을 배우고 있었다.

    도스토옙스키는 한때 안나를 도박꾼 아내라 부르며 놀렸지만 어느새 이 도박꾼 아내가 룰렛 테이블에서 대담해지는 것처럼 사업가로서 대담하게 도박하고 있음을 은연중에 깨닫고 있었다. 게

다가 그녀의 위험을 즐기는 성향은 남편에게는 부족한, 일종의 전략적인 실용주의와 원칙으로 균형이 맞춰져 있었다. 그의 도박은 자주 고통과 궁핍을 불러왔지만 그녀의 도박은 도스토옙스키의 경력에서 가장 안정적인 시기를 이루어내게 된다.

1876년 1월, 〈작가 일기〉 창간호가 나오자, 〈시민〉에서 같은 제목으로 쓴 작가의 이전 칼럼을 접했던 수천 명의 독자가 달려들었다. 안나가 출판의 사업적인 면을 다 처리하면서 집필에 모든 시간을 쏟아부을 수 있게 된 작가는 더 강도 높은 보수적 메시지를 다지는 데 그 칼럼을 활용했다.

그 후 2년 동안 도스토옙스키는 그 〈작가 일기〉 지면을 통해 말년에 자신의 사고를 지배할 공격적인 민족주의적 세계관을 표현했다. 수년 동안 그랬던 것처럼, 그는 러시아 국민을 진리와 도덕의 수호자로 묘사했고, 서구주의자들과 그들을 따르는 급진적인 러시아 지식인들은 부패하고 자국민의 가치관과 단절되었다며 혹독하게 비난했다.

보편적 사랑을 평생 옹호한 사람이 어떻게 그런 바람직하지 못한 사고를 받아들일 수 있었는지가 도스토옙스키의 예술과 사상에서 크나큰 모순 중 하나이다. 이는 학자들이 150년 넘게 논쟁해 온 그의 명성에 남은 아픈 오점이기도 하다. 미국 학자 조셉 프랭크는 도스토옙스키의 외국인 혐오증을 요약하면서, "그가 반프랑스인, 반독일인, 반영국인, 특히 반폴란드인이었듯이, 의심할 나위 없이 반유대주의자이며, 사실은 러시아인이 아닌 모든 사람을 싫어하는 사람"이라고 말했다. 또 다른 학자인 게리 솔 모슨은 도스토옙스키의 작품에서 "도덕적으로 비난받을 만한" 반유대주의 모티브를 여러 개 확인한 바 있다.

이민족에 대한 도스토옙스키의 편협함은 그의 성장 과정에 종교가 큰 영향을 미쳤다는 데서 뿌리를 찾을 수 있다. 정신적 학대를 가했던 그의 아버지는 강압적으로 정교회 원칙을 강요했다. 게다가 작가의 정신은 그가 겪은 몇 번의 운명적인 순간에 굳어졌을지도 모른다. 페트라솁스키의 한 단원으로서 맞이했던 처형의 순간 – 사형을 명했던 바로 그 황제의 도움으로 목숨을 구했던 때가 그런 순간일 것이다. 이유가 무엇이든, 안나와의 관계를 통해 오랫동안 치유받았음에도 불구하고, 도스토옙스키는 연민과 지배를 뗄 수 없다는 생각을 내면 깊숙한 곳에 지니고 있는 듯 했다.

안나는 도스토옙스키의 극단적이면서도 종종 모순되는 생각에 어떻게 반응했을까? 그녀가 남편의 천재성을 높이 평가하는 일관된 표현을 했다는 것 외에는 우리가 달리 할 말은 없다. 그녀가 그의 수사적 표현이나 그의 글에 깔려 있는 신념에 대해 약간이나마 양심의 가책을 보인 기록도 없다. 이는 그녀가 그의 글에 암묵적으로 동의했음을 암시한다. 혹은 출판 사업을 일구고 가족을 부양하며 남편이 작품 활동을 계속하는 데 필요한 마음의 평안을 주는 자신의 책임을, 개인적인 신념과 철저하게 분리하는 능력을 가지고 있었을 지도 모른다.

그들의 역할 분배에는 눈에 띄는 아이러니가 있었다. 야망이나 기업과 같은 외국의 가치들이 혐오스럽다는 그의 메시지를 홍보하기 위해 일할 때도 안나는 남편이 그렇게 조롱한 바로 그런 종류의 자본주의자 역할을 맡아 자신들을 물질주의 유대인처럼 보이게 했기 때문이다.

도스토옙스키는 그 아이러니에 대해 언급한 적이 없지만, 자신이 안나의 사업 수완에 무엇을 빚지고 있는지는 분명히 이해했다. 가족과 친구들에게 보낸 편지에서, 그는 그녀의 노력과 헌신에 열정적인 찬사를 거듭했고, 종종 그녀의 노력이 그녀에게 큰 대가를 치르게 했음을 인정했다. 1876년 3월, 그는 동생 안드레이에게 썼다.

"안나 그리고리예브나가 나를 도와준다. 하지만 그녀의 건강이 너무 안 좋아져서 몹시 걱정된다."

반면에 안나에게 보낸 편지에는 평소처럼 자신의 단점에 대한 죄책감 섞인 장황한 설명과 안나에 대한 칭찬을 썼다.

그들의 관계에서 항상 작용했던 유동적인 힘의 역학은 여전히 진화하고 있었다. 그 속에서 도스토옙스키는 일찍이 자신을, 안나를 보호해주는 성숙한 사람으로 설정한 후, 그녀를 "더 발전시키고, 감독하고, 보존하고, 영혼을 죽이는 모든 저급한 것으로부터 보호하여 신에게 돌려주겠다"라고 한 바 있다. 그런데 지금은 강철 같은 의지를 가진 안나가 인생의 지옥을 헤쳐나갈 때 자신의 충실한 안내자가 될 수 있음을 깨닫고 있었다. 그는 안나가 그를 필요로 하는 것보다 더 안나를 필요로 했다. 그도 이 점을 알고 있었는데, 이는 그를 두렵게 하는 동시에 짜릿하게 했다. 그는 1876년 7월 바트 엠스에서 그녀에게 썼다.

"사랑하는 나의 아냐, 모든 것이 당신의 힘만으로 이루어졌음을 압니다. 그리고 [안나에 의해 지워진 구절]. 그러나 나는 당신의 정신과 인격을 매우 소중히 여기고 신뢰하기 때문에, [지워진 구절]밖에 모릅니다. … 하지만, 아냐. 나는 당신의 엄청난 지성 [지워진 몇 단어]를 믿습니다."

그런 이틀 후, 자신이 도박에 빠져 있던 곳에서 한때 보냈던 애처로운 편지의 메아리처럼 그는 이렇게 썼다.

"나는 당신을 진정으로 사랑하오, 아냐. 당신 생각뿐이오. 당신은 나의 정부이고, 나의 여왕이오. 당신, 안카에게 복종하는 것이 나의 행복이오. 나의 우상, 나의 다정하고 정직한 [지워진 구절], 나를 잊지 마시오. 그리고 당신이 나의 우상, 나의 신이라는 것을. 사실이 그렇소." 마지막에는, 애원조에서 지배욕을 드러내는 것으로 갑자기 어조를 바꿔 "나는 당신의 몸과 영혼의 원자 하나까지 모두 사랑하고, 당신의 모든 것을 사랑하오. 왜냐하면 그 모든 것이 나의 것이기 때문이오!"라고 말했다.

그 모든 일을 겪은 후 지금까지, 누가 봐도 도스토옙스키는 이 특별한 여성이, 예술가로서든 연인으로서든, 그 앞에서는 자신의 모든 충동을 마음껏 발산해도 되는 자신의 아내라는 사실을 극복하지 못하고 있다. 그녀가 그를 완전한 자기 자신이 되도록, 그게 병이든 무엇이든 상관없이, 자유롭게 해줄수록, 그는 안나를 더욱 우상화했고 그녀가 자기 사람이라는 것을 확인하고 싶어 했다.

그들의 관계에서 도스토옙스키 쪽에는 결핍과 자기 도취가 섞여 있었고, 안나 쪽에는 관용과 끈기가 항상 존재했다. 몇 년 전, 여전히 자신이 없고 불안했던 시절에 그녀는 그의 폭언을 받아들였고, 우울한 자기 비판에서 폭발적인 이기심까지 미친 듯이 요동치는 그를 보며 움츠러들었다. 이제는 아내로서, 어머니로서, 성공한 여성 사업가로서의 역할에 자신감이 생긴 안나는 자신이 그 관계에서 훨씬 더 큰 통제력을 가졌다고 생각했다.

그러나 그녀는 여전히 남편의 변덕스러움을 그의 창조적 기질의 본질적인 측면으로 인식했다. 자신이 이 복잡한 남자에게 정말 많은 역할을 할 수 있다는 사실을 즐기는 듯했다. 그녀는 그의 뮤즈와 매니저, 연인과 아내, 첫 독자에다 가장 큰 팬이 될 수 있었다. 드디어 그녀는 유리한 위치에서, 안정적인 유대감에 대한 자신감으로 이런 다양한 역할을 능숙하게 해내게 되었다.

도스토옙스키는 바트엠스의 어딘가에서 보낸 편지에서 다음과 같이 썼다.

"나의 천사여, 내가 여기서 하는 일이라고는, 올해 출산을 마치고 아기를 돌보고 〈작가 일기〉를 작업한 후에 마침내 스타라야 루사에서 건강을 회복하는 당신을 상상하는 것뿐이오. 오, 내 사랑. 당신 때문에 마음이 너무 아파. 여기서 나는 지나간 모든 일을 돌아보고 있소. 당신이 얼마나 조마조마했는지, 어떻게 일했는지 말이오. 그런데 무슨 보상을 바라고 그런 일을?"

안나에게는 일이 그 자체로 보상이었음이 틀림없어 보인다. 생산적일 때 가장 행복했던 그녀는 성공적인 사업을 일구는 도전을 즐겼다. 그녀의 기록물에는 1876년 3월 시동생 안드레이 도스토 옙스키에게 쓴 편지가 있는데, 여기에서 그녀는 〈작가 일기〉의 출판 일에서 얻은 깊은 만족감을 묘사하고 있다. 안나는 연간 구독자 1천 500명을 확보하고 거의 6천 부가 팔린 초기 성공에 대해 이야기한 후, "그러나 그것에 만족하지 않을 것입니다. 〈작가 일기〉는 페테르부르크와 모스크바에서 유통되고 있으며, 키예프, 오데사, 하르크, 카잔에 있는 내가 아는 모든 서적상에게 보내지고 있습니다. 거기서도 좋은 소식이 들려옵니다. 설령 엄청난 노력이 든다 해도, 거기에 우리가 바라는 출발의 바탕이 될 좋은 결과가 있다면, 저는 그 작업에 개의치 않습니다"라고 썼다. 아무리 힘든 일이라도 거기에 목적이 있으면 안나에게는 깊은 만족감을 줄 수 있었다. 혹자는 이를 두고 그녀의 독특한 정신력에 대한 표현이라고 말할지도 모른다.

게다가 도스토옙스키는 일이 정말로 잘 되어가고 있었다. 작가는 그 어느 때보다 폭넓은 독자층을 확보하면서 꾸준히 빚을 갚아나갔다. 거기에 가족의 안녕이 더해져, 도스토옙스키는 몇 달 동안 뇌전증 발작 없이 지냈으며, 아이들 - 알료샤, 페디아와 류바 -는 겨울철 잔병에서 완전히 회복됐다.

이 모든 것은 이미 상태가 좋았던 안나의 기운을 북돋아주었고, 이런 가장 평온한 분위기 속에서 그녀는 다소 짓궂고 예상치 못한 일을 시도하게 되었다. 그 일은 1876년 봄, 소피아 스미르노바의 신작 소설 〈인격의 힘〉이 〈조국의 노트〉에 막 게재되었을 때, 다분히 순수한 의도로 시작되었다. 도스토옙스키는 스미르노바에게 우호적이었고 그녀의 재능을 높이 평가했다. 그래서 어느 날, 스미르노바의 소설 새 연재를 읽고 싶다며 안나에게 잡지 최신판을 가져다 달라고 부탁했다. 아이들을 재운 뒤 그 책을 읽던 안나는 특정한 문단에 꽂혀버렸다.

그 소설의 등장인물 중 한 명으로, 주인공의 결혼을 깨뜨리려 하는 비열한 악당은 주인공에게 익명의 편지를 보내, 그의 아내가 아주 멋진 검은 눈을 한 연인과 비밀리에 불륜을 저지르고 있으며 그 연인은 밤마다 그녀를 찾아가 그녀의 마음을 완전히 사로잡았다고 말한다. "만약 당신이 나를 믿지 못하겠다면, 아내의 목에 걸려 있는 로켓(안에 사진 등을 넣을 수 있는 메달) 안에 누구의 사진이 들어 있는지 보라"라고 하면서 가짜 편지는 끝난다.

이 편지 내용은 안나에게 장난거리를 제공한다. 그녀는 남은 저녁 시간 내내 펜과 종이를 준비하여 그 가짜 편지를 남편에게 보낼 진짜 편지로 바꾸는 작업에 돌입했다. 그녀가 짠 계략은 사업을 할 때처럼 꼼꼼했다. 두세 줄마다 몇 글자를 바꾸고, 몇 번이나 다시 써서 도스토옙스키가 자신의 글씨를 알아보지 못하게 필체를 적당히 바꾸었다. 다음 날 아침 그녀는 신이 나서 그 편지를 우편함에 넣었다.

그날 저녁 자고 있는 아이들을 확인한 후, 호기심을 억누르지 못한 그녀는 서재로 당당하게 들어가서 자기가 늘 쓰는 책상 옆 의자에 앉아 말없이 그의 반응을 기다렸다. 그가 무거운 발걸음으로 침울하게 방 안을 서성거릴 때 그녀는 그의 표정과 움직임을 살폈다.

그 표정을 보자 미안한 마음이 들기 시작했는데, 아직은 그의 커지는 고통을 끝내주고 싶을 정도는 아니었다.

"왜 그렇게 우울해요, 페댜?"

그녀가 마침내 물었다. 격분해서 그녀를 노려보던 그는 그녀 주위를 몇 번 빙빙 돌다가 반대편에 멈춰 섰다.

"목걸이를 걸고 있소?"

그는 목이 메인 목소리로 물었다.

"걸고 있어요."

"그걸 보여주시오!"

그가 요구했다.

"왜요? 이미 여러 번 봤잖아요."

물론 그는 그 목걸이 로켓을 봤다. 그 섬세한 물건은 도스토옙스키가 베니스에서 그녀를 위해 산 것이었다.

"목걸이를 보게 해주시오!"

그가 소리쳤다.

그녀의 장난은 완벽하게, 어쩌면 너무 완벽하게 성공했다. 그녀는 자신이 시작한 게임에 빠져서 물러설 수 없었고, 솔직히 말해서 그러고 싶지도 않았다. 모든 것이 너무 흥미로웠기 때문이다. 옷깃을 푼 그녀가 베네치아풍 목걸이를 벗기 위해 손을 뻗기도 전에 그가 갑자기 다가와 목걸이를 사납게 낚아챘다. 그녀는 순간 화가 났지만, 이런 상황에 처하게 했다는 미안함으로, 떨리는 손으로 더듬거리느라 목걸이 로켓을 열지 못하는 남편을 지켜보았다.

그녀는 자신의 장난이 지나쳤음을 깨닫고 있었다. 가능한 한 부드러운 목소리로 자신이 직접 로켓을 열겠다고 말했지만, 거절한 그는 계속 로켓을 만지작거리더니 마침내 잠금 장치를 풀었다. 잠시 후 그는 그 안에 들어 있는 사진을 응시하고는 말을 잃었다. 한쪽에는 자신의 사진이, 다른 한쪽에는 딸 류바의 사진이 들어 있었다.

"그래서 뭘 찾았나요?"

도스토옙스키가 사진을 들여다보고 있을 때 안나가 물었다.

"페댜, 바보 같은 사람, 어떻게 익명의 편지를 믿을 수 있어요?"

"익명의 편지란 걸 당신이 어떻게 알지?"

그가 그녀에게 몸을 돌리며 물었다. 그 편지를 보낸 사람이 자신이기 때문이라고 그녀는 말했다. 이를 증명하기 위해, 그녀는 서둘러 〈조국의 노트〉가 놓여 있는 책상으로 다가가 그에게 스미르노바의 소설을 상기시켜주었다. 글씨 연습을 한 종이도 보여주었다.

"세상에, 어제 당신이 그 소설을 직접 읽었잖아요. 그래서 당신이 바로 눈치챌 줄 알았어요. 난 단지 가벼운 장난을 하고 싶었을 뿐이에요."

그녀는 부드럽게 덧붙였다.

"이게 무슨 장난이야? 나는 지난 30분 동안 계속 괴로워하고 있었소!"

그는 사과를 요구했다.

"하지만 당신이 생각해 보지도 않고 그렇게 오셀로가 되어 초조해 할지 누가 알았겠어요?"

"이런 경우 사람들은 생각하지 않소! 당신은 진정한 사랑과 진정한 질투심을 느껴본 적이 없음이 분명하오."

그는 쏘아붙였다.

"그리고 내가 사진을 찾으려 하지 않았어도 당신의 충실함에 한 점의 의심이 남아 있었을 것이고, 그로 인해 나는 평생 고통받았을 것이오. 제발 부탁인데, 그런 장난은 절대 하지 마시오. 나는 화가 나면 자신을 어떻게 할 수 없으니 말이오!"

안나는 거듭 사과하고 눈물로 후회한다고 표현하긴 했지만, 정확히 이런 도발을 하고 싶었던 것인지도 모른다. "나는 그 터무니없는 장난이 잘 끝나서 한없이 행복했다"라고 그녀는 몇 년 후에 인정했다. 그녀는 "나의 사랑하는 남편이 질투에 가득 차 의심을 하는 순간이 있다니, 정말 광분하여 날뛰는 거의 무책임한 상태"였음을 상기하면서 "내 남편을 고통스럽게 한 것에 대해 진심으로 미안하게 생각했다." 수년간 그를 스트레스로부터 지켜줬는데 그녀는 왜 그랬을까? 아마도, 나중에 그녀가 썼듯이, 단지 "함께 즐겁게 웃고" 싶었을지도 모른다.

그러나 그녀는 또한 번쩍 떠오른 다른 생각으로 그런 장난을 쳤다고 인정했다.

"남편이 편지를 진지하게 받아들일지도 모른다고 생각했다. 그 경우에 그가 익명의 편지에 어떻게 반응할지 궁금했다. 그는 그 편지를 나에게 보여줄까, 아니면 쓰레기통에 버릴까?"

다른 말로 하자면 그녀는 그저 그를 시험하고 싶었던 것이다. 일이 잘 풀리고 그의 사랑을 의심할 이유가 없었던 이 가장 평온한 시기에도 그녀는 불안감에 흔들렸다. 아마도 그녀의 남편이 폴리나 수슬로바와 놀아났던 일이 여전히 그녀를 괴롭혔을 것이다. 바트 엠스에서 보낸 몇 통의 편지에서 알 수 있듯이 그가 그녀에게 무관심했을 수도 있다. 또 아무리 성공한 결혼이라 해도, 아주 작은 의혹이 주는 고통에 예민하게 반응하여 배우자를 의심하게 되는 게 인간의 본성일지도 모른다.

안나는 항상 장난꾸러기 성향을 지니고 있었다. 그러한 성향은 영리한 장난꾸러기로 알려진 마린스카야 시절까지 거슬러 올라간다. 그러나 남편을 대상으로 한 친밀한 문학적인 장난으로 시작된 이 일은, 작가 자신은 말할 것도 없고 도스토옙스키의 많은 허구적 인물을 연상시키는 복잡한 심리를 반영하면서 뜻밖에 어두운 면으로 변질되어 갔다.

그 장난은 어설픈 반항 행위였지만, 그 후 그녀는 성공이 거듭될수록 잘못을 저지르고 싶다는 인간적인 충동을 뿌리칠 수 없게 된다. 그것은 그녀와 남편이 줄곧 싫어해 왔던 바로 그 독일 부르주아적 자기 만족으로 가득 찬 세계, 그녀가 열심히 건설해 온 편안하고 질서정연한 세계를 찔러볼 기회였다. 자신의 가족만을 위한 수정 궁전을 짓는 도중에, 그녀는 잠시 또 다른 충동을 따르는 것 같다. 그것은 도스토옙스키의 지하 생활자가 구현한 충동이었다. 그 인물은 신나서 고백한다.

"좋든 나쁘든, 가끔은 물건들을 부수는 것이 매우 즐겁다."

안나의 이상한 반항 행위는 또한 남편의 소설 속에 나오는 지독한 여자들의 복잡한 내면 - 〈도박꾼〉의 폴리나에서 〈카라마조프가의 형제〉의 그루셴카에 이르기까지 안나에게도 낯설지 않은 갈망과 복합적인 양상 -을 상기시켰다. 결국 이 여성은 드레스덴 근처의 언덕에서 폭풍우를 만났을 때 임박한 재앙에 오히려 매혹적인 전율을 느꼈던 사람이며, 4년 후 마지막 남은 돈을 남편에게 쥐어주고 룰렛 테이블로 돌려보냈던 바로 그 사람이었다.

전보다 생활이 훨씬 안정된 이 시기에 그녀는 통제 불능의 순간에 흠뻑 빠져들었다. 남편의 영역에서, 상징적으로 남편보다 더 잘할 수 있음을 보여주기 위해 몰래 바덴바덴의 쿠르하우스에 들어간 것처럼. 이 장난을 통해 안나의 복잡한 심리는 말할 것도 없고 그녀의 대담함과 교활함이 발휘되는 또 다른 모습을 확인할 수 있다. 그녀의 강인함, 인내심, 공감 능력과 더불어 이러한 특징들은 도스토옙스키가 항상 매력적이라고 여겼던 부분이었고, 오랜 동반자 관계의 성공에도 꼭 필요한 것이었다.

다시는 남편의 질투심을 이용하지 않겠다고 안나는 맹세했다. 그러나 아직 끝난 것은 아니었다. 몇 달 뒤인 1876년 7월, 표도르가 바트엠스에서 치료받는 동안 그녀가 그에게 보낸 편지의 도발적인 추신에서 그것을 알 수 있다.

"내 사랑, 내가 어제 누굴 만났게요? 그 사람!!! 누군지 맞춰보고 질투해 보세요! 자세한 내용은 다음 편지에."

그 편지는 도스토옙스키를 공포의 늪으로 몰아넣기에 충분했다.

"나는 정말, 정말 두렵소. 당신은 나를 사랑하고 그리워한다고 썼지만, 결국에는 그를 만나기 전에, 추신을 쓰기 전에, 그 말을 했소, … 나는 이렇게 반복하오. 모든 것은 당신 손 안에 있소. 나는 당신 앞에 무릎을 꿇고 당신 발에 끝없이 입맞추겠소. 나는 항상 그런 상상을 하고 즐긴다오. 안카, 나를 나쁘게 대하지 마시오."

그는 그녀에게 말했다.

그렇게 광분하다가 낙담하는 사랑의 방식은 도스토옙스키만의 오래된 방식이다. 이는 〈도박꾼〉에서 알렉세이가 폴리나에게 했던 고통에 찌든 고백을 떠올리게 한다. 알렉세이는 자아 도취적 당당함에서 자기 비하의 나락으로 떨어졌다가 단숨에 다시 돌아온다.

"당신의 노예가 되는 것은 기쁨입니다. 극도의 굴욕과 하찮은 존재감에는 기쁨이 있어요! 이틀 전 슐랑겐베르크에서 당신이 내게 대들었죠. 그래서 내가 속삭였지요. '한마디만 하면 난 이 깊은 연못으로 뛰어들 거야.' 만약 당신이 그때 한마디라도 했다면 나는 뛰어내렸을 겁니다."

알렉세이는 폴리나에게 말했다.

하지만 폴리나는 결코 알렉세이를 뛰어들게 하지 않았고, 안나는 남편을 괴롭히는 것을 그만두었다. 약속한 대로 그녀는, 다음 편지에서 미스터리한 그 남자의 정체를 밝혔다. 그는 그녀의 옛 약혼자였는데 쇼핑센터에서 우연히 만나게 됐다. 그 후 그가 그녀를 보러 집에 방문했다고 그녀는 남편에게 말했다. 그 남자가 여전히 자신을 사랑하고 있음을 느낀 안나는 출판하는 일의 전 과정을 약간 신이 나서 자랑했다. 그런 다음, 그녀는 조금은 가식적으로 걱정을 내비치며 옛 연인에게 결혼을 권했는데, 그는 고개를 저으며 그런 문제에 대해 설교하지 말아달라고 했다. 이윽고 그는 떠났고, 그게 전부였다.

안나 쪽에서 말하면, 그녀의 옛 약혼자뿐만 아니라 남편과도 일이 정리되었다. 이 마지막 관심 끌기 작전은 남편과의 심리 게임에서 그녀의 가려운 곳을 긁어준 듯하다. 도스토옙스키는 평소와 다름없이 비굴하게 헌신하는 말을 쏟아내며 못마땅함을 드러냈다. "나는 끊임없이 당신에게 키스하고 당신을 사랑하는 마음은 날이 갈수록 커진다"라고 그는 바트엠스에서 보낸 편지에 썼다.

"내 사랑을 키우는 것이 질투라고 생각하지 마시오. 그런 방법으로 사람을 질투하게 해서 괴롭히는 일이 때때로 유용하다고 생각하지 마시오."

그러나 안나에게 그 작은 시험들은 쓸만했다. 그렇다고 그녀가 이것을 심술궂을 정도로 즐긴 것은 아니었다. 그녀의 게임은 스스로에 대해 알 수 있는 기회를 그녀에게 제공했다. 그녀의 힘, 그리고 아마도 가장 중요하게, 그들의 사랑이 갖고 있는 힘에 대해 알게 되었다. "당신이 질투한다는 사실이 내게는 아주 소중합니다. 당신의 질투, 이는 당신이 나를 사랑한다는 것을 의미합니다. 그렇죠?"라고 그녀가 그에게 말했다.

1877년까지, 〈작가 일기〉는 적어도 7천 명의 탄탄한 구독자를 가지고 안정적으로 출간되고 있었다. 정확한 수치가 남아 있지는 않지만, 그 출판으로 벌어들인 수입이 그 가족의 연간 생활비 3천 500루블 정도를 충당하기에 충분했음을 알 수 있다. 늘 검소했던 안나가 모스크바의 고급 모피 가게 중 한 곳에서 주문 제작한 500루블 상당의 여우털 코트를 남편이 선물했을 때도 편안한 마음으로 그것을 받았다.

도스토옙스키의 뛰어난 자기 홍보 능력과 출판업자로서의 그녀의 재능 덕분에, 이 잡지는 상업적으로도, 비평 쪽으로도 성공을 거두었다. 그럼에도 안나에게는 "월간 잡지 발행의 부담감이 커지고 있었고 … 매 호를 발송하고 구독자들의 계정을 관리하고, 독자들과의 서신을 교환해야 하는 등 일이 너무 많았다"라고 회상했다. 동시에 그녀는 가족도 관리하려고 애썼다. 이는 도스토옙스키에게 경외감과 죄책감을 동시에 느끼게 하는 영웅적인 활약이었다. 그는 "당신은 자신의 능력을 의심하지 않는군"이라고 그녀에게 말했다.

> 당신은 내 일뿐만 아니라 집안 일 전체를 관리하면서 변덕스럽고 말썽 많은 우리 모두를 이끌고 있소. 나부터 시작해서 료샤(한 살짜리 아들, 알료샤)까지 말이오. 당신은 밤에 잠도 못 자고 책 판매와 작가 일기 본부를 운영하고 있소. 당신을 여왕으로 만들고 왕국 전체를 주겠소. 맹세컨대, 당신은 높은 지성과 상식, 진정성과 효율성으로 그 누구보다도 이 왕국을 잘 통치할 것이오.

1877년 동생 이반의 가족과 함께 그의 사유지에서 보냈던 여름처럼, 스타라야 루사에서의 겨울과 봄은 조용한 뒷골목, 매력적인 공원과 상쾌한 북쪽 공기와 함께 안나와 그녀의 가족 모두에게 반

가운 휴식 시간이 되었다.

그러나 그들이 〈작가 일기〉의 여름호 두 권을 작업하기 위해 그해 8월 페테르부르크로 돌아오자마자 사소한 문제들이 다시 시작되었다. 도시 생활의 분주함과 일상적인 근심, 친구와 동료의 끊임없는 방문 같은 것. 어느 날인가는 필즈 부인이라는 이상한 영국인 점쟁이가 찾아와 두 가지 예언을 했는데, 그 예언은 부부의 흥미를 끌기도 했지만 괴로움의 원인이 되기도 했다. 그녀는, 소설가는 큰 명성을 얻겠지만 그 가족은 가까운 미래에 비극에 직면할 것이라고 예언했다. 꿈과 환영을 믿는 도스토옙스키는 이 예언을 자신이 인정한 것보다 더 깊이 마음에 담아 두었다. 그 후 몇 달 동안 그가 죽음에 대한 생각에 점점 더 집착하게 된 것은 거기에 원인이 있을지도 모른다.

1877년 12월, 작가는 '기념품 – 나의 남은 인생을 위하여'이라는 말로 시작되는 공책을 쓰기 시작했고, 죽기 전에 하고 싶은 몇 가지 프로젝트를 개략적으로 계속 써내려갔다. 그 목록 중에는 그의 최고의 업적이 될 〈카라마조프가의 형제들〉이 들어 있었다. 그런데 그 소설 집필에 정신적 에너지가 너무 많이 소모되기 시작하자 그는 〈작가 일기〉 구독자들에게 창작 작업에 집중하기 위해 당분간 정기 간행물을 중단하겠다고 알렸다. 그 후 안나의 사무실 우편함에는 그 결정에 대한 실망감을 토로하는 편지가 넘쳐났다.

1877년 12월 도스토옙스키의 동료이자 전 출판인인 니콜라이 네크라소프가 죽었다. 그의 죽음은 도스토옙스키에게 오로지 죽음에 대한 집착만 더 커지게 했다. 묘지의 차가운 고요 속에서 네크라소프 무덤가에 안나와 함께 서 있던 작가는 "내가 죽으면, 아냐, 여기든 어디든 묻어줘. 하지만 볼코프 묘지의 작가 구역에는 묻지 말아줘. 내 적들 사이에 누워 있고 싶지는 않으니까. 살아 있는 동안 그 사람들 때문에 충분히 고통받았소!"라고 말했다.

분위기를 바꾸기 위해, 그녀는 그가 최후의 승자가 될 것이며 그의 장례식은 러시아 예술가에게 있어 가장 웅장한 식이 될 것이라고 말해주었다. 남편이 흠모한 시인 바실리 주콥스키 옆에 묻힐 것이며, 적어도 한두 명의 주교가 집전하는 미사에 넵스키 합창단이 아름답게 노래를 부르도록 조치하겠다면서 안나는 자신의 상상을 계속 큰 소리로 말했다.

"엄청난 수의 젊은 사람이 당신의 관을 따르게 할 뿐만 아니라, 페테르부르크에 사는 모든 사람, 6만 명이나 8만 명이 따르도록 준비할 거예요. 화환은 보통보다 세 배나 더 많을 거예요. 내가 얼마나 멋진 장례식을 약속하는지 보세요. 하지만 여기에는 한 가지 조건이 있어요. 당신이 아주, 아주, 아주, 아주 오래 살아야 해요! 그렇지 않으면 나는 너무 비참할 테니까요!"

그런데 영국인 점쟁이가 몇 달 전 예견했던 가족의 비극의 원인은 도스토옙스키를 가리킨 게 아니었음이 곧 드러난다. 그 이야기는 1878년 5월 16일 일찍, 알료샤가 유모와 함께 웃으며 놀고 있을 때 느닷없이 시작되었다. 갑자기 두 살배기가 그 예쁜 타원형 얼굴을 실룩거렸다. 가벼운 경련에 지나지 않았기에 유모는 그것을 유치가 나올 때 생기는 근육 경련의 일종으로 받아들였다. 하지만 안나는 그렇게 생각하지 않았다. 그녀가 연락하자 즉시 달려온 담당 소아과 의사는 처방전을 써주며 경련이 곧 끝날 거라고 부부를 안심시켰다. 그럼에도 불구하고, 안나는 신경 질환 전문가로 잘 알려진 우스펜스키 교수를 방문하기로 결정했다. 그는 진정제를 처방해주었고, 가능한 한 빨리 아이를 보러 가겠다고 약속했다. 또 그 사이 알료샤가 숨을 쉬는 데 도움을 줄 산소통도 안나에게 들려 보냈다.

그녀가 집에 돌아왔을 때 알료샤의 작은 몸은 이전보다 더 뚜렷하게 주기적인 경련을 일으키고 있었다. 그 경련은 이상한 종류의 발작이었다. 아이는 고통스러워하지도 않았고, 크게 울지도 신음하지도 않았다. 하지만 안나는 그 경련이 자신이 본 어떤 것과도 달랐다고 말했다.

마침내 집에 도착한 우스펜스키 교수는 알료샤를 빨간 펠트 천이 덮인 소파 위에 눕혀놓고 부드럽게 진찰했다.

"울지 마세요. 걱정 말아요. 금방 끝날 겁니다."

그는 도스토옙스키 옆에서 무릎을 꿇고 있는 안나를 안심시켰다. 그런 다음 우스펜스키는 무릎을 꿇고 도스토옙스키의 귀에 대고 뭔가를 속삭였다. 안나가 그에게 무슨 말을 들었는지 묻자 남편은 그녀에게 아무 말 말라는 신호를 보냈다.

한 시간 후, 알료샤의 경련이 가라앉고 아이가 잠들자 안나는 이것이 회복의 시작이라며 희망을 갖고 안심했다. 그러던 중 아이는 갑자기 호흡이 멎더니 죽어버렸다. 우스펜스키 교수가 도스토옙스키에게 속삭였던 말은 알료샤의 죽음이 이미 임박했다는 것이었음을 안나는 나중에야 알게 되었다.

집안은 어둠에 휩싸였다. 소식을 듣자마자 달려온 안나 필로소포바는 훗날 그 당시 이 가족 전체의 완전한 고립감, 탈진, 무기력함을 묘사했다. 도스토옙스키는 밤새 죽은 아들 옆에서 무릎을 꿇은 채 눈물 흘렸고, 슬픔에 잠겨 무엇에도 집중할 수 없었던 안나는 그를 위로하기 위해 허둥댔다.

다음날 가족은 마차를 탔는데, 엄마와 아빠 사이에 작은 관이 놓이자 온 가족이 차가운 침묵 속에 흐느꼈다. 마차는 페테르부르크의 옥타 묘지로 향했다. 꽃들이 만개하고, 새들은 잎이 무성한 고목의 나뭇가지에 앉아 지저귀는 눈부신 오월에 알료샤는 외할아버지 옆에 묻혔다.

조용한 분위기에서 사제들의 기도와 소규모 합창단의 선율이 하나 되는 짧은 예배를 마치고 가족은 천천히 묘지로 향했다. 아내를 부축하는 도스토옙스키의 뺨에 눈물이 흘러내렸다. 그의 시선은 땅속으로 서서히 사라져가는 작은 관에 고정되어 있었다. 정확히 10년 전, 제네바에서 똑같이 화창한 봄날, 안나는 3개월 된 딸 소냐의 관이 땅속으로 내려지는 모습을 지켜보았다.

장례식이 끝난 직후 도스토옙스키 부부는 스타라야 루사로 돌아왔다. 안나는 남편에게 집중함으로써 간신히 마음을 추슬렀다. 알료샤가 아버지로부터 물려받은 끔찍한 병, 뇌전증으로 죽었다는 사실에 대한 죄책감 때문에 도스토옙스키의 슬픔은 더욱 커졌다.

안나는 그가 겉으로는 침착하고 냉정해 보여도 깊은 슬픔을 억누르고 있음을 알고 있었다. 그녀는 가뜩이나 안 좋은 남편의 건강이 아들의 죽음으로 더 악화되지는 않을까 두려워했다.

도스토옙스키의 우울한 기분을 떨쳐주기 위해, 그녀는 그의 친구인 철학자 블라디미르 솔로비요프에게 남편이 오랫동안 꿈꿔왔던 옵티나 푸스틴 사원으로의 여행에 동행해달라고 부탁했다. 이전의 많은 러시아 작가가 이 순례 여행을 통해 겸손하고 통달한 수도승들을 만나 위안을 찾았는데, 안나는 남편에게도 같은 일이 일어나기를 바라고 있었다.

6월 중순에 그녀는 남편을 떠나보냈다. 그는 우선 모스크바에서 카트코프를 잠시 만나 〈러시아 메신저〉에 게재할 신작 소설, 〈카라마조프가의 형제들〉에 대한 계약을 마무리 지은 후 수도원으로 갔다. 그곳에서 그는 전설적인 고해 신부인 암브로시우스 신부와 상담했다.

페댜, 류바와 함께 스타라야 루사에 남은 안나는 홀로 비통함을 견뎌야 했다. 그녀는 남편이 집을 비운 7월에 "이번 여름은 내 생애에서 가장 우울합니다. 사람들은 우리의 불쌍한 료사를 계속 기억하고 있는데, 그 아이가 이미 떠났다는 사실이 너무 슬프고 고통스럽습니다. 아이들이 뛰어노는 동안 아이를 잃은 상실감 속에 살 수밖에 없는 가을이 오는 것도 싫습니다"라고 도스토옙스키의 동생 니콜라이에게 보낸 편지에 썼다.

도스토옙스키는 그달 말에 여행을 마치고 훨씬 더 평화로운 모습으로 돌아왔다. 안나에게는 그렇게 보였다. 그는 암브로시우스 신부가 전해달라고 부탁한 축복을 그녀에게 전했다. 그가 전달한 말은 〈카라마조프가의 형제들〉의 첫 부분에서 '믿음을 가진 여인'이라 이름 붙여진 장을 통해 길이길이 남게 되었다. 그 장에는 아들을 잃은 슬픔에 빠져 유명한 수도승 조시마 신부 ─ 암브로시오 신부를 모델로 한 ─를 만나기 위해 수도원을 찾아 먼 거리를 여행하는 소작농 어머니가 등장한다. 수도승은 슬픔에 빠진 여인을 위로한다.

"그리고 내가 고인의 명복을 비는 기도를 할 때 당신의 아이를 기억하겠습니다. 이름이 뭐였죠?"

"알렉세이입니다. 신부님."

"사랑스러운 이름이네요! 하나님의 사람, 알렉세이 이름을 따서?"

"하나님의 사람, 신부님, 알렉세이, 하나님의 사람."

"위대한 성인! 기억할게요, 어머니. 기억할게요, 기도할 때 어머니의 슬픔도 기억할게요. 남편분도 기억할게요. 당신이 그를 버린 건 죄악입니다. 가서 남편을 잘 보살펴 주세요. 당신의 어린 아들이 아래를 내려다보면서 당신이 자신의 아버지를 버린 것을 볼 것입니다. 그리고 당신들 때문에 울 것입니다. 왜, 그렇다면, 당신은, 그의 행복을 망치려고 하나요? 그는 살아 있습니다. 확실히 살아 있습니다. 영혼은 영원히 살아 있기 때문입니다. 비록 집에는 없을지라도 보이지 않게 당신 가까이에 있습니다."

물론 현실에는 어머니가 아니라 슬픔에 빠진 아버지가 있었고, 그 아버지는 수도원에서 정신적 위안을 찾고자 했다. 작품 속에서 어머니와 아버지의 역할을 뒤바꿈으로써 도스토옙스키는 슬픔에 빠진 아내를 버려두었다는, 떨쳐낼 수 없는 죄책감을 표현한 것 같다. 그 자신의 슬픔이 너무 커서 그녀가 필요로 하는 도움을 줄 수 없었을지 모르지만, 그는 최소한 자신의 예술을 통해 그녀의 고통을 인정하고 존중할 수 있었다.

〈회고록〉에서 안나는 알료샤의 죽음이 자신에게 어떤 영향을 미쳤는지 회상했다.

> 나는 평소의 나를 완전히 잃어버렸고, 너무 많이 슬퍼하고 울어서 스스로를 알아볼 수 없는 지경에 이르렀다. 나의 습관적인 쾌활함은 정상적인 에너지 흐름과 함께 사라지고 무관심으로 대체되었다. 나는 집안일의 관리와 사업, 심지어 내 자식들까지 포함해서 모든 것에 무관심해졌다. 그리고 지난 3년간의 기억에 완전히 나를 맡겼다.

알료샤가 죽은 후 몇 달 동안, 안나는 슬픔에 젖어 있는 것 외에 아무것도 원하지 않았다. 이는 그녀가 겪은 트라우마에 대한 반응으로 충분히 이해할 만한 일이다. 그런데도 그녀는 자신에게 이마저도 허락하지 않았다. 그녀는 소설 속 인물인 조시마 신부의 조언을 따라 남편과 가족, 자신의 일로 돌아갔다.

1878년 가을 페테르부르크로 돌아온 안나는 다시 행동에 나섰다. 예전 아파트에서는 도저히 견딜 수가 없어서, 안나는 쿠즈네치니 레인 5번지에 있는 새로운 아파트로 이사했다. 출판사에서 도스토옙스키의 작품을 펴내고 있을 때마저도 안나 안에 있는 속기사는 계속 베끼고 옮겨 적는 일이 필요했다. 아내로서 그녀는 남편의 감정 상태를 계속 살펴보는 일이 얼마나 중요한지도 알고 있었다. 그것은 창의력에 필수적이기 때문이다. 다행스럽게도 옵티나 푸스틴 수도원으로의 여행은, 페테르부르크로 돌아와 〈카라마조프가의 형제들〉의 집필을 재개할 때 꼭 필요한 도스토옙스키의 영적인 기운을 회복시켜주었다. 12월까지 작가는 계획을 세우는 것뿐만 아니라 160쪽의 소설을 완성했다. 이는 1879년 〈러시아 메신저〉 1월호에 첫 편을 게재하기에 충분한 분량이었다.

소설의 주제인 존속살인은 도스토옙스키를 오랫동안 괴롭히고 매료시켰다. 시베리아 수용소에서 만난 동료 죄수 중 아버지를 살해한 혐의로 10년형을 선고받았던 이가 수년 동안 그의 뇌리에서 떠나지 않았다. 그 죄수는 나중에 무죄로 밝혀졌다. 정의가 제대로 구현되지 못한 중대한 실수와 그런 **끔찍한 혐의**로 아직 **젊은 인생을 파괴한 매우 비극적인 이야기**는 이후 20년 동안 도스토옙스키를 사로잡았다. 〈카라마조프가의 형제들〉에서 그는 늙은 호색한 표도르 카라마조프와 전직 장교로서 열정적이고 불같은 성격을 지닌 장남 드미트리 사이에서 일어나는 격렬한 갈등을 통해 그 이야기를 현실화시켰다.

소설 초반, 드미트리는 어머니가 죽은 후 자신이 받아야 할 유산을 아버지 표도르에게 요구하기 위해 고향으로 돌아왔다. 그러나 방탕한 아버지는 아들에게 유산을 나눠 주지 않고 그 돈을 자신의 방탕한 생활 습관을 유지하는 데 쓰려고 한다. 그렇게 생긴 불화는 아름다운 팜므 파탈 그루셴카를 아버지와 아들이 동시에 탐하면서 더욱 복잡해진다. 드미트리는 그녀를 위해 약혼녀를 버렸고, 표도르는 그루셴카가 자기와 잔다면 3천 루블을 내겠다고 했다.

한 명의 주인공에 초점을 맞추는 경향이 강했던 도스토옙스키의 이전 소설들과 달리, 〈카라마조프가의 형제들〉은 한 개인보다는 가족과 공동체에 관한 이야기를 담고 있다. 이 소설에는 주인공이 셋 있다. 장남 드미트리 카라마조프, 고문을 당한 차가운 지성인 둘째 동생 이반, 경건하고 겸손한 수도승 막내 알료샤.

소설의 시작에 알료샤는 유명한 원로 신부 조시마의 지도 아래 수도원에 있다. 드미트리는 표도르의 첫 번째 부인의 아들이며, 이반과 알료샤는 표도르가 두 번째 결혼에서 얻은 자식들이다. 그의 자식들은 각자의 어머니가 죽은 후 아버지로부터 버림받고 친척에게 보내졌다. 거기다가 사생아인 이복형제 스메르자코프도 있었다. 그는 표도르와 마을의 냄새나는 니자베타 사이에서 태어났는데, 많은 사람이 지능이 낮고 청각 장애를 가진 그녀를 표도르가 강간했다고 생각했다. 스메르자코프라는 이름은 '냄새난다'라는 뜻의 러시아어 동사 '스메르디예트'에서 나왔다. 스메르자코프는 표도르의 요리사로 일하고 있지만, 사생아라는 사실과 낮은 지위에 대한 분노로 사무쳐 있었다.

소설의 1부에서는 아버지와 드미트리, 이반, 알료샤가 수도원에서 만난다. 알료샤는 그곳에서 사랑하는 조시마 신부가 아버지와 형 사이의 분쟁을 조정해주기를 바란다. 전형적인 도스토옙스키식 방식이 늘 그렇듯 화해를 바라는 이 순간은, 조시마 신부와 수사들 앞에서 표도르가 신을 모독하는 광대처럼 굴고, 드미트리는 아버지가 살 자격이 없는 사람임을 암시함으로써 완전히 수치스럽게 끝나고 만다. 기독교적 믿음으로도 참는 데 한계를 느낀 알료샤는 가족의 볼썽사나운 행동에 부끄러운 나머지 그곳을 나가버린다.

〈카라마조프가의 형제들〉은 오랫동안 도스토옙스키를 사로잡았던 근본적인 질문에 대해 탐구한다. 신에 대한 믿음과 영적으로 마음 둘 곳을 잃은 사회에서 어떻게 하면 보편적인 조화를 이룰 수 있을까? 도스토옙스키는 드미트리와 그의 아버지 사이의 갈등을 극의 중심 줄거리로 사용했다. 그러면서 자신의 위대한 경쟁자인 레오 톨스토이가 최근 발표한 〈안나 카레니나〉에서 했던 것과 거의 같은 방식으로, 그 시대 러시아인의 전반적인 삶을 조망하는 많은 부차적인 이야기를 끌어들여 그 질문을 탐구한다.

여기서 작가는 자신의 문학적 재능과 기법을 망라한다. 광란의 독백부터 추잡한 군중 장면, 평화롭고 사색적인 수도원 장면들에 소용돌이치는 가족 드라마를 겹치는 대위법적인 연극까지 동원했다. 이 소설은 도스토옙스키 경력의 예술적 정점에 있는 작품으로, 의미를 찾는 인간의 노력에 대한 가장 심오한 예술적 탐구 중 하나로서 단테의 〈신곡〉, 셰익스피어의 〈리어 왕〉, 괴테의 〈파우스트〉와 당당히 어깨를 겨룬다.

〈카라마조프가의 형제들〉에서 도스토옙스키는 독자들에게 러시아 사회의 병폐에 대한 완전한 설명을 내놓았다. 뿐만 아니라 사회적, 정신적 화해가 실제로 어떻게 보이는지에 대해서 가장 명쾌하고 긍정적인 비전을 제시했다. 이것은 급진주의자들이 추구하는 그런 종류의 사회와는 전혀 다르다. 또 신을 배척하고 이해하지 못하거나 영적인 삶의 차원에 여지를 남기지 않는 현대 과학 사상가들의 냉정한 추론, 이반 카라마조프가 갇혀 있었던 바로 그런 종류의 사고와도 다를 것이다.

물론 미래의 이상적인 사회는, 표도르 카라마조프와 드미트리가 초기에 보여주었던 돈과 감각적인 쾌락의 숭배에서는 찾을 수 없을 것이다. 오히려 도스토옙스키의 비전은 조시마 신부를 모델로 한 영적 용기와 심오한 기독교 신앙의 단순한 교훈과 관련되어 있다. 조시마 신부는 이 믿음과 용기를 자신의 제자 알료샤 카라마조프에게 전수했다.

소설의 맨 첫 문장에서 작가는 도발적으로 알료샤 카라마조프를 작품의 진짜 영웅으로 선언한다. 그는 알료샤를 "이상한 사람, 심지어 특이한 사람"이라고 소개하면서도, 그는 "자신의 내면에 전체의 중심을 품고 있다. 반면에 그의 시대의 다른 사람들은 어떤 이유로 인해, 한동안 몰아치는 바람에 의해 그 중심에서 떨어져 나갔다"라고 도스토옙스키는 주장한다. 소용돌이치는 혼란 속에서도 특이하게 겸손한 알료샤 카라마조프는 기독교 신앙에 깊이 헌신하고 적극적인 사랑의 삶을 살기 위해 열성적으로 분투하면서, 자신을 창조한 작가를 대신하여, 레일을 벗어나 어떤 재앙을 향해 가는 러시아 사회를 멈출 수 있는 정신적 주춧돌을 대표하고 있다.

독자들은 즉시 이 소설에 중독되었다. 그 이유는 다소 예스럽고 심지어 반동적이기까지 한 도스토옙스키의 메시지에 있다기보다는 철학적이고 심리적 흐름과 함께 이야기 자체에 거부할 수 없는 힘에 있었기 때문이다. 도스토옙스키의 사회적 관점을 완강히 거부했던 사람들도 이 강렬한 가족 드라마가 어떻게 펼쳐질지 궁금해하며 〈러시아 메신저〉의 새 연재를 간절히 기다렸다.

비록 이유는 다르지만 안나도 이 책 때문에 몹시 흥분했다. 그녀는 남편이, 위대한 예술의 힘으로 영혼 속 가장 깊숙한 흥분과 자기 민족을 향한 갈망을 전달하기 위해 최대의 능력을 발휘하고 있음을 알고 있었다. 그가 매일 받는 수많은 감사 편지는 자신이 쏟은 노력의 가치를 안나에게 확인시켜 주었다. 그녀는 이러한 감사 표현에 매우 감동하여 훗날 도스토옙스키가 친구에게 보낸 편지 본문을 〈회고록〉에 포함시켰다. 그는 자신이 대중으로부터 쏟아지는 사랑에 얼마나 감동받았는지를 묘사하고 있다. "이들은 진짜 러시아인들입니다"라고 운을 뗀 그는 "페테르부르크 지식인들의 왜곡된 관점을 가진 사람들이 아니라 러시아 남성의 진실하면서도 올바른 관점을 가진 사람들입니다. 우리나라에 그런 사람들이 2년 전 내가 생각했던 것과는 비교할 수 없을 정도로 더 많이 있음이 밝혀졌습니다"라고 덧붙였다.

안나는 자신의 일이 도스토옙스키뿐만 아니라 러시아 전체에도 중요하다는 것을 그때 분명히 알 수 있었다. 〈작가 일기〉의 성공적인 출판을 통해, 〈카라마조프가의 형제들〉을 원고지에 적는 일을 도와주는 행위를 통해 그녀는 평생의 사명을 완수하고 있었다. 그 사명은 남편의 소설 경력을 출판인으로서 지원하는 한편, 남편의 개인적인 목소리를 그녀가 가장 필요하다고 믿는 사람들에게 전파하는 것이었다. 당장은 그의 생각이 아무리 모순되고 외고집처럼 보이더라도, 안나는 그의 메시지가 화해와 회복력 중 하나, 즉 사회적, 정신적 혼돈의 고통 속에서 살아가면서도 긍정적인 이상을 좇는 러시아 사람들에게 필요한 영감이라고 보았다. 그것은 아들이 죽은 후 힘들었던 그 몇 달 동안 안나 자신에게 필요한 메시지이기도 했다.

예언자의 입장에서

34세의 안나 도스토옙스카야가 폐 기종에 걸린 남편을 부축한 채 시립 신용 협회나 귀족회관에서의 낭독회를 위해 계단을 오르는 모습은 페테르부르크 문단에서는 익숙한 광경이 되었다. 도스토옙스키는 심한 기침 발작이 일어나면 아내의 팔에 기대어 숨을 고르기 위해 몇 발짝마다 걸음을 멈추었다. 그녀는 저녁에 남편이 읽을 책과 기침약, 여분의 손수건, 차가운 공기 속으로 다시 나서기 전에 그의 목을 감싸줄 체크 무늬 목도리를 들고 다녔다. 이렇게 잔뜩 챙겨 다니는 그녀를 도스토옙스키는 농담 삼아 '병기를 든 충직한 부관'이라고 불렀다.

어느 날 저녁, 부부가 귀족회관에 도착했을 때, 이미 낭독실에 모여 있던 다른 연사들은 관례대로 도스토옙스키를 맞이하고 안나의 손에 입맞추기 위해 자리에서 일어났다. 그런데 그 중 한 명인 저명한 소설가 드미트리 그리고로비치 - 그의 오랜 친구이면서 동창생 -가 안나가 내민 손을 좀 오래 붙잡고 있었다.

이윽고 안나가 남편 곁에 앉았을 때, 도스토옙스키는 "그에게나 가시오!"라며 그녀를 노려보았다.

"'그'가 누구죠?"

그녀가 놀라며 물었다.

"모르겠소?"

"네, 모르겠어요. 도대체 누구한테 가야 하죠?"

그녀는 웃으며 말했다.

"방금 당신 손에 열정적으로 입맞춘 사람한테!"

방에 있는 거의 모든 남자가 그녀의 손에 입맞췄기 때문에, 안나는 누가 그 죄를 지은 사람인지 전혀 알지 못했다. 가정 분란이 두려웠던 안나는 조용히 말했다.

"좋아요, 표도르 미하일로비치, 기분이 언짢아서 나와 얘기하고 싶지 않다는 걸 알겠어요. 그러니까 나는 홀에서 내 자리를 찾아보는 게 낫겠어요. 안녕!"

그리고 그녀는 그곳을 떠났다. 5분 후, 주최 측 사람이 안나에게 다가와 남편이 그녀를 찾는다고 했다. 그녀는 바로 낭독실로 갔다.

"당신은 자제할 수 없었던 거요? 그 사람을 다시 보러 왔소?"

도스토옙스키는 여전히 적대적인 태도를 보이면서 불평했다.

"오, 그래요. 물론이죠. 그리고 당신도 보러 왔어요. 뭐 필요한 거 있어요?"

그녀는 웃으며, 짜증스러움을 떨쳐내려고 했다.

"아니, 없소."

"그런데 왜 불렀어요?"

"부르지 않았오! 추측하려 들지 마시오!"

"그럼, 당신이 나를 부르지 않았다면, 잘 있으세요. 난 가겠어요."

그녀는 다시 자리를 떴다. 첫 번째 휴식 시간에, 남편이 계속 아내를 불러달라고 한다며 안내원이 안나에게 다가왔다. 그녀는 서둘러 낭독실로 들어가 남편의 난처해하는 얼굴을 봤는데, 그는 들릴까 말까한 목소리로 "용서해주시오, 아네치카, 내 손을 잡고 행운을 빌어주시오. 이제 무대에 올라가서 책을 낭독할 거요!"라고 말했다.

이런 장면은 거의 매일 저녁 문학 행사에서 되풀이되었다. 도스토옙스키는 언제나 낭독실에서 누군가를 보내 안나가 어디에 앉아 있고 누구와 이야기하고 있는지 알아보게 하거나, 객석에 있는 그녀를 찾기 위해 직접 강당 문을 살짝 열어보곤 했다. 연단으로 이동하면서 그가 가장 먼저 하는 일은 군중 속에서 아내를 찾는 것이었다.

오른쪽 벽을 따라 첫 번째 줄에서 몇 걸음 떨어져 있는 곳, 안나는 늘 앉는 자리에 한결같은 모습으로 앉아 있었다. 그가 자신을 빨리 찾을 수 있도록 그녀는 큰 하얀 손수건으로 이마를 닦거나 자리에서 살짝 일어나는 등 눈에 띄는 행동을 하곤 했다. 도스토옙스키는 아내가 어디 있는지 확인하고 나서야 책을 읽기 시작했다.

행사 매니저와 모든 관객은 그가 안나를 쳐다보고 그녀에게 끊임없이 신경 쓰는 것을 알아차리고 거기에 대해 수군대기 시작했다. 그녀는 그런 말을 듣는 게 싫었다. 그래서 낭독회에 참석하러 가던 어느 날 저녁 도스토옙스키에게 "내 사랑, 당신이 오늘도 계속 나만 쳐다보고 관객석에서 나를 찾는다면, 단언컨대, 지체없이 자리에서 일어난 후에 무대를 지나 홀 밖으로 나갈 거예요"라고 말했다.

"그러면 나는 무대에서 뛰어내려서 당신을 쫓아가 무슨 일이 일어났는지, 어디로 갔는지 알아낼 거요."

그는 완전히 진지하게 말했다. 그의 경고가 진심임을 깨달은 안나는 화를 참고 침묵을 지켰다. 그녀는 오래 전부터 그의 곁에서 그에게 필요한 사람이 되기로 결심해 왔고, 특히 그의 경력의 마지막 최정상인 이 시기에도 곁을 지키는 중이었다. 거기에 솔직히 덧붙이자면, 안나 역시 흠모하는 페테르부르크 관객들로부터 그가 끊임없이 받고 있는 떠들썩한 갈채를 즐겼다.

이 최고의 명성이 얼마나 영광스러운 것이었는지 밝혀졌다. 1879년 내내 연재된 〈카라마조프가의 형제들〉은 거의 모든 독자층과 비평가로부터 찬사를 받았다. 도스토옙스키의 작품이 이처럼 열광적인 반응을 얻은 것은 13년 전, 〈죄와 벌〉 이후 처음 있는 일이었다. 그때와 달리 지금 이 열광적인 반응은 상업적 성공까지 불러왔다. 〈러시아 메신저〉는 도스토옙스키에게 이전 원고료의 거의 두 배를 지불했고, 안나도 비로소 남편의 치솟는 명성을 활용할 수 있는 기회를 얻을 수 있게 되었다. 남편의 폐 기종이 악화되어 글쓰기가 점점 어려워지고 있는 상황에서도 그의 작품이 여전히 중요한 수입원이었다. 그래서 이런 상업적 성공이 더욱 더 중요하다는 사실을 안나는 알고 있었다.

곧 그녀는 또 다른 기회를 발견했다. "경험자들에게 물어보고 오랫동안 고민한 끝에, 외지인들을 위한 책 판매를 시작하기로 결심했다. 특히 내가 이미 출간한 여러 작품으로 거래를 해봐서 책 거래라면 어느 정도 자신이 있었다"라고 안나는 회상했다.

안나는 출판 사업을 하면서 시골은 책 판매 사업이 매우 정체된 상태라서 극소수의 상점만 책을 판매하고 있다는 사실을 알아냈다. 그래서 1880년 1월 1일, 그녀는 F. M. 도스토옙스키라고 불리는 새로운 회사를 설립했다. 지방의 책 판매만을 위해 세운 회사였다.

이 신생 업체는 이런 종류의 사업으로서는 러시아에서 최초로 성공한 사업체 중 하나이다. 이 회사에서는 도스토옙스키의 작품을 러시아의 외곽 지역에서 독점적으로 판매하기 시작했다. 이후, 그녀는 저자에 상관없이 판매 가능한 모든 책을 포함해 사업을 확장했다. 이윽고 이 사업은 외곽 지역 고객의 신문과 잡지 구독 서비스 관리까지 담당하게 되었다.

이 사업에는 전적으로 안나가 남편과 아이들, 집안일을 돌볼 수 있는 집안에서 이루어질 수 있다는 이점이 있었다. 또 출판사가 아니라 유통업이었기 때문에 간접비용이 거의 들지 않았다. 거래 면허를 구입하고 종업원을 고용하면 끝이었다. 종업원이 동네 가게나 인쇄소, 중고 서점에서 책을 사서 포장한 다음 우체국으로 가져갔다. 안나가 소량 주문하기 때문에 공급자들은 할인율을 높여줄 수 없었다. 그래서 안나는 장거리 시장에 대해서는 책 가격을 높게 책정하는 방법을 썼는데, 그 결과 매우 수익성 있는 사업으로 자리 잡을 수 있었다. 그녀는 자신들이 사는 쿠즈네치니 레인의 아파트 근처 작은 아파트를 빌린 후, 그곳이 책 유통을 위한 보조 상점 역할을 할 수 있도록 했다.

사업적으로 결정을 내려야 할 중요한 사안이 또 있었다. 신문에 광고를 해야 했는데 광고비가 비싼 게 문제였다. 그래서 안나는 다른 잡지 출판사와 광고비를 분담하기로 협상했다. 고객층에 대해서는, 1876년과 1877년에 걸쳐 〈작가 일기〉를 구독한 사람들이 편집 관리가 신뢰할 수 있고 익숙하다고 생각했기에, 그들이 같은 출판사에서 운영하는 서비스에 대해 확신을 가질 것이라고 장담했다. 그녀의 판단은 옳았다. 이전의 〈작가 일기〉 구독자들이 그녀의 초기 고객 중 상당 부분을 차지했던 것이다. 안나는 고객들에게 도서 비용을 선불로 받아 재정적인 위험을 최소화했다. "교육기관과 젬스트보* 상점들로부터 책을 외상으로 보내달라는 주문이 들어왔다. 그러나 책 구입에 드는 비용이 워낙 커서 많은 이익이 발생할 것을 알고 있었음에도 그 주문을 거절해야만 했다"라고 그녀는 회상했다.

안나의 새 사업은 첫해에 800루블 정도의 수익을 냈다. 엄청난 액수는 아니었지만 가족의 수입을 늘려준, 꽤 쏠쏠한 수입원이었다고 할 수 있다. 그때 가족 수입의 대부분은 〈카라마조프가의 형제들〉로 받기로 한 금액 중 남은 돈이 차지하고 있었다. 도스토옙스키는 1879년에서 1880년 사이에 이 소설로 총 1만 4천 루블, 오늘날로 치면 거의 18만 달러를 벌어들였다.

50년 후, 열여섯 살에 안나의 직원이 되었던, 소작농 출신의 표트

• 젬스트보는 혁명 이전 러시아에서 선출된 지역 의회였다.

르 쿠즈네초프가 도스토옙스키의 집에서 경험했던 삶에 대해 다채로운 회고록을 썼다. 페댜와 류바가 밤 아홉 시에 잠자리에 들면 작가 부부는 서재로 가서 일을 시작했는데, 도스토옙스키가 왔다갔다 걸어 다니면서 소설을 구술하면 안나가 맹렬히 받아 적었다고 그는 회상했다. 작가는 성대한 식사를 즐겼고 비싼 암탉과 다른 야생 사냥감을 특히 좋아했다.

하지만 "안나 그리고리예브나는 매우 욕심이 많았는데, 이따금 그녀의 인색함이 나를 화나게 했다." 도스토옙스키가 자신을 위해 비싼 물건들을 샀을 때, "이 일로 전쟁이 일어났다. 표도르 미하일로비치는 발을 구르며 소리치기 시작했다. '당신은 결코 만족하는 법이 없어. 항상 자신이 거지라고 생각한다고.'" 그는 "아내에게 그다지 상냥한 편은 아니었고 항상 자신의 입장을 확고히 고수했다"라고 쿠즈네초프는 말했다. 반면에 "안나 그리고리예브나는 가끔 사소한 일, 즉 하찮은 일로 그를 언짢게 했는데, 그가 발끈하면 항상 굴복했다."

어쨌든 이것이 쿠즈네초프가 10대의 관점에서 50년 전에 본 일을 해석한 방식이다. 그러나 그의 눈에 보이지 않은 것이 많이 있었다. 그 예로 그때 사업을 운영한 사람은 안나였고 그녀가 구인 광고를 통해 자신을 고용했는데도, 쿠즈네초프가 자신의 회고록 제목을 〈도스토옙스키를 위한 일터에서〉라고 붙인 것을 들 수 있다.

소년 쿠즈네초프의 관점은 의심할 여지없이 도스토옙스키가 출판사와 무관한 사소한 심부름을 자신에게 계속 시키는 것에서 생겨났다. 그는 힘든 시기를 보내고 있는 옛 문우에게 100루블짜리 선물을 몰래 보내달라고 쿠즈네초프에게 부탁하면서, 안나에게는 아무 말도 하지 말라고 지시했다. 또 저녁에 예고도 없이 쿠즈네초프의 아파트에 나타난 소설가는 집주인과 부엌 식탁에 앉아 이야기를 나누면서, 소년의 생활 습관에 대해 자세히 알아내려고 집주인을 압박하기도 했다. 그런 방문 중에 쿠즈네초프가 카드 도박을 했다는 사실을 알게 된 도스토옙스키는 소년을 엄격하게 꾸짖었다.

"더 이상 카드놀이를 하면 안 된다. 책을 읽어야 해."

작가는 쿠즈네초프에게 자신의 소설 몇 권을 포함하여 읽을 책을 지정해주기 시작했다. 이 일은 문학을 좋아하는 그 젊은이의 마음에 불을 붙였고, 나중에 그가 페테르부르크에서 서적 판매 사업을 성공적으로 시작할 수 있도록 고무시키는, 의도치 않은 결과를 낳았다.

도스토옙스키는 자신이 젊은 쿠즈네초프에게 멘토로 나선 일을 당연하다고 느꼈을지도 모른다. 그는 그때 모든 계층의 수많은 러시아인으로부터 같은 역할을 요청받고 있었기 때문이었다. 한때는 문학적 농담의 대상이었던 작가는 문학의 밤, 무도회, 콘서트, 친목회 등에 명예로운 초청을 받는 인기인이 되었다. 그 가족의 친구 말에 따르면, 그런 모임에 참석한 도스토옙스키는 고개를 숙이고 입술을 비틀어 반쯤 미소를 지은 채 응접실에 묵묵히 앉아 있었고, 안나는 그의 문학적인 적과의 불쾌한 대화나 지나치게 열정적인 사람의 포옹에서 그를 빼내기 위해 그의 곁에 서 있었다고 한다. 안나는 그런 행사에 혼자 참석하는 것을 부담스러워하는 남편을 배려해 그에게 집에 있기 지루하다는 불평을 자주 했다. 안나가 우아한 검은색 실크 드레스와 두 가지 색상의 머리 장식을 주문했을 때 그는 매우 기뻐했다.

멀리 어딘가에 날카로운 시선을 고정시키고 신비로운 불로 타오르는, 이 수척하고 호감 가지 않는 노인은 연설을 해달라고 초청한 많은 자선 공연과 여타의 행사에서, 마음을 사로잡는 발표로 청중에게 최면을 걸었다. 그는 소설 속에서 독자를 이끌고 갔던 고귀한 영역 못지않은 의식의 영역으로 청중을 인도할 수 있었다.

이 몇 년 동안 도스토옙스키는 대중의 상상 속에서 예언자의 위상을 차지하고 있었다. 러시아 전역의 독자들이 그에게 영적인 조언을 구하기 위해 편지를 보냈다. 이 새로운 역할은 이미 잘 알려진 그의 수감 생활 이야기와 걸작인 〈카라마조프가의 형제들〉 때문에 생긴 것이었다. 그 소설에서 그는 신을 위한 고통스러운 탐색, 삶의 비합리성, 우연히 맺어진 가족의 비극과 러시아 사람들의 타고난 천재성에 대해 평생 가지고 있었던 아이디어의 정수를 끌어냈다. 신탁으로서 그의 지위는 청중이 푸시킨의 유명한 시 '예언자'를 암송해 달라고 할 정도로 공고했는데, 그들은 그 시를 도스토옙스키가 직접 지은 게 틀림없다고 생각했다.

〈카라마조프가의 형제들〉이 새로 연재되기 시작했는데, 아버지를 향한 드미트리의 살인적인 분노를 다른 이들이 알게 되면서 범죄가 임박했다는 느낌이 묻어나고 있었다. 그루센카와 결혼하기로 결심한 드미트리는 그녀의 사랑을 얻기 위해 아버지와 격렬한 싸움

을 벌인다. 그런데 그루셴카가 새로운 인생을 위해 이전에 그녀를
유혹했던 폴란드 장교를 만나러 떠나버리면서 아버지와 아들, 둘
다의 계획은 뒤집어지고 그 싸움은 더욱 복잡해진다. 자살 직전, 마
지막으로 그루셴카를 향해 필사적으로 돌진하던 드미트리는 마을
변두리의 허름한 선술집에서 그녀를 발견한다.

그곳에서 그는 그루셴카와 함께, 질이 좋지 않은 손님들과 어울
려 음담패설과 음주, 카드 놀이로 저녁 시간을 보냈는데 거의 난장
판으로 잔치 중의 잔치였다. 그때 갑자기 그루셴카가 드미트리를
사랑한다고 선언한다.

"나는 당신의 충실한 노예가 되겠습니다."

그녀는 그에게 맹세한다. 그녀의 뜻밖의 선언(전반적인 방탕)에 도
취한 드미트리의 마음은 새로운 시작에 대한 달콤한 희망으로 넘
쳐난다. 그가 그루셴카의 품에서 느긋하게 쉬고 있을 때, 선술집의
악취 사이로 몇 명의 수행원이 밀고 들어와 그의 공상을 방해한다.
"퇴역 중위 카라마조프"라고 그들 중 한 명인 변호사가 말한다.

"당신은 오늘 밤 일어난 당신의 아버지 표도르 파블로비치 카라
마조프의 살인 사건 용의자로 기소되었음을 알려드립니다."

자신에게 불리하게 사용될 수 있는 산더미 같은 잠재적 증거들
을 알고 있는 드미트리는 자신의 비극적인 운명을 예견할 수 있다.
그는 항상 돈이 궁한 폭력적인 싸움꾼으로 알려져 있는데, 이는 분
명한 범행 동기가 된다. 게다가 '당신이 죽는 걸 보는 게 소원'이라
며 아버지와 심하게 싸웠던 일은 누구나 알고 있는 사실이다. 그런
증거를 들어 모든 배심원이 자신에게 존속살해죄를 적용하고 유죄

판결을 내릴 것 같아 그는 당연히 두려웠다. 그럼에도 그는 살인을 저지르지는 않았다.

그 이야기, 그 긴장감, 그 심오한 도덕적 갈등 때문에 독자들은 책을 내려놓을 수가 없었다. 도스토옙스키도 이를 알고 있었다. 대중의 반응에 고무된 그는 계속해서 열띤 강도로 글을 써나갔는데, 새롭고 예상치 못한 방향으로 복잡한 줄거리를 전개시켜 독자들의 마음을 사로잡았다.

독자들을 홀린 것은 단지 가족 드라마 겸 살인에 얽힌 미스터리만이 아니었다. 그들도 소설 속에 무언가 다른 것, 즉 그 시대의 사건들에 깊은 반향을 불러일으키는 속내가 들어 있음을 느꼈다. 허무주의자이면서 무신론자인 이반의 고통스런 탐색, 그의 동생 알료샤의 기독교적인 독실함과 드미트리의 살인적인 분노에 이르는 등장인물들의 여정은 그 당시 러시아 사회 전반에 걸쳐 일어나고 있던 사회정치적 갈등을 희미하게 가려놓은 은유였다.

특히 이 존속살해에 관한 이야기는, 많은 이가 당시 아버지 카라마조프 못지않게 부패한 사람이라고 생각하는 '황제-아버지'를 암살하려는 시도에 대한 충격적인 기사를 자주 접하는 대중을 사로잡았다. 그런 암살 시도가 1880년 2월 2일에 있었다. 알렉산드르 2세 재위 25주년을 기념하는 외교 만찬 직전, 황제의 식당 바로 아래 겨울궁전에서 폭탄이 터졌다. 경비 임무를 수행하던 병사 열 명이 사망하고 쉰여섯 명이 부상했다. 암살 시도는 나로드나야 볼랴 또는 '인민의 의지'가 주도했다. 그들은 영향력 있는 포퓰리즘 급진주의자 단체의 일원으로, 몇 달 동안 비슷한 암살 시도를 여러 번 주도했으며, 그중에는 황족의 구성원들을 살해하는 데 성공한 경우도 있었다. 2월 2일의 암살 시도에서 살아남은 황제는 즉시 온 나라에 계엄령을 내렸다.

〈카라마조프가의 형제들〉에 대한 문화적 급박함을 감안하면, 문학적으로나 경제적으로 도스토옙스키의 모든 희망은 이 소설에 걸려 있었다. 하지만 그는 이 소설을 끝내지 못할까봐 걱정했다. 그 전 해 여름, 바트엠스에 있는 주치의는 폐 기종이 악화되어 그의 폐 위치가 달라졌음을 발견했다. 그 증상은 몇 년 전에 그의 심장에도 일어났던 일이었다.

"나는 경제적인 면에 신경을 쓰지 않을 수 없습니다. 결국 나는 아픈 사람이고 가족이 있습니다. 그들에게 뭘 남기겠습니까? 나는 금방 죽을 수도 있습니다. 그래서 내가 살아 있는 한, 운명이 그들에게 무엇을 제공할지 생각해야만 합니다."

도스토옙스키는 친구에게 보낸 편지에서 인정했다.

안나도 비슷한 생각을 하고 있었다. 그가 바트엠스에서 보낸 편지에서 그의 건강과 둔감한 독일인에 대한 불평을 읽으면서, 그녀는 남편의 곤두선 신경이 금방 무너질 것 같아 걱정이었다. 그의 외로움은 참을 수 없을 정도로 극심했다.

"나는 내 죽음을 계속 생각하고 있소. 여기서는 심각하게 죽음에 관해 생각하고 있소. 내 사랑, 당신과 아이들에게 무엇을 남겨줄지 생각하고 있소. 모두가 우리에게 돈이 있다고 생각하지만 우리에게는 아무것도 없소."

그는 돈뿐 아니라 자신이 남길 문화적 유산에 대해서도 걱정했다.

"나는 지금 〈카라마조프가의 형제들〉을 등에 짊어지고 있소. 그 소설을 잘 마무리해야 하고 보석상처럼 윤을 내야 하는데, 이 일은 어려운 데다 위험하기까지 하오. 이 일을 하는 데는 많은 에너지가 필요할 것이오. 하지만 그 또한 내 운명이오. 내 이름을 지켜야 하는데 그렇지 않으면 어떠한 희망도 없을 것이오."

그는 돈을 모아 자신의 땅을 사는 것이 꿈이었다(스타라야 루사에 있는 그들의 별장은 안나의 남동생 이반의 소유였다. 이반은 그 별장을 구입하여 도스토옙스키 부부에게 별장을 살 여유가 생길 때까지 무료로 빌려주고 있었다).

"내가 그 꿈에 거의 미쳐 있다는 것을 믿을 수 있겠소? 아이들과 그들의 운명을 생각하면 벌벌 떨리오."

이런 두려움이 터무니없는 것은 아니었다. 안나의 능숙한 자금 관리로 그가 오랫동안 진 빚을 대부분 갚을 수 있었지만, 여전히 그들의 생활은 부유함과는 거리가 멀었다. 출장과 문학계의 저녁 초대에다 성장기의 두 아이로 인해 그들에게는 저축할 여유가 없었다. 도스토옙스키가 이미 집필한 〈카라마조프가의 형제들〉에 대해 〈러시아 메신저〉가 지불하기로 한 5천 루블이 그들의 유일한 예비 자금이었다.

1880년 10월 도스토옙스키 가족의 친구가 자신의 일기에 썼듯이, 도스토옙스키는 이 점에서 별 도움이 되지 않았다.

"그녀의 남편은 그녀 말로 판단하건대 별난 사람이다."

이 친구는 안나와 나눈 대화에 연관시키면서 말했다.

그녀는 아이들을 부양할 방법을 고민하느라 밤잠도 제대로 못 자고, 죄수처럼 일하며, 자신을 위한 것은 모두 거절한다. 심지어 외출해도 마차를 타지 않는다. 그런데 그는 자신의 형 가족과 의붓아들(파샤)을 부양하는 것은 말할 것도 없고, 처음 만난 사람에게까지 관심을 갖고 그 사람이 무엇을 요청하든 거기에 신경을 쓴다.

"우리는 그렇게 살고 있어."

[안나]는 계속했다.

"만약 무슨 일이 생긴다면 우리는 누구에게 도움을 청할까? 우리는 어떻게 살지? 우린 가난해! 연금도 없어."

유명한 도스토옙스키 학자인 조셉 프랭크는 도스토옙스키의 다섯 권짜리 지식인 전기 마지막 편에서 첫 문장, "그녀는 밤잠도 제대로 못 잔다"의 '그녀'를 '그'로 잘못 인용했다. 영어처럼, 러시아어에서도 두 대명사 사이에 한 글자 차이만 있다. 그래서 가족을 부양할 방법을 걱정하느라 잠을 이루지 못한 사람이 도스토옙스키가 되었다. 이 정직한 실수는 독자와 학자 모두가 마찬가지로 도스토옙스키 부부의 관계를 이해하면서 갖게 되는 수많은 암묵적 편견을 말해준다. 실제로 도스토옙스키 생애의 말년에는 곳곳에서 안나의 존재를 느낄 수 있다. 그의 글에서, 연설에서, 그의 생존 사실 그 자체에서. 그러나 거인의 그늘에 조용히 서 있었던 그녀는 종종 역사의 기록에서 지워졌다.

황제에 대한 암살 시도 이후, 1880년 봄 격앙된 분위기가 고조된 가운데, 도스토옙스키는 모스크바에 있는 알렉산드르 푸시킨의 기념비 제막식 초청 연설을 제의받았다. 이 제막식은 현대 러시아 문학의 아버지로 자주 언급되는 위대한 시인을 기념하는 중요한 문화 행사가 될 예정이었다. 그런데 당시의 상황이, 러시아의 다른 많은 행사와 마찬가지로 이 문학 행사를, 정치적 노선에 따라 푸시킨이 남긴 유산의 진정한 의미가 무엇인가를 놓고 대립하는 이념 투쟁의 장으로 만들어버렸다. 우리는 누구인가? 국가로서 우리의 운명은 무엇인가? 푸시킨은 어떻게 현 난국을 극복하도록 도와줄 수 있는가? 이 질문들이 공포와 계엄, 영적 혼란의 시대를 지배했다.

푸시킨 행사에 참석한 청중은 그 시대를 문학적으로 빛낸 두 명의 위대한 문학가를 주시하고 있었다. 바로 도스토옙스키와 그의 오랜 숙적 이반 투르게네프였다(물론 이 시대의 세 번째 위대한 목소리는 레오 톨스토이였지만 그는 자신의 정신적 위기 때문에 초대를 거절했고, 무엇이 됐든 문학 정치와 각계각층의 대중 기념 행사를 혐오했다.).

남편과 함께 이러한 축제에 참석한다는 것은 안나의 인생에서 가장 자랑스러운 순간이었을 것이다. 하지만 그녀는 그 기회를 포기할 수밖에 없었다. 자신이 참석할 수 있는 시나리오를 짜보려고 애썼지만, 네 명의 가족이 스타라야 루사에서 모스크바로 가는 경비가 만만치 않았다. 결국 그녀는 아이들과 함께 집에 남기로 결정하고 남편을 모스크바로 떠나보냈다.

그러나 이때 그녀가 지불해야 했던 엄청난 손실이 결국 우리에게는 득이 되었다. 여행 도중 도스토옙스키가 그녀에게 매일, 때로는 하루에 두 번씩 편지를 썼기 때문이다. 그는 매일 매일의 활동, 축제 만찬과 건배사, 즉흥 낭독, 막후 정치, 급진파와 보수파의 공방과 모함에 대해 상세히 이야기했다. 특히 그와 자신의 문학적 적들 사이에 고조되고 있는 긴장감을 담은 내레이션을 계속 이어 나갔다. 그때 투르게네프와 도스토옙스키 사이의 마지막 결전은 절정에 달해 있는 참이었고, 두 작가는 이틀에 걸쳐 연속으로 무대에 올라 큰 기대를 모으고 있는 연설을 할 예정이었다.

안나는 가슴을 졸인 채 전개되는 드라마를 따라가며 진심이 담긴 응원을 담아 답장을 했다. 하지만 이 답장에서도 눈에 띄게 절제하는 모습을 보여줌으로써 남편이 정서적으로 고통받지 않도록 보호하고 있다. 그녀는 그를 끔찍하게 그리워했다. 게다가 제막식은 계속 연기되었다. 마침내 그녀는 그에게 마음을 터놓았다. "나는 당신을 유혹하는 꿈을 꾸고, 아침이 되면 당신이 빨리 왔으면 하는 생각을 합니다"라고 그녀는 편지에서 인정했다.

그녀는 도스토옙스키의 편지에서 느껴지는 감정을 반영하면서 또 다른 편지에 썼다. "당신의 편지 전체에서 나에 대한 냉정한 감정을 느낍니다. … 하지만 감정에 관해서는 그만 말할게요. 그렇지 않으면 당신이 화를 낼 테니까요"라고 그녀는 말했다. 자꾸 연기되는 제막식 때문에 그녀는 화가 났지만, 그에게 계속 머물면서 기다리라고 권했다.

"당신이 참석하지 않으면 어색할 거예요."

안나는 신경이 곤두서는 이 모든 흥분 때문에 남편의 건강이 위험에 처하는 악몽을 꾸었다는 사실은 그에게 말하지 않았다. 그녀의 마음속에는 무서운 시나리오가 떠오르고 있었다. 그가 스트레스로 발작을 일으킬 수도 있고 심지어 여러 번 발작을 일으킬 수도 있다. 그 고통으로 그는 그녀를 찾으러 호텔 로비를 돌아다니다 분명 미치광이 취급을 받을 것이다. 그 광경 때문에 그는 모스크바 전역에서 조롱거리가 되고 아무도 그를 도우러 오지 않아 어떤 절박한 행동을 할 수밖에 없을 것이다. 안나의 상상 속에는 점점 더 암울한 세부적인 사항이 더해졌다.

결국 그녀는 자신의 암울한 상상을 확신하며 모스크바행 여행을 계획하게 되었다. 거기에 가서 신분을 감춘 채 멀리서 남편을 지켜보리라 생각한 것이다. 그러나 그녀는 아이들을 두고 왔다는 사실만으로도 그가 발작을 일으킬 수 있음을 깨닫고 난 후에야 그 계획을 포기했다. 며칠 동안 걱정으로 인한 고통은 계속되었다. 모스크바에 있는 그녀의 친구들이 남편을 지켜보면서 그에게 일이 생기면 전보를 쳐 주겠다고 하자 그제서야 그녀는 어느 정도 안심할 수 있었다.

도스토옙스키의 경우, 푸시킨 축제는 확신컨대 자신의 경력에서 최고의 행사였다. 하지만 그는 가족이 그리웠고 돈도 바닥나고 있었다. 그래서 제막식과 연설을 무한정 기다리기보다는 집으로 돌아가는 게 낫지 않을까 생각하기 시작했다. 그는 행사 주최 측에 집에 돌아가 소설을 집필해야 한다고 호소했다. 주최 측의 일부 사람은 〈러시아 메신저〉 사무실에 사람을 파견하여 그가 제막식 일정을 소화할 수 있도록 미하일 카트코프에게 출판 일정을 바꿔달라고 하자고 제안하기도 했다. 또 그들은 안나에게 조금만 더 참아달라고 전보를 치겠다고 했다.

도스토옙스키는 집으로 떠날 준비가 거의 다 된 상태였지만 남아 있기로 했다. "나는 평생 이 일을 위해 싸웠기에 지금은 전장에서 도망칠 수 없다"라고 그는 안나에게 썼다. 제막식의 연기는 두 사람을 똑같이 괴롭혔지만, 그녀는 그에게 계속 남아 있을 것을 권했다.

서구파로 공언한 투르게네프와 슬라브파에 헌신하는 도스토옙스키의 공개적인 대결은 오랜만에 이루어지는 것이었다. 2년 전 두 작가는 어떤 행사의 무대 뒤에서 만난 적이 있었다. 그들은 그 행사에서 러시아에 대해 근본적으로 다른 견해를 발표하기 위해 초청되었다. 우리가 아는 한, 그들은 바덴바덴에서 언쟁을 벌인 이후 13년 만에 처음 만났고, 한 구경꾼에 의하면 도스토옙스키는 그의 경쟁자와의 악수조차 거부했다고 한다.

일주일 후 그들은 또 다른 공개 행사에서 다시 만났다. 이 행사에서 투르게네프가 관객의 갈채를 받고 있을 때, 도스토옙스키는 무대로 뛰쳐나와 소리쳤다. "지금 말해보시오, 당신의 이상은 무엇이오?"

도스토옙스키는 20년 동안 대부분의 기간을 외국에서 보냈던 부유한 작가에 대한 자신의 반감을 감추지 않았다. 도스토옙스키에게 투르게네프의 외국 생활은 그가 조국을 사랑하지도 않고 심지어 알지도 못한다는 또 하나의 증거였다.

드디어 때가 왔다. 도스토옙스키가 준비한 연설은 푸시킨을 '선지자'이자 '예언자'로 칭하며 문학 선배에게 바치는, 넋을 빼놓는 찬사였다. 그 메시지는 많은 사람이 러시아 국민의 새로운 예언자로 여기는 작가에게서 나올 법한 것이었다.

투르게네프는 그 전날 연설했지만, 오랫동안 기다려온 그의 연설은 청중을 지루하고 불만족스럽게 하면서 실패로 돌아갔다. 도스토옙스키는 연설 직후 안나에게 썼다. 투르게네프는 "푸시킨을 폄하하고 국가 시인의 칭호를 부정했다." 푸시킨과 러시아 문화에 대한 찬사가 없는 그의 연설은 거기에 대한 수긍을 갈망했던 군중에게는 미적지근하게 느껴졌다. 도스토옙스키가 준비한 연설이 정확하게 군중이 바라던 것이었다.

이날 참석자들은 도스토옙스키의 연설이 종교 부흥회 같다고 설명했다. 한 비평가가 회상했듯이, "그의 차례가 왔을 때 그는 마치 생쥐처럼 조용히 연단에 올라왔고, 5분이 채 지나기도 전에 예외 없이 모든 참석자의 마음과 생각, 영혼이 그의 수중에 들어가버렸다."

도스토옙스키 연설의 메시지는 청중 모두가 듣고 싶어 하는 말이었다. 푸시킨이 러시아의 현재 문제뿐만 아니라 세계 문제에 대한 해결책을 제시하였다는 것이다. 푸시킨의 천재성은 "다른 국적 안에 온전히 자신을 스며들게 하는" 능력에 있다고 그는 말했다. 이는 조국과 세계를 재앙의 위기에서 벗어나게 하는, 끊임없이 공감하는 러시아 영혼의 모델이었다. "유럽의 모순에 궁극적인 화해를 가져올 나라"는 러시아라고 도스토옙스키는 주장했다.

"유럽의 고통에 대한 해결책은 범인간적이고 일체화된 러시아의 영혼에서 찾을 수 있다. 형제애로 서로를 끌어안는 데서, 그리스도 복음의 율법을 통해 모든 종족의 형제애를 바탕으로 한 궁극적인 합의로, 최종적으로 위대하고 일반적인 화합의 말을 하는 데서 찾을 수 있다."

이는 그 어느 때보다도 러시아인들이 필요로 하는 메시지라며 그들은 〈집시〉에 나오는 푸시킨의 방랑자 알레코나 겉멋만 든 예프게니 오네긴처럼 영적으로 길을 잃었다고 그는 말을 이어갔다. 모든 러시아인이 추구하는 진실은 그의 바깥 어딘가에 있지 않다. 예를 들어 안정된 역사적 질서와 사회 생활이나 시민 생활이 잘 확립된 유럽의 어딘가에 있지 않다. 게다가 러시아인들이 추구하는 진실은 푸시킨의 남성 인물이 아니라 오히려 여성 인물에서, 소설 초반에 예프게니 오네긴이 잔인하게 구애를 거절한 시골 소녀 타티야나 같은 인물에서 찾을 수 있다는 것이다. 나중에 그가 존경받는 장군의 아내가 된 그녀에게 청혼했을 때, 타티야나는 단호하게 거절한다.

"하지만 나는 이제 다른 사람의 아내입니다. 나는 평생 동안 남편에게 충실할 것입니다." 푸시킨의 말은 개인적인 만족보다는 도덕적 헌신을 선택하는 러시아 여성의 궁극적인 힘을 표현했다. 그녀는 개인적 만족보다는 도덕적 약속을 택했다.

그날 도스토옙스키의 청중은 그가 비사리온 벨린스키의 타티야나에 대해 말하고 있음을 눈치챘을 것이다. 벨린스키는 사랑을 위해 결혼하는 자유를 선택하는 대신 어머니에게 결혼 허락을 구했기 때문에 그녀의 의지가 약하다고 해석했다. 벨린스키는 어떤 계몽된 여성도 그런 관계를 받아들이지 않았을 것이라고 주장했다.

도스토옙스키는 정반대의 주장을 펼쳤는데, "남쪽의 여성이나 어떤 프랑스 여성(투르게네프와 오랫동안 관계를 맺어 온 폴린 가르시아 비아르도를 암시)은 남편을 떠나 예프게니와 함께 떠났겠지만, 러시아 여성은 언제나 다른 사람들의 불행 위에 자신의 행복을 쌓기를 거부한다"라고 말했다. 타티야나와 같은 순수한 러시아 영혼은 "아무도, 심지어 이 노인조차도, 내 희생을 알고 그 희생에 감사하게 하지 말라. 하지만 나는 또 다른 사람을 망가뜨린 후에 행복해지고 싶지 않다!"라고 생각할 것이다. 따라서 타티야나는 "긍정적인 인물이지 부정적인 인물이 아니다. 그녀는 러시아 여성상의 극치이다."

그가 연설할 때, 도스토옙스키의 관객들은 〈죄와 벌〉에서 죄를 회개한 라스콜니코프를 따라 시베리아 수용소로 가는 소냐, 남편을 따라 시베리아로 갔다고 작가가 자주 칭찬하는 실제 인물 데카브리스트의 아내들을 분명히 떠올렸을 것이다. 도스토옙스키는, 이러한 도덕적 용기를 보여주는 행동으로 타티야나는 벨린스키와 그의 동료 서구파들이 상상했던 그 어떤 것보다 더 깊은 사랑을 표현했다고 주장했다. 서구의 영향을 받은 예프게니 오네긴은 헤아릴 수조차 없는 심오한 러시아식 사랑이라는 것이다.

타티야나의 "고귀한 본능은 어디에서, 무엇에서 진실이 발견되는지를 말해준다. 그리고 이는 그녀가 최종적으로 오네긴을 거절하는 시의 결말에 표현된다. 푸시킨은 오네긴이 아닌 타티야나의 이름을 따 시의 제목을 붙이는 것이 더 나았을지도 모른다. 왜냐하면 그녀는 의심할 여지없이 주인공이기 때문이다."

또 다른 목격자인 〈러시아 메신저〉 부편집장의 아들도 도스토옙스키의 연설이 극적으로 마무리됐다고 설명했다. 그가 회상했듯이 작가는 마지막 말을,

> 고무된 듯한 속삭임으로 고개를 숙인 채 죽음 같은 침묵 속에서 마치고는, 다소 서둘러 강당을 벗어나기 시작했다. 장내는 뭔가 더 기대한 듯 숨을 죽이고 있는 듯했다. 갑자기 뒷줄에서 발작적인 비명이 울려 퍼졌다. [러시아 국민 천재, 푸시킨의 비밀을] "당신이 해결했어요!" 그 소리는 한꺼번에 내는 여러 여자의 목소리에 곧 묻혔다. 강당 전체가 술렁이기 시작했다.

그 연설의 영향은 압도적이었다. 도스토옙스키가 연설을 마쳤을 때 30분 동안이나 박수가 이어졌다. 여자들은 그의 앞에 엎드려서 발에 입을 맞추었다. 몇몇은 실제로 그 앞에서 기절했다. 서로에게 적이었던 사람들도 서로 껴안고 눈물을 흘리며 도스토옙스키에게 말했다.

"당신은 우리를 화해시켰습니다. 우리의 성자, 우리의 예언자!"

한 동료 소설가는 연단으로 달려가 청중에게 그들이 방금 목격한 것은 "단순한 연설이 아니라 역사적인 사건"이라고 선언했다. 연설 중 한때 투르게네프마저 감격에 겨워 객석에서 도스토옙스키에게 키스를 날렸다.

"예언자! 예언자!"라고 연호한 후 "폭풍 같은 박수가 쏟아졌고,

웅성거리고, 쿵쾅거리는 소리에다 여성스러운 비명까지 들렸다. 나는 모스크바 귀족회관의 벽이 그 이전이나 이후에 그렇게 격렬한 황홀감으로 울릴 수 있었을 거라고 생각하지 않는다."

도스토옙스키 자신도 그가 성취해 낸 것에 관객들과 마찬가지로 황홀했다. 몇 시간 후 그가 안나에게 쓴 편지를 통해 우리는 마지막 남은 루블로 잭팟을 터뜨린 도박꾼의 목소리를 듣게 된다.

"아니야, 아냐, 당신은 내 연설이 만들어낸 효과를 절대 상상도 못할 거요! 페테르부르크에서 이루었던 성공은? 아무것도 아니오, 제로. 이것과 비교가 안 돼!"

그는 자신이 "얼마나 열심히 크게 읽었는지" 묘사했고, "정말 매쪽, 가끔은 모든 문장에서 우레와 같은 박수 갈채를 받아 멈춰야만 했소."

타티야나에 대한 그의 발언은 "열정적으로 받아들여졌다"라고, 그가 절정에 이르렀을 때, "모든 사람이 하나가 되었다"라고 묘사하면서, "그 홀 전체가 히스테리에 걸린 것 같았다"라고 말했다.

"그곳을 벗어나기 위해 부속 건물로 달려갔지만, 홀에 있던 모든 사람, 특히 여성들이 몰려들었다. 그들은 내 손에 입맞추고 나를 힘들게 했다. 학생들이 뛰어 들어왔다. 그들 중 한 명이 눈물을 흘리며 내 앞에서 히스테리 상태로 바닥에 쓰러져 의식을 잃었다. 완벽한, 정말 완벽한 승리이다!"

안나는 기쁨에 넘쳐 편지를 읽고 또 읽었다. 러시아는 그녀가 내내 알고 있던 것을 마침내 발견했다. 한때 그녀의 젊은 마음을 위대한 영적 영역으로 끌어올렸던 이 예술가는 이제 전 국민을 위해 같은 일을 할 수 있게 되었다. 그녀가 지난 14년 동안 그토록 희생하면서 걸었던 내기가 마침내 성과를 얻게 되었다.

안나는 그날 그 자리에 자신이 없었던 것을 "내 인생에서 가장 큰 박탈감"으로 회상하곤 했다. 그럼에도 그녀는 그와 함께 연단에 올라간 것이나 다름없었다. 도스토옙스키가 푸시킨의 가장 유명한 여주인공에 대해 빼어난 해석을 했을 때, 무의식적으로나마 아내를 생각하고 있었다는 것은 거의 의심할 여지가 없다. 그를 지옥까지 따라가 데리고 나온 사람이 안나였고, 그 과정에서 그녀는 그의 명성과 생명을 구하기 위해 수없이 많은 결정을 내렸다. 그의 창조적인 궤적과 인생 여정의 필수적인 부분인 안나에 대한 생각은 이 시기에 이르러서는 도스토옙스키의 예술적 영감에 너무 깊게 스며들어 있어, 어디서 그녀가 끝나고 어디서 그가 시작하는지 작가 자신도 구분하기 어려웠을 것이다.

그녀의 역할은 도스토옙스키의 창작을 가능하게 한 것에만 있는 게 아니었다. 어떤 면에서 안나는 그의 창작물 뒤에 있는 이상적인 인물이었다. 그녀는, 러시아 문학사에서 가장 위대한 연설 중 하나로 기억될 그의 푸시킨 연설에서 그가 찬양하고 그의 세계관의 중심이 된 러시아인의 용기, 도덕적 청렴과 실천적인 사랑의 원칙을 구현하는 살아 있는 화신이었다.

한편, 집에 있던 안나는 그 장면 뒤에서 할 일을 하고 있었다. 세간의 이목을 끄는 도스토옙스키의 성공으로 더 많은 관객에게 다가갈 수 있는 또 다른 기회가 생겼다. 그래서 부부는 2년 반의 공백 끝에 〈작가 일기〉를 다시 출간하기로 결정했다. 그들은 그해에는 한 권만을 기획했는데, 푸시킨 연설 전문과 그를 가장 격렬하게 비판하는 비평가에게 주는 답변을 게재하기로 했다. 그 책은 8월에 나왔고, 보다 많이 판매하기 위해 안나는 페테르부르크로 출장을 갔다. 그곳에서 그녀는 사흘 만에 〈작가 일기〉를 6천 부나 파는 데 성공했다. 사실 너무 잘 팔려서, 2쇄를 인쇄했는데 그것도 가을까지 모두 팔려버렸다.

그해 말까지 〈카라마조프가의 형제들〉을 단행본으로 출판하겠다는 안나의 목표를 달성하기 위해서는 그 소설의 4부, 최종적으로 아직 남아 있는 320쪽이 완성되어야 했다. 도스토옙스키가 이 힘든 일을 해내자 안나는 이 소설을 12월에 출판했는데 한 번에 3천 부를 인쇄했다. 그중 절반은 며칠 만에 다 팔려나갔다.

그 소설이 엄청나게 큰 호응을 받았기에 도스토옙스키는 일찌감치 일을 그만둘 수도 있었다. 하지만 도스토옙스키 안에 있는 예술가는 자신의 창조적인 힘의 한계를 계속 시험해야 했기에 이 도박꾼은 엄청난 문학적 연승의 한복판에서 두 배의 베팅을 감행하고 있었다. 그는 자신의 예술적 능력을 확신했다. 점점 깊어지는 이야기를 통제할 수 있다고 자신하면서 전력을 다해 글을 썼다.

드미트리 카라마조프는 유죄가 인정되어 징역 20년을 선고받았다. 그는 결코 저지른 적은 없지만 그가 할 것이었고 어쩌면 했을 수도 있는 죄에 대한 속죄로 이를 받아들였다. 죄의식에 사로잡혀 얻은 이 깨달음으로 그는 소설의 가장 깊은 메시지 중 하나를 내면화하면서 자신의 영혼이 진정으로 부활했음을 보여준다. 조시마 신부는 그의 추종자들에게 이렇게 호소했다.

> ⋯ 인간들의 모든 죄에 대한 책임을 당신에게 지우세요. 왜냐하면 사실이 그렇기 때문입니다. 친구여, 당신이 모든 일과 모든 사람을 진심으로 책임지게 되는 순간, 당신은 그렇다는 것을 그 즉시 알게 될 것입니다. 모든 일과 모든 사람을 대신해서 죄를 지은 사람은 바로 당신임을 알게 될 것입니다. 반면 자신의 게으름과 무기력함을 다른 사람에게 전가한다면 당신의 삶은 사탄의 교만함을 나누고 신을 반대하여 투덜거리다 끝나게 될 것입니다.

그것이 바로 진짜 살인범으로 밝혀진 사생아 스메르자코프가 택한 길이다. 그 깊은 원한 때문이든 단순히 사악한 스릴을 위해서든 그 이유를 도스토옙스키는 절대 분명히 하지 않았다. 하지만 스메르자코프는 자신이 아버지를 죽였음에도 불구하고, 그 죽음에 대한 책임을 이반 카라마조프에게 전가한다. 스메르자코프는 이반에게 모든 것은 허용된다는 그의 허무주의적 교리가 자신의 예민한 감수성을 자극해서 행동을 취하게 했다고 말한다. "주된 살인자는 당신 혼자입니다. 내가 그를 죽이기는 했지만 나는 진짜 살인자가 아니에요. 법이 인정하는 살인자는 바로 당신입니다!"라고 그는 이반에게 말한다.

드미트리의 재판 전날, 스메르자코프는 목을 매 자살했다. 이반은 아버지의 살해 사건에서 자신의 죄를 고통스럽게 깨달으면서 '뇌척수염'으로 쓰러진다. 그는 이전에 갖고 있던 허무주의 사상과 신에 대한 반항이 최근 격변을 겪은 자신의 도덕적 양심과 양립할 수 없다는 위기에 봉착해 있었다.

그때, 카라마조프 형제들의 비극적인 운명은 그러했다. 그 운명과 함께, 진보적 시대에 대한, 그 시대를 상징하며 최근에 수입된 유럽의 법 체계에 대한 도스토옙스키의 가혹한 판단이 들어 있었다. 무엇보다도, 〈카라마조프가의 형제들〉에는 외견상 잘 돌아가는 것 같은 이 법률 체계가 근본적으로 문제를 안고 있으며, 궁극적으로는 인간의 죄와 결백의 문제에 대해 유효한 판단을 내릴 수 없다는 사실을 보여주려는 작가의 시도가 보인다. 드미트리의 죄를 입증하는 검찰의 합리적 주장이 그날 승리를 거뒀을지 모르지만 정의는 실현되지 못했다.

소설이 보여주듯, 아버지 카라마조프의 비극적인 죽음 뒤에 이어진 드라마는 어떤 법 체계로 이해하기에는 너무 복잡하고 미묘한, 인간의 열정이 충돌하고 얽히는 과정에서 생겨난 것이다. 이를 감안하여, 도스토옙스키는 이 소설에서 다른 어떤 소설보다 더 강력하고 명료하게 러시아인들이 망가진 세상에서 진정한 정의를 실현하고 삶에 의미를 부여하는 그들만의 독특한 방식을 되찾아야 한다고 말한다.

소설의 에필로그에서 작가는 현재 수도원 밖에 있는 알료샤 카라마조프에게 돌아간다. 알료샤는 조시마 신부의 실천적인 사랑의 메시지를 세상에서 실행하려고 노력하고 있다. 알료샤가 마지막으로 한 일은 한때 가난에 찌든 젊은이 일류샤 스네기료프에게 굴욕감을 주고 학대했던 소년들을 한데 모으는 것이다. 일류샤는 죽어가고 있었다. 알료샤는 그의 사랑과 관심으로 소년들과 일류샤를 성공적으로 화해시킨다. 잘못을 뉘우친 소년들은 죽어가는 동지를 위로한다. 소설의 마지막 장면은 일류샤의 무덤에서 새롭게 찾은 따뜻한 형제애에 휩싸인 소년들을 보여준다. 소년들은 막내 카라마조프가 "바르고 친절한 감정으로 우리가 하나 되어 여기에 있었던 일이 얼마나 좋았는지 절대 잊지 말라"라고 호소하는 말에 귀를 기울인다.

〈카라마조프가의 형제들〉은 푸시킨 연설처럼 완벽하게 성공했다. 소설의 단행본은 즉시 성공을 거두었고, 도스토옙스키에게는 가을과 겨울 내내 행사 초청이 쇄도했다. 그가 연설한 장소는 귀족 회관의 문학 기금에서부터 가난한 학생들을 돕는 협회, 멩덴 백작 부인의 집에 있는 세인트 제니아의 피난처까지 다양했다. 알렉산드르 3세 황제의 미래 아내인 다그마르 공주는 백작 부인의 집에서 그녀가 가장 좋아하는 작가와의 사적인 만남을 요청하기도 했다.

도스토옙스키는 청중 중에서 젊은이들을 가장 아꼈다. 그는 이상형으로 찾고 있는 국가의 미래를 그들에게서 보았다. 젊은이들은 이전의 알레코와 오네긴, 타티야나처럼 그들 세대의 카라마조프들이었다. 도스토옙스키가 자신의 예술에서 주장해온 사회적 화해와 실천적인 사랑의 메시지를 실행에 옮기느냐 마느냐는 그들에게 달려 있을 것이다. 연설이 끝날 때마다 학생들은 도스토옙스키에게 우르르 몰려와 질문을 던지고 그의 긴 대답을 경청하며, 그와 함께 사회 문제에 대한 열띤 토론을 벌였다.

젊은 사람들과의 이러한 상호 작용은 남편 인생의 마지막 몇 달동안 가장 행복했던 순간 중 하나였다고 안나는 회상했다. 성공을 즐기는 그의 모습을 지켜보면서, 그녀는 그가 육체적으로는 지쳤지만 기분 좋게 흥분한 성공적인 낭독회가 끝나면 매번 그와 함께 집으로 돌아왔다. 부부는 밤늦게까지 함께 앉아 있었고, 작가는 그날 저녁 젊은 팬들과 나눴던 고무적인 대화의 세부적인 부분까지 다시 짚어보곤 했다. 마치 안나가 승리의 소중한 순간을 놓치지 않았는지 확인하는 것처럼. 그녀는 확실히 놓치지 않았다고 회고록의 독자들에게 확인시켜 주었다. "나는 항상 이런 저녁 행사에 참석해서 한쪽에 서 있었는데, 결코 멀리 떨어져 있지 않았다"라고 말했다.

남편의 죽음

1881년 1월 25일 일요일, 도스토옙스키의 여동생 베라가 오빠의 가족과 함께 좋은 시간을 보내고 싶다는 핑계로 그의 집에 방문했다. 그러나 방문의 실제 목적은 10년 전에 죽은 고모 쿠마니나에게 물려받은 유산 중 도스토옙스키의 몫을 포기하도록 그를 설득하기 위해서였다. 고모의 유언장에 따르면, 도스토옙스키는 1881년 그녀의 랴잔 영지의 일부를 상속받기로 되어 있었다. 하지만 그의 여동생들은 지난 10년 동안 자기들에게 그의 몫을 양도하라고 종용해 왔다. 그가 얼마나 쉽게 조종될 수 있는 사람인지 아는 안나는 남편 모르게 이 협상을 처리하기 위해 수년 동안 노력해 왔다. 1879년 심지어 그녀는 그에게 알리지 않고 땅을 둘러보고 가족을 위해 최상급 땅을 고르기 위해 여행을 다녀오기도 했다. 그러나 그 일요일 오후, 그 문제가 아직 해결되지 않았음을 안나가 알게 되었다.

도스토옙스키의 딸 류보프의 회고록에 따르면, 대화는 아주 우호적으로 시작되었다. 도스토옙스키는 자신이 빚의 대부분을 갚은 것은 사실이지만, 여전히 세 가구를 책임지고 있다고 차분히 설명했다. 세 가구는 아무짝에도 쓸모없는 의붓아들 파샤와 알코올 중독자 동생 니콜라이, 그리고 물론 자신의 가족이었다. 이런 책임 때문에 땅을 사겠다는 자신의 오랜 꿈을 이루지 못했고, 이제는 그 꿈을 자신이 죽은 후 아내와 아이들에게 남기게 되었다고 말했다. 고모에게서 물려받은 유산이 그가 땅을 소유할 수 있는 마지막 기회일 것이다.

하지만 베라는 이를 받아들이지 않았다. 그녀는 오빠가 이기적이고 여동생들에게 잔인한 사람이라고 질책하고 울면서 방을 뛰쳐나갔다. 그 후, 몇 분이 흐르자 도스토옙스키도 방에서 나와 혼자 서재로 물러났다. 글을 쓰는 책상 뒤 의자에 주저앉은 그는 벌겋게 상기된 얼굴을 떨리는 손으로 감쌌다. 그런데 손에 이상한 물기가 느껴졌다. 그의 손은 피로 범벅이 되어 있었다.

안나가 즉시 도스토옙스키의 주치의에게 전화를 걸었다. 하지만 그는 그날 저녁까지 올 수 없다고 했다. 그녀는 아이들에게 의사가 올 때까지 아버지를 웃게 해주고 함께 게임을 하여 그의 주의를 분산시키라고 말했다. 이후 도스토옙스키는 두 번째 출혈을 했다. 그의 수염은 입에서 조금씩 나오는 피로 물들었다.

얼마 후 주치의가 저명한 의학 교수와 함께 도착했는데, 그 교수는 출혈이 적고 '막힘(짐작컨대 응고)'이 잘 형성되어 환자를 회복의 길로 들어서게 할 것이라고 부부를 안심시켰다. 그 후 이틀 동안, 그 교수의 예측은 맞는 듯했다. 도스토옙스키는 눈에 띄게 명랑해지고 아이들과 활기차게 이야기를 나누었으며, 발간을 앞둔 〈작가일기〉 때문에 집에 찾아온 식자공을 안나와 함께 만났다.

안나는 지칠 수밖에 없었다. 그녀는 이틀 밤을 안락의자에 앉아

서 보냈고, 그날의 대부분을 남편을 지켜보면서, 소설가가 아프다는 소식을 듣고 찾아오는 방문객들로부터 남편을 보호했다. 그들의 아파트에 온 사람 중에서, 오직 도스토옙스키의 가장 오래되고 가까운 친구인 아폴론 마이코프만이 안나에게 위안을 줄 수 있었다. 나머지 사람들은 모두 나름의 의도를 갖고 도스토옙스키를 보러 온 것이었다. 그중 투르게네프나 살티코프-쉬체드린과 같은 당대 작가들을 모방하여 출세하려는 사본 필기사가 있었는데, 그는 이전에는 도스토옙스키를 방문한 적이 없는 사람이었다. 그는 표면적으로는 작가의 건강을 궁금해했지만, 그의 진짜 의도는 며칠 뒤 〈모스크바 가제트〉에 작가의 마지막 시간에 대한 천박한 기사가 실렸을 때 분명해졌다.

그날 밤 안나는 도스토옙스키의 침대 옆 바닥에 깔아놓은 매트리스 위에서 눈을 붙였다. 하지만 등불을 켜고 그가 평화롭게 잠들었는지 확인해야 해서 자고 깨기를 여러 번 반복했다. 그를 지켜보니 정말로 피가 잘 응고되고 있는 것처럼 보였다.

다음 날 1월 28일 수요일 아침, 안나가 눈을 떴을 때, 남편은 그녀의 눈을 똑바로 쳐다보고 있었다. 몇 시간 전부터 깨어 있었는데 자신이 오늘 죽을 것 같다고 이야기했다. "제발, 그런 생각을 하면서 스스로를 괴롭히지 마세요. 당신은 계속 살 거예요. 내가 이렇게 말하잖아요!"라고 안나는 위로했다.

"아니, 내가 오늘 죽어야 하는 걸 알아요. 양초에 불을 붙이고, 복음서를 가져다주시오."

그녀는 즉시 그렇게 했다. 그 복음서는 도스토옙스키가 1849년 시베리아 감옥 생활을 하러 토볼스크에 도착했을 때, 남편을 잃은 데카브리스트의 아내가 준 책이었다. 시베리아에서 보낸 4년의 고된 노동 기간 그가 허락받은 유일한 책으로 그 이후로도 그의 곁을 떠난 적이 없었다. 책을 들고 아무 쪽이나 마구 펼친 안나는 마태복음에서 예수님이 요한에게 말씀하는 부분을 읽었다.

"나를 막지 말라, 그래야 우리가 위대한 진리를 성취하는 데 적합하다."

"듣고 있소? '나를 막지 말라.' 그건 내가 죽는다는 뜻이오."

도스토옙스키는 눈물을 참으려고 애쓰는 안나에게 말했다. 그는 그녀를 위로하려고 애썼다. 그는 그녀가 준 행복한 삶에 감사했다. 아이들을 그녀에게 맡기면서 그녀가 아이들을 사랑하고 보호해주길 바란다고 말했다.

"기억해줘, 아냐. 나는 항상 열정적으로 당신을 사랑했고 내 생각에는 당신에게 불성실한 적이 없었소."

그는 덧붙였다. 그가 너무 감정적이 될까 두려웠던 그녀는 그에게 쉬라고 애원했다.

한낮이 되자 편지와 전보가 쏟아졌고, 친척과 친구, 낯선 사람들이 한바탕 몰려들었다. 그들 중에는 도스토옙스키의 옹졸하고 자기중심적인 의붓아들 파샤도 있었다. 그의 성격은 1866년 안나가 그를 처음 만난 이후로 하나도 변한 게 없었다. 그의 오랜 보호자인 병든 소설가는 파샤가 문틈으로 방을 엿보자 그를 계속 지켜봤다.

"아냐, 파샤를 여기 들여보내지 마시오. 파샤는 나를 화나게 할 거야!"

그날 거기에 온 파샤의 본래 목적은, 아버지는 유언장이 없으니 공증인을 데려와서 파샤 본인이 공식적으로 재산을 처분할 수도 있음을 모든 방문객에게 알리는 데 있었다. 그러나 오래 전에 - 파샤 모르게 - 도스토옙스키가 자신의 작품에 대한 권리를 안나에게 양도했기 때문에 공증인은 필요하지 않았다.

이것이 파샤가 본 의붓아버지의 살아생전 마지막 모습이었다. 그가 심하게 이기적인 자신의 요구 때문에 도스토옙스키와 그의 아내가 받은 고통을 이해할 수 있었을까 하는 의문마저 든다. 의붓아버지와 방탕한 아들이 화해했는지는 알 수 없다. 도스토옙스키가 죽은 후 파샤에게 무슨 일이 일어났는지도 잘 모른다. 그는 자신이 도스토옙스키의 친자식이라는 허황된 소문을 퍼뜨리려고 부지런히 뛰었던 일을 제외하면 모든 면에서 여생을 빈둥거리며 보냈다. 그는 도스토옙스키의 자식들 이름을 따서 자신의 자식 이름을 짓기까지 했다. 표도르, 알렉세이, 류보프. 문학사에서 파샤의 위치는 도스토옙스키가 필요 이상으로 잘해주었던 첫 번째 아내의 불행한 아들이라는 사실과 그가 작가의 두 번째 아내에게 끼친 음험한 영향으로만 남아 있다.

그러나 안나는 파샤를 사랑하게 되었는데, 이는 연민 어린 부모가 다루기 힘든 아이를 사랑하는 방식이라 할 수 있다. 그녀는 자신의 의붓아들을 다른 사람들이 절대 폄하하지 않도록 신경을 썼고, 남편이 그랬던 것처럼 파샤가 1900년 52세의 나이로 사망할 때까지 그를 계속 부양했다.

안나는 이 힘든 시간 동안 〈러시아 메신저〉가 표도르 미하일로비치에게 지불해야 하는 5천 루블을 제외하고는 아무것도 없었고, 자신과 아이들이 이 적은 금액의 상속자라는 것을 잘 알고 있었다. 이 돈, 오늘날로 치면 6만 3천 달러 정도의 돈은 그들이 2년 동안 겨우 버틸 수 있는 금액이었다. 이 5천 루블 외에 도스토옙스키의 작품들에 대한 권리가 그 가족에게 남은 유일한 재산이었고, 그런 사실이 죽기 전 몇 시간 동안 작가를 힘들게 했다.

"가엾은 내 사랑, 내가 가장 사랑하는 사람, 당신에게 무엇을 남겨두고 떠나지? 가엾은 내 여자, 사는 게 얼마나 힘들까!"

침대에 축 처져 누워 있던 그는 안나의 손을 잡고 속삭였다.

안나는 물론 이를 알고 있었지만 그것에 대해 생각하지는 않았다. 그 마지막 몇 시간 동안 그녀의 모든 에너지는 남편의 고통을 덜어주고 다가올 일을 견뎌낼 힘을 달라고 기도하는 데 집중되었기 때문이다.

수요일, 온종일 방문객들이 응접실에 모여 있었고 몇 분 간격으로 새로운 방문객들이 계속 들어왔지만 안나는 남편 곁에 머물렀다. 도스토옙스키는 아홉 살의 페댜와 열두 살의 류바를 불러달라고 부탁했다. 그는 아이들에게 입맞추고 축복하면서 그들을 몹시 사랑한다고 약한 목소리로 말했다. 그리고 인생에서 길을 잃더라도 용서하고 끌어안는 하나님 곁으로 돌아올 수 있음을 항상 기억하라고 당부했다. 아이들은 무서워하며 성호를 그었다. 류바는 한 낮선 사람의 손을 잡고 흐느껴 울었다.

"기도합니다. 제가 간청할게요. 파파샤를 위해 기도합니다. 그에게 죄가 있다면 하나님께서 용서해주시기를 기도합니다."

도스토옙스키의 작가 동료 중 한 명인 그 낯선 사람은 조용히 류바를 방 밖으로 데리고 나가 위로하려고 애썼다.

도스토옙스키는 또 다른 출혈 때문에 의식을 잃었는데, 가느다란 피가 흐르면서 다시 한번 그의 낯빛이 어두워졌다. 출혈이 점점 심해지자 안나와 아이들은 그의 침대맡에 무릎을 꿇고 앉아, 그의 고통이 길어지지 않기를 바라는 마음으로 울음을 참은 채 자리를 지켰다. 안나는 잡고 있는 남편의 손에서 맥박이 점점 약해지는 것을 느꼈다. 그리고 1881년 1월 28일 오후 여덟 시 38분, 마침내 그의 맥박이 멈췄음을 알았다.

그녀는 자신이 계속 살아갈 수는 없을 거라고 확신했다. 그녀의 고통은 점점 더 커지는데도, 많은 사람 앞에서, 그들 중 일부는 그에게 깊은 애착을 가지고 있지만, 나머지 사람들은 그와 남겨진 가족의 감당할 수 없는 슬픔에 완전히 무관심한데도, 그들 앞에서 안나는 이 비통함을 견뎌야만 했다. 그날 저녁 늦게 안나의 동생 이반이 도착한 것은 그나마 그녀에게 신의 은총이었다. 모스크바에 출장 중이었던 이반은 도스토옙스키의 병이 심각하다는 사실을 몰랐기에 아파트에 도착한 후에야 매형의 죽음을 알게 되었다. 그는 즉시 실제적으로 도움이 되는 일에 착수하여 안나가 감당해야 할 어려운 일들을 덜어주었다.

도스토옙스키의 시신은 이틀 반 동안 단 위에 안치되어 있었다. 그 옆에는 등불이 켜지고 머리 근처에 성상이 놓였다. 안나는 당시를 "내 영혼을 억누르는 일종의 악몽"이라고 회상했다. 이 기간 방문객의 행렬이 끊임없이 이어져 서재 안의 공기를 너무 탁하게 만드는 바람에 단 옆의 등과 단을 둘러싸고 있는 촛불이 꺼져버린 일도 있었다.

안나는 남편과 단둘이 있을 수 있는 마지막 기회를 빼앗는 이 군중에게 매우 분노했다. 하지만 특종을 노린 어떤 기자가 자신의 고통을 선정적인 기사로 만드는 일이 없도록 어떠한 감정 표현도 자제해야만 했다. 안나에게 유일한 피난처는 어머니가 머무르고 있는 작은 방이었는데, 때때로 그녀는 그 방문을 잠가 놓고 숨어서, 누군가가 사절단이 도착했다고 알리기 위해 방문을 노크할 때까지 침대에 꼼짝 않고 누워 있었다.

조의를 표하기 위해 온 방문객들은 종종 도스토에프스키의 중요성과 그의 죽음으로 러시아가 잃어버린 것에 대한 거창한 연설을 준비했다. 며칠간 그런 애도를 받은 후, 안나는 다음과 같이 기억했다.

> 결국 나는 절박한 마음으로 스스로에게 말했다.
> "세상에, 그들이 얼마나 나를 고문하는지! '러시아가 잃은 것'이 나한테 뭐란 말인가? 지금 나한테 러시아가 무슨 상관인가? 내가 뭘 잃었는지 이해할 수 없단 말인가? 나는 내 인생 최고의 사람을 잃었다. 나의 태양, 나의 신! 저를 불쌍히 여겨

주세요. 한 사람으로서 저를 불쌍히 여겨주시고, 러시아가 잃은 것에 관해 지금 말하지 마세요."

그 많은 사절단 중 한 명이 '러시아'뿐만 아니라 나에 대해서도 약간의 연민을 보였을 때, 나는 너무 감동해서 이 낯선 사람의 손을 잡고 입맞추었다.

물론 안나는 러시아를 많이 사랑했다. 그녀는 미래 세대의 러시아인들을 위해 남편의 예술과 사상을 보존하는 일이 자신의 의무이고, 사실상 자신이 살아갈 삶의 사명이라고 여겼다. 하지만 그 소중한 기간만은 그저 남편의 죽음을 애도하는 아내이고 싶었다.

며칠 동안 그녀는 그 숨막히게 답답한 아파트에 머물렀다. 그녀는 이반과 어머니, 가족의 친구들이 아이들을 돌보고 식사를 준비하는 동안 차와 롤빵 외에는 아무것도 먹지 않았다. 추모 미사 중 하나가 끝난 후, 안나는 목에 이상한 덩어리가 느껴져서 친구에게 발레리안 드롭스를 좀 가져다 달라고 부탁했다.

"당장 발레리안을 가져와, 발레리안은 어딨어?"

그녀 옆에 있던 사람들이 소리치기 시작했다. 문득 안나에게 이상한 생각이 떠올랐다. 여기 죽은 자의 부인이 애도 중인데, 무슨 이유에선지 알지도 못하는 발레리안이라는 사람을 불러서 위로해 달라고 한다(발레리안은 러시아에서는 흔한 이름이고, 남편의 오랜 친구인 아폴론 마이코프에게도 그 이름을 가진 남동생이 있었다). 슬픔으로 정신이 혼미해진 그녀는 그런 터무니없는 생각에 사로잡혀 울고 웃고 하더니 다른 사람들과 한 목소리를 내며 "발레리안, 발레리안!"을 외쳤다.

약국에서 돌아온 하녀가 발레리안 드롭스와 안나가 기절할 때를 대비해서 암모니아수를 내왔다. 안나 주변에 모여든 사람들은 그녀가 와인 잔에 액체를 따라 목구멍으로 넘기는 모습을 지켜보았다. 그런데 안나가 갑자기 액체를 뱉고 거칠게 구역질하면서 혀가 타들어간다고 소리를 질렀다. 그제서야 사람들은 하녀가 실수로 암모니아수를 주었다는 것을 깨달았다. 다행히도 그녀는 삼키기 전에 암모니아수를 뱉어냈다. 그날 밤 그녀는 입안이 헐고 혀에 통증이 있었다. 만일 암모니아수를 삼켰다면, 그녀의 소화기관에서도 같은 일이 일어났을 것이다.

1월 30일 금요일, 공개 장례식이 시작되기 전날 밤, 안나는 마지막으로 남편과 함께하는 시간을 가졌다. 도스토옙스키에 대한 자신의 사랑의 깊이를 이해하는 두 사람, 어머니 그리고 이반과 함께였다. 다가올 장례식을 준비하기 위해 잠자리에 들어야 한다고 이반이 안나에게 일러준 새벽 네 시까지 세 사람은 말없이 관 옆에 앉아 있었다.

1월 31일 토요일 오전 열한 시, 도스토옙스키의 시신은 쿠즈네치니 5번가에 있는 아파트를 빠져나와 알렉산드르 넵스키 수도원으로 옮겨졌다. 그곳에서 안나의 부모가 결혼했고, 1846년 8월 30일 안나가 태어났다. 도스토옙스키가 시인 바실리 주콥스키와 니콜라이 네크라소프의 묘지 옆에 묻어달라고 부탁한 곳이 바로 여기 티흐빈 묘지였다.

장대로 높이 들어 올린 화환이 일렬로 늘어서고 대규모 합창단의 젊은 단원들이 장송곡을 부르는 가운데 장엄한 행사가 열렸다. 정교한 조각으로 장식된 관이 장례 행렬 끝에 있는 군중 위로 높이 들려 나가는 장례 퍼레이드였다. 작가의 사망 소식이 러시아 수도 전역에 퍼지자 추모객들은 자발적으로 침묵의 행렬에 동참했다. 몇 시간 만에 군중은 5만 명으로 늘어났다. 당시 신문 보도에 따르면, 이 장례식은 19세기 러시아에서 가장 큰 대중 모임이었다.

안나는 여기에 대해 아는 게 전혀 없었다. 그녀는 나중에야 읽고 들은 이야기를 통해 행렬의 전체 규모를 알게 되었는데, 그 토요일에 그녀의 눈은 두 가지에 집중되어 있었기 때문이었다. 그녀 앞에 있는 관과 그녀 옆에 있는 어린 아이들 페댜와 류바.

"남편의 기억에 대한 무거운 책임감이 내 어깨에 지워졌다. 내가 의연하게 이 의무를 수행할 수 있을까?"

그녀는 구름처럼 몰려드는 조문객들 속으로 걸어가며 스스로에게 자문했던 것을 기억했다. 오후 두 시가 막 지난 후 그들은 수도원에 도착했고, 관은 성령 교회의 중앙에 높이 올려졌다. 안나는 성전의 장엄한 아름다움과 벽을 따라 길게 늘어서 있는 장대로 높이 들어 올린 수많은 화환, 리본 위에 금·은색으로 쓰인 글귀에 놀랐다.

장례식은 다음 날 거행되었다. 이반은 페댜, 어머니와 함께 수도원으로 가고, 안나와 류바는 가족의 지인, 율리야 자세츠카야의 마차를 탔다. 수도원에 가까워지자 그들이 탄 마차는 어떤 대령의 마차 옆에 섰다. 그가 고개를 숙여 인사하자 자세츠카야는 그에게 손을 흔들었다. 수천 명의 엄청난 군중이 광장에 서 있어서 수도원 문까지 마차를 몰고 가는 것은 불가능했다. 그들은 어쩔 수 없이 광장 한가운데에서 멈춰 서야 했다.

안나와 류바가 마차에서 내려 수도원 문을 향해 걷기 시작했을 때, 자세츠카야는 대령과 동행하기 위해 마차에 머물며 그를 기다렸다. 안나는 류바의 손을 잡고 군중 사이로 힘겹게 밀고 나가다가, 입구에서 티켓을 보여달라는 요구를 받게 되었다. 그녀는 티켓을 가져와야 한다는 생각을 해 본 적이 없었다.

"나는 고인의 아내이고 이 아이는 그의 딸입니다"라고 그녀는 경비원에게 말했다. 그는 "이미 많은 도스토옙스키의 아내가 안으로 들어갔고, 그들 중 일부도 아이들과 함께 왔습니다"라고 응답했다.

"하지만 나는 상복을 입고 있잖아요."

"오, 그들도 베일을 쓰고 있었어요."

경비원이 신분증을 보여달라고 했지만 그녀에게는 신분증이 한 장도 없었다. 그녀는 자신을 보증해 줄 수 있는 많은 저명한 사람의 이름을 대면서 장례식 관계자 중 한 명을 불러달라고 애원했지만 경비원은 그녀의 말을 묵살했다.

"우리가 어떻게 그들을 찾을 수 있을까요? 수천 명의 군중 속에서 그들을 그렇게 빨리 찾을 수 있을까요?"

그 순간 안나는 "절박함을 느꼈다. 남편의 장례식에 내가 보이지 않으면 [낯선 이들]이 무슨 말을 할지 모른다는 사실과는 별개로, 나도 마지막으로 그에게 작별 인사를 하고, 그의 관 옆에서 잠시 기도하고 울고 싶었다. 나는 어떻게 해야 할지 몰랐다." 결국 자세츠카야 부인의 친구가 그녀를 알아보고 보증을 해준 이후에야 그녀는 안으로 들어갈 수 있었다.

예배가 끝난 후, 도스토옙스키의 가장 가까운 추종자들이 티흐빈 공동묘지로 관을 옮겼는데, 주변은 그 행렬을 보려는 사람들로 가득 찼다. 어떤 이들은 묘지 근처에 서 있었고 또 다른 사람들은 근처의 기념탑이나 울타리 위로 기어오르거나 나무에 오르기도 했다. 안나는 관이 땅에 내려지는 것을 지켜봤지만, 참석자들이 무덤 꼭대기까지 화환을 던지면서 관은 안나의 시야에서 사라져 갔다. 남은 화환들은 기념품으로 가져가려는 추모객들에 의해 갈기갈기 찢겼다.

약 25년 전인 1856년 여름, 열 살의 안나 스니트키나는 모스크바 크렘린 근처의 개인 수도원 아파트에서 알렉산드르 2세 황제의 대관식을 축하하는 장엄한 행렬을 구경한 일이 있었다. 그날 오후, 그녀는 예의 바른 신사, 숙녀들이 러시아 제국 역사의 한 조각을 갖기 위해 서로의 손에서 꽃 장식을 뺏는 모습을 혼란스러운 마음으로 지켜보았다.

25년 후, 이 추운 1월 어느 날, 고인의 34세 부인이자 두 아이의 엄마는 또 다른 엄청난 군중이 티흐빈 묘지에서 러시아 역사의 또 다른 조각을 차지하기 위해 경쟁하면서 화환을 찢는 것을 지켜보았다. 그 역사의 한 조각은 한때 니콜라이 1세에 의해 투옥되었다가 나중에 그의 아들 알렉산드르 2세에 의해 자유로워진 위대한 러시아 작가의 기념품이었다.

도스토옙스키의 장례식이 거행되고 한 달이 조금 지난 1881년 3월 13일, 도스토옙스키를 풀어준 바로 그 황제가, 혁명적 테러리스트 그룹인 나로드나야 볼랴가 왕실 마차 앞에 던진 폭탄 때문에 사망했다. 암살을 주도한 두 사람은 저명한 급진 페미니스트, 베라 피그너와 소피아 페로브스카야였다. 그들은 안나보다 각각 여섯 살, 일곱 살 어렸고, 둘 다 1860년대 여성 해방 운동의 영향을 받았다. 암살에 가담한 혐의로 페로브스카야는 교수형에 처해지고 피그너는 20년 동안 투옥되었다가 추방되었다. 나중에 소련은 두 여성 모두를 혁명적 영웅으로 받아들였다.

암살 이후 불안했던 그 순간, 대부분의 러시아인은 국가와 국민 사이의 잠재적 화해의 시대는 끝났고 훨씬 더 피비린내 나는 또 다른 시대가 시작되었음을 분명히 알게 되었다. 그리고 안나만큼 이를 뼈저리게 느낀 사람은 없었다. 그 바꿀 수 없는 역사의 행진은 그녀의 개인적 상실감을 악화시켰다. "나는 한 가지만 분명히 알고 있었다"라고 그녀는 훗날 회상했다.

그 순간부터 헤아릴 수 없는 행복으로 가득 찬 나의 사생활은 끝이 났고, 내 마음속에서 나는 영원히 고아가 되었다는 것을. 열정적으로, 완전하게 남편을 사랑했고, 드물게 귀한 정신을 가진 이 남자의 사랑과 우정, 존경을 한껏 누렸던 내게 그 상실은 돌이킬 수 없는 것이었다. 그 끔찍한 이별의 순간, 나는 남편이 없는 세상에 살아남을 수 없다고, 당장이라도 가슴이 터질 것 같다고 생각했다.

그럼에도 불구하고 가족의 가장이자 출판 사업의 수장으로서, 안나는 자신에게는 선택의 여지가 없다는 것을 알고 있었다. 아이들이 그녀를 필요로 했고, 러시아가 그녀를 필요로 했고, 남편의 유산이 위태로웠다. 그녀는 방법을 찾아야만 했다.

알렉산드르 넵스키 수도원 안 티흐빈 묘지에 있는 도스토옙스키와 안나의 묘비(러시아 상트 페테르부르크) ⓒ윤상구

제4부 / 긴 황혼

도스토옙스키의 여사제

　한때 안나를 매료시켰던 페미니스트 운동에서 그녀는 자신보다 더 큰 대의를 위한 희생, 노력, 독립심의 가치를 가슴에 품었다. 전통적인 양육 방식에서는 가족과 나라에 대한 사랑을 물려받았다. 중독자 남편과 오랜 망명 생활, 극심한 가난, 두 아이의 죽음, 34세의 나이에 남편을 잃은 고통을 겪으며 고군분투했던 경험에서 그녀는 연민을 인간의 가장 높은 가치로 보게 되었다. "사랑보다 소중한 것은 없다"라고 1918년 사망하기 몇 주 전 자신을 돌봐준 지인에게 안나가 말했다. "사람은 더 자주 용서해야 합니다. 자신의 죄를 생각하고 다른 사람들에게 날을 세우지 말아야 합니다. 단 한번 신을 선택하면 뒤돌아보지 말고, 평생토록 하나님을 섬기십시오 … 나는 스무 살 때 표도르 미하일로비치에게 나를 맡겼습니다. 이제 일흔이 넘었는데도 여전히 내 생각과 행동 하나하나가 그의 것입니다. 내 기억으로는, 나는 그와 그의 작품, 자식들, 손자들의 것입니다"라고 그녀는 같은 사람에게 말했다.

　물론 안나는 과장하고 있었다. 그녀는 항상 강했으며 남편으로부터 독립한 복잡하고 강렬한 성격을 가졌다. 그녀는 남편이 죽은 후 수년 동안 다채로우면서도 활동적인 삶을 살았다. 또 그와 함께 시작한 출판 사업을 계속하면서 기업 활동과 자선 활동을 통해서도 가족에게서 얻는 개인적 만족만큼 많은 만족감을 맛보았다. 그녀는 손자들과 보내는 시간을 매우 좋아했고 우표 수집을 계속했다. 우표 수집은, 여성은 인내심과 끈기가 부족하다는 남편의 우월적인 발언을 무시하고 1867년부터 갖게 된 취미였다.

안나는 말년에 도스토옙스키의 유산을 세계에 알리는 데 대부분의 에너지를 바쳤다. 남편의 예술을 세상에 내놓는 일이 자신의 의무라고 여겼던 것처럼, 그녀 인생의 마지막 38년 동안 안나는 후대의 이익을 위해 그를 기념하는 선구자 역할을 자처했다. 이러한 아낌없는 헌신은 그들의 관계가 시작될 때부터 이어진 하나의 패턴이었다.

안나의 첫 번째 큰 선물은 혼수품이었는데, 그녀는 불안한 신혼을 구하기 위해 그 물건들을 저당 잡혔다. 두 번째 선물은 힘들었던 유럽 망명 기간 남편을 변함없이 지지한 데 이어, 그의 출판인이자 사업가로서 10년 동안 끊임없이 일한 것이다. 그가 죽은 후 몇 년 동안, 그를 기념하는 일의 문지기이자 여사제가 되겠다는 그녀의 결심은 아마도 남편과 세상 전체를 위한 가장 큰 공헌이라 할 것이다.

도스토옙스키가 죽은 후 몇 달 동안 그녀는 자신이 그 일을 해내지 못할까 두려워했다. 신경이 곤두서서 밤에 잠을 잘 수 없었으며, 잠이 들더라도 악몽에 시달리기 일쑤였다. "다시는 그를 볼 수도, 그의 말을 들을 수도 없다는 생각을 받아들일 수가 없습니다. 어떻게 해야 할지 모르겠어요"라고 작가가 세상을 떠난 지 몇 달이 흐른 후에 안나는 친구에게 썼다.

하지만 그녀는 자신이 무엇을 해야 하는지 알고 있었다. 먼저, 그녀는 〈작가 일기〉 구독자들에게 선불로 받은 책값을 변상해줘야 했다. 다음으로 그녀는 1년 전에 시작한 출판 사업과 도서 유통 사업을 어떻게 할지 결정해야 했다. 이런 일에서 벗어나 쉬고 싶었지만, 슬퍼하는 대중이 고인이 된 작가의 작품을 읽어야 한다고 느끼고 있기 때문에 자신에게는 도스토옙스키의 책 판매를 미룰 도덕적 권리가 없다는 것을 그녀는 알고 있었다. 특히 수요가 많았던 책은 안나가 전 해에 단행본으로 출판한 〈카라마조프가의 형제들〉과 〈죽음의 집의 기록〉, 〈작가 일기〉였다. 안나는 불과 며칠 만에 남아 있던 도스토옙스키의 작품을 모두 팔아 약 4천 루블의 수익을 올렸다.

"서적상과 출판사들은 도스토옙스키의 작품에 대한 많은 수요를 지나치지 않았다"라고 그녀는 회상했다. 남편이 사망하자 몇몇 회사가 도스토옙스키의 작품에 대한 저작권을 사겠다면서 안나에게 접근했다. 바르샤바에서 온 폴란드 서적상은 1만 2천 루블을 제안했고, 안나의 친구들과 가족은 이 제안을 받아들이도록 그녀를 강하게 부추겼다. 그 돈으로 이자가 붙는 국채를 사두면, 거기에 안나가 정부에서 매년 받는 연금에 500루블을 더해 연 2천 500루블의 꾸준한 수입을 얻을 수 있다는 게 그들의 생각이었다. 이 금액은 세기의 전환기에 대부분의 러시아 변호사의 수입과 맞먹는 액수였고 의사 수입으로 치면 최고 수준이었으며 러시아 정부 관료가 받는 급여의 거의 절반 이상에 해당했다.

　페테르부르크에 있는 평범한 아파트 연세로 내는 500루블을 포함하여 그녀의 최저생활비를 감안하면, 그녀는 이 돈으로 어려움 없이 살 수 있다고 계산했다. 책의 재고 판매로 받은 4천 루블에다 〈카라마조프가의 형제들〉로 〈러시아 메신저〉로부터 받을 미납액 4천 루블을 합한다고 해도, 도스토옙스키의 저작권을 1만 2천 루블에 사겠다는 제안은 매력적이었다. 그 돈이면 다른 사람에게 출판사 일과 책임을 넘길 수 있어 그녀의 삶은 훨씬 편해질 수 있었다.

　그럼에도 불구하고 안나는 다른 사람들의 조언을 듣지 않고 그 제안을 거절했다. 그녀는 도스토옙스키의 작품을 보급하는 일이 자신의 의무이자 남편과 그의 독자, 그의 유산에 대한 책임이라고 생각했다. 그녀는 직접 출판을 맡음으로써 "나는 작품 전집을 내고 싶다는 남편의 오랜 꿈을 실현하게 될 것이다"라고 생각했다.

　이 프로젝트에 집중할 시간을 벌기 위해, 그녀는 그 전 해에 시작한 서적 유통업을 접기로 결심했다. 그녀가 이 결정을 발표했을 때 이 사업의 가치를 알고 있는 사업가들, 즉 도스토옙스키라는 이름과 안나가 쌓아온 인맥을 모두 얻고자 하는 사업가들이 인수를 제안해왔다. 안나는 이번에도 거절했다. 그녀는 "F. M. 도스토옙스키라는 이름으로 하는 사업은 나만이 할 수 있었다. 내가 그 회사의 진실성에 책임을 졌기 때문이다"라고 썼다.

　그녀는 회사 경영진이 무능하거나 부정직한 것으로 판명될 경우 그녀에게 너무나 소중한 표도르 미하일로비치라는 이름이 비난이나 조롱을 받게 되는 위험을 감수하지는 않을 것이다. 그녀는 자신의 유통 사업이 단기간에 달성한 성과의 가치를 알고 있었다. "만약 내가 그 사업을 계속했다면, 우리나라 대형 서점 중 하나인 '새 시대' 서점과 맞먹는 서점을 가졌을 것이다"라고 그녀는 30년 후에 썼다. 그녀는 충실한 고객 기반과 짧은 회사 운영 기간 유지해 온 높은 윤리적 기준에 특별한 자부심을 가졌다. "주로 기업과 고객들 사이에 확립된 좋은 관계 때문에 나는 짧았던 나의 기업 활동을 즐거운 마음으로 돌아본다"라고 그녀는 썼다.

그녀는 도스토옙스키 전집의 초판을 준비하기 위해 전력을 다했는데, 이는 그녀의 단일 출판 사업 중 가장 큰 규모로 진행된 것이었다. 안나는 최근에 들어온 9천 루블 전부를 초판에 투자하는 위험을 감수하기로 결정했다. 그 돈으로는 2만 루블에 달하는 종이 비용도 감당하기 힘들다는 것을 알고 있었지만, 돈독한 사업 관계 덕분에 – 러시아 출판업계에서는 드문 일기긴 했지만 – 공급자들과 6개월간 외상 거래를 할 수 있었다.

"우리는 이전에 책을 출판한 사람이 당신 남편이 아니라 당신이라는 것을 알기에 기꺼이 위험을 감수할 용의가 있습니다. 당신은 우리에게 돈을 갚았고 항상 모두 면에서 철저했습니다."

이는 종이 공급자가 안나에게 한 말이다.

하지만 인쇄에 들어가기 전에 안나가 해결해야 할 편집상의 문제가 있었다. 무엇보다도 남편의 많은 작품 중 어떤 것이 포함되어야 할지를 정하는 게 급했다. 남편의 동료들을 포함한 문학계의 다양한 의견(그 중 많은 의견이 서로 상반되었다)을 구하고 그 의견을 검토했다. 그녀는 대부분의 주요 소설뿐만 아니라 편지의 상당 부분, 〈작가 일기〉를 쓰는 데 사용했던 노트와 1860년대 초반 〈시간〉과 〈시대〉에 게재된 많은 기사를 포함하기로 결정했다. 저명한 작가들과 학자들을 고용하여 도스토옙스키에 관한 전기적 기사도 쓰게 했다.

그러나 그들 중 몇몇이 다음 해까지 그 기사를 완성할 수 없다는 것을 알았을 때, 그녀는 그들의 요구와 도스토옙스키의 소설을 기다리는 독자들의 긴급한 요구를 모두 해결할 수 있는 방법을 찾아야 했다. 그러다가 가장 잘 알려진 작품의 신속한 출판이 필수적이라는 사실을 깨닫게 된다. 이런 점에 비추어, 그녀는 1권부터 순서대로 출판하는 예전 방식이 아니라, 그의 소설이 담긴 6권과 7권을 먼저 출간하면서 완전한 전집을 출판하기로 결정했다. 1881년과 1883년 사이에 몇 달에 한 번씩, 그녀는 열네 권으로 구성된 전집에 포함된 새로운 책을 발행할 계획이었고, 전체 세트의 가격을 25루블로 정했다. 이는 현명한 결정이었고, 미래의 러시아 출판사들이 모방하는 사업 모델이 되기도 했다.

신문에 광고를 낸 후, 안나는 매우 두려워하며 시장의 판정을 기다렸다. 이 사업은 몇 주 만에 6천 질의 전집을 쉽게 팔아치우며 안나의 예상을 모두 뛰어넘었다. 몇 달 만에 안나는 처음 두 권의 발간에 들어간 모든 비용을 갚고, 신용 거래에 의존하지 않고 첫 번째 판매에서 생긴 이익금으로 그 다음에 발간할 책을 준비할 수 있었다.

도스토옙스키 전집의 초판은 약 7만 5천 루블을 투자한 후, 7만 5천 루블의 이윤을 냈다. 이는 오늘날로 치면 백만 달러에 해당하는 금액이고 도스토옙스키의 전체 작품으로 그가 살아 있는 동안 벌어들인 것보다 더 큰 수입이었다. "물론 나는 전집으로 이룬 물질적인 성공에 매우 만족했다. 그 덕분에 우리 가족은 어느 정도 자립할 수 있었다"라고 안나는 기억했다. 그녀가 성취한 규모로 볼 때 이는 겸손한 평가였다.

안나는 마침내 도스토옙스키의 마지막 빚을 갚을 수 있게 된 데 만족했지만, 한 가지 생각이 계속 그녀를 괴롭혔다.

"어째서 이렇게 늦게, 나의 소중한 남편이 이 땅에서 떠난 후에야 이 많은 돈이 생기는 것일까? 아이들이 교육을 받을 수 있고, 자신이 죽은 후에도 우리가 가난에 허덕이지 않을 거라는 사실을 그가 알았더라면 얼마나 행복해 했을까."

그녀에게 이 뜻밖의 횡재는 사랑하는 남편에게 너무나 잔인했던 운명의 아이러니처럼 여겨졌다. 물론 그녀가 도스토옙스키의 인생에 나타나지 않았다면 그의 운명은 더 잔인했을 것이다.

안나가 남편의 기억을 고통스럽게 가슴에 묻고 있을 때, 두 사람이 사랑했던 옛 러시아는 무자비할 정도로 뿌리째 뽑히고 있었다. 작가가 대항하여 싸웠던 폭력, 무신론, 혁명의 광기, 그 모든 것이 그가 예언한 대로 펼쳐지고 있었다. 알렉산드르 2세의 암살자와 다른 혁명가들에게 자비를 베풀라는 요구가 있었지만, 안나는 그렇게 생각하지 않았다.

"그들을 처형하라!"

그녀는 어느 날 출판사에 들어가면서 이렇게 외쳤다고 한다.

그녀는 당시 신문과 잡지에 나온 도스토옙스키 관련 기사 하나하나에 세심한 주의를 기울였는데, 초기 몇 년 동안 터무니없게 쓰인 글이 너무 많아 이를 바로잡아야겠다는 생각이 점점 커져갔다. 그녀는 결국 도스토옙스키와 함께 한 자신의 인생에 대한 회고록을 위한 자료를 수집하기 시작했다. 그 회고록은 세계가 알아주기 바라는 방식으로, 사랑하는 남편, 아버지, 동정심 많은 영혼, 천재로서의 작가의 모습을 보여줄 것이다. 그녀는 자신의 건강이 악화되었음에도 말년 내내 이 프로젝트를 진행했고, 그녀가 죽고 7년 후에 마침내 그 회고록이 나왔다. 이 회고록은 발표된 즉시 커다란 문학적 이슈가 되었다.

그의 죽음 이전에도 푸시킨 연설이 도스토옙스키를 보수주의의 선구자로 대중에게 인식시켰다. 그런데 이제는 모두가 자신들의 이념적 목적을 위해 도스토옙스키를 마스코트나 희생양으로 만들려 하고 있었다. 안나는 이 모든 것이 중요한 점을 놓치고 있다고 생각했다. 한 학자에게 보낸 편지에서, 그녀는 엑스선을 발견한 물리학자 뢴트겐이 인간의 몸에 한 일을 남편은 문학에 했다고 주장했다. 그녀의 남편은 인간의 영혼 속을 들여다보는 완전히 새로운 방법을 창안한 사람이었다.

"정치적(또는 다른) 관점을 바탕으로 도스토옙스키를 판단하는 것은 뢴트겐을 비슷한 기준으로 판단하는 것과 같다."

소설가의 진정한 공헌은 그가 셰익스피어와 톨스토이마저도 찾지 못한 인간 영혼의 심연과 깊이를 묘사했다는 데 있다고 그녀는 주장했다. 우리가 그러한 비교를 어떻게 해석하든, 안나가 도스토옙스키를 해석하는 접근법에 있어서 시대를 앞서 나갔다는 점에는 논쟁의 여지가 없다. 그 시대 대부분의 문학평론가는 현대 정치사회적 논쟁의 렌즈를 통해 예술을 보았다. 러시아 문학평론가들이 안나처럼 그녀 남편의 작품을 인간 존재의 환원할 수 없는 진리를 다루기 위해 정치를 초월하는 위대한 예술로 인식하는 데 동참한 것은 반 세기나 지나서였다.

남편이 죽은 후 몇 달 동안 안나는 거의 미친 듯이 일에 집중했다. 업무 시간에는 그녀를 귀찮게 하지 말라는 말이 나올 정도였다. 결국 사람들은 더 이상 그녀를 찾아오지 않았고, 친한 친구들과 소수의 탄원하는 사람만이 그 집 문을 두드렸다.

어느 날 저녁, 두꺼운 모직 외투를 입고 서류 가방을 든 70대 남성이 급한 용건이라며 안나를 찾아온 일이 있었다. 그는 도스토옙스키처럼 시베리아 수용소에서 지냈으며 자신의 감옥 회고록을 썼다고 말했다. "나와 경쟁하고 싶지 않으면, 내 원고를 사세요"라고 그는 서류 가방을 그녀의 얼굴 앞에 들이밀며 그르렁거리는 목소리로 말했다.

"내 회고록을 〈죽음의 집의 기록〉 2부로 출판할 수 있습니다."

웃어야 할지 울어야 할지 모른 채 안나는 그에게 단호하게 말했다.

"나는 다른 사람의 작품을 출판하지 않습니다."

그리고 그를 나가는 문으로 안내했다. 그가 떠나자 그녀는 문을 잠그고 저녁에는 모르는 방문객을 절대 받지 않겠다고 결심했다.

학자들은 출판을 위해 그녀에게 도스토옙스키에 관한 책을 보냈지만 그녀는 그런 모든 요청을 거절했다. 하루의 시간은 제한되어 있었고 "아무리 재능 있는 작품이라도 남편에 관한 모든 작품을 출판해야 할 도덕적인 의무가 없다"라고 그녀는 친구에게 말했다. 그녀가 남편의 작품으로만 출판 영역을 한정했지만, 그녀의 출판사는 다른 사람들이 조언을 구하러 올 만큼 충분히 훌륭한 상태를 유지하고 있었다.

그들 중 한 명이 레오 톨스토이의 아내였다. 친구들로부터 안나의 성공에 대해 듣게 된 소피야 톨스타야는 안나가 도스토옙스키를 위해 세운 출판사와 비슷한 사업을 진행하려면 어떻게 해야 하는지 알고 싶어 안나의 출판사에 자주 방문했다. 일말의 경쟁심도 없이, 안나는 자신의 거래 비결을 공유했고, 톨스타야 백작 부인이 매우 수익성 있는 출판사를 세우는 일을 도와주는 것만으로도 깊은 만족감을 느꼈다. 톨스타야 기록 보관소에 있는 안나의 편지 중 하나에 의하면, 1885년 10월 1일부터 그녀는 대전집의 제작과 판매에 대한 상세한 조언을 제공한다. 소피아의 요청으로 안나는 군 복무 거부로 체포된 톨스토이 집안의 양심적 병역 거부자의 형량을 줄이는 데 자신의 정부 인맥을 동원해 주기도 했다.

이러한 관대한 행동에도 불구하고, 안나는 직원을 혹사하는 여성 사업가라는 평판을 얻었고, 일부 사람들은 그녀를 개인적인 이익을 추구하는 인색한 이기주의자라고 생각했다. 그녀는 자신을 방어할 필요성을 자주 느끼곤 했다. 그러나 그녀와 가장 가까운 사람들에게는 정당화할 필요가 없었다. 그들은 남편의 죽음이 그녀에게 남긴 깊은 슬픔과 그녀가 짊어진 책임에 대한 부담감을 이해했다. 1889년 1월, 겨우 마흔두 살밖에 안 된 안나는 작가의 남동생 안드레이 도스토옙스키에게 한탄했다.

"매년 힘이 빠져나가는 걸 느끼지만, 아직도 할 일이 너무 많습니다. … 표도르 미하일로비치의 책들은 빠르게 팔립니다. … 나에게 그의 작품이나 사상이 유통되는 일을 중단시킬 도덕적 권리는 없습니다."

출판 사업은 가족을 부양했지만, 이제는 두 번째 목적을 따르고 있었다.

"이제 나는 그의 일을 덜어주고 도와주려는 간절한 욕구가 없기 때문에, 일이 더 이상 같은 일이라고 느껴지지 않습니다. 지금은 단지 그에게 빚진 느낌뿐입니다."

그 빚은 여러 가지 형태를 취했고, 안나의 건강에도 심각한 타격을 입혔다. 안나는 자신이 열심히 일한 덕분에 아이들이 적절한 교육받을 여유가 생겼고, 남편이 이를 가치 있게 생각했을 것임을 알았다. 게다가 그녀는 국가의 교육비 지급 제안까지 거절했다고 자랑스럽게 말했다. 그녀는 자신의 결정에 대해 이렇게 썼다.

"내 아이들은 국가가 내주는 돈이 아니라 아버지의 노동, 나중에는 어머니의 노동으로 번 돈으로 교육받아야 한다."

그러나 다른 불우한 사람들을 염두에 두고, 도스토옙스키의 책

수천 권을 러시아 전역의 도서관에 무료로 기증했으며, 다른 도서관을 여는 데도 개인적으로 경제적 도움을 주었다. 1883년 그녀는 도스토옙스키의 이름으로 소작농 아이들을 위한 교구 학교를 스타라야 루사에 설립했다. 이 학교의 신탁 관리자로서, 안나는 3천 200루블을 기부했을 뿐만 아니라 학교 도서관에 교과서와 남편의 작품을 제공했다.

설립 초기 몇 년 동안, 이 학교는 자금 부족으로 어려움을 겪어 학생들을 돌려보내야만 했다. 그중에는 여학생이 많이 포함되었다는 사실이 특히 안나를 괴롭게 했다. 이를 바로잡기 위해, 그녀는 성 시노드(러시아에서 가장 높은 교회 사무실)의 책임자에게 학교의 여성 부서에 자금을 대줄 것을 간청했다. 사람들 말에 따르면, 그녀의 노력은 성공을 거뒀다. 34년 후, 1917년 문을 닫을 때까지 그 학교는 1천 명 이상의 여학생을 졸업시켰다.

1889년, 안나는 남편의 삶과 경력을 기리는 기념관을 설립했다. 그런 종류의 기념관은 러시아에서는 처음 생긴 것이었다. 공식적으로 'F. M. 도스토옙스키 기념 박물관'으로 알려진 이 기념관은 모스크바 역사박물관의 방 한 칸에 마련되었는데, 남편과 관련하여 그녀가 수집한 방대한 자료들을 전시하기 위해 설계되었다. 거기에는 원고, 수필 판본, 초상화, 흉상, 기념품 등이 포함되었다. 개관 전 몇 년 동안 그녀는 가족, 친구, 동료들에게 남편에 관한 글과 러시아나 외국에 있는 작품을 찾아서 보내달라고 부탁했다. 1891년 기념관이 대중에게 선보일 무렵, 알렉산드르 3세가 두 아들과 함께 그 박물관에 방문했을 정도로 엄청난 찬사를 받았다.

진행 중인 프로젝트의 일환으로, 안나는 정기적으로 러시아의 주요 작가, 예술가, 연극 감독, 작곡가와 만나 도스토옙스키 작품의 각색에 대해 상담했다. 도스토옙스키의 삶과 예술에 관련된 자료들의 문헌 목록을 만드는 일도 착수했는데, 이 문헌 목록은 당대한 학자가 "러시아 문학적 전기의 역사에서 독보적인 일"이라고 불렀던 자료이다. 1906년 안나에게서 〈문헌 목록 색인〉의 사본을 받은 세계사 교수는 그녀에게 이런 글을 써 보냈다.

"이것은 위대한 사람에 대한 기념비일 뿐만 아니라 그를 항상 둘러싸고 있었던 당신 사랑의 상징입니다. 문학은 당신에게 영원히 감사할 것입니다."

그의 예측은 정확했다. 오늘날까지 〈문헌 목록 색인〉은 도스토옙스키 연구의 기초가 되고 있다. 안나는 또한 페테르부르크에 있는 아파트와 스타라야 루사에 있는 별장(그녀는 남편이 죽은 후에 마침내 남동생으로부터 이 별장을 사들였다)의 모든 부분을 보존하기 위해 노력했다. 그래서 미래의 방문객들로 하여금 남편이 생전에 살던 집들이 어떻게 생겼는지, 어떤 느낌이었는지 알 수 있도록 했다.

1885년과 1886년에 안나는 여섯 권짜리 도스토옙스키 〈대전집〉 2판을 발간했다. 6천 질이 순식간에 팔렸다. 그녀는 이 2판의 가격을 15루블로 낮추기로 결정했다. 이는 고객층을 넓히고, 그 다음 판 출판의 선례가 되게 하는 현명한 조치였다. 안나는 1888년과 1889년에 3판을 냈고, 1888년과 1892년 사이에 4판을 냈다. 두 판

모두 한 질에 10루블만 받았지만, 각각 1만 2천 부씩 빨리 팔려나갔으며 각 판마다 7만 5천 루블의 수익을 올렸다. 그녀는 문헌 목록과 박물관, 다른 자선 활동에 더 많은 시간을 할애하기 위해, 아돌프 마르크스라는 출판업자에게 7만 루블을 받고 5판의 저작권을 팔았다. 그 출판업자는 1893년에 인기 있는 가족 잡지 〈니바〉의 문학 부록으로 5판을 출판했다.

15년도 채 되지 않아, 〈대전집〉은 37만 5천 루블, 오늘날로 치면 약 500만 달러를 벌어들였다. 이 중 안나는 자신의 상속분으로 12만 5천 루블만 받았고, 나머지 3분의 2는 두 자녀, 류보프와 표도르에게 돌아갔다. 우리는 회고록에 있는 안나의 이야기를 통해 현대의 기업들이 이윤을 사업에 재투자하는 데 반해 안나의 수익은 회사 밖으로 빠져나갔음을 알 수 있다. 이 기업 구조는 경기 침체기에 기업이 절실히 필요로 하는 현금을 고갈시켜 사업에 막대한 피해를 주게 된다.

도스토옙스키 사망 25주기를 맞아 안나는 1904년부터 1906년까지 그의 전집 6판을 출판했다. 이 판은 모조 양피지에 특별히 큰 활자로 인쇄되었으며, 도스토옙스키 부부의 개인 소장품에서 나온 사진을 실었다. 이 전집은 〈악령〉에 대한 도스토옙스키 노트의 발췌본을 포함시킨 최초의 출판물이었으며, '티혼의 집에서'라는 장에서 이전에 검열 때문에 삭제된 부분도 복원되었다. 이 부분에서 스트라브로긴이 12세 소녀를 성폭행했다고 고백한다.

이 자료의 출현은 러시아에서 문학적 센세이션을 일으켰다. 결코 겸손한 척하지 않는 사람인 안나는 몇 년 후 그 판을 자랑스럽게 회상했다.

"현재(1917년)까지 단 한 명의 러시아 작가도 내가 남편의 작품을 출판하는 데 성공한 것만큼 훌륭한 방식으로 러시아 대중에게 소개된 적이 없었다."

그녀는 6판에 이어서 즉시 똑같이 매력적인 7판을 만들었는데, 한 세트 가격을 단 10루블로 정하면서 가능한 한 많은 독자가 사볼 수 있도록 했다.

그러나 불행하게도 이 판본들은 이익(안나는 기대하지 않았다)을 내지 못했을 뿐만 아니라, 그녀에게 경제적으로 큰 피해를 입혔다. 1904~1905년 러일전쟁과 1905년 신문의 헤드라인을 장식하던 혁명이 일어나면서 대중의 관심은 문학에서 멀어졌다. 6판과 7판을 합쳐 겨우 6천 질밖에 팔리지 않아 총 10만 루블이 조금 넘는 수입을 얻었다. 안나는 구체적인 액수를 밝히지는 않지만, 그렇게 품격 있는 판을 출판하는 데 드는 비용을 고려하면 아마도 수만 루블에 달하는 엄청난 손실이 발생했을 것이다. 인플레이션이 만연하여 조판과 종이 구입 비용은 두 배로 증가했고, 사업의 고정 비용도 한 달에 2천 루블씩 증가했다. 정치적 불안은 더 심각한 결과를 낳았다. 안나는 페테르부르크 전역에 퍼져 있는 폭력적 시위자들의 방화 행위로부터 책을 보호하기 위해 추가 보험에 가입하고 보관 비용을 늘려야 했다.

최악의 타격은 힘든 시기를 겪게 된 조판공이 안나가 매달 갚아야 할 약속어음의 상환을 요구하는 바람에 더 이상의 신용 거래가 불가능해진 것이었다. 정상적인 운영 조건 아래서도 이 상황은 그녀의 사업에 중대한 경제적 어려움을 불러왔을 것이다. 그런데 인쇄 비용이 치솟고 신용으로 서비스나 재료를 구입할 수 없게 된 당시, 안나는 심각한 상황에 직면했다. "난생 처음으로 약속어음에 발목이 잡혔고, 2~3년을 큰 불안 속에 보냈다"라고 그녀는 회상했다. 처음에 그녀는 매달 수지를 맞추는 데 성공했지만, 그 후에는 그냥 감당해내는 것마저 너무 어려워졌다.

그러한 경제적인 어려움에 대비하기 위해, 안나는 폭풍우를 견뎌낼 만큼 충분한 자본을 저축하지 않았을까? 회고록에 따르면 그렇지 않았다. 모두 합쳐서 겨우 3만 루블만을 저축에서 꺼내 쓸 수 있었다.

> 출판으로 그렇게 많은 수익을 얻었으니, 상대적으로 나의 저축액이 적은 것은 이상해 보일 수도 있다. 그러나 이 수입 중 내가 받은 것은 고인의 아내 상속분(12만 5천 루블)이 전부였고, 내 몫의 돈 거의 전부를 나는 잊을 수 없는 내 남편을 기념하는 일에 썼다. 그의 이름으로 된 스타라야 루사의 학교, 기념 박물관, 두 권의 박물관 카탈로그 출판과 의붓아들들의 교육 등이 있었다.

그녀는 1907년 친구에게 보낸 편지에서도 비슷한 말을 했다.

"사람들이 내 '재산'에 관해 말할 때 나는 웃을 수밖에 없다. 나는 전혀 부자가 아니다. 나는 모든 수입을 스타라야 루사 학교, 박물관과 출판 사업에 쓴다. 나로 말할 것 같으면, 나는 소박한 삶을 산다."

그녀의 자선 활동 규모를 보면, 왜 그녀가 가장 힘든 시기에 출판 사업을 위한 충분한 현금을 보유하지 못했는지 알 수 있다. 그러한 침체에 대비해 더 많은 현금을 확보하지 못한 것을 보고 안나가 충분한 선견지명을 갖지 못했다고 할 수 있을까? 아마도 순전히 경제적인 관점에서는 그럴 것이다. 그녀가 자금을 다르게 운용하여 이익금을 더 많이 사업에 재투자했다면, 출판사를 빚지지 않게 할 수도 있었을 것이다.

하지만 그녀에게 있어 출판사는 경제적 이윤을 얻기 위한 수단만은 아니었다. 박물관과 학교, 〈문헌 목록 색인〉처럼 도스토옙스키의 유산을 가능한 한 많은 독자가 이용할 수 있도록 하고자 하는 책임의 표현이었다. 만약 그녀가 출판사에 더 많은 현금을 보유했다면, 그녀의 영향력보다 더 오래 지속될 다른 유산을 세우는 활동에 소홀했을지도 모른다.

도스토옙스키가 죽은 후 몇 년 동안 안나의 사업적 결정은 위험하다고 여겨질지 모르지만 무모하지는 않았다. 출판업자로서 그녀의 경력은 그녀가 과거에 했던 많은 결정과 같은 위험 수준으로 이어갔다. 예를 들어, 그녀는 남편의 작품을 직접 출판하는 일이 의무라고 느꼈기 때문에 도스토옙스키의 저작권을 1만 2천 루블에 팔라는 제안을 거절했다. 애초에 출판사를 시작한 것도 남편을 착취하는 출판사에 의존하지 않고 자신들 스스로 작품 발간을 제어하는 모델을 만들기 위해서였다. 그 순간에는 그러한 선택이 무책임하게 보일 수도 있었다. 사실 도스토옙스키 부부의 가족과 친구들에게는 종종 그렇게 보였다. 그러나 안나에게는 그런 선택을 한 이유가 있었고, 순전히 경제적인 관점에서도 그녀는 안전한 길을 택하라고 조언한 사람들보다 더 멀리 내다보았음을 증명했다.

그녀의 아이들도 점점 나이가 들어가고 있었다. 표도르는 결혼했다가 이혼한 뒤 재혼했다. 두 번째 결혼도 불행했지만 두 아들, 안드레이와 표도르를 낳았다. 표도르의 아내인 예카테리나 페트로브나는 안나와 사이가 좋아 손자들과 함께 시어머니를 자주 방문했다. 표도르는 한때 페테르부르크에 수익성이 좋은 큰 경마장을 소유하고 러시아 최고의 말 사육 전문가 중 한 명이 되었다. 아들의 말에 대한 열정의 출발점은 도스토옙스키가 푸시킨 축제 때문에 모스크바로 떠나 있는 동안, 안나가 소년에게 그의 첫 번째 망아지를 사준 날로 거슬러 올라간다고 그녀는 즐겁게 회상했다. 안나는 표도르의 성공에 매우 기뻐했다.

안나의 딸 류보프는 경우가 달랐다. 어렸을 때부터 그녀는 알 수 없는 신경 질환을 앓았는데, 이를 불행한 가정 환경 탓으로 돌렸다. 도스토옙스키가 사망하고 한참이 흐른 후, 그녀는 아버지가 혼수상태였는데 관에 못이 박혔다며 그가 언젠가 가족에게 돌아올 것이라는 망상에 매달렸다.

류보프는 자라면서 어머니와 점점 더 불편한 관계가 되었고 심각한 말다툼 끝에 아예 집에서 나갔다. 1911~1913년 그녀가 40대 초반이었을 때, 류보프는 두 편의 평범한 소설인 〈바리스터〉, 〈여자에미그레)와 단편 소설집 〈병든 소녀〉를 출판했다. 단편 소설집에는 자신의 인생을 망쳤다고 그녀가 믿었던 유전 병리학과 퇴행성이라는 주제로 가득 차 있다.

한편 역사의 행진은 빠르게 진행되었다. 1905년의 폭력적인 혁명으로 앞으로 다가올 미래에 는 암울함만 드리워 있었다. 또한 경제적 혼란은 출판 사업에 심각한 타격을 주어 안나는 사업을 계속할지 결정해야 했다. "내 최악의 적에게도 일어나기를 바라지 않은 그러한 경제적 어려움과 정신적 스트레스 속에서 4년(1904~1908년)을 보냈다"라고 그녀는 썼다. 60대 초반이 된 그녀는 심장병을 앓고 있었고, 1910년에 주치의들은 도시 생활의 소란스러움에서 벗어나 페테르부르크 외곽에 있는 세스트로레츠키 요양원에서 요양할 시간을 내야 한다고 그녀에게 권유했다.

"나는 둘 중 하나를 선택해야만 했다. 앞으로 출간될 전집 8판을 작업하다가 죽거나 아니면 출판업을 그만둬야 했다. 이 결정을 내리기 위해 긴 시간을 고민했다."

또 다른 요인으로 인해 이 결정은 더욱 복잡하고 시급해졌다. 1910년, 정부는 예술가의 가족이 작가 사망 후 갖는 작품에 대한 저작권의 기한을, 이전의 50년이 아니라 30년으로 한다는 새로운 법을 발표했다. 안나는 문학과는 아무런 관련이 없고 진정으로 고통받은 사람들(즉, 작가들)의 고뇌와 박탈감에 대해 전혀 모르는 사람들이, 작가가 후손들에게 남기는 유일한 재산을 그렇게 가벼운 마음으로 가난한 영혼들에게서 빼앗아 간다는 사실에 크게 모욕당했다고 생각했다.

도스토옙스키의 서거 30주기가 1년도 채 남지 않았을 때, 이러한 사태는 안나에게 중대한 위협이 되었다. "이 늙은 나이에 갚지 못한 빚이 있다는 생각을 하니 끔찍했다"라고 안나는 회상했다. 의사들의 경고에도 불구하고 그녀는 즉시 행동에 돌입했고, 그 법을 개정하기 위해 정부 관계자들에 대한 로비가 필요해지자 자신의 연줄을 이용했다.

모든 악조건 아래서도 그녀의 노력은 성공적인 결과를 이끌어냈다. 러시아 의회는 그 문제를 재고하여 예술가 가족들을 보호할 수 있는 법에 많은 변화를 주었고, 저작권 기한도 50년으로 되돌렸다. 이는 모든 예술가 가족의 지적재산권을 대신한 승리였지만, 이에 대해 안나가 제대로 된 공로를 인정받은 적은 없다.

그러나 역사는 행운이 한순간에 오르락내리락하는 룰렛 바퀴임을 안나는 잘 알고 있었다. 그녀는 일부 공무원이 저작권 문제를 다시 논의하여 법을 개정할까 두려워했다. 특히 혁명의 열정에 촉발되어 러시아 전역에 불고 있는 강한 반자본주의 바람을 고려할 때, 그런 일은 충분히 가능했다. 경제적인 불확실성의 시기를 또 다시 겪어야 한다는 생각 자체가 안나에게는 다시 겪고 싶지 않은 악몽이었다. 그녀는 도스토옙스키의 저작권을 개인에게 팔아야 할지도 모른다는 가슴 아픈 가능성을 고려할 수밖에 없었다.

안나는 저작권 판매를 위해 많은 출판사와 접촉했지만 처음에는 성공하지 못했다. 그들 중 일부는 그녀의 출판사가 최근에 입은 손실 때문에 열의를 보이지 않았다. 정부의 간섭을 두려워한 이도 있었다. 또 다른 이들은, 40년 가까이 작가의 이름과 경력을 쌓아온 이 위대한 작가의 아내가 이제 모든 것을 내놓고 싶어 한다는 사실을 믿을 수 없었다. 그래서 어떤 꿍꿍이가 있을 것이라는 생각을 했다.

그러나 안나에게 저작권 판매는 손자들의 미래는 말할 것도 없고 도스토옙스키의 유산을 구하기 위한 마지막 기회처럼 보였다. 그녀의 계획은 판매 대금으로 자신의 회고록과 〈문헌 목록 색인〉 2판을 내는 것을 지원하고, 모스크바에 있는 도스토옙스키 박물관을 더 발전시키는 한편, 손자들을 학교에 보내는 것이었다. 그래서 일생에 걸친 도박 중 가장 큰 도박을 걸어 안나는 도스토옙스키의 모든 저작권을 약 15만 루블에 출판사 로스비셰니에 팔기로 결정했다.

저작권을 팔고 나서, 그녀는 "내가 익숙하고 소중하게 여겼던 이전의 삶의 방식을 끝내고, 1911년 말에 새로우면서도 그 당시 내게는 완전히 쓸모없고 공허해 보이는 삶을 시작해야만 했다"라고 회상했다. 그것은 고통스러운 결정이었지만, 그녀가 도스토옙스키의 유산을 홍보하는 일을 계속하는 동안 가족이 살아가기에 충분한 돈을 제공했다. 그녀는 아마도 스텔롭스키에게 저작권을 빼앗기지 않으려고 필사적이었던 도스토옙스키를 돕기 위해 그의 삶에 끼어들었던 아이러니를 뼈저리게 느꼈을 것이다. 그런데 이제 그녀가 그 저작권을 팔았다.

그러나 안나에게는 남편의 경력 관리에 자부심을 가질 만한 충분한 이유가 있었다. 심각한 난국에서 작가로서의 그의 인생과 그가 죽은 후 작품을 통해, 그녀는 남편이 러시아 문학에서 가장 존경받는 인물 중 한 명이 되는 길을 닦았으며, 한편으로 그녀 자신은 러시아 역사상 최초의 여성 단독 출판업자가 되었다.

15만 루블 중에서 안나가 받은 상속분 5만 루블(오늘날로 치면 70만 달러가 약간 넘는 금액)은 예상보다 빨리 바닥났다. 안나는 그 이유를 정확하게 말하진 않았다. 사람들 말에 따르면 그녀의 개인 생활비는 연간 5천 루블 이하로 그다지 많지 않았다. 그녀는 도스토옙스키 박물관, 〈문헌 목록 색인〉, 스타라야 루사 학교와 다른 자선 활동에 상당한 돈을 계속 사용했던 것으로 보인다. 자신의 생계에 미치는 위험에도 불구하고, 그녀는 의도적으로 그런 경제적인 선택을 했을 것이다.

1913년 2월에 상황이 절박해진 안나는 어쩔 수 없이 색다른 생각을 하게 되었다. 바로 황제에게 개인적으로 호소하는 것. 그녀는 곧장 니콜라이 2세에게 편지를 썼다. 니콜라이 2세는 1894년 아버지 알렉산드르 3세가 사망한 후 황제가 되었다. 2016년 모스크바에 있는 안나의 기록 보관소에서 발견된, 영어로 출판된 적이 없는 이 편지는 안나가 아는 정부 고위급 인사에 의해 황제에게 전달됐다. 그 편지에서 그녀는, 출판업자로서 수십 년 동안 갈고 닦은 문학적 기교와 달콤한 아첨, 가능한 모든 설득력을 짜내서, 조국에 대한 진심 어린 열정을 담아 러시아 통치자에게 돈을 요청했다.

"폐하! 저를 위해 개인적으로 요청하는 게 아닙니다. 제 손자인 표도르와 안드레이 도스토옙스키에게 큰 자비를 베풀어 그 아이들의 교육이 끝날 때까지 매년 생활비를 지급해주실 것을 요청하는 바입니다."

그 요청은 대담했다. 19세기 러시아의 가장 유명한 정치범의 부인이 황제에게 자신의 손자들을 지원해달라고 요청한 것이었다. 하지만 안나는 자신에게 큰 영향을 발휘할 수 있는 원천적인 힘이 있음을 알고 있었다. 일생 동안 정부를 전복시키려 했다가 가장 뚜렷하고 열정적인 정부 옹호자가 된 정치범의 이름이 바로 그것이다. 놀랍게도 그 수는 통했다. 니콜라이 2세는 표도르와 안드레이가 학업을 계속하는 동안 매년 3천 루블의 생활비를 지급하는 것에 동의했다. 그 돈이면 "인생의 황혼기에 평화롭게 살 수 있는 가능성을 내게 줄 것"이라고 안나는 자신의 편지에 추신으로 덧붙였다.

그러나 그 평화로운 삶은 1914년 세계 대전이 발발하면서 1년도 채 안 되어 중단되었다. 게다가 도스토옙스키의 유산을 직접 겨냥한 예상치 못한 공격이라는 더욱 더 중대한 사건이 벌어졌다. 1883년, 남편의 오랜 친구이자 동료였던 니콜라이 스트라코프는 톨스토이에게 개인 편지를 써서 도스토옙스키를 가차 없이 비판했다. 그는 안나가 남편의 전기를 써달라고 의뢰했던 사람으로, 그 전기는 〈대전집〉 초판에 게재된 바 있다. 1896년 스트라코프가 죽은 지 여러 해가 지난 후, 그 편지는 어찌 되었든 1913년 10월호 〈우리 시대 세계〉에 실렸다. 1년 후에 그 편지는 〈L. N. 톨스토이와 N. 스트라코프의 서신〉이라는 책으로 다시 출판되었다.

"도스토옙스키를 선하거나 행복한 사람이라고 생각할 수 없습니다. 그는 악의적이고, 질투심이 많고, 방탕했으며 자신을 불쌍하게 만들었던 불안 속에서 평생을 살았습니다. 그가 그렇게 악의적이고 지적이지 않았다면, 자신을 우스꽝스럽게 만드는 불안 속에서 평생을 살았을 겁니다"라고 스트라코프는 썼다.

스트라코프는 도스토옙스키를 독단적이고 비열한 존재로 묘사했으며, 유럽에서 함께 여행할 때 스위스의 웨이터에게 함부로 대했던 것처럼, 자기보다 훨씬 약한 무방비 상태의 사람들을 지배하는 데서 즐거움을 얻었다고 주장했다.

"가장 나쁜 것은 그가 그런 일에 젖어 있으며, 자신의 고약한 행동을 전혀 뉘우치지 않았다는 사실이었습니다. 그는 고약한 행동을 하기 좋아했고 그런 행동을 자랑했습니다."

스트라코프는 계속 이어갔다. 도스토옙스키는 동물적인 욕망으로 가득 차 있었지만, "여성의 아름다움과 매력에 대한 그 어떤 취향도, 그 어떤 감정도 없었습니다. 이는 그의 소설에 분명히 드러나지만, 본질적으로 그의 모든 소설은 자기 합리화입니다. 그 소설들은 모든 종류의 혐오감이 한 인간 안에서 고귀함과 공존할 수 있다고 주장합니다. … 도스토옙스키는 자신을 행복한 영웅이라고 상상하는 진정으로 불행하고 사악한 사람이었으며, 오직 자신만을 소중히 여기며 사랑했습니다."

그 편지는 그렇게 계속되었다. 존경받는 러시아 철학자이자 문학비평가가 가한 인격 모독이었다. 편지는 한 독자를 위한 것이었지만 문학계의 모든 러시아인이 그것을 읽었고, 그 편지에 그려진 묘사는 오늘날까지 도스토옙스키의 명성을 더럽히고 있다. 입증되지는 않았지만 가장 안타까운 요소 중 하나는, 카트코프가 출판을 거부한 충격적인 장면으로 '스트라브로긴이 아이를 강간하는 장면'이 있었는데, 스트라코프는 그 장면이 도스토옙스키가 실제로 저지른 범죄에 근거하고 있음을 시사했다는 것이다.

출판 경력을 쌓는 과정에서, 안나는 비양심적인 사업가들을 꽤 많이 다루었다. 남편이 죽은 후에 소설가에 관한 거짓된 사실을 쫓아다니는 많은 선정적인 기사에 어쩔 수 없이 대응해야만 했다. 하지만 스트라코프의 편지는 그 정도를 넘어섰다. 여기에 동료로서 남편을 신뢰했던 사람이, 도스토옙스키와 함께 유럽을 여행하고 페테르부르크에 있는 그들의 집에 방문하여 아이들과 놀아주던 가족의 친구가 안나가 평생을 바쳐 기념하고자 했던 남편의 명성을 망가뜨리려고 위협(무덤에서 오긴 했지만)하고 있었다. 그것은 상상할 수 있는 가장 잔인한 배신이었다. 안나는 "나 자신 때문에, 나의 믿음 때문에, 나와 남편 둘 다 이 가치 없는 사람에게 속았다는 사실 때문에 상처받았다"라고 말했다.

편지가 어떻게 밖으로 나오게 되었는지는 오늘날까지 수수께끼로 남아 있다. 이 편지의 출판은 그가 죽은 후에도 무수히 존재했던 도스토옙스키 문학적 적 중 한 명의 작품이었을 가능성이 있다. 물론 스트라코프에게 편지 출판에 대한 직접적인 책임은 없다. 그러나 그는 톨스토이와 주고받은 서신이 톨스토이가 죽고 나면 언젠가 출판될 것임을 분명히 알았을 것이다.

이 편지는 스트라코프가 도스토옙스키의 기록을 연구할 때 어떤 자극을 받아서 썼을 가능성이 있다. 안나는 그가 의뢰받은 전기를 준비할 때 기록 보관소를 사용할 수 있도록 해준 바 있다. 기록 보관소에 있는 작가의 노트에서, 스트라코프는 자신에 대한 매우 경멸적인 비판을 발견했을지도 모른다. 만약 그 비판이 세상에 나온다면, 그의 평판이 위험에 처하게 될 개인적인 모욕 같은 것 말이다.

스트라코프가 도스토옙스키가 죽은 지 2년 후인 1883년에 이 편지를 썼을 때, 그는 아마도 초자연적으로 건강한 톨스토이가 오래 살 것(실제로 오래 살았다)과 그 비판적인 편지가 도스토옙스키가 죽은 후 수십 년 동안 비밀로 남을 것임에 희망을 걸었을 수도 있다. 하지만 자신을 고매한 이상주의자로 내세웠던 스트라코프가 완전히 복수심과 질투심에 사로잡힌 사람이 되어버렸을 가능성도 있다. 이 모든 것은 결국 도스토옙스키의 소설에 넘쳐나는 인간 본성의 설명할 수 없는 모순 중 하나를 가리키고 있다.

그러나 안나에게 이 일은 소설이 아니라, 자신의 남편과 남편의 경쟁자 톨스토이, 신뢰할 수 없는 니콜라이 스트라코프가 등장하는 너무나 현실적인 공포물이었다. 스트라코프의 무절제한 말은 수십 년 동안 그녀가 구축하려고 노력해왔던 도스토옙스키에 대한 대중의 인식을 뿌리째 흔들고, 그녀가 평생을 바쳐 이루어낸 일을 망가뜨리려 위협했다.

그녀는 어떻게 할 것인지 갈등했다. 그녀가 보이는 어떤 반응도 죽은 남편을 변호하러 온 상처받은 과부의 말로 치부될 것이다. 그녀의 대응이 세계 대전에 대한 뉴스의 바다에 완전히 잠기지 않는다면 모든 사람의 관심을 받을 것이다. 반면에 그녀가 침묵을 지키면, 이는 "중상모략을 확인해 주는 것으로 비칠 수 있었다"라고 안나는 썼다. 그녀는 그런 위험을 감수할 수는 없었다. 불안해하면서 몇 주간 친구들과 전략을 짠 후에, 그녀는 반격을 위해 자신이 가장 잘 아는 일을 하기로 결정했다. 그 일은 무대 뒤에서 이야기를 만드는 것이었다.

안나는 친한 작가들과 동료들의 네트워크를 이용하여, 남편을 위한 대대적인 홍보 캠페인을 조직했다. 이후 1년 반 동안, 그들은 스트라코프의 편지에 대한 격렬한 반박을 포함하여 도스토옙스키의 인성을 극찬하는 묘사로 문학 잡지를 채웠다. 안나는 작가들과 지식인들로 구성된 그룹에 압력을 넣어 스트라코프가 악의적으로 작가에게 혐의를 씌운 일을 비난하기 위한 공동 서한에 서명하고 출판하도록 했다.

이러한 노력들조차도 이미 손상된 명성을 복구하기에는 불충분하다는 생각에 안나는 그녀의 회고록에서 스트라코프가 한 주장 하나하나에 반박하는 글을 쓰기로 결정했다. 이렇게 기술된 쪽들은 안나가 도스토옙스키와 함께한 그녀의 아름다운 삶에서 마지막 장이 되리라고 상상했던 것은 당연히 아니었기에 읽는 사람을 고통스럽게 한다.

아내의 죽음

1917년 마침내 도스토옙스키가 수십 년간 경고해 왔던 혁명이 일어났다. 오랫동안 안나에게는 분명하게 느껴졌던 유럽 문화의 위기도 드러났는데, 그 위기는 세계 대전의 형태로 나타났다. 이는 남편이 줄곧 옳았다는 결정적인 증거로 안나에게 다가왔음에 틀림없다. 더 고귀하고 더 정의로운 문명으로 가는 길은 유럽과 통하지 않았다. 러시아만이 그곳으로 인류를 이끌 수 있었다. 비록 이 새로운 혁명가들이 믿었던 것처럼 유혈 폭력을 통해서가 아니라, 도스토옙스키가 설파한 것처럼 사랑을 통해서이겠지만. 70대가 된 안나는 깊은 슬픔에 젖어 남편의 작품과 사상을 전파하겠다는 습관적인 일편단심으로 이 불안한 시기와 마주했다.

역사학자 바바라 에반스 클레멘츠의 말에 따르면, 혁명이 일어나기까지의 그 몇 년 동안 러시아 여성 운동가들은 "자신들의 사회를 변화시키는 데 그 시대 다른 어떤 나라의 여성들보다도 더 중요한 역할을 했다." 20세기 초 러시아의 페미니스트 활동가들은 여성의 권리를 위해 조직되었다. 그들은 새 소련 헌법에 여성의 권리를 써넣을 것을 요구하며 3만 5천 명이 참여한 거리 행진을 포함하여 페테르부르크 거리에서 거대한 규모의 행진을 이끌었다. 스스로 충돌의 부대와 죽음의 부대라고 부르는 특수 전투 부대를 조직하여 군에 복무하면서 나라를 위해 죽겠다는 자신들의 강한 결의를 보이기도 했다. 이는 다가올 내전의 전장에서 여성들이 보여주게 될 지독한 용맹함의 전조였다.

원하는 방향으로 유토피아를 건설하는 데 제 몫을 하고 싶었던 여성들은 의사, 엔지니어, 건축가가 되기 위해 공부했다. 그들 중 가장 극단적이고 헌신적인 이들은, 페테르부르크 시장을 총으로 쏴 죽일 뻔한 베라 자술리치나, 알렉산드르 2세 황제의 암살을 도운 소피야 페롭스카야와 같은 19세기 여성 혁명 테러리스트들의 업적에서 영감을 받았다. 이들은 황제 국가를 말살하기 위해 막후에서 최선을 다하고 있었다.

당시는 러시아 페미니스트 운동이 승리감에 취한 시기였고, 혁명을 위해 대담해지고 진정으로 고귀한 희생을 하는 시기였다. 여성들은 혁명을 단지 유토피아로 가는 길이 아닌, 궁극적인 해방에 이르는 길로 보았다. 이런 의미에서, 혁명은 자칭 60년대의 소녀인 안나 스니트키나가 성년이 되던 1860년대로 거슬러 올라가는 수십 년에 걸친 노력의 정점이었다고 할 수 있다.

이렇게 신세대가 상상할 수도 없을 만큼 가차 없는 여성 해방의 꿈을 좇고 있을 때, 안나는 자기 일을 하고 있었다. 꾸준하면서도 조용히 그녀는 남편의 기록 보관소에 넣고 싶은 자료들을 세세히 읽어 보았으며, 도스토옙스키를 연구하는 학자들과 서신을 주고받았다. 그녀는 작은 나무 책상에 놓인 공책에 몸을 숙이고 손에는 펜을 든 채, 문헌 목록 2판과 모스크바에 있는 도스토옙스키 박물관의 소장품에 대한 학술 색인을 작성했다.

새로운 세대의 혁명적 여성주의자들이 과거를 뿌리 뽑고, 과거를 새로운 것으로 대체하려고 하는 동안, 안나는 필사적으로 과거를 보존하려고 애쓰고 있었다. 1916년 겨울 안나는, "나는 20세기에 살고 있지 않습니다. 19세기의 1870년대에 머물러 있습니다. 내 사람들은 표도르 미하일로비치의 친구들이고, 나의 사회는 도스토옙스키와 가깝게 지내던 사람들의 모임입니다. 내가 사는 곳은 그들과 함께 있는 곳입니다"라고 도스토옙스키를 연구하는 저명한 학자이자 전기 작가인 레오니드 그로스만에게 말했다.

도스토옙스키는 그녀가 평생에 걸쳐 이룬 업적이었다. 1917년 2월 28일, 혁명이 발발하고 볼셰비키가 권력을 잡은 지 닷새 후에, 이 업적은 정확하게 그녀의 목숨을 구했다. 그날 아침, 70세의 안나는 심장 상태가 악화되어 세스트로레츠키 요양원에서 요양하고 있었다. 해가 막 떠오른 새벽 다섯 시 30분에 객실 청소부가 러시아 수도에서 또 다른 노동자들의 파업이 발발했다고 알리러 왔다. 건강 회복을 위해 약 7년 동안 요양원에 다니고 있었던 안나는 정신적으로 지나치게 무리하는 데다 조심하라는 충고를 무시하는 사람으로 정평이 나 있었다.

하지만 그날, 그 위험한 혁명 초기에, 그녀는 청소부의 경고에 귀를 기울였다. 아침 일찍 볼일을 보러 가기 위해 입었던 두꺼운 회색 외투와 커다란 검은색 털 모자를 벗고, 안나는 작은 책상으로 느릿 느릿 걸어가 관절염이 걸린 손가락으로 펜을 들고 일하기 시작했다. 그때 또 한 번 다급하게 문 두드리는 소리가 들렸다. 안나는 문을 열었다. 창백하고 동요된 표정의 요양원 사서는 떨리는 목소리로 말했다.

"공장 노동자들이 여기로 오고 있습니다. 신이시여, 우리를 구하소서!"

안나는 서둘러 창가로 다가가 기차역에서 요양원까지 뻗어 있는 넓은 길이 무기와 붉은 깃발을 든 사람들로 꽉 들어차 있는 광경을 보았다. 이들은 전제 정권을 전복하고 비상 임시 정부를 수립한 혁명가들로, 안나가 그토록 사랑했던 옛 러시아를 파괴하는 중이었다. 문에 빗장을 건 후, 그녀는 여행 가방에 넣어두었던 돈을 찾아 들고 그들이 요구하는 대로 주리라 결심했다. 안나는 문 뒤에 서서 그들이 다가오는 소리에 귀를 기울였다. 그녀의 병든 심장이 너무 크게 뛰어서 금방이라도 부서질 것 같았다.

안나는 마음을 가라앉히기 위해 물을 마시러 갔다. 책상을 스치던 그녀의 시선은 남편의 기록 보관소에서 가져와 그 겨울 내내 수집하고 정리하던 서류와 편지들이 담긴 세 개의 서류철 위에 꽂혔다.

"끔찍한 생각이 문득 떠올랐다. 그들이 내 서류를 파괴하거나, 찢거나, 불태운다면 문학적으로 매우 흥미롭고 중요한 문서들을 빼앗기게 되는 것이다. 나는 최소한 그것들의 일부라도 구해야 한다는 생각에 편지를 여러 개의 상자와 자루에 넣기 시작했다."

몇 분 후에 그녀는 건물 안에서 울리는 군중의 함성과 휘파람 소리를 들었다. 안나는 그들이 진정하거나, 아니면 신의 뜻에 따라 코사크 부대가 도우러 와주기를 바랐지만 그 희망은 허사였다. 바로 아래 1층에서 그녀는 문을 두드리는 큰 소리에 뒤이어 유리가 깨지는 소리를 들었다. 이윽고 무리의 리더가 외쳤다.

"조용히 해! 첫 번째 방부터 번호 순서대로 시작하라고!"

쿵쾅거리는 소리와 휘파람 소리, 발을 구르는 소리가 불협화음을 이룬 울림이 계단 통로를 통해 2층까지 들렸다. 많은 이가 복도를 왔다 갔다 하고 있었다. 누군가가 히스테릭하게 우는 것 같았다. 그런 다음 조용해졌다. 그들이 옆방인 10번 방, 요양원 도서관에 들어갔음에 틀림없다. 그리고 나서 그녀는 누군가가 '도스토옙스키'라는 말을 중얼거리는 것을 들었다고 생각했다. 그녀는 문에 귀를 붙였다. 그 말이 다시 들렸다. "피가 머리 위로 솟구쳤다. '이게 뭐지, 환청인가, 아님 뭐지?'"라고 그녀는 생각했다. 하지만 환청이 아니었다.

마침내 두려운 노크 소리가 났을 때 안나는 성호를 긋고 문을 열었다. 연령대가 다양한 30여 명의 사람이 맞은편에 서서 그녀를 쳐다보고 있었다. 군복을 입은 사람도 있었고, 허름한 작업복을 입은 사람들도 있었다.

"친애하는 친구들, 겁주지 마시오. 나는 늙은 여자일 뿐이라오!"라고 그녀가 간청했다. 볼셰비키들이 자비롭다고 알려지지는 않았다. 혁명이 시작될 때부터 그들은 정적들을 거침없이 체포하여 처형했다. 그해 여름, 예카테린부르크의 한 아파트 지하에서, 4년 전 안나의 가족을 도와주었던 니콜라이 2세가 자신의 직계 가족 전체와 함께 총으로 잔인하게 처형당했는데, 그 시신은 거대한 구덩이에 버려진 후 신원 확인이 불가능하도록 불에 태워졌다. 볼셰비키는 왕실을 마치 마술사의 연기처럼 역사에서 사라지게 하려 했다. 러시아 국민이 갑자기 그들의 과거를 잊을 수 있고, 10세기 동안 황제가 지배했다는 사실을 잊을 수 있기라도 한 것처럼.

몇 년 뒤에야 알려진 이 암살 사건에 대해 안나는 당연히 아는 바가 없었다. 하지만 초창기였던 그 당시만 해도 무슨 일이 벌어지는지 알 수 있을 만큼 폭력이 난무했다. 따라서 안나가 문 밖에 있는 남자들을 응시했을 때는 그들이 자신에게 무슨 짓을 할 것인지에 대해 생각하고 있었음에 틀림없다. 그녀는 바로, 이 혁명가들을 반대하면서 러시아인들에게 그들에 대한 경고를 하는 데 마지막 10년을 바친, 19세기 러시아 보수주의의 가장 열정적인 목소리의 주인공인 도스토옙스키의 아내였다. 그래서 2월의 추운 아침, 그녀는 자신의 마지막이 다가왔다고 믿었다.

하지만 놀랍게도, 그 무리의 리더는 차분하고 공손한 목소리로 "우리는 해를 끼칠 의도가 없습니다. 두려워하지 마세요. 우린 당신 때문에 온 게 아닙니다. 우리는 당신이 누군지 알고 있으며 당신에게 어떤 나쁜 짓도 하지 않을 겁니다. 그냥 방을 둘러봐야 해서 왔습니다"라고 부드럽게 말했다.

몇 분 후, 그들은 수색을 끝냈다.

"문 좀 잠가도 될까요?"

안나가 물었다.

"잠그세요. 잠그세요."

리더가 대답했다.

건물 안에 정부 관리가 숨어있다고 생각해서 그 관리들을 찾기 위해 요양원을 뒤졌다는 사실을 안나는 나중에 알게 되었다. 하지만 그들이 노크하기 직전, 남편의 이름이 두 번이나 불린 이유는 그 일로는 설명되지 않았다. 이후 또 다른 요양원 손님이 안나에게 그에 대해 설명해주었다. 그 남자들이 자신에게 10번 방에 누가 살고 있느냐고 물어서 표도르 도스토옙스키의 아내라고 대답했다고. 이 말을 듣자 그 무리의 리더는 누그러져 공손한 태도로 대답했다.

"우리는 그녀를 괴롭히지 않을 것입니다. 우리는 도스토옙스키를 존경합니다."

그 순간은 무사히 넘겼지만 안나는 조국이 걱정스러웠다. 남편이 경고했던 모든 일, 안나가 두려워했던 모든 일이 이제 현실이 됐다. 러시아는 그녀가 더 이상 알아볼 수 없는 나라가 되었고, 이 시대는 그녀가 속하고 싶지 않는 시대가 되었다.

그녀의 상처받은 마음을 치유해 줄 수 있는 돌파구는 가족과 크림반도에서의 위로가 되는 삶의 리듬이었다. 그녀는 전쟁 전에 크림반도의 산속 매력적인 사과 과수원에 3층짜리 시골 저택이 딸린 작은 땅을 샀다. 1917년 여름, 안나는 도스토옙스키의 원고를 들고 이 시골집으로 여행을 갔다. 그녀는 그 집에 오트라다, 또는 행복이라는 이름을 붙여 주었다. 안나는 거기에서 〈문헌 목록 색인〉 2판을 작성하면서 아들의 가족과 몇 달을 함께 보냈다.

그녀는 여가 시간의 대부분을 정원 가꾸기에 보냈으며, 자기 손으로 과수원에 나무 심은 것을 자랑스러워했다. 어느 날에는 그 힘든 세월 동안 또 다른 큰 기쁨의 원천이었던 손자들에게 오트라다를 물려줄 계획을 세우기도 했다. 그녀는 손자들을 자주 방문했고, 그들도 할머니를 보려고 크림반도를 찾곤 했다. 표도르의 아내인 예카테리나 페트로브나는 매일 저녁 안나가 기도하는 소리를 문밖에서 들었던 일을 이렇게 회상했다.

> 열정적으로 기도하는 목소리에는 확신, 희망이 있었는데, 그녀는 때로 눈물을 흘리기도 했다. 그것이야말로 한 점의 의심도 해보지 않은 사람이, 따지지 않고 맹목적으로 믿는 사람이 기도하는 방식이다. 안나 그리고리예브나는 신비주의나 영적 각성을 비난하고 거기에 분개했다. 그녀는 복음서의 말씀대로 믿거나, 그것이 아니면 전혀 믿을 수 없는 거라 생각했다.

안나는 도스토옙스키 가문에 마지막으로 남은 진정한 기독교인이었던 것으로 보인다.

그녀는 오트라다에서 몇 달을 더 보낸 뒤 페테르부르크로 돌아갈 계획이었지만, 8월에 오트라다 주변 시골에서 말라리아가 발생했다. 설상가상으로, 붉은 군대에서 막 돌아와 시골집 주인을 부유한 귀족으로 생각한 지역 잡부가 안나를 청산하겠다고 위협했다. 청산이라는 말은 당시 볼셰비키들이 즐겨 쓰던 용어였다. 그는 볼셰비키들이 새 정권의 적으로서 역사에서 하나씩 지워버리려고 계획했던 다른 많은 사람도 위협했다. 안나는 당장 그 지역을 떠나야 한다고 생각했다.

1917년 8월 22일, 그녀는 예카테리나 페트로브나와 손자들과 함께 기차역으로 떠났다. 그들은 투압세까지 함께 여행하기로 계획했는데, 그곳에서 예카테리나와 아이들은 퍄티고르스크로 출장 간 표도르를 만나러 가고 안나는 페테르부르크로 돌아갈 계획이었다. 그러나 그녀는 몸이 좋지 않아 자신에게 친숙한 크림반도에 머물기로 결심한 뒤, 혼자서 흑해의 얄타로 이동했다. 가는 도중에 안나는 말라리아에 걸렸고, 얄타에 도착하자마자 호텔 드 프랑스의 작은 방에 투숙했다. 흑해에서 들려오는 마음을 달래는 파도 소리 속에서 병이 나을 때까지 그 방에서 쉬기로 했다.

안나에게는 여전히 거창한 계획이 있었다. "나는 72세*이지만 아직 죽고 싶지 않다"라고 그녀는 그해 여름 레오니드 그로스만에게 말했다.

"나는 어머니처럼 오래 살 것 같은 느낌이 듭니다. 90대 후반까지 살 수 있을 거예요! 나에게는 아직 할 일이 많아요."

그녀는 도스토옙스키 박물관에 소장된 자료들에 대한 완전한 학술 색인을 출판하고, 그의 기념비를 세우며 남편 이름으로 된 또 다른 도서관을 여는 한편, 모스크바에 기념비 세우는 꿈을 꾸었다. 이때까지 그녀는 〈문헌 목록 색인〉 2판을 위해 2천 개 이상의 새로운 자료를 수집했고, 도스토옙스키를 연구하는 학자들과 서신 왕래를 계속했다. 또 정기적으로 모스크바에 있는 도스토옙스키 박

● 사실은 71세이다. 그녀는 이듬해인 1918년 8월에 72세가 된다.

물관에 새로운 자료를 보내고 있었다.

이 시기에 안나와 만난 사람들은 그녀의 의지에 감명받았다. 백발의 수척한 여성에게서 나오는 끝없는 에너지의 원천에 감탄했다. 그녀는 나이의 한계도, 실제로 이겨본 적이 없는 말라리아의 한계도 거부했지만 말라리아로 서서히 죽어가고 있었다.

그녀는 마지막 몇 달 동안 완전히 고립된 채 침대에 누워 지냈으며 몇몇 사람만이 그녀를 매일 방문했다고 이 시기에 안나를 알게 된 한 지인은 회상했다. 그녀가 방에서 겨우 나왔을 때도 다른 사람들이 자신의 병에 대해 말하지 못하게 했으며, 약을 먹지도, 처방된 식단에 따르지도 않았다. 주변 사람들은 안나가 중병을 앓고 있다는 사실을 받아들이는 것을 스스로 완강하게 거부하고, 고집스럽게 일에 집착하다가 병을 악화시켰다고 믿었다. 주치의의 경고나 친절한 호텔 투숙객들의 간청에도 그녀는 일의 속도를 조절하거나 병을 회복할 시간을 충분히 갖지 않았다.

1918년 6월 9일 아침, 그녀는 고통스러운 위 통증으로 다시 침대로 돌아가 몇 시간 동안 누워 있었다. 그 작은 호텔 방에서, 창밖에서 부드럽게 철썩이는 바다 소리를 들으면서 약병과 펜, 잘 정돈된 종이 뭉치에 둘러싸여 천천히 의식을 잃은 후, 안나는 깨어나지 못했다.

에필로그
– 안나 도스토옙스카야의 사후

안나는 유언장에도 남편 옆에 묻어달라고 분명히 적었고 가족에게도 그렇게 해달라고 자주 반복했다. 하지만 전쟁 때문에 안나는 남편 옆에 묻히지 못했다. 그녀는 얄타 마을의 작은 지역 공동묘지에 안장됐다.

1920년대 내내 그녀의 손자 안드레이 표도로비치 도스토옙스키와 그의 어머니 예카테리나 페트로브나는 안나의 무덤을 정기적으로 방문했다. 이들이 도스토옙스키의 남은 가족 전부였다. 도스토옙스키의 아들 표도르와 그의 아들 표도르, 둘 다 1921년 발진티푸스로 모스크바에서 사망했고, 1926년 류보프가 자식 없이 세상을 떠났다. 1932년 안나의 유해가 묻힌 얄타의 교회가 파괴되자, 안드레이와 예카테리나 페트로브나는 얄타로 와서 사람을 고용해 무덤을 복구했다. 그런데 1934년 7월, 강도들이 무덤을 파헤치는 일이 발생한다.

안드레이는 제2차 세계대전 당시 최전방 군인으로 복무하다 심한 부상을 입어 할머니의 묘지를 확인하기 위해 얄타로 이동하기 힘들게 되었다. 그러던 차에 전쟁 중에 그녀의 무덤이 청산되었다는 소식이 그에게 전해졌다. 그러나 1959년 얄타시 정부가 솔선해서 무덤을 복원하고 그 위에 대리석 비석을 세웠다.

1968년 6월 9일, 안드레이 표도로비치는 60대로 접어들었고 병으로 쇠약해졌지만 마침내 할머니의 가장 중요한 소원을 이룰 수 있게 되었다. 그는 소련 작가 연합의 도움을 받아, 안나의 유해를 기차에 실어 페테르부르크로 옮길 수 있도록 주선했다. 들쭉날쭉한 풍경의 중앙 아시아 - 눈 덮인 카프카스 산맥의 봉우리들과 북부 러시아의 거대한 초원을 지나며 사흘 동안 1천 6백km 이상의 여정을 마친 후, 그녀의 유골은 그녀가 항상 사랑했던 도시로 돌아왔다. 유골은 알렉산드르 넵스키 수도원의 티흐빈 묘지로 옮겨진 후 사랑하는 남자 옆에 묻혔다.

보리수와 떡갈나무 가지가 드리워진 좁고 잘 다듬어진 자갈길을 지나 시인 바실리 주콥스키와 니콜라이 네크라소프의 눈에 잘 띄는 무덤을 지나면 도스토옙스키의 인상적인 묘지에 도착하게 된다. 낮은 철제 울타리로 둘러싸인 2m 높이의 그의 묘비는 수수하고 잘 관리된 정원에 둘러싸여 있다. 돌 십자가 아래에는 그가 글을 쓸 때 자주 입었던, 깔끔하게 다림질된 프록코트 차림을 한 전성기의 도스토옙스키 흉상이 있다. 그 흉상 위에는, 작가의 이름과 함께 요한복음에서 그가 가장 좋아했던 구절이 고대 교회 슬라브어로 짙게 새겨져 있다. 그 구절은 〈카라마조프가의 형제들〉에서 서두의 제목으로 쓰였다.

"내가 진정으로 너희에게 이르노니, 밀 한 알이 땅에 떨어져 죽지 아니하면 그대로 있지만, 죽으면 많은 열매를 맺는다."

무덤의 바닥에서 약 1m 높이에 있는 두 번째 비문은 글씨가 너무 작아서 아주 가까이 다가가야 읽을 수 있다.

"안나 그리고리예브나 도스토옙스카야. 1846~1918"

"나에게는 항상 인생에서 아이디어가 필요했습니다. 항상 나 자신을 완전히 사로잡는 활동으로 바빴습니다"라고 안나는 죽기 몇 년 전 레오니드 그로스만에게 말했다.

도스토옙스키가 그녀의 아이디어가 되었고, 그의 글을 세상에 알리는 활동이 그녀의 삶을 사로잡았다. 하지만 소설가의 삶과 경력에서 그녀가 맡았던 중요한 역할에도 불구하고, 안나는 주목을 받고 싶어 하지도, 그것을 즐기지도 않았다. 그녀는 항상 남편을 위해 살았고, 남편을 "내 삶의 기쁨과 자부심, 행복, 내 태양, 나의 신!"이라고 주장했다.

그녀를 아는 많은 친구, 출판사, 작가들에게 안나는 용감한 아내와 어머니의 모델이었다. 당시 아내와 불화설이 무성했던 레오 톨스토이는 도스토옙스키 사후에 안나를 만났을 때, "많은 러시아 작가가 당신 같은 아내가 있으면 기분이 더 나아질 것"이라고 말했다. 하지만 안나를 조력자쯤으로 생각하는 사람들도 있었다. 남편의 영역에 선을 긋지 못하고 남편의 필요에 따라 자신의 정체성을 포기하는 여자라는 것이다. 도스토옙스키의 친척 중 몇몇은 그녀를 남편을 조종하여 자신들이 그의 돈을 쓸 수 없게 만드는 침입자로 간주했다.

한편에서는 사업에서 보여준 그녀의 강인함으로 인색하고 교활한 사업가라는 평판을 얻었다. 이런 평판은 돈벌이에 부정적이고 헌신을 가치 있게 여기는 정교회 기독교가 주를 이루는 러시아 문화에서 받을 수 있는 가장 모욕적인 말 중 하나였다. 소련 작가 리디아 추콥스카야는 한발 더 나아가 안나에게 "무섭고 끔찍하다"라는 말을 했다.

> 나는 항상 위대한 사람들의 아내를 싫어했고, 그녀가 이보다는 낫다고 생각했다. 심지어 소피아 안드레예브나(톨스타야)도 그녀가 살았던 삶보다는 더 나았다. 안나 그리고리예브나는 탐욕스럽고 인색하다. 그녀는 천식을 앓고 뇌전증에 걸린 가난한 병자(남편)에게 "아이들에게 물려줄 것을 남기기 위해" 밤낮으로 일할 것을 강요했다. 얼마나 천박한지! 그는 "1루블로 점심을 먹었다"라고 그녀에게 썼다. 수만 루블을 버는데도 그는 점심값으로 2루블을 쓸 수 없었다!

이러한 주장을 뒷받침할 증거는 거의 없다. 오히려 도스토옙스키 본인이 개처럼 일해야 할 필요를 느끼면서 아이들을 부양할 능력이 없다는 것에 끊임없이 고통받았고, 반면에 안나는 남편이 죽은 후 수년간 아이들을 부양했다. 많은 위대한 작가의 배우자처럼 전설의 소재가 되는, 안나의 인성에 대한 이러한 왜곡된 견해는 안나보다는 그녀를 비판하는 사람들에 관해서 더 많은 것을 말해준다.

우상으로 묘사되든, 악마로 묘사되든 안나는 무시할 수 없는 존재였다. 그녀의 업적은 러시아 문학사에서 부인할 수 없이 중요하다. 도스토옙스키의 파트너로서의 그녀의 행동은 후세의 러시아 작가의 배우자들에게 자신들을 가늠할 기준이 될 것이다. 안나 도스토옙스카야는 많은 이에게 창의적인 천재와의 관계 속에서 어떻게 살면 되는지를 보여주고, 다른 이들에게는 어떻게 살면 안 되는지를 보여준 본보기였다.

도스토옙스키와 함께한 세월과 그 이후 수십 년을 돌아보며 안나는 회고록에서 다음과 같이 썼다.

"물질적인 불행과 도덕적 고통에도 불구하고, 그것은 내가 견뎌야 하는 운명이었다. 나는 내 삶이 이례적으로 행복했다고 생각하며, 내 삶 안에 있었던 그 어떤 것도 바꾸고 싶지 않다."

안나가 이렇게 쓴 후 한 세기가 지난 지금도 이 말은 19세기 러시아 문학의 가장 중요한 메시지 중 하나를 구현하게 된 여성의 도덕적 힘을 지니고 있다. 바로, 삶은 저절로 우리에게 일어나는 일이지만 운명은 우리가 삶으로 일구는 것이라는 메시지이다. 그 시대의 경쟁적인 이념을 탐색하고 잇따라 불행을 겪으면서, 결국 안나는 아마도 가장 중대한 자유를 발견했으리라. 자신의 환경에 대응하여 어떤 개인적인 반응을 내놓을지 스스로 선택할 수 있는 자유 말이다.

이와 대조적으로 그 세대의 더 전형적인 페미니스트 폴리나 수슬로바는 너무 비타협적으로 독립의 이상을 성취하려고 노력하는 바람에 다른 삶의 가능성을 상상할 수 없었다. 폴리나는 도스토옙스키와의 불륜 기간 중 1865년 일기에서 "슬픔으로 죽는 것이 낫지만, 외부와 독립적으로 사람들의 판단에서 자유로워지겠다"라고 다짐했다.

"양보하느니 순수한 신에게 영혼을 돌려주겠다."

그녀는 이 극단주의적인 비전에 얽매인 채 여생을 보냈고, 자신의 삶을 망치기에 앞서 많은 연인과 남편들의 삶을 망가뜨렸다. 폴리나는 크림반도의 세바스토폴에서 안나와 몇 달 간격을 두고 향년 79세의 나이에 홀로 사망했는데, 사망 장소도 안나와 몇 km밖에 떨어지지 않은 곳이었다. 두 사람 모두 고난과 투쟁을 알고 있었지만, 이것들은 안나에게는 다른 삶의 교훈을 주었고 다른 운명으로 이끌었다.

안나 스니트키나 도스토옙스카야는 자신의 삶을 인도할 목적을 찾았다. 그녀 자신의 진보적인 사상과 부모 세대의 전통주의를 교묘하게 종합하면서도, 한편으로는 유럽 망명의 힘든 세월 동안 배웠던 교훈을 잊지 않은 덕분이다. 그녀의 목적은 사랑했던 남자, 그 예술가의 작품을 기념하는 동안 자신의 경험과 잠재력을 존중하는 것이었다. 그렇게 함으로써 그녀는 여성 기획사의 모델을 만들어냈는데, 이 모델은 여전히 어려운 이 시기에 의미와 성취감을 추구하고자 하는 우리를 고무시키고 있다.

감사의 글

　책을 쓰고 출판하는 일은 대단한 도박처럼 보일 수 있다. 그런 의미에서 지난 8년여의 연구와 집필 과정을 함께 해준 사람들이 있었다는 것은 내게 행운이었다. 그들이 아니었다면 나는 〈도박꾼 아내〉를 끝내지 못했거나, 어쩌면 감히 시작하지도 못했을 것이다.

　내 에이전트인 랍 맥퀼킨을 만난 건 내 생애에서 가장 큰 행운 중 하나였다. 예술적이고 직업적인 진실성, 사업 요령과 끈기에다 도박꾼의 본능까지 지닌 랍은 이 책을 쓰는 동안, 그리고 내 작가 경력 내내 나를 지지하고 격려했으며 도전하게 만들었다. 랍은 출판 산업의 격변 속에서도 오랫동안 나의 가장 소중한 길잡이 자리를 지키고 있다.

　나의 편집자 캘버트 모건은 처음부터 이 책을 믿었고, 이 책의 무궁무진한 가능성을 나보다 먼저 점친 사람이다. 그의 날카로운 편집 안목과 창의적인 지성, 강인한 사랑이 없었다면 이렇게 특색 있는 작품을 만들 수 없었을 것이다. 완성된 원고를 자랑스러운 작품으로 만든 뒤, 마침내 책으로 묶어 세상에 나오게 해준 열정을 알기에 리버헤드 팀에게도 감사드린다. 진 마틴, 글로리 플래타, 카탈리나 트리고, 애슐리 서튼, 브룩 할스테드 외 많은 분에게 감사드린다. 더불어 두려움을 모르는 내 연구 조교 리사 피사니에게도 감사드린다. 전 세계 어디에 있든 불명확한 출처는 추적해내고야 마는 그녀의 재주가 내 연구에 큰 도움이 되었다.

안나 기록 보관소의 잘 알려지지 않았거나 이전에 보지 못했던 문서들을 소개해주고 그것을 이 책을 집필할 때 요긴한 자료로 이용할 수 있게 해준 이리나 안드리아노바 - 안나 도스토옙스카야에 관한 한 러시아 최고의 연구자 -에게 감사드린다.

뛰어난 시인이자 학자인 고 샤론 라이터를 사랑과 감사의 마음으로 기억한다. 그녀의 통찰력과 편집에 대한 조언이 몹시 그리울 것이다.

도스토옙스키에 관한 저명한 미국 학자 조셉 프랭크에게 감사한다. 그는 스탠포드 대학원에서 나의 멘토였고 도스토옙스키를 향한 나의 학문적 관심에 불을 붙였다. 프랭크가 쓴 도스토옙스키에 대한 다섯 권짜리 전기는 그 분야에서 아직도 최고로 알려져 있는데, 이 책을 연구하고 집필하는 동안 늘 내 곁에 있었다.

2018년 여름 내가 독일과 스위스로 연구하러 갔을 때 매우 알찬 여행이 되도록 도와준 유럽 학자들에게 감사드린다. 드레스덴에서, 올가와 지스베르트 그로스만은 도스토옙스키의 주요 유적지로 나를 안내해주었고, 그 도시에서 살았던 도스토옙스키 가족의 삶에 대한 자신들의 획기적인 연구를 나와 공유해 주었다. 바덴바덴에서는 레나테 에페른이 관련 유적지를 안내해주었으며, 독일 체류 시기의 도스토옙스키와 투르게네프에 대한 독창적인 연구를 공유해주었다. 바트홈부르크에 있는 카지노 책임자 루츠 셴켈은 개별 투어를 시켜주고, 내가 바트홈부르크 시 기록 보관소에 있는 희귀 자료들을 열람할 수 있게 도와주었다. 게다가 바덴바덴의 카지노 책임자 토마스 쉰들러는 나와 대화하는 데 긴 시간을 할애해 주었으며, 도스토옙스키가 가장 자주 도박을 했던 바로 그 방을 포함, 여러 게임 홀을 안내해주었다.

작가이자 학자인 제이 파리니와 브리알렌 호퍼가 초고를 읽어준 데 감사드리고, 캐롤 아폴로니오와 다나 지오이아의 수년간 이어진 통찰과 조언에 감사드린다. 또 다른 동료들, 워렌 칼슨, 팻 브리스토우, 마바 바넷, 모니카 패터슨, 도로더 바흐, 마이클 파머가 〈도박꾼 아내〉의 집필에 도움을 준 데 감사드린다.

러시아 문학계에는 '톨스토이와 도스토옙스키 둘 중 한 사람을 사랑하지, 둘 다를 사랑하지는 않는다'라는 격언이 있다. 이제 25년이 넘도록 이 두 작가와 함께 했던 나의 여정을 돌아보면서 나는 스스로 이 규칙의 예외가 될 운명임을 깨닫는다. 나의 학문적 초점이 톨스토이에서 도스토옙스키로 옮겨진 것은 '감옥에 갇힌 책들 – 인생, 문학, 리더십'이라는 과정을 가르친 10년 동안의 경험 때문이라고 생각한다. 버지니아 대학 학부 과정에 개설된 이 강의는, 학생들이 젊은 죄수를 만나 도스토옙스키나 다른 러시아 작가의 고전 작품에 관해 대화를 나누며 절박한 삶의 질문을 탐구하는 것을 그 내용으로 했다. 이때 범죄와 처벌, 구원이라는 주제를 탐구하면서 시베리아 수용소에서 4년의 참혹한 세월을 보낸 도스토옙스키의 천재성에 대해 더 깊이 이해하게 되었다. 보몬트 청소년 교정 센터, 본 에어 청소년 교정 센터, 청소년 정의 공동체 프로그램의 관할 부서, 버지니아 대학교에서 이 과정을 수강한 학생들에게 빚을 졌다. 그들의 용기와 통찰력은 교사이자 학자로서 나에게 영감을 주었고, 이 책을 쓰도록 나를 이끌었다.

나는 친구이자 동료 작가인 매리에타 맥카티에게 감사한다. 그녀의 지혜와 지성, 따뜻함은 나의 여정에 변함없는 동반자가 되어주었다. 매리에타는 가장 중요한 창의적 돌파구를 마련하는 데 도움을 주었는데, 정기적인 난롯가 담소 시간에는 맛있는 치즈와 대화, 우정이 가득했음을 기억한다.

〈도박꾼 아내〉를 쓰는 데 도덕적, 지적 지원을 해준 세 명의 친한 친구에게 감사한다. 마이크 시그너는 글을 명확하게 하는 많은 대화에서 높은 지적 능력과 지혜를 보여주었다. 제임스 예이츠는 이야기의 심리적, 철학적 차원을 깊이 있게 생각하게 해주었다. 존 그레이는 내가 자주 지나쳐버리는 중요한 인간의 진실을 밝혀내도록 도와주었다. 또한 제인 반스, 조나단 콜먼, 팻 브리스토우, 캐롤린 맥그래스, 도로시 콜로메이스키와 던 헌트에게 감사한다.

나의 가장 충실한 후원자인 부모님에게 감사드린다. 부모님은 고등학생이던 나에게 지역 대학에서 러시아어를 수강하도록 해 내가 이 길로 들어설 수 있게 해주셨다. 2018년 세상을 떠난 아버지는 사업가로서 나에게 위험 감수, 자기 수양과 성실함의 가치를 심어주셨다. 아버지는 〈도박꾼 아내〉에 대해 기뻐하셨고, 상황이 어려워졌을 때도 굳건히 밀고 나가라고 나를 격려해주셨다. 아직 살아 계셨다면, 아버지는 이 책에 가장 공감하는 독자 중 한 명일 것이다.

나의 모든 노력을 응원해준 세 형, 그렉, 밥, 마이크에게 감사한다. 동료 작가이자 학자인 마이크는 내 경력의 결정적인 순간에 나를 도와줬고, 지적이고 창의적인 본능에 충실하도록 나를 격려해주었다.

나의 가족에게 가장 큰 감사를 보낸다. 열정적이고 재주 많은 아내 코린은 가장 어려운 도전에서도 창의적인 해결책을 찾는 사람으로, 안나 도스토옙스카야도 그녀를 본다면 감탄할 것이다. 코린은 인생에서 많은 위험을 감수했는데, 특히 나와 결혼하겠다는 결정이 그렇다. 이 위험을 무릅쓴 도전에 대한 보상은 내가 차지했다. 우리가 함께 한 많은 도박 중에서 가장 기쁜 일은 두 아들 에반과 이안을 키운 것이다(여덟 살 때, 이안은 이미 "글은 내 피 속에 있다"라고 주장했다.). 코린은 많은 희생을 하면서도 내 옆을 지켰으며, 작가로서 여정에 내가 겪게 된 모든 실패와 승리 앞에서 나를 사랑했다.

출처에 관하여

〈도박꾼 아내〉 속 이야기는 이전에 영어로는 볼 수 없었던 기록 자료와, 연구에 사용된 적이 없는 각종 러시아어 문서들이 포함된 광범위한 출처의 자료들을 바탕으로 재구성되었다. 나는 도스토옙스키의 생일에 안나가 입었던 드레스의 색상과 소재나 부부가 바덴바덴에 도착한 다음 날 날씨까지 포함해서, 이 책의 모든 세부 사항이 문서화된 사실임을 확실히 하려 애썼다. 등장인물이 무언가를 말하거나 생각해야 할 때는 일기나 편지 또는 회고록에서 그대로 가져왔는데, 이것은 지금까지 학술 출판물을 내고 있는 슬라브어권 전문가들이 발굴한 자료들이다.

그런 책 중 하나인 소련 학자 마크 슬로님의 〈도스토옙스키의 세 가지 사랑〉은 뉴욕의 체홉 출판사에서 러시아어로 처음 출판된 뒤, 1955년 영어 번역본으로 출간됐다. 슬로님은 도스토옙스키의 삶을 규정했던 성적 강박과 자기 파괴적 조증의 순환이 안나와의 결혼으로 끝났으며, 그가 자신의 충동과 이론의 모순으로 혼란스러워할 때 항상 의지할 수 있는 무언가를 갖게 되었다고 주장했다.

그러나 도박이 세상에 대한 도스토옙스키의 불안을 잠재우는 역할뿐만 아니라 안나와의 관계에서도 결정적인 역할을 했음에도 불구하고, 슬로님은 자신의 책에서 그 주제를 거의 다루지 않았다. 마찬가지로 슬로님은 러시아 페미니스트 운동에서 안나가 가지는 위치나 성공한 여성 사업가로의 발전, 또 출판업자와 서지학자, 회고록 작가로서 그녀가 러시아 문화에 중요한 공헌을 했다는 것에 대해서는 거의 언급하지 않았다.

소련 학자 세르게이 벨로프는 1986년 러시아어로 출간된 〈작가의 아내 : 도스토옙스키의 마지막 사랑〉에서 안나에 대한 묘사를 추가했다. 이 전기에는 도스토옙스키의 생애와 경력에서 사업적이고 개인적인 그녀의 중요한 역할에 대한 논의가 포함되어 있다. 또 안나가 자라온 과정과 사회적 맥락을 자세하게 전해주고, 도스토옙스키의 삶과 경력에서 그녀가 맡은 역할과 그의 유산을 기리기 위한 그녀의 노력이 자세하게 묘사되어 있다.

하지만 슬로님과 벨로프가 쓴 책들은 이전의 다른 전기들처럼 도스토옙스키와 그의 경력에 어떤 의미를 지니느냐에 따라 안나의 삶을 판단하고 있다. 대담한 페미니스트와 선구적인 사업가로서의 그녀의 일과 업적은 최소화하고 있는 것이다. 알렉스 크리스토피가 최근에 낸 책, 〈사랑에 빠진 도스토옙스키 : 내밀한 삶〉도 이 경우에 해당한다. 그는 작가의 관점에서만 도스토옙스키의 애정 관계를 묘사하고 있는데, 중대한 부분이 누락된 것으로 보아 러시아어로 된 중요한 자료에 접근하지 못한 듯하다.

도스토옙스키의 관점에서 이야기를 풀어가는 이러한 경향은 작가의 주요 전기에서 공통적으로 나타난다. 이 중 가장 좋은 책은 조섭 프랭크의 다섯 권짜리 시리즈인 〈도스토옙스키: 그 시대의 작가〉이다. 이 책은 최근에 984쪽짜리 한 권으로 압축되어 출판되었다. 이 책도 다른 경의를 표할만한 책들처럼, 예를 들어, 아브람 야르몰린스키의 〈도스토옙스키: 삶(1934년)〉, 콘스탄틴 모출스키의 〈도스토옙스키: 그의 삶과 작품(1934년)〉, 레오니드 그로스만의 〈도스토옙스키 전기(1975)〉, 리처드 프리본의 〈도스토옙스키(삶과 시대)〉, 앤서니 브릭스의 〈짧은 생애: 표도르 도스토옙스키(2011)〉처럼 전체 서사의 극히 일부만을 안나에게 할애하고 있다. 두 사람의 관계가 그녀에게 어떤 의미를 지니는가보다는 작가로서 도스토옙스키에게 안나가 얼마나 중요했는지에 초점을 맞춘 것이다. 미국 학자 알렉산드라 포포프가 2012년에 낸 책 〈아내들: 러시아의 문학 거장 뒤에 있는 여성들〉에서 그 불균형을 바로 잡았지만, 그 책마저도 안나에게는 고작 한 장만을 할애해 짧게 다루고 있다.

안나 도스토옙스카야의 회고록은 어떤가? 그녀 자신의 목소리로 들려주는 이야기는 우리가 기대하는 풍부한 질감을 담고 있는가? 그렇다고도, 아니라고도 할 수 없다. 그 회고록은 그녀가 죽고 7년 후인 1925년에 러시아 출판계에서 중요한 문학적 사건으로 받아들여졌다. 도스토옙스키와 함께 한 삶에 대한 그녀의 묘사는 그녀와 남편 삶의 많은 단면뿐만 아니라 그들이 살았던 주변 환경에 관한 많은 정보를 제공하는 귀중한 자료로 남아 있다.

그러나 그 책에 그녀의 원고가 전부 다 실린 것은 아니었다. 첫판에서는 남편이 죽은 후 안나의 출판 사업에 관련된 중요한 부분들

뿐만 아니라 내가 이 책에서 이야기한 중요한 일화들이 빠졌다. 예를 들면, 1856년 알렉산드르 2세 황제의 대관식에 참석한 일이나 그녀가 10대였을 때 부모님의 중매 노력과 1917년 페테르부르크 요양원에서 혁명가들과 마주친 일 같은 것이 빠졌다. 회고록의 첫 완결판으로 2015년 러시아에서 출판된 〈회고록 1846~1917: 내 삶의 태양 – 표도르 도스토옙스키〉 덕분에, 나는 안나의 삶에 대한 세세한 부분을 이해하는 과정에서 생긴 중대한 구멍을 메울 수 있었다.

그러나 이 회고록의 완결판조차도 시간의 흐름만이 잡아낼 수 있는, 일종의 역사적 관점이 부족하다. 〈회고록〉을 쓴 안나의 주된 목적은 남편의 이상적인 모습을 보여주는 것이지, 그들의 결혼 생활을 있는 그대로 전달해주는 것이 아니었다. 격동의 4년을 보낸 유럽 생활은 회고록의 짧은 부분을 차지할 뿐이며, 그녀는 효과적으로 전달할 수 있는 세부 사항을 빠트렸다. 예를 들면, 남편의 정부인 폴리나 수슬로바에 대한 언급이 전혀 없으며, 안나가 그 두 사람 간의 편지를 발견한 후에 겪은 고통도 언급하지 않았다.

게다가 이 회고록에서 안나는 도스토옙스키의 조력자 역할로 자신을 한정시키려고 애쓰느라 서문 첫 단락에서 독자들에게 "나는 문학적인 재능이 너무 부족하다"라고 말한다. 학자들이 지적했듯이 회고록 자체는 그녀의 평가가 거짓임을 보여준다. 반면에 편집자로서, 출판업자로서, 서지학자로서 문서로 잘 정리된 업적은 그녀가 독립적으로 사업상 성취를 이루었음을 보여주기에 충분한 증거이다.

안나는 진심으로 겸손한 마음에서 자신의 중요성을 최소화했는데, 이는 고인이 된 작가의 부인이 자신을 어떻게 드러내야 하는지에 대한 러시아인의 기대를 저버리지 않기 위해서이기도 했다. 자신의 중요성을 낮추기 위해 안나는 자신을 실제보다 더 전통적이고, 더 수동적이고 덜 복잡해 보이도록 했다. 이 책 〈도박꾼 아내〉의 집필은 안나의 편지와 일기, 그녀의 지적 능력, 복잡성, 일에 대한 다른 사람의 기억에서 가져온 더 완전한 묘사를 제공하려는 시도이다.

이러한 출처 중 일부는 이전에 영어권에서 접한 적이 없는 것이다. 안나의 김나지움 동창이자 평생 친구였던 마리아 니콜라예브나 스토유니나의 회고록에는 지적이고 대담하며 장난기 많은 김나지움 학생이었던 안나의 모습이 간략하지만 다채롭게 묘사되어 있다. 안나가 죽기 전 마지막 달에 알고 지냈던 Z. S. 코브리기나의 간결하고 가치 있는 회고록에서는, 말라리아로 천천히 죽어가는 안나의 마지막 날을 가장 가까이서 지켜봤던 이의 이야기를 들을 수 있다. 이 두 회고록은 두 권짜리 러시아의 학술서인 〈F. M. 도스토옙스키: 기사 및 자료〉로 출판되었다.

또 다른 유용한 러시아 출처인 〈그 시대의 잊히고 알려지지 않은 회고록에서의 F. M. 도스토옙스키〉에는 도스토옙스키 부부의 결혼 말년에 대한 마리아 스토유니나의 이야기와 비평가이자 시인 알렉산드르 알렉세예비치 이즈마일로프가 말년에 안나를 만나 나눈 대화가 들어 있다. 안나가 친척과 친구들에게 보내는 편지 중 이전에 출판되지 않은 것으로 그녀의 사적인 면을 보여주는 다른 귀중한 러시아 자료로는 '미발표된 당시 사람과의 서신 속 도스토옙스키'와 1976년 소련 잡지 〈바이칼〉에 실린 기사 '안나 도스토옙스카야와 같은 시대 사람의 서신'이 있다.

나는 영어권에서 본 적이 없고 거의 알려지지 않은 자료들을 안나의 기록 보관소에서 찾아냈다. 지난 10년간 페트로자보츠크 국립대학의 이리나 안드리아노바라는 연구원이 이 자료들을 발굴하기 시작했고, 그녀는 자신의 연구 결과를 기꺼이 나와 공유했다. 안드리아노바의 학술서는, 특히 2013년 러시아어로 쓴 책인 〈안나 도스토옙스카야: 소명과 고백〉을 포함해서, 〈도박꾼 아내〉에서 안나의 모습을 풍부하게 묘사할 수 있게 해준 내용을 포함하고 있다. 그 책에는 출판되지 않은 안나 회고록 원고, 남편의 문학 작품에 대한 그녀의 개인적인 공책과 메모, 도스토옙스키나 다른 사람들과 교환한 개인적인 서신, 사업 및 집안일 관련 문서 등이 들어 있었다.

안드리아노바 교수가 발견한 흥미로운 기록 문서 중 하나는 안나가 1913년 니콜라이 2세에게 경제적 지원을 간청하면서 보낸 편지이다. 황제로 하여금 손자들의 교육비를 대는 데 동의하게 한 이 놀라운 편지는 말년의 안나에게 러시아 정계 최고위층으로의 진입 수단이 있었음을 의미한다. 이런 상황은 혁명적인 성향을 지녔던 초기의 도스토옙스키를 감안하면 아이러니하지만, 나중에 그가 러시아 정치 체계의 현실을 그대로 받아들였음을 입증하는 것이다.

〈도박꾼 아내〉는 안나도 그녀의 남편도 공개할 생각이 없었던 자료도 끌어다 쓰고 있다. "아냐, 이 편지들을 누구에게도 보여주지 않겠다고 약속해줘. 나는 내 끔찍한 상황을 떠벌리고 싶지 않소"라고 도스토옙스키는 1867년 바트홈부르크에서 그녀에게 편지를 썼다.

안나 역시 서신의 비밀을 지키기로 작정했다. "남편에게 보내는 내 편지가 발견될 경우, 이 편지들이 인쇄되어 공개되기라도 한다면 나는 극도의 어려움에 처할 것이기 때문에 나의 상속자들에게 그 편지들을 파기하라고 요청한다"라고 그녀는 유언장에 썼다. 이 편지들은 결코 파괴되지 않았을 뿐만 아니라, 1972년에서 1990년 사이에 출판된 〈F. M. 도스토옙스키의 대전집〉 러시아 판 30권에 수록되어 있다. 미국 학자 데이비드 로위와 로널드 마이어는 이 편지들을 번역하여 다섯 권짜리 영문판으로 엮었는데, 이는 도스토옙스키의 서신에 대한 최고의 영문 자료이다.

안타깝게도 로위와 마이어의 편집본에는 안나의 서간체 대화 내용이 빠져 있는데, 이는 영문 출처에서 아직 채워지지 않은 흠으로 남아 있다. 1976년 레닌그라드에 본부를 둔 출판사 나우카가 안나와 남편 사이의 완전한 서신을 주석이 달린 학술서로 발행하면서 그 자료는 러시아어로 이용 가능하게 되었다. 내 책의 중요한 자료가 된 이 러시아 책에는 영어로 번역되지 않은 안나의 편지가 많이 들어 있다. 나는 그 책의 내용을 바탕으로 부부의 말년의 주요 순간들, 무엇보다도 1880년 유명한 푸시킨 축하연에서의 작가의 등장과 연설을 재구성할 수 있었다.

마지막으로, 나는 안나가 1867년 한 해 동안 쓴 일기를 광범위하게 인용했는데, 이 일기에는 신혼 시절 겪었던 낙담과 황홀한 순간들이 세밀하게 시간순으로 기록되어 있다. "구불구불한 글씨로 조그맣게 쓰고 있는 것이 무엇인지 꼭 알아낼 것"이라고 도스토옙스키는 신혼여행 중이던 어느 날 저녁 안나에게 말했다.

"당신은 나에 대해 나쁜 말을 하고 있소, 맞지?"

사실 그랬다. 그녀는 다른 것들과 함께 더 감동적이고 가슴 아픈 일을 쓰고 있었다. 그녀는 거의 모든 글을 약칭으로 써서 개인적인 일기가 자신만의 것으로 남도록 하였다. 인생 후반에, 자신의 일기가 끝까지 비밀로 유지될 수 없음을 깨닫자 그녀는 일기 속 남편의 모습을 감추기 위해 내용을 조작했다. 그러나 그녀의 이런 노력은 부분적으로만 성공했고, 소련 시대 도스토옙스키 학자들의 연구 덕분에 우리는 원래의 일기에 접근할 수 있게 되었다.

이 문서의 중요한 부분은 〈1867년 일기〉라는 제목으로 러시아어로만 볼 수 있는데, 여기에는 작가 경력의 중대한 순간이자 도스토옙스키 부부의 결혼에서 전환점이 되었던 1867년의 제네바 체류 이야기가 포함되어 있다. 이 쪽에서 우리는 1867년에 있었던 역사적인 평화 회의에 대한 안나의 반응뿐만 아니라 폴리나 수슬로바와의 오랜 비밀 전투에서 마지막으로 알려진 에피소드도 목격할 수 있다.

〈도박꾼 아내〉의 또 다른 중요한 목표는 안나의 이야기를 적절한 사회적, 문화적 맥락 안에 배치하는 것이었는데, 여기에는 훌륭한 역사학적 학술 연구가 많다는 게 도움이 되었다. 19세기와 20세기 초의 러시아 페미니스트 운동을 이해하기 위해, 나는 리처드 스타이트의 〈러시아 여성 해방 운동 : 페미니즘, 허무주의, 볼셰비즘, 1860~1903〉과 바바라 앨펀 엥겔의 〈어머니들과 딸들 : 19세기 러시아의 지식인 여성들〉에 의지했다. 러시아 페미니스트 운동에 대한 나의 묘사는 폴리나 수슬로바의 일기와 작가가 구애했던 안나 코르빈-크루콥스카야의 여동생이기도 한 선구적인 수학자 소피야 코발렙스카야의 회고록으로 더욱 풍부해졌다.

도스토옙스키가 활동했던 문학적, 지적 환경을 이해하기 위해, 나는 조셉 프랭크의 권위 있는 다섯 권짜리 도스토옙스키의 전기를 부분적으로 인용했다. 이 책은 언어를 불문하고 작가에 대한 전기로는 여전히 최고이다.

2018년 여름에 다녀온 매우 알찬 유럽 연구 여행은 이 책을 쓰면서 얻은 즐거움 중 하나이다. 이 여행 동안 나는 독일과 스위스를 거치면서 도스토옙스키 부부의 발자취를 따라갔다. 그들이 거의 1년 6개월을 보낸 드레스덴과 〈도박꾼 아내〉의 Ⅱ-4장 '삶과 운명'의 배경인 제네바뿐만 아니라, 책 속의 도박 장면의 주 무대였던 비스바덴, 바트홈부르크, 바덴바덴의 카지노도 방문했다.

바덴바덴에서, 나는 도스토옙스키가 도박할 때 가장 자주 이용했던 바로 그 게임 홀에 방문했다. 그곳은 오늘날에도 여전히 영업하고 있는데, 1860년대 방식과 거의 동일하게 보존되어 있었다. 바트홈부르크에서는 그 도시의 도박 문화에 관한 역사적 세부 사항을 알려주는 희귀한 문서에 접근할 수 있었는데, 그 문서에는 도스토옙스키와 호텔에 묵은 다른 손님들의 국적과 심지어 이름까지도 남아 있었다.

비스바덴에서는 도스토옙스키가 룰렛을 했던 유명한 카지노와 그가 마지막 도박을 한바탕 하고 난 후 중독에서 벗어날 길을 고민했던 유대교 회당이 있던 자리를 방문했다. 제네바에서는 도스토옙스키 부부의 첫째 아이 소냐의 묘지에서 오후를 보냈다. 소냐는 1868년 2월에 태어나 3개월 후에 죽었다. 제네바 호수의 신선한 공기를 마시면서, 나는 왜 이 마을이 그 부부에게 지속적인 어려움으로부터 휴식을 제공하는 것처럼 보였는지를 그 어떤 문서가 알려줄 수 있는 사실보다 더 강력하게 이해했다.

번역과 날짜에 관하여

안나 도스토옙스카야의 회고록에 있는 글의 번역은 1975년 미국 리버라이트 출판사에서 출간한 베아트리스 스틸먼의 글을 바탕으로 한 것이다. 나는 그녀의 작품을 러시아 원작과 대조했는데 필요해지면 오류를 수정했고, 안나의 원작의 말투와 억양을 반영하기 위해 노력했다. 한편으로 당시의 러시아 독자에게 자연스럽게 들려야 하듯이 현대 미국인에게도 자연스러울 수 있도록 번역에 노력을 기울였다.

1867년에 쓴 안나 일기의 번역은 1928년 맥밀란 출판사에서 〈도스토옙스키 아내의 일기〉라는 제목으로 출간한 르네 풀롭-밀러와 에크슈타인 박사의 번역을 바탕으로 했다. 그러나 이 번역본에는 누락, 오류, 부적절한 문체가 포함되어 있어서 필요한 부분을 수정했다. 도스토옙스키나 다른 사람들에 대한 제3자 인용문을 인용하는 경우, 가능한 한 러시아 원본과 교차 확인하였다. 달리 명시되지 않는 한, 독일어 출처뿐만 아니라 러시아어 출처에서 나온 다른 모든 번역은 내가 했다.

이 책에서 언급된 도스토옙스키의 많은 작품은 다양한 제목으로 출판되었다. 〈상처받은 사람들(The Insulted and Injured)〉은 때때로

⟨The Insulted and Humiliated⟩ 또는 ⟨The Humiliated and Wronged⟩로 출판되기도 하며, ⟨죽음의 집의 기록(Notes from the House of the Dead)⟩은 ⟨Notes from the Dead House⟩ 또는 단순히 ⟨The Dead House⟩로, ⟨지하 생활자의 수기(Notes from Underground)⟩는 ⟨Notes from the Underground⟩로, ⟨악령(The Possessed)⟩은 ⟨The Devils⟩ 또는 ⟨Demons⟩으로, ⟨미성년(The Adolescent)⟩은 ⟨A Raw Youth⟩ 또는 ⟨An Accidental Family⟩로 출판되기도 했다.

이 책에서 나온 날짜는 1918년까지 러시아에서 사용했던 율리우스력을 따랐는데, 율리우스력은 19세기에는 서양력(그레고리력)보다 12일 늦었고, 20세기에는 13일 늦었다.

갬블러 와이프

초판 1쇄 발행일 2022년 9월 26일

지은이   앤드류 D. 카푸먼
옮긴이   최화정
사 진   윤상구
편 집   황인희
표지디자인   메이씨그라프 임영경
펴낸이   안병훈
펴낸곳   도서출판 기파랑
등 록   2004. 12. 27 제300-2004-204호
이메일   info@guiparang.com | 홈페이지   www.guiparang.com

ISBN 978-89-6523-553-8   03990